GÎTES DU PASSANT[MD] AU QUÉBEC 98-99

ÉDITIONS
ULYSSE

Le plaisir... de mieux voyager

Direction de projet
Odette Chaput
(Féd. Agricotours)
Claude Morneau
Pascale Couture
(Éd. Ulysse)

Mise en pages et
coordination
Isabelle Lalonde

Collaboration
Odile Bélanger
Francis Plourde
Steve Rioux
Diane Drapeau
Isabelle Larocque

Cartographie
André Duchesne
Patrick Thivierge

Illustrations des maisons
Marie-Annick Viatour
Lorette Pierson
Sandrine Delbaen

Photo page couverture
Jennifer McMorran

Distribution

Canada : Distribution Ulysse, 4176, St-Denis, Montréal (Québec) H2W 2M5
☎ (514) 843-9882, poste 2232, ☎ (800) 748-9171, fax : 514-843-9448 www.ulysse.ca, guiduly@ulysse.ca

États-Unis : Distribooks, 820 N. Ridgeway, Skokie, IL 60076-2911
☎ (847) 676-1596, fax : (847) 676-1195

Belgique-Luxembourg : Vander, 321 av. des Volontaires, B-1150 Bruxelles
☎ (02) 762 98 04, fax : (02) 762 06 62

France : Vilo, 25, rue Ginoux, 75737 Paris, cedex 15
☎ 01 45 77 08 05, fax : 01 45 79 97 15

Espagne : Altaïr, Balmes 69, E-08007 Barcelona
☎ (3) 323-3062, fax : (3) 451-2559

Italie : Centro cartografico Del Riccio, Via di Soffiano 164/A, 50143 Firenze
☎ (055) 71 33 33, fax : (055) 71 63 50

Suisse : Diffusion Payot SA, p.a. OLF S.A., C.P. 1061, CH-1701 Fribourg
☎(26) 467 51 11, fax : (26) 467 54 66

Pour tout autre pays, contactez Distribution Ulysse (Montréal).

Informations sur le réseau de la Fédération des Agricotours :

Fédération des Agricotours du Québec
4545, av. Pierre de Coubertin
C.P. 1000, Succursale M.
Montréal, Québec
H1V 3R2
(514) 252-3138
fax (514) 252-3173
internet http://www.agricotours.qc.ca
courrier électronique agricotours-q@sympatico.ca

Bibliothèque nationale du Québec
Dépôt légal - Premier trimestre 1998
ISBN 2-89464-083-8

TABLE DES MATIÈRES

INTRODUCTION

Voilà enfin un guide qui vous suggère plus de 609 endroits différents qui vous permettront de faire connaissance avec les régions du Québec, sa campagne, ses villes et ses habitants.

- Une escapade à l'Île d'Orléans?
- Une semaine de vacances sur la Côte-Nord?
- Un week-end de ski dans les Laurentides?
- Un bon repas avec un groupe d'amis dans une Table Champêtre des Cantons-de-l'Est?
- Une sortie familiale de quelques heures sur une ferme en Montérégie?

La fédération des Agricotours du Québec vous propose six formules pour vos vacances ou vos loisirs :

- **Gîte du Passant***
- **Auberge du Passant***
- Gîte à la Ferme
- Maisons de Campagne et de Ville
- **Table Champêtre***
- Promenade à la ferme

ESCAPADES À LA FERME 

Dans la section hébergement du guide, vous trouverez à la fin de chacune des régions une liste d'activités offertes à la ferme. Offrez-vous une petite escapade «gourmande» dans une table champêtre en savourant un délicieux repas composé des produits frais du terroir... Séjournez dans l'univers chaleureux d'un gîte et vivez le quotidien des gens de la ferme tout en «jouant à l'agriculteur»... Prévoyez un petit détour dans une promenade à la ferme et retrouvez-vous en pleine nature dans les bois, les champs, avec les animaux pour un moment de grande détente... Peu importe la formule, des richesses insoupçonnées vous attendent!

CONTRÔLE DE LA QUALITÉ

Chacune des maisons du réseau fait l'objet de visites régulières par la fédération et doit répondre à des normes précises de sécurité, d'hygiène, de confort et de qualité d'accueil. D'ailleurs, une fois sur place, un panneau indiquant l'appartenance à Agricotours constituera pour vous l'assurance que les propriétaires sont membres de la fédération des Agricotours du Québec. De plus, pour toujours vous assurer d'une qualité, les maisons offrant le service d'hébergement doivent afficher une attestation confirmant qu'elles ont été visitées par la fédération et qu'elles répondent ainsi à ses normes de qualité.

N'hésitez pas à compléter les fiches "Donnez vos impressions", reproduites à la fin de ce guide, pour nous faire part de vos expériences. D'ailleurs, vous retrouverez ces fiches dans chacune des chambres du réseau de même que dans la salle à manger des tables champêtres. Vos observations, suggestions et critiques nous sont précieuses pour continuer à améliorer la qualité du réseau et des services offerts.

RENSEIGNEMENTS GÉNÉRAUX

Quoique le guide fasse l'objet d'une révision complète à chaque année, tous les renseignements contenus dans celui-ci peuvent être sujets à changement sans préavis. Toutefois, les tarifs indiqués à chacun des établissements sont fixés jusqu'à la prochaine édition du guide, prévue en fevrier 1999.

TAXES

Selon que les hôtes sont soumis ou non aux lois fédérales et provinciales en matière de taxation, un client peut s'attendre à payer les taxes de 7% et 7,5%. Les établissements qui doivent réclamer les taxes ont indiqué «taxes en sus».

En vertu de la Loi 76 (Gouvernement du Québec), certaines régions touristiques (ex.: Montréal, Laval) appliquent une taxe supplémentaire de 2 $ par nuit pour chaque unité d'hébergement louée. Cette taxe permet à la région de se doter d'un Fonds de partenariat dont les argents servent à la promotion de leur offre touristique.

NUMÉROS DE TÉLÉPHONE

À compter du 13 juin 1998, le code régional 514 précédent le numéro de téléphone demeurera exclusif à l'île de Montréal. Par conséquent, tous les autres gîtes dont le code régional est 514 changeront pour le 450.

*** Marques de certification et de commerce déposées par la Fédération des Agricotours du Québec.**

INTERNET

Captez sur internet le site de la Fédération des Agricotours du Québec: **www.agricotours.qc.ca**

COUREZ LA CHANCE DE GAGNER UN SÉJOUR DANS UN ÉTABLISSEMENT ACCRÉDITÉ PAR AGRICOTOURS

À chaque année, Agricotours décerne des prix d'*Excellence* à ses membres. C'est à partir des fiches d'appréciation de séjour complétées par les clients que ces prix sont attribués. Nous vous invitons donc à nous fournir votre appréciation en complétant les fiches déposées dans chacun des établissements membres d'Agricotours.

23 ans d'hospitalité
1975-1998

LE LAURÉAT PROVINCIAL de L'EXCELLENCE 1996-97

Outaouais
Gîte l'Escapade
Lise et Rhéal Charron
Aylmer

LES LAURÉATS RÉGIONAUX de L'EXCELLENCE 1996-97

Bas-Saint-Laurent
Gîte Marie-Soleil
Marie Beaulac et Lionel Bédard
Bic

Cantons-de-l'Est
Tapioca
Dominique Lavigueur et Robert Chiasson
North Hatley

Charlevoix
Tourlognon
Lise Archambault et Irénée Marier
Petite-Rivière-Saint-François

Chaudière-Appalaches
O P'tits Oignons
Brigitte et Gérard Marti
St-Julien

Côte-Nord
Les Tourne Pierres
Bernadette Vincent et Jean-Yves Landry
Pointe-Lebel, Baie-Comeau

Gaspésie
Au Crépuscule
Monette Dion et Jean Ouellet
Cap-Chat

Lanaudière
Petites Plaisances
Simone Rondeau
St-Michel-des-Saints

Laurentides
Chez Nor-Lou
Louise Lachance et Normand Sauvé
Lac Supérieur

Mauricie-Bois-Francs
Gîte Saint-Laurent
Yolande et René Bronsard
Trois-Rivières

Montérégie
Le Jardin Caché
Carmen et Bernard Avard
St-Hyacinthe

Région de Montréal
La Victorienne
Aimée et Julien Roy
Pointe-aux-Trembles

Outaouais
Gîte l'Escapade
Lise et Rhéal Charron
Aylmer

Région de Québec
Aux Chérubins
Jeannine Roy et Denis Haché
Québec

Saguenay-Lac-Saint-Jean
Gîte Belle-Vue
Monique et Régent Goyette
Ville de La Baie

TABLE CHAMPÊTRE
Lanaudière
L'Autre Temps
Suzanne et Yvon Raymond
St-Damien-de-Brandon

Hommage à ces hôtes qui se sont illustrés de façon remarquable par leur accueil de tous les jours envers leur clientèle

TABLEAU DES SYMBOLES

F Français parlé couramment

f Français parlé un peu

A Anglais parlé couramment

a Anglais parlé un peu

La clientèle est invitée á ne pas fumer dans ces établissements

Accessible aux personnes handicapées

Accueil au transport public avec ou sans coût supplémentaire

Présence d'animaux domestiques

Restauration sur place

R4 Distance (km) du restaurant le plus près

R4 Distance (km) du marché d'alimentation le plus près

AV Établissement qui travaillent avec les agence de voyage

ACTIVITÉS

Galerie d'art, musée

Théâtre d'été

Croisière

Baignade

Golf

Randonnée pédestre

Piste ou voie cyclable

Équitation

Motoneige

Ski alpin

Ski de randonnée

Traîneau à chiens

MODE DE PAIEMENT

VS	Visa
MC	MasterCard
AM	American Express
ER	En Route
IT	paiement direct

QUATRE FORMULES D'HÉBERGEMENT POUR VOS VACANCES

GÎTES DU PASSANT*

Chambres d'hôtes et petit déjeuner servi dans une maison privée soit à la campagne, à la ferme, au village, en banlieue ou à la ville. Autant de gîtes, autant d'hôtes, autant de façons d'être accueilli, autant de diversités dans les services et le confort... autant de prix. Le Gîte du Passant est limité à cinq chambres par maison. Pour un court ou un long séjour, optez pour l'un des 419 Gîtes du Passant, répartis dans toutes les régions du Québec.

AUBERGES DU PASSANT*

Chambres d'hôtes et petit déjeuner dans une petite auberge à caractère typique et régional. Ces 68 établissements offrent en location 12 chambres et moins dans la résidence principale ou dépendances de celle-ci, et certains offrent le service des autres repas en salle à manger. Les auberges du passant se démarquent de l'hôtellerie traditionnelle par leur originalité et la touche extrêmement personnelle de leurs propriétaires. Bien que la capacité d'accueil dans une auberge soit plus grande que dans un gîte, vous y retrouverez toujours un accueil attentionné. **Voir liste complète p 43.**

* **Marques de certification et de commerce déposées**

GÎTES À LA FERME

Chambres d'hôtes et pension complète ou demi-pension dans une maison de ferme. Des hôtes vous proposent la découverte d'activités en milieu agricole. Selon le type d'exploitation agricole, les animaux et les activités diffèrent. Certains Gîtes à la Ferme accueillent des enfants non-accompagnés d'adultes. 23 Gîtes à la Ferme vous convient à une expérience unique en milieu naturel. **Voir liste complète p 35.**

MAISONS DE CAMPAGNE ET DE VILLE

Il peut s'agir de maison, chalet, appartement ou studio tout équipés, pour un séjour autonome à la ville ou à la campagne. Pour vivre en pleine nature ou carrément prendre un bain de ville, vous serez accueillis, dans les 65 maisons de campagne et de ville, avec toutes les attentions souhaitables pour rendre votre séjour agréable. Location au mois, à la semaine, à la fin de semaine et à la journée. **Voir liste complète p 44.**

Dans ce guide, un texte de présentation accompagne l'esquisse de chacune des maisons du réseau. Les hôtes vous décrivent brièvement les traits distinctifs de leur demeure, décor et environnement. On vous renseigne aussi sur les activités à pratiquer et les sites à visiter.

Vous remarquez au-dessus de l'illustration de chacune des maisons l'appellation ***Gîte***, ***Auberge***, ***Maison de campagne*** ou ***Maison de ville*** qui vous informe sur la formule d'hébergement offerte.

Pour votre confort, des précisions sont aussi apportées concernant les chambres et les services sanitaires.

À noter que la literie de même que les serviettes de bain sont incluses dans le tarif de location indiqué au guide.

RÉSERVATIONS ET MODALITÉS DE PAIEMENT

Il est toujours préférable de réserver quelques temps à l'avance afin de s'assurer d'une place disponible. Pour réserver, communiquez directement avec l'hôte par courrier ou par téléphone. Étant donné que chaque endroit est fort différent, il est généralement recommandé de convenir avec votre hôte : du nombre de lits à prévoir, du type d'occupation désiré (simple, double, triple...), des possibilités de se restaurer à proximité du gîte, de l'heure de votre arrivée, de l'heure précise jusqu'à laquelle votre réservation sera maintenue en cas de retard ainsi que des modalités de paiement. Prévoyez généralement des chèques de voyage ou de l'argent comptant. Les endroits qui acceptent des cartes de crédit sont indiqués par l'un des pictogrammes suivants : Visa, Master-Card, American Express, En Route et Interac. De plus, si vous avez certaines contre-indications (ex : vous êtes allergique aux animaux domestiques), il est fortement recommandé de le préciser avant de réserver.

INTERNET

Captez notre site sur internet
www.agricotours.qc.ca

DÉPÔT ET ANNULATION

Pour les gîtes et auberges :

Un dépôt de 40% ou un minimum de 20$ peut être exigé pour confirmer une réservation. Le solde sera versé lors du séjour. En cas de non-respect de la réservation, des règles d'annulation souples peuvent s'appliquer. Il est préférable d'en faire préciser les modalités par écrit. Cenpendant, si aucune convention écrite n'est produite, les sommes d'argent prévues et reçues en guise de dépôt seront conservées par l'hôte à titre de dommages et intérêts liquidés, selon la règle suivante :

entre 16 et 21 jours : des frais de 10$ seront retenus; entre 8 et 15 jours : des frais de 50% du dépôt seront retenus (minimum 20$); 7 jours et moins avant le début du séjour : le montant total du dépôt sera retenu. S'il y avait annulation en cours de séjour, 40% du coût du séjour non utilisé pourrait être exigé par l'hôte. Il est conseillé de remettre la réservation à une date ultérieure afin de ne pas perdre son dépôt.

Pour les maisons de campagne et de ville :

Veuillez vérifier auprès des propriétaires pour connaître leur politique de dépôt et d'annulation.

POUR LA CLIENTÈLE EUROPÉENNE

Vous pouvez réservez votre séjour à l'avance selon l'une des modalités suivantes : en contactant directement les hôtes, en consultant une agence de voyage ou en communiquant avec Tourisme chez l'Habitant ou Hospitalité Canada.

TOURISME CHEZ L'HABITANT : la réservation peut s'effectuer par courrier et même par téléphone, si vous disposez d'une carte de crédit. Vous réglez votre séjour à l'avance et partez au Québec avec les adresses de vos accueils clef en main! Pour tout service de réservation, des frais sont ajoutés aux prix de location des chambres. Information et documentation expédiées gratuitement :

Tourisme chez l'habitant
15 rue des Pas Perdus, B.P. 8338
95 804 - Cergy St-Christophe cedex
Tél: (1) 34.25.44.44,
Fax (1) 34.25.44.45

HOSPITALITÉ CANADA : pour un séjour de 2 nuits ou plus, vous pouvez réserver par le biais de l'agence Hospitalité Canada, et ce, sans frais de France, de Belgique et de Suisse, en composant le 0-800-90-3355.

Une fois sur place, vous pouvez aussi réserver votre séjour en rejoignant l'agence hospitalité Canada par téléphone ou par le biais de ses bureaux situés aux centres d'information touristiques de Montréal ou de Québec :

Par téléphone : **(514) 393-1528 ou 393-9049**

En personne :

Centre Infotouriste
1001 Square Dorchester
Montréal
(Coin Ste-Catherine & Peel)

Maison du tourisme
12, rue Sainte-Anne
Vieux-Québec
Devant le Château Frontenac

Les GÎTES et AUBERGES DU PASSANT vous sont présentés selon le format suivant :

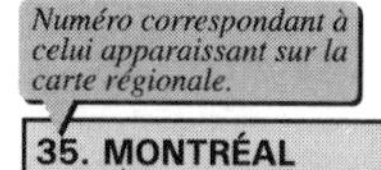

Numéro correspondant à celui apparaissant sur la carte régionale.

35. MONTRÉAL

F a R5 AV

Tableau des tarifs

Ces tarifs s'appliquent lorsque les personnes partagent la même chambre

B&B :
Coucher et petit déjeuner

PAM :
Plan américain modifié : repas du soir, coucher et petit déjeuner.

*** Enfant :**
12 ans et moins partageant la chambre de ses parents.

Localité où se situe la maison

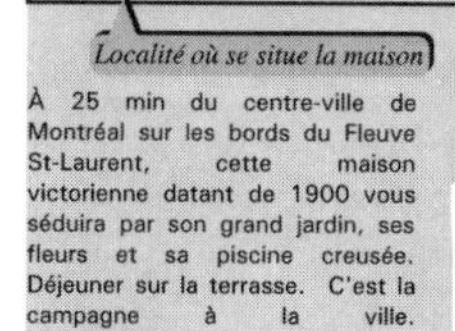

À 25 min du centre-ville de Montréal sur les bords du Fleuve St-Laurent, cette maison victorienne datant de 1900 vous séduira par son grand jardin, ses fleurs et sa piscine creusée. Déjeuner sur la terrasse. C'est la campagne à la ville. Stationnement privé. Restaurant à 0,2 km...

De Québec, autoroute 20, sortie pont-tunnel L.-H.-Lafontaine, 1re sortie vers l'est (Tellier), direction sud jusqu'à la rue Notre-Dame vers l'est. Ou de Mirabel, aut. 15 Sud, aut. 40 Est jusqu'à sortie St-

Type de service offert

GÎTE

LA VICTORIENNE

12 560 Notre-Dame est
Montréal, H1B 2Z1
(514) 645-8328

	B&B	PAM
1 pers.	$	$
2 pers.	$	$
3 pers.	$	$
4 pers.	$	$
Enfant	$	$

Taxes en sus VISA MasterCARD

Prix réduits : 15 oct au 15 déc
Ouvert à l'année

Calendrier d'ouverture et période de réduction

Nombre de chambres	5
ch. avec lavabo	3
ch. avec s. de bain privée	1
ch. avec s. d'eau privée	1
ch. au sous-sol	1
salle d'eau partagée	2
salle de bain partagée	2

Informations sur les chambres et les services sanitaires.

Activités :

Activités diverses. Voir le tableau ci-bas

Les MAISONS DE CAMPAGNE et DE VILLE vous sont présentées selon le format suivant :

Numéro correspondant à celui apparaissant sur la carte régionale.

2. ÎLE-NEPAWA

F a R5 M5 AV

Localité où se situe la maison

Dans une nature sauvage, 3 chalets à confort modeste au bord du lac Abitibi dont un de style suisse avec foyer et deux autres à un étage. Élevons bovins, chèvres et cheveaux. Activités nautiques, chasse et pêche. Près du parc de conservation d'Aiguebelle. Venez vivre avec des québécois d'origine germanique.

De Rouyn, rte 101 vers La Sarre. 3 km après La Sarre, dir. Ste-Hélène et l'île-Nepawa (route pavée ½). 1ère maison à droite après le pont de l'île.

Type de service offert

MAISON DE CAMPAGNE

FERME VACANCES

Hélène et Hermann Wille
695 R.R. #1
Ste-Hélène-de-Mancebourg
Île-Nepawa J0Z 2T0

Nbr. maisons ou d'appartements	3
Nbr. chambres	2-3
Nbr. personnes	6-8
SEM-ÉTÉ	250 $
SEM-HIVER	sur demande

Taxes en sus VISA MasterCARD

Informations sur les maisons et tableau des tarifs

Prix réduits : 15 oct au 15 déc
Ouvert à l'année

Calendrier d'ouverture et période de réduction

Activités :

Activités diverses. Voir le tableau ci-bas

Tables Champêtres^MC

LES TABLES CHAMPÊTRES

1. Magog
2. Saine-Anne-de-la-Rochelle
3. Saint-Léon-de-Standon
4. Saint-Ambroise-de-Kildare
5. Saint-Damien-de-Brandon
6,7. Saint-Jacques-de-Montcalm
8. Lachute, Argenteuil
9. L'Annonciation
10. Mirabel, Lachute
10. Mirabel, Sainte-Scholastique
12. Saint-André-Est
13. Saint-Eustache
14. Sainte-Adèle
15. Sainte-Anne-des-Plaines
16. Louiseville
17. Huntingdon
18. Saint-David, Yamaska
19. Saint-Paul-d'Abbotsford
20. Saint-Rémi-de-Napierville
21. Saint-Valérien
22. Sainte-Justine-de-Newton
23. Saint-Sixte
24. Saint-Félicien
25. Saint-Prime

MANICOUAGAN
BAS-ST-LAURENT
MAINE (ÉTATS-UNIS)
CHARLEVOIX
CHAUDIÈRE - APPALACHES
SAGUENAY - LAC-ST-JEAN
QUÉBEC (RÉGION DE)
MAURICIE - BOIS-FRANCS
CANTONS-DE-L'EST
MAURICIE - BOIS-FRANCS
LANAUDIÈRE
LAVAL
MONTRÉAL (RÉGION DE)
MONTÉRÉGIE
LAURENTIDES
OUTAOUAIS
ONTARIO
ABITIBI-TÉMISCAMINGUE
0 50 100km
N

LES TABLES CHAMPÊTRES*

Pour des rencontres entre parents et amis, pour souligner un anniversaire, pour marquer un événement spécial, pour célébrer des retrouvailles, les hôtes des Tables Champêtres offrent tout au long de l'année, dans l'intimité de la salle à manger de leur maison ou d'une jolie dépendance aménagée avec authenticité, un repas soigneusement mijoté sur place. Les 25 Tables Champêtres se distinguent aussi en ce qu'elles offrent un lieu favorisant la détente et les échanges. Dans certaines circonstances, les hôtes feront partager à leurs visiteurs les plaisirs de la vie à la campagne en leur proposant une visite du domaine ou diverses activités récréatives.

RENSEIGNEMENTS GÉNÉRAUX

Dans ce guide, les propriétaires vous décrivent brièvement les traits distinctifs de leur maison, de leur décor, de leur environnement, de leur élevage ou de leur culture. Ils suggèrent également des repas offrant plusieurs services, conçus à partir de leurs diverses productions fermières. Le prix du menu est indiqué pour chacune des tables. Vous trouverez aussi un itinéraire précis qui vous guidera dans vos déplacements.

MENUS

Tout n'est pas dit! Les menus présentés dans ce répertoire sont un exemple du type de repas servi. Mais, pour satisfaire la curiosité de votre palais, on pourra aussi vous suggérer d'autres menus à prix variables. Ces nouveaux menus sont toujours élaborés à partir des produits de la ferme.

APPORTEZ VOTRE VIN car il n'est pas disponible sur place.

NOMBRE DE PERSONNES

Pour chacune des tables, le nombre de personnes admises en semaine et en week-end est indiqué. Le nombre minimal de personnes peut varier selon les saisons. Vous remarquerez que quelques propriétaires peuvent recevoir plus d'un groupe à la fois. Dans ce cas précis, selon le nombre minimum de personnes établi par les propriétaires, il est possible d'obtenir l'exclusivité des lieux pour votre groupe.

RÉSERVATIONS

Vous devez réserver directement chez les hôtes. Il est toujours préférable de réserver quelques semaines à l'avance. Un dépôt maximal de 50% peut être exigé pour confirmer une réservation.

En cas de non-respect de la réservation, des règles d'annulation souples peuvent s'appliquer. Il est préférable d'en faire préciser les modalités par écrit. Cependant, si aucune convention écrite n'est produite, la politique d'annulation est la suivante : 30 jours et moins avant la date de réservation, le montant total du dépôt sera retenu.

Lors d'une annulation, il est conseillé de remettre la réservation à une date ultérieure afin de ne pas perdre son dépôt.

TARIFS

Certaines tables offrent des tarifs réduits pour enfants de moins de 12 ans. Il se pourrait que des frais soient demandés pour les personnes manquantes si le nombre de convives était inférieur à celui de la réservation. Les Tables Champêtres n'imposent pas de frais de service, cet aspect est laissé à la discrétion du client.

*** Marque de certification déposée**

1. MAGOG (Canton de)

AUX JARDINS CHAMPÊTRES
Monique Dubuc et Michel Skelling
1575, chemin des Pères, R.R. 4
Canton de Magog J1X 5R9
tel/fax (819) 868-0665

À 2 pas de Magog et Orford dans la magnifique région des Cantons-de-l'Est, vous succomberez aux charmes du paysage environnant, à la chaleur de notre maison centenaire ainsi qu'aux «pures délices» que nous vous servirons. Nos plats concoctés amoureusement à partir de nos élevages de canards, lapins, volailles, combleront tous les appétits. Ne résistez pas et étirez le plaisir avec votre groupe en profitant de l'hospitalité de notre gîte. Forfait 1 ou 2 jours à partir de 68 $ p.p. occ. double. **Gîte du passant p 70.**

De Montréal, aut. 10 est sortie 115 sud-Magog/St-Benoit-du-Lac, faire 1,8 km. À droite, chemin des Pères, dir. St-Benoit-du-Lac/Austin. Faire 6,1 km, surveiller l'enseigne à votre droite. Nous vous attendons.

Ouvert à l'année

Activités:

Salade au confit de canard et vinaigrette tiède balsamique ou
rillettes de lapin aux pistaches
Velouté jardinier aux fines herbes fraîches
Aumonière de poireaux sauce cheddar
et coulis de poivrons rouges ou
foie de lapereau sauté aux champignons sauce porto
Granité au calvados
Canard de barbarie sauce genièvre et caribou
ou râble de lapin aux pruneaux et armagnac ou
scalopini de volaille aux cerises de terre
Fromages de St-Benoit-du-Lac
Crêpes glacées aux pommes et figues ou
gâteau à la pâte d'amande ou
soufflé aux marrons et
sabayon au Grand Marnier

Repas : 36 $ taxes en sus / VS MC	
Sem : 2 à 30 pers.	We : 2 à 30 pers.
Min. de pers. exigées varie selon les saisons	
Pouvons recevoir plus d'un groupe à la fois (exclusivité des lieux selon saisons, nbr. de pers.)	

Inclus : visite de la ferme (en saison)

2. STE-ANNE-DE-LA-ROCHELLE

FERME DES ANCÊTRES
Marjolaine Martin et Paul Brien
601, Rang 9
Ste-Anne-de-la-Rochelle J0E 2B0
(514) 539-0191

Chez les Ancêtres, nous vivons au rythme des saisons en harmonie avec la nature. Avec ses cent vingt années et quelques poussières, notre maison fut celle de Rosée, Ouide et leur «petite famille»! Ils eurent seize enfants dont Réginald, mon grand-père. Pour connaître toute l'histoire, il faut venir à la Ferme des Ancêtres, tout en haut de la côte à Ste-Anne-de-la-Rochelle.
Au plaisir, Marjolaine et Paul.
À proximité : piste cyclable, musée Bombardier, mine Cristal Kébec, Safari Tour et centres de ski.

De Montréal, aut. 10 est, sortie 90. Rte 243 nord jusqu'à Ste-Anne. À gauche chemin Ste-Anne nord sur 2,5 km, prendre à droite rang 9 sur 2,3 km. De Sherbrooke et Granby : 30 min.

Ouvert à l'année

Activités:

Hors-d'œuvre de la maison
Pâté de chevreau ou rillettes de chevreau
Crème de courgettes orange et basilic
Pains maison aux herbes de Provence
Aumônière de champignons
Granité de romarin
Collier de chevreau à l'estragon
Pomme de terre en croûte
Petites carottes à l'érable
Purée de navets à la menthe
Gelées et chutneys maison
Salade verte moutardée à l'érable
Assiette de fromages
Parfait glacé sur crème anglaise, garni d'une tuile à l'orange
Thé, café, infusions

Repas : 28-32 $ taxes en sus	
Sem : 8 à 20 pers.	We : 10 à 20 pers.
Min. de pers. exigées varie selon les saisons	
Recevons un seul groupe à la fois	

Inclus : visite de la ferme

3. ST-LÉON-DE-STANDON

FERME LA COLOMBE
Rita Grégoire et Jean-Yves Marleau
104, rang St-Anne
St-Léon-de-Standon G0R 4L0
(418) 642-5152
fax (418) 642-2991

Grand Prix du tourisme 1997. À une heure de Québec au cœur des Appalaches venez vivre l'AVENTURE GASTRONOMIQUE de la FERME LA COLOMBE. Dans une chaleureuse salle à manger pièce sur pièce, charmés par le crépitement de la cheminée et par la vue imprenable de la fenêtre panoramique, vous savourerez le moment. Vous serez conquis par notre cuisine régionale à base de dindons sauvages, de pintades, de lapins et de truites au coup d'œil sublime. Randonnée de voiture à cheval. Possibilité forfait table champêtre et gîte. **Voir gîte à la ferme et gîte du passant p 37 et 97.**

De Québec, aut. 20 est, sortie 325 dir. Lac-Etchemin, rtes 173 sud et 277 sud jusqu'à St-Léon-de-Standon, rue Principale. De l'église 0,9 km, à l'arrêt traverser rte 277, à gauche rte du Village, faire 4 km. Rg Ste-Anne à droite, 2 km.

Ouvert : 1er sept au 30 juin

Activités:

Cocktail de bienvenue
Bouchées au fromage de chèvre, canard mariné et œufs de caille
Truite du lac en gelée
Velouté de rutabaga façon érablière
Aumônière de pintade ou poitrine de dindon sauvage farcie à l'abricot
Riz basmati et riz sauvage ou couscous citronné
Carottes glacées et betteraves au tapioca
Salade Colombine
Gâteau de fromage marbré au chocolat sur coulis de framboises
Thé, café, tisane

Repas : 30-32 $ taxes en sus	
Sem : 8 à 20 pers.	We : 8 à 20 pers.
Recevons un seul groupe à la fois	

Inclus : visite de la ferme

4. ST-AMBROISE-DE-KILDARE

Rêves d'enfance... Adieu la pratique du droit, au diable les vacances d'enseignant : Desneiges Pepin et Pierre Juillet –citadins pure laine...– s'installent sur cette ferme en 1985, en compagnie de onze brebis. Leur plaisir? Partager leur folie, faire découvrir les mille facettes de leur bergerie. Comment ils s'y prennent; vous offrir leurs agneaux. Et quoi de mieux pour y arriver, que de vous recevoir à leur table? C'est ainsi que quatre cents brebis plus tard, ils vous proposent une aventure de découverte et de gastronomie chez-eux, à La Bergerie des Neiges.

De Montréal, aut. 40 est, sortie 122, aut. 31 nord. Rte 158, 1 km, à gauche rte 343 nord, faire 20 km jusqu'à St-Ambroise. Au clignotant jaune, à gauche rang 5, faire 2 km. La ferme est blanche et rose, à gauche!

Ouvert à l'année

Activités:

BERGERIE DES NEIGES
Pierre Juillet et Desneiges Pepin
1401, Rang 5
St-Ambroise-de-Kildare
tel/fax (514) 756-8395

Merguez maison et mayonnaise harissa
Potage de carottes du rang 5
Rillettes d'agneau et compote d'oignons
Duo d'agneau, sauce ricaneuse
Légumes de Lanaudière
Salade de fromage feta de brebis
Tulipe et glace maison sur coulis de fruits
Thé, café, tisanes
Autres menus sur demande

Repas : 35 $ taxes en sus	
Sem : 12 à 36 pers.	We : 12 à 36 pers.
Min. de pers. exigées varie selon les saisons	
Recevons un seul groupe à la fois	

Inclus : visite de la ferme

5. ST-DAMIEN-DE-BRANDON

Prix Excellence des Tables Champêtres au Québec 1996-97. Du passé, nos murs sont imprégnés. Autour de la maison, les montagnes se sont refermées pour garder jalousement les charmes d'antan. Que vous y veniez hiver ou été la nature saura vous livrer ses secrets, sa beauté. Canards, oies, cailles, poulets, pintades, lapins et chevreaux, feu de bois et bougies seront de la partie pour que dans l'intimité, vous partagiez entre amis ces doux instants de vie. Le temps s'arrête au 3481, chemin des Cascades...

De Montréal, aut. 40 est, sortie 122, aut. 31 nord. Rte 131 nord. À partir du clignotant jaune, à l'entrée de St-Jean-de-Matha (garage ESSO) faire 3,1 km. À droite Lac Berthier - Lac Mondor faire 4,2 km. À gauche, Lac Mondor, faire 2 km. À droite, ch. des Cascades faire 1 km, maison bleue, à gauche.

Ouvert à l'année

Activités:

L'AUTRE TEMPS
Suzanne et Yvon Raymond
3481, chemin des Cascades
St-Damien-de-Brandon J0K 2E0
(514) 835-5756

Rillettes et mousse de foies de volaille
Potage de légumes saisonniers
Caille aux raisins, sauce à l'érable
Granité aux kiwis
Canard aux poires et aux échalottes confites
ou suprême de pintade en rosace ou
lapin aux pruneaux et abricots
Légumes du jardin
Salade d'épinards aux lardons
Plateau de fromages
Gâteau aux framboises parfumé au kirsch
ou mousseline à l'érable
Thé, café, tisanes
Truffes - sucre à la crème

Repas : 35 $	
Sem : 8 à 14 pers.	We : 8 à 14 pers.
Min. de pers. exigées varie selon les saisons	
Recevons un seul groupe à la fois	

Inclus : visite de la ferme

6. ST-JACQUES-DE-MONTCALM

BERGERIE VOYNE
Lise Savard et Mario Gagnon
2795, rang St-Jacques, route 341
St-Jacques-de-Montcalm J0K 2R0
(514) 839-6583

Dans la belle région de Lanaudière, nous élevons des agneaux et nous produisons notre sirop d'érable. La maison ancestrale des Venne dit «Voyne», blanche et verte en déclin de cèdre, vous attend. À notre table, l'agneau est roi et la bergère connaît tous les secrets de sa préparation. Une visite de la ferme vous permettra de voir le troupeau.

De Montréal, aut. 25 nord jusqu'à St-Esprit, 40 km. Rte 158 est jusqu'à St-Jacques, à gauche rte 341 nord, faire 4,8 km de l'intersection de la rte 158.

Ouvert : 1er mai au 28 fév

Activités:

Terrine de campagne et feuilles de vigne farcies au veau et aux pignons ou mousse de saumon et truite fumée
Feuilleté de canard, sauce poivrade
Potage saisonnier
Gigot d'agneau, sauce au porto blanc ou veau forestière
Salade du potager
Assiette de fromages
Fondue à l'érable
Café, thé, infusions

Repas : 32-34 $ taxes en sus	
Sem : 8 à 20 pers.	We : 10 à 20 pers.
Recevons un seul groupe à la fois	

Inclus : visite de la ferme

7. ST-JACQUES-DE-MONTCALM

LA MAISON DE BOUCHE
Nathalie Lapointe et Dominique Kubala
2372, rang St-Jacques
St-Jacques-de-Montcalm J0K 2R0
(514) 839-6382

À 50 minutes de Montréal, au cœur d'une région agricole se niche dans un écrin de verdure, «La Maison de Bouche». Notre maison datant de 1840, fut rénovée avec soin pour vous accueillir afin de découvrir notre cuisine de style évolutive, traditionnelle et française. Un service discret, une cuisine de qualité et une ambiance chaleureuse, voilà ce qui vous attend à notre table. Bienvenue.

De Montréal, aut. 25 nord jusqu'à St-Esprit, rte 158 est jusqu'à St-Jacques. Aux feux de circulation, à gauche rte 341 nord. Faire 1,3 km, c'est sur votre droite.

Ouvert à l'année

Activités:

Filet de truite aux petits légumes croquants, sauce au pesto
Soupe à l'oignon
Soufflé à l'Emmental
Colonel
Mijoté de lapins à la graine de moutarde ou suprême de faisan aux champignons des bois ou filet de porc, à la compote d'oignons
Salade digestive
Dessert de saison
Café, thé, infusions

Repas : 36-37-38 $	
Sem : 8 à 20 pers.	We : 10 à 20 pers.
Min. de pers. exigées varie selon les saisons	
Recevons un seul groupe à la fois	

Inclus : visite de la ferme (en saison)

8. LACHUTE, ARGENTEUIL

AU PIED DE LA CHUTE
Danièle et Yvan Deschênes
273, Route 329 Nord
Lachute, Argenteuil J8H 3W9
(514) 562-3147 (514) 621-3106
fax (514) 562-3147

Bouchées miniatures de bienvenue
Salade tiède portabella au vinaigre
de Champagne ou terrine
de volaille au vermouth et ses confitures ou
saucisson d'agneau sur nid de pâtes et son
coulis de tomates fraîches
Potage de légumes saisonniers
Gigot d'agneau aux aromates ou
médaillon d'agneau à l'estragon ou
suprême de chapon à la vanille
et aux cinq baies ou
pintadeau aux canneberges
Jardinière de légumes
Salade campagnarde ou
granité au cidre du Minot
Raclette d'Argenteuil à la gelée de Sauternes
Duo de desserts et surprise d'au revoir
Espresso et cappuccino disponibles

Repas : 35-45 $ taxes en sus / VS MC IT	
Sem : 6 à 25 pers.	We : 14 à 25 pers.
Min. de pers. exigées varie selon les saisons	
Recevons un seul groupe à la fois	

Inclus : visite de la ferme

Dans le calme de la campagne, notre maison de bois vous offre charme, confort et délices d'une table champêtre réputée où agneau et volaille sont à l'honneur. L'accueil familial y est personnalisé et chaleureux. De bucoliques randonnées près de notre étang et au pied de la chute ajouteront à la magie du paysage et aux plaisirs de la table. Bienvenue chez nous!

De Montréal, aut. 15 nord, sortie 35. Aut. 50 jusqu'à Côte St-Louis, à droite jusqu'à rte 158 ouest, à gauche jusqu'à rte 329 nord. Au clignotant jaune, à droite, faire 1,5 km exactement. C'est à votre gauche.

Ouvert à l'année

Activités:

9. L'ANNONCIATION

LA CLAIRIÈRE DE LA CÔTE
Monique Lanthier et Yves Bégin
16, chemin Laliberté
L'Annonciation J0T 1T0
(819) 275-2877
fax (819) 275-3363

Rougette crémière
Foie gras poulette
Pesto en pâte
Velouté de saison
Tournedos dindonneau au fouillis jardinier
Verdoyant potager, crémerie de fines herbes
Fromagerie raisinet
Fruiterie sauvagine en velours
Pouding paysan sirop d'érable
Thé, café, tisane
Autres menus sur demande

Repas : 30 $	
Sem : 6 à 20 pers.	We : 6 à 20 pers.
Recevons un seul groupe à la fois	

Inclus : visite de la ferme

En Hautes-Laurentides, notre table vous invite à venir passer des heures de calme et de détente dans une trouée de forêt aux espèces très variées. On y vit au rythme de la nature dans le voisinage de petits animaux (agneaux, lapins, poulets de grain, veaux, chevreaux) que l'on retrouve en plats succulents accompagnés de légumes frais sortis de nos jardins biologiques. **Gîte du passant et gîte à la ferme p 151 et 38.**

De Montréal, aut. 15 nord et rte 117 jusqu'à L'Annonciation. De l'hôpital, faire 4,3 km. À gauche chemin Laliberté. 1re maison à droite. Maison Canadienne amande.

Ouvert : 1er déc au 31 mars, 1er mai au 31 oct

Activités:

10. MIRABEL, LACHUTE

LES RONDINS
Lorraine Douesnard et François Bernard
3015 Sir Wilfrid Laurier, route 158
Mirabel (Lachute) J8H 3W7
(514) 562-7215
(514) 258-2467
fax (514) 562-0139

À 45 min de Montréal, venez partager l'intimité de notre maison datant de 1860. Le décor victorien créé autour de ses foyers, son piano et son mobilier vous plongeront dans l'ambiance feutrée d'autrefois. Plats cuisinés à partir de nos élevages de veaux et de poulets de grains, de même que nos canards de barbarie. Le vieux four cuit le pain de campagne et les produits de notre érablière.

De Montréal, aut. 15 nord, sortie 39 direction Lachute, rte 158 ouest. C'est à 20,7 km de l'autoroute.

Ouvert à l'année

Activités:

Bouchées d'avant
Roulade de chapon farcie
Velouté de légumes «Mirabel»
Salade tiède au confit de canard
Mijoton de veau au parfum de basilic ou
pavé de veau aux
*pommes et à l'érable**
ou canard de barbarie à la framboise
Légumes de saison
Fromage «La Longeraie»
Charlotte «Les Rondins»
Parfait maison
Mini-gourmandise

* *moyennant un léger supplément*

Repas : 35-37 $
Sem : 10 à 26 pers. We : 14 à 26 pers. Min. de pers. exigées varie selon les saisons
Recevons un seul groupe à la fois

Inclus : visite de la ferme

11. MIRABEL, STE-SCHOLASTIQUE

AUX DOUCEURS DE LA RUCHE
Danielle Rochon et Mario Morrissette
10351, St-Vincent
Ste-Scholastique-Mirabel J0N 1S0
(514) 258-3122
fax (514) 258-1719

Dans la belle région des Basses-Laurentides, à seulement 40 min de Montréal, venez retrouver le calme de la campagne. Une majestueuse entrée bordée d'épinettes et tout au fond, une maison témoin de l'histoire québécoise. C'est là que nous vous attendons. Dans la cuisine, la volaille de notre élevage se fait dorer doucement et ça sent bon le miel chaud. Une visite à la miellerie vous fera découvrir les secrets du monde des abeilles et vous goûterez aux «douceurs de la ruche». Un feu de bois réchauffe déjà l'atmosphère de la salle à manger, il n'y manque que vous.

De Montréal, aut. 15 nord, sortie 20 ouest, aut. 640 ouest, sortie 11 boul. Arthur-Sauvé, dir. Lachute. Faire 17,5 km. Après le restaurant Belle-Rivière, à droite sur St-Vincent, faire 5 km. Nous vous attendons, tout au bout de l'allée d'épinettes.

Ouvert : 11 jan au 19 déc

Activités:

Mousse de foies de volaille au cognac
Jus de légumes frais
Oeufs de caille dans leur nid et
terrine de volaille
Velouté de navet aux pommes
Perdrix rôtie, sauce moutarde au miel
Riz sauvage aux fines herbes ou
pommes de terre
Petits légumes de saison
Salade «Miramiel»
Fromages de chèvre frais
La ruche et ses ouvrières
Thé, tisanes, café
pain maison, douceur «chocomiel»
Autres menus disponible

Repas : 35 $ taxes en sus
Sem : 10 à 24 pers. We : 14 à 24 pers. Min. de pers. exigées varie selon les saisons
Recevons un seul groupe à la fois

Inclus : visite de la ferme

12. ST-ANDRÉ EST

LA FERME CATHERINE
Robert Darais et Marie Marchand
2045, Route 344
St-André Est J0V 1X0
tel/fax (514) 537-3704

Crémant de pomme
Saucisse deux viandes sur
tombée de tomates ou
tourte aux marinades fruitées
Terrine de bison au confit d'oignons
Potage fermière
Rôti de bison ou
de bœuf braisé aux fines herbes
Salade trois feuilles
Assiette de fromages assortis et fruits
Délices de la saison
Thé, café ou infusion

Repas : 38 $ taxes en sus	
Sem : 12 à 26 pers.	We : 12 à 26 pers.
Min. de pers. exigées varie selon les saisons	
Recevons un seul groupe à la fois	

Inclus : visite de la ferme

Marie, Catherine et Robert vous invitent à venir déguster leur repas champêtre dans une ambiance familiale près du vieux poêle à bois d'où la chaleur se marie avec celle des hôtes. Robert vous promènera sur la ferme et vous pourrez admirer la vue superbe du lac des Deux-Montagnes et de son environnement. Amis de la bonne table, assoyez-vous et que débute le festin.

De Montréal, aut. 13 ou aut. 15 jusqu'à l'aut. 640 suivre la dir. jusqu'à Oka. De Oka, faire 19 km sur la rte 344. Vous allez passer par St-Placide sur la 344 et faire 6 km. Lorsque la route se rétrécit et devient sinueuse vous êtes rendu à La Ferme Catherine.

Ouvert à l'année

Activités:

13. ST-EUSTACHE

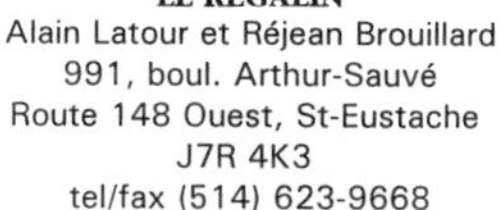

LE RÉGALIN
Alain Latour et Réjean Brouillard
991, boul. Arthur-Sauvé
Route 148 Ouest, St-Eustache
J7R 4K3
tel/fax (514) 623-9668

Mousse de foies de lapereau et pain maison
Feuilleté de faisan au poivre vert ou
aumonières de pintade à l'érable
Potage de saison
Lapin aux abricots, au cidre ou à l'érable ou
médaillon d'autruche à l'hydromel ou
suprême de faisan au poivre rose
Salade verdurette
Plateau de fromages fins
Profiteroles au chocolat ou
gâteau mousse aux abricots
Café, thé, infusions
Autres menus sur demande

Repas : 36-42 $	
Sem : 10 à 45 pers.	We : 10 à 45 pers.
Min. de pers. exigées varie selon les saisons	
Recevons un seul groupe à la fois	

Inclus : visite de la ferme

À moins de 30 min de Montréal, dans le quartier des érables à St-Eustache, une belle grosse canadienne aux lucarnes éclairées surplombe ce grand potager à perte de vue. Ici, la culture maraîchère est axée sur l'autocueillette (fèves italiennes, piments, tomates, rappinni, oignons). Et l'élevage (lapins, faisans, pintades, oies, autruches, chèvres angoras, canards) nous inspire dans l'élaboration de nos différents menus.

De Montréal, aut. 15 nord, sortie 20 ouest, aut. 640 ouest, sortie 11-boul. Arthur-Sauvé dir. Lachute. Faire 5 km de la sortie. 8 maisons après la pépinière Eco-Verdure du côté droit de la route.

Ouvert à l'année

14. STE-ADÈLE

LA TRUITE DES GOURMETS AU MARTIN-LE-PÊCHEUR

Réjeanne et J. Benoît Martin
265, avenue Canadienne
Ste-Adèle J0R 1L0
tel/fax (514) 229-7020

À 45 min de Montréal, au coeur des saisons, venez découvrir un pavillon coquet et moderne situé dans un endroit paisible au pied d'une ancienne érablière. Vous et vos amis pourrez y déguster une fine cuisine composée de truite, lapin ou volaille, et les légumes, fleurs comestibles et aromates de notre potager ensoleilleront vos repas. Le rituel de la pêche d'une truite accompagne ce festin et une visite technique vous fera découvrir: pourquoi la truite est meilleure au Martin-le-Pêcheur. Activités offertes sur place : pêche récréative et jeux de pétanque.

De Montréal, aut. 15 nord, sortie 76, suivre rte 117 sud, faire 1 km. Du centre-ville de Ste-Adèle, suivre la rte 117 nord, faire 6 km. Surveiller l'affichage provincial.

Ouvert à l'année

Activités:

Trempette de poireaux et
son escorte de crudités
Truite Benoît fumée au bois d'érable ou
croûtons fondants au fromage et champignons
Chaudrée de truite des Pays-d'en-Haut ou
soupe de légumes Grand-mère
Turbans de truite saumonée Dugléré ou
suprême de poulet de grain farci
sauce Madère
Variation de légumes
Salade frivole et son émulsion orange et miel
Gâteau renversé aux pommes et
son sucre à la crême chaud ou
îles flottantes au chocolat,
crème anglaise aux fruits de saison
Thé, café, infusions
Nous offrons aussi un menu allégé

Repas : 35 $	
Sem : 10 à 30 pers.	We : 10 à 30 pers.
Min. de pers. exigées varie selon les saisons	
Recevons un seul groupe à la fois	

Inclus : visite de la ferme

15. STE-ANNE-DES-PLAINES

LA CONCLUSION

Chantal et Gilles Fournier
12, boul. Normandie
Ste-Anne-des-Plaines J0N 1H0
(514) 478-2598 ou
tel/fax (514) 990-7085
www.web-solut.com/laconclusion

Dès votre arrivée, le petit sentier que vous emprunterez saura vous dépayser. Dans notre verrière, au milieu des sous-bois, vous êtes invités à déguster les plats élaborés à partir des produits frais de notre ferme. Tout en étant près de Montréal, vous pourrez apprécier l'ambiance de détente qui règne chez nous, respirer l'air pur de la campagne et écouter le chant des oiseaux et des criquets. Chaque saison vous offre son charme, le feu de la cheminée ou le jardin à maturité. En conclusion, venez relaxer et vous laisser gâter chez la famille Fournier.

De Montréal ou du nord, aut. 15, sortie 31, rue Victor vers l'est, faire 13,9 km (rue Victor devient rg Lepage et vous passerez un clignotant à la rte 335). Boul. Normandie, à droite, 0,5 km. Ou de Montréal ou Laval, aut. 640, sortie 28, faire 9,3 km en dir. nord sur la rte 335. Au clignotant, rang Lepage à droite, 3,2 km. Boul. Normandie à droite, 0,5 km.

Ouvert à l'année

Activités:

Potage ou crème du jardin
Assortiment de pâtés ou gâteau de lapin
au vin blanc ou caille sur canapé glacée au
vinaigre de framboises
Pain maison aux 5 grains
Lapin aux pommes et raisins ou lapin aux
abricots ou cailles en demi,
sauce au porto et raisins verts
Pommes de terre boulangères ou
riz aux herbes fraîches
Légumes de saison en salade
Tarte aux framboises glacée au sirop d'érable
ou gâteau mousse aux fraises et à la rhubarbe
ou crêpes de blé entier farcies, coulis de
bleuets, Crèmes glacées maison
Gourmandises, Thé, café, infusions

Repas : 34 $	
Sem : 6 à 24 pers.	We : 6 à 24 pers.
Min. de pers. exigées varie selon les saisons	
Pouvons recevoir plus d'un groupe à la fois (exclusivité des lieux selon saisons, nbr. de pers.)	

Inclus : visite de la ferme

16. LOUISEVILLE

À 60 min de Montréal, La Seigneurie vous attend dans sa chaleureuse maison pour vous gâter! Repas 9 services fait des produits de notre petite ferme traditionnelle. Le potager, les parterres de fleurs, le clos des fines herbes biologiques rendent notre nourriture saine en plus de vous séduire par leurs couleurs et leurs parfums. Après un festin bien arrosé, quoi de mieux que de rejoindre Morphée dans les 5 ch. douillettes qu'offre notre auberge! Forfait artistique : «Reproduisez un tableau champêtre vivant de Monet ou de Renoir» incluant : décor, costumes, animation, photographie et repas. **Gîte du passant et à la ferme p 174 et 39, maison de campagne p 182 et visite des jardins p 32. Photo p 192.**

De Montréal ou de Québec, aut. 40 sortie 166, rte 138 est, 2,4 km jusqu'à la rte 348 ouest. Aux feux, à gauche vers Ste-Ursule, 1,5 km, 1er chemin à droite, 1re maison isolée et éloignée sous les arbres.

Ouvert à l'année

Activités:

LA TABLE DE LA SEIGNEURIE
Michel Gilbert
480, chemin du Golf
Louiseville J5V 2L4
tel/fax (819) 228-8224

Bouchées cordiales à l'apéritif
Feuilleté de filet de perchaude du Lac Saint-Pierre
Soupière de Bortsch québécois
Granité Bienfaisant
Le porc, le veau ou l'agneau de la Seigneurie sont à l'honneur
Légumes potagers
Laitue, vinaigrette «Fin Palais»
Éphémère triangle de fromages
Bagatelle «Seigneuriale» au sherry
Douceurs inoubliables
Nous suggérons aussi d'autres menus
Menus exceptionnels inspirés de la cuisine de Monet et de Colette

Repas : 35 $ taxes en sus	
Sem : 8 à 26 pers.	We : 10 à 26 pers.
Min. de pers. exigées varie selon les saisons	
Pouvons recevoir plus d'un groupe à la fois (exclusivité des lieux selon saisons, nbr. de pers.)	

Inclus : visite de la ferme (en saison)

17. HUNTINGDON

DOMAINE DE LA TEMPLERIE
Chantale Legault et Roland Guillon
312, New Erin
Huntingdon J0S 1H0
tel/fax (514) 264-9405

Au milieu des champs et des boisés, notre maison ancestrale vous attend. Randonnée en forêt, visite de la cabane à sucre, activités de plein air. À votre disposition : terrain de soccer, de volley-ball, de pétanque et de fer. Notre élevage d'oies, de pintades, de faisans et de canards vous offrira un concert inoubliable. Dans une athmosphère détendue, vous dégusterez des plats succulents.

De Montréal, rte 138 ouest dir. Huntingdon. 9 km après l'arrêt d'Ormstown, à droite au chemin Seigneuriale, faire 4,7 km, à gauche c'est New Erin. Faire 1,3 km.

Ouvert à l'année

Activités:

Petits fours à apéritif, velouté en cachette
Plateau de charcuterie
Au choix : flan de pétoncles aux pointes d'asperges, escargots façon du domaine, truite farcie en croûte, quiche Victoria, ris de veau aux pleurottes**
Selon votre goût : filet d'oie au roquefort, confit de canard sauce béarnaise, pintadeau farci Vallée d'Huge, également nous vous offrons : faisan, chapon, agneau, lapin, veau et porc
Gratin dauphinois et jardinière de légumes
*Salade, plateau de fromages**
Souflé glacé à l'érable et au calvados, tarte Bourdaloue au chocolat
Café, thé, infusion

* moyennant un léger supplément

Repas : 30 $ taxes en sus	
Sem : 10 à 20 pers.	We : 12 à 20 pers.
Min. de pers. exigées varie selon les saisons	
Recevons un seul groupe à la fois	

Inclus : visite de la ferme

18. ST-DAVID, YAMASKA

LA TABLÉE
Carolle et Normand Lavallée
130, rang Rivière David
St-David, Yamaska J0G 1L0
(514) 789-2305

À la petite ferme où nous élevons des porcelets et des chevaux de perche, la table est mise. Elle est garnie d'une multitude de «petits-à-côtés», avant-goût d'un repas de qualité. En plus du porcelet, nous offrons aussi de la viande chevaline servie en fondue chinoise ou bourguignonne. En toute saison, un tour de voiture avec chevaux est offert sur demande. Bienvenue à la campagne où il fait bon se retrouver.

À 45 min de St-Hyacinthe et à 30 min de Drummondville. De Montréal, aut. 20 est sortie 170 Yamaska-Sorel, rte 122 ouest. Faire 24 km jusqu'à St-David. Au bout du chemin du village, à droite, faire 2 km.

Ouvert à l'année

Charcuteries maison : tête fromagée, cretons, saucissons
Soupe de saison
Porcelet farci de «La Tablée»
Légumes variés
Salade santé amandine
Tarte au suif Marie-Claire
Gâteau au fromage chocolaté

Nous offrons aussi un menu de viande chevaline, de faisan et de lapin.

Repas : 28-30 $ taxes en sus	
Sem : 8 à 16 pers.	We : 8 à 16 pers.
Min. de pers. exigées varie selon les saisons	
Recevons un seul groupe à la fois	

Inclus : visite de la ferme

19. ST-PAUL-D'ABBOTSFORD

LA PETITE BERGERIE
Pierrette et Michel Scott
1460, rang Papineau
St-Paul-d'Abbotsford J0E 1A0
tel/fax (514) 379-5842

Pâté campagnard
Salade santé et vinaigrette au sirop d'érable
Velouté de légumes
Au choix : agneau et bœuf ou veau et porc
Riz aux herbes ou pommes de terre
Légumes d'accompagnement
Fromage et fruits
Délice à l'érable ou choix du chef et son coulis
Thé, café, tisanes

Pour toi et tes amis, qui aimez la vie à la campagne et désirez passer quelques heures dans une ambiance familiale, pouvoir caresser agneaux, chèvres, lapins et autres animaux, marcher en pleine nature à travers champs et érablières, faire un petit détour et visiter notre armoire à cadeaux pour ensuite terminer autour d'une bonne table, réchauffée par la chaleur du foyer. Alors n'hésitez plus, on vous attend chez nous entre amis. **Promenade à la ferme p 33.**

Aut. 10, sortie 55, rte 235 nord, faire 5 km, au 2e rang à droite. Ou aut. 20, sortie St-Hyacinthe, rte 235 sud. Traverser la route 112, 1er rang à gauche.

Repas : 35 $	
Sem : 10 à 20 pers.	We : 12 à 20 pers.
Min. de pers. exigées varie selon les saisons	
Recevons un seul groupe à la fois	

Inclus : visite de la ferme

Ouvert à l'année

Activités:

20. ST-RÉMI-DE-NAPIERVILLE

FERME KOSA
Ada et Lajos Kosa
1845, rang St-Antoine
St-Rémi-de-Napierville J0L 2L0
(514) 454-4490

Punch
Canapés variés
Potage aux poireaux
Terrine de lapin aux porto
Tagliatelle aux asperges
Pintade aux pommes, flambée au calvados
Légumes du potager
Pommes de terre mousseline
Salade
Assiette de fromages
Profiteroles au chocolat belge
Charlotte aux poires
Café, thé, tisanes
Autres menus sur demande

À 35 min de Montréal. Si les rencontres de petits animaux et les randonnées en forêt vous mettent en appétit, vous serez ravis de profiter de notre environnement enchanteur. Notre étang où s'ébattent canards et bernaches vous charmera. Nos spécialités: canard et pintade. Notre cuisine internationale, servie dans notre chaleureuse salle à manger située dans une jolie dépendance située sur la ferme, vous attend. Un vrai délire pour les papilles gustatives!

Du pont Champlain, aut. 15 dir. USA sortie 42 (rte 132). Rte 209 sud dir. St-Rémi. De l'église, faire 2,2 km, 1re montée à droite rang St-Antoine. Ou du pont Mercier, rte 207 sud puis rte 221 sud jusqu'à rte 209 sud dir. St-Rémi.

Repas : 35 $	
Sem : 10 à 40 pers.	We : 10 à 40 pers.
Min. de pers. exigées varie selon les saisons	
Recevons un seul groupe à la fois	

Inclus : visite de la ferme

Ouvert à l'année

21. ST-VALÉRIEN

LA RABOUILLÈRE
Pierre Pilon
1073, rang de l'Égypte
St-Valérien J0H 2B0
(514) 793-4998
fax (514) 793-2529

Selon la saison, vous serez accueillis par nos jardins ou l'âtre de notre foyer. Le lapin est au menu ainsi que le chevreau ou les oiseaux fermiers, dont le délicieux pigeonneau, notre nouveauté. Pour égayer ou parfumer nos plats, nous cuisinons avec nos fleurs. Arrivez tôt, il y a tellement à voir. **Promenade à la ferme p 33. Annonce p 208.**

À 20 min de St-Hyacinthe ou de Granby. De Montréal, aut. 20 est, sortie 141 dir. St-Valérien. Dans le village, chemin Milton et 1re rte à droite (2e clignotant). Ou aut. 10, sortie 68, rte 139 vers Granby, puis rte 112 et rte 137 nord vers Ste-Cécile. Après Ste-Cécile, chemin St-Valérien à droite jusqu'au 1er clignotant à gauche.

Ouvert à l'année

Punch et assiette de canapés
Terrine de pintadeau aux avelines ou foies de lapin au porto
Velouté de tomates et basilic ou potage de poireaux à la coriande
Sorbet sur hémérocalles (en saison)
Cuisseau de lapin farci (sauce à l'estragon) ou pigeonneau à la niçoise ou suprême de pintade (sauce aux pommes et au cidre) ou magret de canard (sauce au vinaigre de framboises)
Salade mille fleurs (en saison)
Fromages de chèvre
Gâteau au fromage, amande et fruits sur crème anglaise
Plusieurs autres menus (brunch, etc.) sur demande

Repas : 35-45 $	
Sem : 12 à 45 pers.	We : 15 à 45 pers.
Min. de pers. exigées varie selon les saisons	
Pouvons recevoir plus d'un gr. à la fois/ 2 salles disp. (exclusivité des lieux selon saisons, nbr. de pers.)	

Inclus : visite de la ferme

22. STE-JUSTINE-DE-NEWTON

LA SEIGNEURIE DE NEWTON
Lucille F. Lavallée
750, 3e Rang
Ste-Justine-de-Newton J0P 1T0
(514) 764-3420

Au cœur d'une région agricole, partagez l'intimité de notre maison centenaire au décor victorien. Notre four à pain authentique agrémentera votre repas de pain frais du jour. Le piano est toujours à votre disposition. Nous offrons la gamme complète des produits de notre érablière. Profitez d'une visite de notre ferme, qui abrite faisans, chevaux, poules, etc. Nos chevaux percherons vous attendent pour un tour de calèche ou de sleigh (réservation). Notre moulin à vent pompe l'eau qui arrose notre potager. Bienvenue!

De Montréal, aut. 40 ouest, dir. Ottawa, sortie 17 (montée Lavigne). À gauche, rte 201 sud, faire 9,6 km jusqu'au rang Ste-Marie-de-Ste-Marthe. Sur ce rang, faire 4,6 km, au 1er arrêt, à gauche faire 5,1 km.

Ouvert à l'année

Activités:

Spécialité faisan :
Terrine de foies de faisan et rillettes au poivre vert
Potage saisonnier
Feuilleté aux épinards
Faisan au cognac
Carottes persillées ou légumes saisonniers
Riz aux fines herbes
Salade de la maison centennaire
Fins fromages régionaux
Crêpes divines à l'érable ou tartelettes paysannes au sirop d'érable
Café, thé, infusions

Repas : 35 $	
Sem : 8 à 24 pers.	We : 10 à 24 pers.
Recevons un seul groupe à la fois	

Inclus : visite de la ferme

23. ST-SIXTE

Dans notre belle vallée, au bord de la rivière St-Sixte, agneaux et volailles de notre ferme vous permettent de déguster des mets issus de deux traditions : la richesse de la gastronomie française ou l'exotisme de la cuisine marocaine. Chez nous chaque saison a son menu. La famille Cavalier peut vous aider à planifier vos occasions spéciales.

À 1 heure de Hull et 2 de Montréal. De Hull, aut. 50 jusqu'à Masson, rte 148 jusqu'à Thurso. Rte 317 nord, faire 18 km jusqu'à la montée Paquette, et suivre jusqu'à montée St-André : tourner à gauche, ferme à 800 m.

Ouvert à l'année

Activités:

FERME CAVALIER
Gertie et Marc Cavalier
39, montée St-André
St-Sixte J0X 3B0
(819) 985-2490 fax (819) 985-1411
marc.cavalier@sympatico.ca

Menu d'automne

Velouté de citrouille au miel et au girofle
Filet de truite de la Petite Nation cuit à la vapeur et accompagné d'un coulis de persil citronné ou
tourte de pintade aux champignons des bois ou gigot d'agneau en chevreuil, sauce poivrade ou épaule d'agneau vapeur, dorée au beurre de safran
Gratin dauphinois
Petits flans aux légumes d'automne
Bouquet de fraîcheur au vinaigre de la ferme
Plateau de fromages du terroir avec pain maison au fromage de chèvre et au miel
Mille feuille à la mousse d'érable et aux noix ou feuilleté aux pommes
Pain de campagne maison
Thé, café

Repas : 22-31 $ taxes en sus Prix réduits : jan à mars
Sem : 6 à 25 pers. We : 14 à 25 pers. Min. de pers. exigées varie selon les saisons
Recevons un seul groupe à la fois

Inclus : visite de la ferme

24. ST-FÉLICIEN

TABLE BOIS VELOURS
Nathalie Roy et Carol Larouche
4052, Route 373
St-Félicien G8K 3B7
(418) 679-3426
fax (418) 679-8624

La Table Bois Velours vous convie à vivre et à partager une expérience gustative unique en son genre dans la région du Lac St-Jean. Elle vous reçoit avec l'hospitalité reconnue des Méthodois. La Table Bois Velours vous propose des menus composés des produits de la ferme avec comme plats de résistance le wapiti et le cerf rouge, accompagnés de différents produits frais. La viande de cervidés est très riche en protéine et très faible en gras et en cholestérol.

Situé au Lac St-Jean sur la rte 169 dir. St-Félicien (traverser la ville) prendre le pont à droite rte 169 faire 13 km jusqu'à l'église secteur St-Méthode prendre la 373 dir. Normandin 3 km de l'église.

Ouvert à l'année

Activités:

Cordial à la framboise
Potage aux fines herbes
Salade jardinière
Feuilleté de cerf
Brochette de cerf flambé au cognac
Assiette de fromages et de fruits
Buisson de framboises
Nous vous servons du fromage biologique de notre région

Repas : 35 $	
Sem : 8 à 20 pers.	We : 8 à 20 pers.
Recevons un seul groupe à la fois	

Inclus : visite de la ferme

25. ST-PRIME

LA CHAUDRÉE DES CHAMPS
Martyne Beaucage et Carol Delisle
460, Rang 3
St-Prime G0W 2W0
(418) 251-3943

Aux abords du superbe Lac St-Jean, à notre ferme ancestrale, plaisirs du palais et de la table sont rois. Nos produits de la ferme sont cultivés et préparés avec amour de la terre et de la table. Chez nous, le régal est assuré car les mets sont des caresses gastronomiques. Bienvenue à la Chaudrée des Champs.

Au Lac St-Jean, rte 169 vers Roberval (à 8 km de St-Prime). Face à l'église, à gauche vers le Rang 3 puis à gauche vers la Chaudrée des Champs.

Ouvert à l'année

Activités:

Terrine de lapin et son coulis
Lapin en croûte aux champignons
Soupe potagère aux gourganes
Chaudrée de lapin
Salade printanière
Lapin au calvados et aux pommes
Escalopes de veau au porto
Fromages Albert Perron et marinades maison
Gâteau meringué aux framboises
Gâteau au fromage de chèvre et rhubarbe

Repas : 30 $	
Sem : 6 à 20 pers.	We : 8 à 20 pers.
Min. de pers. exigées varie selon les saisons	
Recevons un seul groupe à la fois	

Inclus : visite de la ferme

Promenades à la Ferme

LES PROMENADES À LA FERME

Des agriculteurs vous invitent à passer quelques heures en pleine nature ou à vivre une journée à la ferme, et vous proposent diverses activités récréatives et éducatives visant à apprivoiser la vie rurale. On y accueille, sur réservation, des familles et des groupes pouvant varier de petits, moyens à grands.

Qu'il s'agissent d'une sortie pédagogique ou d'une activité pour les membres d'une association, d'une rencontre familiale, d'un pique-nique entre amis, d'une excursion à bicyclette, d'une randonnée à la campagne ou d'un ralley en automobile, les fermiers participants offrent aussi bien aux enfants, aux familles, aux amis, qu'aux personnes de tous âges, un choix d'activités qui n'a de limites que celles de leur imagination. Ces visites donnent l'occasion, entre autres, de se familiariser avec la traite des vaches, l'élevage du lapin, la culture maraîchère, l'entretien d'un cheval, la levée des oeufs et la naissance des poussins, le monde des abeilles. Elles permettent aussi d'apprendre à identifier les légumes du potager et les plantes sauvages de même qu'à mieux connaître une foule d'animaux que l'on retrouve habituellement à la ferme: vaches, chèvres, chevaux, moutons, oies, canards, lapins... Mais aussi d'autres plus exotiques: lamas, paons, sangliers, autruches, daims...

Des balades à dos de poneys, des randonnées en traîneau, un feu de camp, une épluchette de blé d'Inde sont autant de suggestions que les hôtes pourront vous offrir afin de rendre votre visite agréable et régénératrice.

RÉSERVATIONS

La réservation se fait directement à la ferme choisie. Un dépôt de 40% (minimum de 20$) peut être exigé pour la confirmation de votre réservation.

En cas de non-respect de la réservation, des règles d'annulation souples peuvent s'appliquer. Il est préférable d'en faire préciser les modalités par écrit. Cependant, si aucune convention écrite n'est produite, les sommes d'argent prévues et reçues en guise de dépôt seront conservées par l'hôte à titre de dommages et intérêts liquidés, selon la règle suivante :

- Entre 16 et 21 jours, des frais de 10$ seront retenus;
- Entre 8 et 15 jours, 50% du dépôt sera retenu (minimum 20$);
- 7 jours et moins avant la date prévue, le montant total du dépôt sera retenu.

Lors d'une annulation, il est conseillé de remettre la réservation à une date ultérieure afin de ne pas perdre son dépôt.

1. AYER'S CLIFF

FERME «LA CHEVRIÈRE»
Monique Marchand et
Serge Paradis
3238, chemin Roy Nord
Ayer's Cliff (Kingscroft)
J0B 1C0
tel/fax (819) 838-5292

30 km de Magog
30 km de Sherbrooke
13 km de Coaticook

Située au cœur des Cantons-de-l'Est entre North-Hatley et Ayer's Cliff, la ferme «La Chevrière», spécialisée dans l'élevage de chèvres angoras, vous fera admirer nos «amours» dans un environnement propre et esthétique. Leurs soins vous seront expliqués et selon la saison, vous y verrez la tonte, les accouplements et les naissances. Le tout sera suivi de démonstrations sur place au sur vidéo de la transformation de la fibre Mohair du début jusqu'à la fin. De plus, si vous désirez prolonger votre visite inoubliable, «La Chevrière» vous offre le **gîte du passant, voir p 64**.

Aut. 10, sortie 121; aut. 55 sortie 21, rte 141 sud. 3 km après pancarte «Hatley-Kingscroft-Way's Mills». À gauche (chemin Roy Nord). Faire 4 km. Maison en pierres des champs et bois à droite de la route.

POUR LES FAMILLES ET LES PETITS GROUPES : à l'année (sur réservation)
Pour les groupes de 10 à 20 personnes : juil-août

- Autres animaux : âne, paons, chats, chiens
- Démonstration de cardage et filage du Mohair sur rouet ancestral
- Atelier de métiers à tricoter
- Randonnée pédestre (62 acres)
- Cueillette de champignon sauvages (en saison)
- Observation d'oiseaux dont les merles bleus
- Couchers de soleil à couper le souffle
- Cieux exceptionnellement clairs pour astronomes amateurs
- Tranquillité invitant à la contemplation
- Gorges de Coaticook (10 km)
- Mine Capelton de North Hatley (20 km)

Tarif :
5 $ par personne
Enfants gratuit

2. ST-MICHEL-DES-SAINTS

FERME DU BONHEUR
Patricia et Anne-Marie Gervais
50, chemin P-E. Gervais
St-Michel-des-Saints J0K 3B0
(514) 833-5325

100 km de Joliette
7 km de St-Michel-des-Saints
200 km de Montréal

La **Ferme du Bonheur** entourée de lacs, forêts, rivières et chute, des sentiers d'interprétation écologique. Venez voir 15 variétés d'animaux (poney, cheval, vache, porc, âne, chèvre, mouton, canard, oie, poule, dinde, faisan, lapin, chien, chat) et visiter le jardin et la serre. En toute saison visitez notre petit coin de paradis. Vos hôtes se feront un plaisir de vous guider.

De Montréal, aut. 40 nord, aut. 31 jusqu'à Joliette. Rte 131 nord. À St-Michel, rue Des Aulnaies, 5 km. Au chemin Lac-de-la-Dame, faire 20 mètres, Chemin P-E. Gervais, faire 2 km.

POUR LES FAMILLES ET LES PETITS GROUPES : à l'année (sur réservation)
Pour les groupes de 10 à 100 personnes : à l'année (sur réservation)

- Visite des animaux
- Soin et entretien des animaux
- Promenade en tracteur
- Participer à la semence et à la récolte
- Cueillette de petits fruits
- Tour de poney, équitation
- Chasse aux trésors
- Activités diverses: promenade en 4 roues, chaloupe, pédalo, baignade, marche en forêt, cerf-volant
- Aire de pique-nique
- Soirée près d'un feu de camp
- Observation des chutes
- Faire la fête (anniversaire, naissance, fin d'année scolaire)
- Dégustation des produits de la ferme*
- Hiver: motoneige, ski de fond, glissades

Tarif : 5 $ par personne (taxes en sus)
* signifie : coût supplémentaire

3. ST-BENOIT, MIRABEL 

INTERMIEL
Viviane et Christian Macle
10291 la Fresnière
St-Benoît, Mirabel JON 1KO
(514) 258-2713
sans frais 1-800-265-MIEL
fax (514) 258-2708
www.cloxt.com/intermiel

15 km de St-Eustache
45 km de Montréal
25 km de l'aéroport de Mirabel

À St-Benoît, visitez la plus grande surface apicole au Québec. Le tour guidé vous propose la visite de notre hydromellerie, un vidéo, des démonstrations et un safari abeilles en saison. L'accès à une salle de jeux éducatifs et à notre boutique est libre.

De Montréal, aut. 15 nord, sortie 20, aut. 640 ouest, sortie 8. Suivre les panneaux bleus de signalisation touristique du Québec (18 km).

Ouvert à tous à l'année
Groupe et école : sur réservation
Visite guidée d'une durée d'une heure avec dégustation des produits de la ruche. **Entrée libre.**
Forfaits écoles : Visite éducative d'une durée de 2 heures.
Tarif : 5,50 $ (incluant collation et pot de miel)

- Film sur les différentes activités apicoles de la ferme
- Interprétation de l'abeille
- Observation de ruches vivantes
- Manipulation par l'apiculteur d'une ruche en activité (saison estivale)
- Démonstrations des techniques de production
- Visite de l'hydromellerie
- Dégustation et vente du vin de miel et de tous les produits de la ruche
- Salle de jeux éducatifs
- Théâtre de marionnettes
- Boutique d'exposition (chandelles, artisanat, cadeaux, cosmétiques, etc.)
- Aire de pique-nique
- Promenade en forêt
- Visite de la mini-ferme

4. LOUISEVILLE

LES JARDINS
DE LA SEIGNEURIE
Michel Gilbert
480, chemin du Golf
Louiseville J5V 2L4
tel/fax (819) 228-8224

26 km de Trois-Rivières
160 km de Québec
120 km de Montréal

Tout autour de la petite ferme traditionnelle, «Les Jardins Anciens de la Seigneurie» ont été reconstitués et agrandis sous l'inspiration des jardins de la vie bourgeoise agricole du XIXe siècle. Une visite intimiste qui vous renseignera sur le patrimoine naturel agricole québécois, sur l'élevage et la culture écologiques, et sur l'art de vivre à la campagne. Vos cinq sens seront charmés. En séjournant au **Gîte de la Seigneurie p 174**, à la **Maison du Jardinier p 182** ou à la **Table Champêtre p 21**, vous profiterez davantage de ces jardins romantiques.

POUR LES FAMILLES ET LES PETITS GROUPES : 15 juin au 15 sept (sur réservation)
Pour les groupes de 10 à 40 personnes : 15 juin au 15 sept (sur réservation)

- Identification des variétés anciennes de fleurs, de fruits, de légumes dans les parterres, les potagers, la roseraie et les bosquets
- Le clos des fines herbes et exposition sur leurs propriétés médicinales
- Champs de sarrasin
- Le compostage et le compagnonnage
- Les avantages d'une serre
- Visite des pâturages des moutons, chèvres et chevaux
- Démonstration de l'utilisation de quelques anciens instruments de jardinage
- Identification de 40 variétés d'arbres
- Visite de la basse-cour (dindes-oies-poules-canard-pintades)
- Potager iroquoïen
- Jardin des fleurs coupées (600 glaieüls)
- Visite des bâtiments patrimoniaux et leurs «habitants» les porcs, les veaux, les lapins et les chats

Tarif : 6 $ par personne incluant la dégustation d'un produit de la ferme sous la gloriette.
Horaire : visite guidée (90 min), tous les jours à 15 h ou autrement avec réservation
Le souper à la ferme (5 services, 20 $) est possible après la visite avec réservation. La visite est grstuite pour les gens qui séjournent à la Seigneurie

5. ST-PAUL-D'ABBOTSFORD 

LA PETITE BERGERIE
Pierrette et Michel Scott
1460 rang Papineau
St-Paul-d'Abbotsford,
JOE 1A0
tel/fax (514) 379-5842

Voici dans un petit rang de campagne, au pied d'une montagne où vous ne vous doutez de rien, vivent tout en s'amusant Annabelle la vache, Églantine la brebis, Charlotte la chèvre et leurs amis. Ils vous convient à venir apprendre tout en passant de doux moments en leur compagnie et découvrir les mille et une merveilles de la vie à la ferme. **Table Champêtre p 23.**

15 km de Granby
55 km de Montréal
25 km de St-Hyacinthe

Aut. 10, sortie 55, rte 235 nord, faire 5 km, 2e rang à droite. Ou aut. 20, sortie St-Hyacinthe, rte 235 sud, traverser la rte 112, 1er rang à gauche.

POUR LES FAMILLES ET LES PETITS GROUPES : 15 mai au 31 août (sur réservation)
Pour les groupes de 30 à 100 personnes : 15 mai au 30 sept (sur réservation)

- Visite des petits animaux (moutons, chèvres, lapins, poules, etc.)
- Promenade en voiture à foin
- Visite de l'érablière
- Visite de l'armoire à cadeau
- Tour de poney
- Petite histoire de la laine
- Jeux de groupe
- Épluchette de blé d'Inde*
- Méchoui*

Tarif : 4,50 $ par personne
*signifie : coût supplémentaire

6. ST-VALÉRIEN

LA RABOUILLÈRE
Pierre Pilon
1073 rang de l'Égypte
St-Valérien JOH 2B0
(514)793-4998
fax (514) 793-2529

La Rabouillère, une ferme différente. Votre hôte, médecin vétérinaire, vous communiquera sa passion pour les animaux et les fleurs. Une collection sans pareille d'une multitude d'espèces et de races animales dans un décor paysager «exceptionnel» (site idéal pour vos fêtes familiales, anniversaires, brunch, mariages, etc.). **Table Champêtre p 24. Annonce p 208.**

80 km de Montréal
20 km de St-Hyacinthe
20 km de Granby

De Montréal, aut. 20 est, sortie 141, dir. St-Valérien. Dans le village, prendre le ch Milton et la 1ère rte à droite (2e clignotant). Ou aut. 10, sortie 68, rte 139 vers Granby puis rtes 112 et 137 nord vers St-Hyacinthe. Après Ste-Cécile, ch St-Valérien à droite, jusqu'au 1er clignotant à gauche.

Notre ferme est maintenant ouverte de mai à oct si la température le permet,
autant pour les familles que pour les petits et grands groupes.
TOUJOURS SUR RÉSERVATION
Possibilité d'un goûter sur demande*

- Le jardin : grandes variétés de fleurs vivaces et de fines herbes (les fleurs en cuisine, le compostage, le jardin d'eau; sa faune et sa flore)
- Le clapier : lapins toutes races (lapin géant, nain, angoras...)
- La chèvrerie : le soin, les différentes races (nubienne, boer...) (naines)
- L'élevage des chevaux : visite de l'écurie, soin et entraînement des poulains
- La basse-cour : plus de 50 variétés d'oiseaux
- La bergerie (races rares) : mouton Jacob à quatre cornes, mouton de Barbade, et katadin (sans laine)
- Les curiosités : les lama, les ânes, les chevaux miniatures, les daims...
- Autres activités : tour de poney, piscine, volley-ball, animation musicale (chansonnier ou classique)*, feu de camp*, méchoui*, épluchette de blé d'Inde*, brunch*, dégustation de terrines, pâtés et brochettes*

Tarif : 5 $ par personne
* signifie : coût supplémentaire

7. ST-PIE

FERME JEAN DUCHESNE
Diane Authier et Jean Duchesne
1981-84, Haut-de-la-Rivière Sud
St-Pie J0H 1W0
(514) 772-6512

60 km de Montréal
20 km de St-Hyacinthe
13 km de Granby

Dans une ferme magique, transformer vos enfants en de «petits fermiers et petites fermières d'un jour». Entrez dans les enclos des animaux pour leurs donner des soins de bases. Partons en charette à foin... Venez partager avec nous notre passion dans un site enchanteur lac, montagne. Bref, un rêve pour petits et grandss. Et si dame nature est à la pluie, notre aménagement est conçu pour vous faire passer une journée bien ensoleillée.

Aut. 20 sortie 123 St-Hyacinthe. À l'arrêt à gauche rte 235 sud, ad St-Pie. Au feu clignotant après la passerelle prendre gauche rue Emilleville et 2e rang à gauche. Aut. 10 sortie Granby. Aux lumières prendre droite ad rte 112 à gauche, ad grannd rang St-Charles dans St-Paul et 2e rang à droite.

POUR LES FAMILLES ET LES PETITS GROUPES : 1 à 30 personnes avr à oct (sur réservation)
Pour les groupes de 1 à 200 personnes : avr à oct (sur réservation)

- Certificat mérite «Fermier d'un jour» avec la poignée de main du fermier
- Visite guidée : programme éducatif/récréatif adapté selon le groupe d'âge (aussi en espagnol)
- Cheveaux, cochons, vache, lapins... tous les animaux de la ferme, une pisciculture et une bergerie
- Traite d'une chèvre et d'une vache
- Comment faire de la laine avec le rouet
- L'intello-mini-grange... surprise
- Cabane à dessin et à chatons
- Promenade en charette à foin
- Aires de pique-nique et de jeux : intérieur/extérieur
- Bienvenue aux familles et aux groupes
- Fête d'enfant, anniversaire de mariage, rencontre familiale
- Option supplémentaire incluant la visite à la ferme : méchoui, épluchette de blé d'inde, buffet avec possibilité d'un service de traiteur, cueillette de pomme d"été ou d'automne en charette à foin*

* coût supplémentaire

Tarif :

6 $ par personne
5 $ pour les groupes de 20 personnes et plus

Gîtes à la Ferme

		TARIFS * jour/pers. occ. double		ANIMAUX	ACTIVITÉS
		2 repas	3 repas		
BAS-ST-LAURENT					
St-Jean-de-Dieu Ferme Paysagée ☎ (418) 963-3315 (page 57)	adulte enfant enfant seul	--- --- ---	35 selon l'âge selon l'âge	Chevreuils, lamas, faisan doré, poules, poney, moutons, chèvres, lapins, cailles, canards, vaches, paons.	La traite des vaches, aller chercher les animaux au pâturage, ramasser les œufs frais des poules et des cailles. Nourrir les petits animaux. Pêche à la truite. Marcher dans nos sentiers et nos champs.
CANTONS-DE-L'EST					
Courcelles Ferme Auberge d'Andromède ☎ (418) 483-5442 (418) 486-7135 (page 64)	adulte enfant enfant seul	55 25 25	65 30 30	Chevaux percherons français et canadiens, poney, canard, oie, caille, poules à pondre, lapins, cochons, labrador et setter irlandais.	Vous pourrez assister à la distribution des aliments offerts aux animaux. De plus, la cueillette de fleurs à couper et à sécher vous divertira. Pour vous amuser et vous donner la forme vous pourrez jardiner aux potagers pour cueillir les baies et les succulents légumes que vous dégusterez le soir lors d'un somptueux repas de fine cuisine régionale.
Danville Le Clos des Pins ☎ (819) 839-3521 (page 65)	adulte enfant enfant seul	40-47[50] 20-25 ---	--- --- ---	Vaches, veaux, chèvres, chevaux, cochons, chats, moutons, lapins, canards, poules, cailles, pintades, chiens bouvier bernois.	Randonnée pédestre (135 acres), balade à cheval en voiture, soins des animaux, baignade, feu de camp, jeux extérieurs, cueillette de petits fruits, entretien du potager biologique, balançoire, terrain de jeux enfant. Possibilité de service de gardiennage avec léger supplément.
Frelighsburg La Girondine ☎ (514) 298-5206 (page 66)	adulte enfant enfant seul	43-62 15-20 ---	--- --- ---	Canards de Barbarie, oies blanches et grises, poules et poulets de grains, lapins : Nouvelle-Zélande et Chinchilla, chèvres.	Promenade en forêt, cueillette de champignons, de fruits sauvages et de pommes. Observation des chevreuils dans le verger. Soins des animaux, les nourrir, ramasser les œufs. Apprentissage d'un clapier et initiation aux gavages des canards. Jardin biologique; légumes et fleurs. Transformation de produits.

* *Le prix indiqué est pour une personne en occupation double. Un supplément peut être demandé pour une personne seule ou un enfant qui ne partagerait pas la chambre de ses parents.*

		TARIFS * jour/pers. occ. double		ANIMAUX	ACTIVITÉS
		2 repas	3 repas		
CANTONS-DE-L'EST					
Ste-Anne-de-la-Rochelle Gîte En Effeuillant la Marguerite ☎ (514) 539-2943 (page 72)	adulte enfant enfant seul	40-50 13 ---	--- --- ---	Moutons, chevaux, coqs, vaches, chèvres, lapins, poules, paons, pintades, cailles, dindes, canards, oies, émeus et cochons d'Inde.	Observer, nourrir, manipuler les animaux, possibilité de participer aux différentes activités de la ferme, aire de jeu, de détente et de pique-nique. Ski de randonnée, raquette, traîne sauvage.
Stratford Le Gîte de la Terre Ferme ☎ (418) 443-2335 (page 73)	adulte enfant enfant seul	45 25 ---	--- --- ---	Lapins, chèvres, moutons, veaux, vaches, oie, poules, dindes, cochons, chevaux.	Toutes saisons : nourrir les animaux, promenade dans les sentiers, fabrication du fromage, du beurre, de la crème glacée, du yogourt, du pain. Suivant les saisons : jardinage biologique, cueillette, transformation (fruits, légumes, herbes médicinales), baignade, soirée autour du feu, ski de randonnée, raquette, glissade, patins, observation du ciel...
CHAUDIÈRE-APPALACHES					
Buckland Ranch Massif du Sud ☎ (418) 469-2900 (page 90)	adulte enfant enfant seul	45 35 35	55 45 45	Élevage de chevaux.	Soins des animaux (moulée, foin, entretien, brossage). Possibilité de séjour à la ferme ou au ranch.
St-Léon-de-Standon Ferme la Colombe ☎ (418) 642-5152 (page 97)	adulte enfant enfant seul	42-50 15-30 ---	--- --- ---	Cheval, chèvre, moutons, lapins, variété de volailles, pintades, dindes sauvages, cailles, canards, chien et chats.	Tournée animée et instructive des animaux. Nourrir les animaux, ramasser les œufs. Visite de la serre de production d'arbustes ornementaux. Pêche à la truite, baignade, canot, piste d'hébertisme, bicyclette, feux de camp, jeux intérieurs, sentier naturel près d'un ruisseau, cueillette de petits fruits, repos, ornithologie, sports d'hiver, forfaits ski. Patinoire sur place. **Table champêtre p 14.**

* *Le prix indiqué est pour une personne en occupation double. Un supplément peut être demandé pour une personne seule ou un enfant qui ne partagerait pas la chambre de ses parents.*

		TARIFS * jour/pers. occ. double		ANIMAUX	ACTIVITÉS
		2 repas	3 repas		
CÔTE-NORD					
Sacré-Cœur Ferme -5- Étoiles ☎ (418) 236-4551 (418) 236-4833 (page 107)	adulte enfant enfant seul	43 37 ---	54 45 ---	Bisons, cerfs, daims, loup, sangliers, vaches, chevaux, oiseaux de basse-cour, plus de 32 espèces...	Visite guidée de la ferme et ses animaux, soins quotidiens des animaux, promenade en tracteur ou en cheval, excursions : pédestres, quatre-roues motrices («quad»), kayak, voilier ou bateau sur le Fjord du Saguenay, croisières d'observation des baleines, camping sauvage. **Voir forfait -4- saisons sur mesure p 114 et maison de campagne p 113.**
GASPÉSIE					
Hope-West-Paspébiac Ferme MacDale ☎ (418) 752-5270 (page 123)	adulte enfant enfant seul	30 20 ---	35 25 ---	Vaches, chiens, chats et poules.	Randonnées pédestres sur la ferme, pêche dans un ruisseau, nourrir les poulets.
LAURENTIDES					
L'Annonciation La Clairière de la Côte ☎ (819) 275-2877 (page 151)	adulte enfant enfant seul	--- --- ---	40 20 ---	Vaches, veaux, chèvres, moutons, lapins, poules, dindes, oies, poulets de grain, chien et chats.	Visite à la ferme. Randonnée en forêt (300 acres). Jardins biologiques, fines herbes, fleurs, serres. Éclosion de poussins, oisons, dindonneaux. Transformation de produits. Fumage de viande et poissons. Aires de repos. Feux de camp. Jeux. Vie bien remplie à la ferme. **Table champêtre p 17.**
St-Faustin Ferme de la Butte Magique ☎ (819) 425-5688 (page 158)	adulte enfant enfant seul	43 27 ---	--- --- ---	Brebis laitière, poules, cochons, chien, chats, souris!	Printemps : fabrication artisanale du sirop d'érable, l'arrivée des agneaux, les semis. Été : soins aux animaux, levée des œufs, transformation du lait de brebis, visites des huttes de berger et des cochons dans la forêt, baignade, pêche au ruisseau. Automne : récolte, excursions aux champignons. Hiver : transformation de la laine au rouet, sentiers en forêt.

* *Le prix indiqué est pour une personne en occupation double. Un supplément peut être demandé pour une personne seule ou un enfant qui ne partagerait pas la chambre de ses parents.*

		TARIFS * jour/pers. occ. double		ANIMAUX	ACTIVITÉS
		2 repas	3 repas		
MAURICIE-BOIS-FRANCS					
Durham-Sud La Sixième Génération ☎ (819) 858-2539 (page 173)	adulte enfant enfant seul	45 25 ---	--- --- ---	Moutons, chèvres, vaches, veaux, cheval, poules, poulets, chien, chats, lapins.	Piscine extérieure, terrain de jeux d'enfants, marche dans les champs et boisés, feux de camp, ramasser le œufs, soin et entretien des animaux, vélo, ski de fond, tours en voiture à foin, piano et beaucoup d'histoire.
Hérouxville Accueil les Semailles ☎ (418) 365-5190 (418) 365-5590 (page 174)	adulte enfant enfant seul	28 13-15 ---	36 16-20 ---	Bovins de boucherie, chevaux, lapins, poules, canards, chèvres, chats, moutons, cochons.	Visiter la ferme, nourrir les animaux, piscine, balançoires, terrain de volley-ball, jeux de fers, bicyclettes, foyer extérieur.
Louiseville Ferme de la Seigneurie ☎ (819) 228-8224 (page 174)	adulte enfant enfant seul	47^{50}-60 25-30 ---	--- --- ---	Chèvres, veaux, moutons, chevaux, lapins, canards, dindes, poules, oies, pintades, chiens, chats.	À cette petite ferme traditionnelle, on devient facilement en contact avec la nature : on observe et on nourrit les volailles et les autres animaux, on identifie les oiseaux, les 40 variétés d'arbres, les 86 variétés de fleurs et les herbes médicinales. On s'informe sur la culture biologique du grand potager et par les champs on se rend jusqu'à la rivière, à l'oasis des balançoires où on peut pique-niquer avec bonheur! **Maison de campagne p 182 table champêtre p 21, promenade à la ferme p 32.**
Tingwick Les Douces Heures d'Antan ☎ (819) 359-2813 (page 179)	adulte enfant enfant seul	42^{50} 15 ---	--- --- ---	Poney, lapins, poules, cailles, canards, dindes, moutons, paons, cochons, vache, veau, chèvre, chien, chat.	Nourrir les animaux, ramasser les œufs, jardiner dans notre immense potager bio et notre jardin d'herbes aromatiques. Cueillir des petits fruits, s'initier aux techniques artisanales : bouquets séchés, pots-pourris, marinades, confitures, herbes séchées ou salées... Pêcher dans le ruisseau ou dans l'étang aménagé. Baignade, glissade d'eau, tour de poney, vélos sur place, balançoires, grand carré de sable, feux de camp.

* *Le prix indiqué est pour une personne en occupation double. Un supplément peut être demandé pour une personne seule ou un enfant qui ne partagerait pas la chambre de ses parents.*

		TARIFS * jour/pers. occ. double		ANIMAUX	ACTIVITÉS
		2 repas	3 repas		
MONTÉRÉGIE					
Howick Hazelbrae Farm ☎ (514) 825-2390 (page 190)	adulte enfant enfant seul	--- --- ---	45 12- 20-30 ---	Vaches et variétés de petits animaux.	Feux de camp, tours de charrette, piscine, bicyclettes, cueillette de fruits, activités de la ferme, observation des vaches laitières, ramassage des foins.
Ste-Agnès-de-Dundee Chez Mimi ☎ (514) 264-4115 (page 194)	adulte enfant enfant seul	45 20 ---	--- --- ---	Bœuf, vaches, chiens, chats, poules, lapins.	Entretien du potager et des fleurs. Nourrir les lapins, ramasser les œufs, faire les foins, cueillir les légumes. Observations des oiseaux, pêche rivière, golfs, relais motoneigistes, équitation, promenades champêtres, pistes cyclables.
OUTAOUAIS					
Gracefield André et Danielle Thérien ☎ (819) 463-2356 (page 212)	**Enfant seul** 5 à 10 ans inclus : repas, collation, monitrice	200 $ pour 5 jours		Chevaux, poneys, bovins, poules, lapins, chèvres, canards, chats, chiens.	Temps des foins, randonnée en tracteur, randonnée en charrette à foin, nourrir les animaux, pêche, pique-nique, piscine, feux de camp, marche aux flambeaux, maison de poupées, carré de sable, balançoire, sac de sable, jeu de fers, promenade en forêt, s'initier à l'essence des arbres, construction d'une cabane, bricolage, peinture, soirée costumée ou soirée indienne...
Vinoy, **St-André-Avellin** Les Jardins de Vinoy ☎ (819) 428-3774 (page 216)	adulte enfant enfant seul	47 18^{50} ---	54^{50} 22^{25} ---	Chèvres, porcs, lapins, moutons, sangliers, oies, pintades, canards, poules, poulets, chiens, chats.	Tout le charme d'antan, tout le confort d'aujourd'hui. Soins aux animaux, sucre à l'ancienne, balades en traîneau (chiens, chevaux), fabrication du savon, confitures, conserves, pain, filage, récolte des plantes médicinales, marche en forêt, ski de fond, raquette, terrain de jeux, feux de camp, potager biologique, table d'hôte régionale.

* *Le prix indiqué est pour une personne en occupation double. Un supplément peut être demandé pour une personne seule ou un enfant qui ne partagerait pas la chambre de ses parents.*

		TARIFS * jour/pers. occ. double		ANIMAUX	ACTIVITÉS
		2 repas	3 repas		
SAGUENAY-LAC-ST-JEAN					
Hébertville Jacques et Carole Martel ☎ (418) 344-1323 (page 247)	adulte enfant enfant seul	31 15 ---	--- --- ---	Vaches, génisses, veaux, chiens, chats, volailles.	Visite de la ferme et observation des activités de la ferme (traite, entretien, etc.). Céréale et fourrage à balle rectangle et balle ronde. Capacité 5 personnes.
La Baie Chez Grand-maman ☎ (418) 544-7396 (page 249)	adulte enfant enfant seul	45 20 ---	--- --- ---	Vaches, veaux, poules, poulets, dindes, chats, chien.	Participer à la traite des vaches. Nourrir les animaux et voir à leur entretien. Promenade sur les bords de la Baie des Ha-Ha. Feu de foyer extérieur, piscine, pêche blanche (en hiver).
Lac-à-la-Croix Céline et Georges Martin ☎ (418) 349-2583 (page 252)	adulte enfant enfant seul	34 16 ---	--- --- ---	Vaches, génisses, veaux, chien.	Visite à la ferme.

* *Le prix indiqué est pour une personne en occupation double. Un supplément peut être demandé pour une personne seule ou un enfant qui ne partagerait pas la chambre de ses parents.*

Gîtes du Passant[MD]

Auberges du Passant[MC]

Maisons de Campagne

Maisons de Ville

Où les trouver...

AUBERGES DU PASSANT

MAISONS DE CAMPAGNE

MAISONS DE VILLE (APPARTEMENTS-STUDIOS)

ABITIBI-TÉMISCAMINGUE

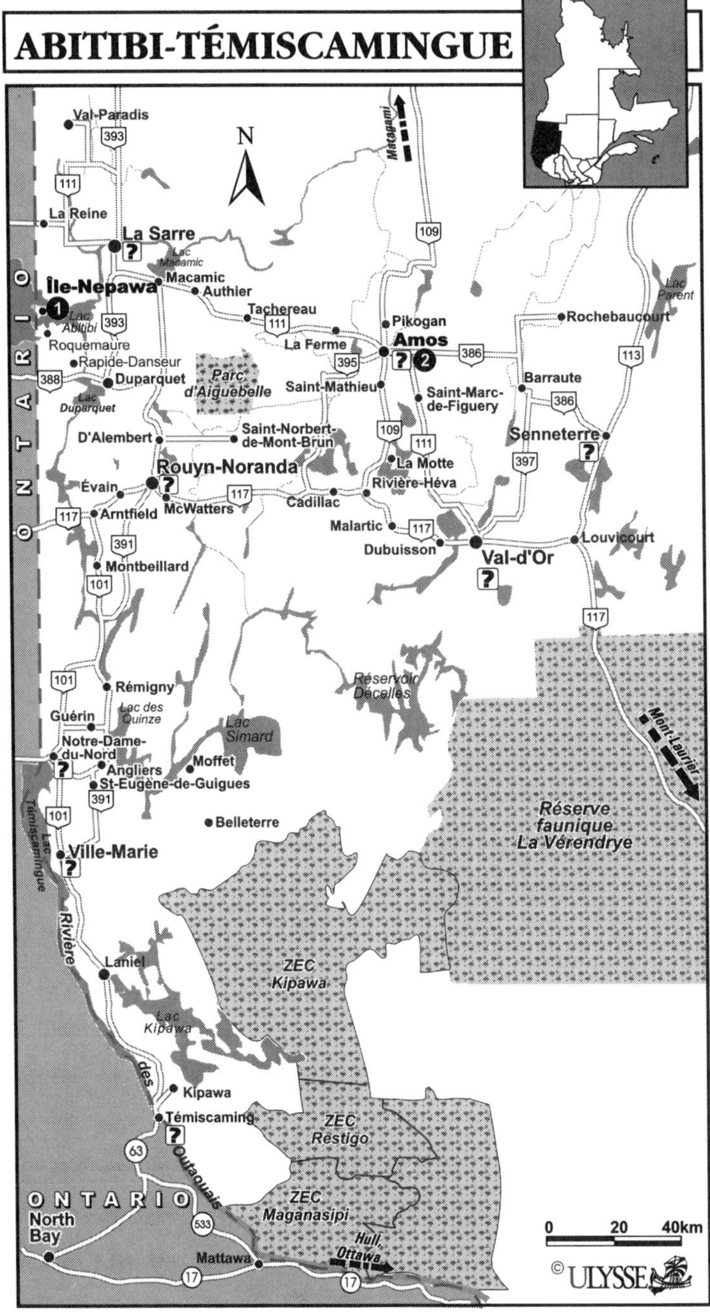

*Les numéros sur la carte correspondent à la numérotation des gîtes de la région

1. AMOS

F A R.3 AV

Sortez des sentiers battus et faites escale au bord de la rivière Harricana (rivière qui coule vers la Baie-James), au coeur de l'Abitibi. Déjeuners tranquilles sur terrasse à quelques minutes des rapides, de la cathédrale et du centre ville. Endroit idéal pour faire le tour de la région : village algonquin, refuge d'animaux, (orignaux, loups, ours, chevreuils, etc.), pourvoiries...

De Val-d'Or, prendre la rte 111 est. À Amos, à droite avant le pont, sur la rue Principale sud, jusqu'à la 4e Avenue, à droite. 6e maison à votre droite.

Louise Magnan et
Jacques Bélanger
52, 4e Avenue Est
Amos J9T 1C5
(819) 727-9663

B&B	
1 pers.	40-45 $
2 pers.	50-55 $

Prix réduits : 3 nuits et plus
Ouvert : 15 jan au 15 déc

Nombre de chambres	2
salle de bain partagée	1

Activités:

2. ÎLE-NEPAWA

F A R30 M25

Dans une nature sauvage, 3 chalets à confort modeste au bord du lac Abitibi dont un de style suisse avec foyer et deux autres à un étage. Élevons bovins, chèvres et chevaux. Activités nautiques, chasse et pêche. Près du parc de conservation d'Aiguebelle. Venez vivre avec des québécois d'origine germanique.

De Rouyn, rte 101 vers La Sarre. 3 km après La Sarre, dir. Ste-Hélène et l'Île-Nepawa (route pavée ½). 1re maison à droite après le pont de l'île.

MAISON DE CAMPAGNE
FERME VACANCES

Hélène et Hermann Wille
695, R.R. # 1
Ste-Hélène-de-Mancebourg
Île-Nepawa J0Z 2T0
(819) 333-6103

Nbr. maisons	3
Nbr. chambres	2-3
Nbr. personnes	6-8
SEM-ÉTÉ	250 $
WE-ÉTÉ	sur demande
JR-ÉTÉ	50 $

Ouvert : 1er mai au 31 oct

Activités:

BAS-SAINT-LAURENT

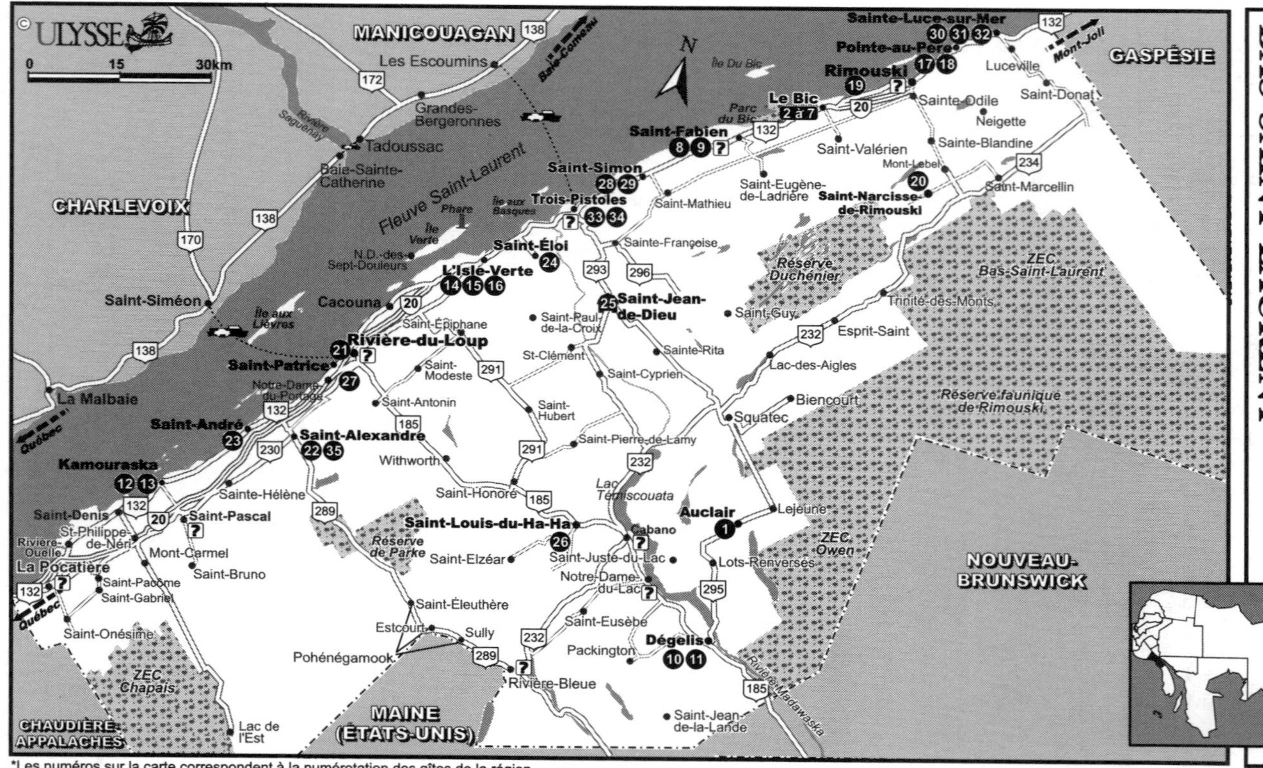

*Les numéros sur la carte correspondent à la numérotation des gîtes de la région

À LA MARÉE DOUCE, Pointe-au-Père, Bas-St-Laurent

LE REFUGE FORESTIER, St-Alexandre, Kamouraska, Bas-St-Laurent

AUBERGE LA SOLAILLERIE, St-André, Kamouraska, Bas-St-Laurent

UNE FLEUR AU BORD DE L'EAU, Granby, Cantons-de-l'Est

AUBERGE LA MUSE, Baie-St-Paul, Charlevoix

CHEZ GERTRUDE TREMBLAY, St-Urbain, Charlevoix

À LA CHOUETTE, Baie-St-Paul, Charlevoix

AUX PETITS OISEAUX, Baie-St-Paul, Charlevoix

1. AUCLAIR

F a R.5 AV

Lieu propice à la détente et la gaieté, cet ancien presbytère offre un cachet unique. Les fins gourmets se délecteront avec les produits maison (pain, confitures de petits fruits, produits d'érable...). Découvrez un coin de pays où lacs et montagnes sculptent le paysage.

De Rivière-du-Loup ou du N.-Brunswick, rte 185 jusqu'à Dégelis et rte 295, faire 25 Km. De Rimouski, rte 232 jusqu'à Squatec et rte 295 sud, faire 22 km.

GÎTE

GÎTE LE PRESBYTÈRE

Françoise Marquis et
André Morin
40, rue du Clocher
Auclair G0L 1A0
(418) 899-6695

B&B	
1 pers.	25-30-35 $
2 pers.	40-45-50 $
Enfant	10 $

VS

Ouvert à l'année

Nombre de chambres	3
ch. avec lavabo	2
salle de bain partagée	2

Activités:

2. BIC

F A AV

Prix Excellence Bas-St-Laurent 1996-97. Bâtie par le gardien du phare, notre maison offre une vue magnifique sur les îles du Bic. Vous y découvrirez accueil et décor égayant vos jours vacanciers. Nos déjeuners sur poêle à bois vous préparerons pour le grand air. Entre mer et montagnes, laissez-vous guider sur une multitude d'activités : randonnée pédestre, pistes cyclables, kayak, golf, etc. Près des services et à 1 km du parc.

De Québec, aut. 20 est, rte 132 est jusqu'à Bic. Première sortie à droite rue Ste-Cécile jusqu'à notre gîte. Maison qui se distingue par son style d'époque de 1928.

GÎTE

AU GÎTE MARIE-SOLEIL

Marie Beaulac
257, Ste-Cécile
Bic G0L 1B0
(418) 736-4018
(418) 736-8008
fax (418) 736-8208

B&B	
1 pers.	40 $
2 pers.	50 $
3 pers.	62 $
4 pers.	74 $
Enfant	9 $

Prix réduits : action de grâce au 1er mai

Ouvert à l'année

Nombre de chambres	5
salle d'eau partagée	1
salle de bain partagée	2

Activités:

3. BIC

F a AV

Maison du milieu du 19e siècle au charme spécifique des «Belles d'Autrefois». Des chambres ayant chacune leur cachet vous permettent de faire un agréable retour à une époque passée. L'accueil des hôtes et l'ameublement de la salle à manger contribuent à créer une atmosphère que vous garderez en mémoire.

À 3 heures de Québec, aut. 20 est, rte 132 est jusqu'au Bic. 1re sortie à droite rue Ste-Cécile, au cœur du village, surveiller l'enseigne les «Îles du Bic».

AUBERGE

AUBERGE DES ÎLES DU BIC

141, Ste-Cécile
Bic G0L 1B0
(418) 736-5008

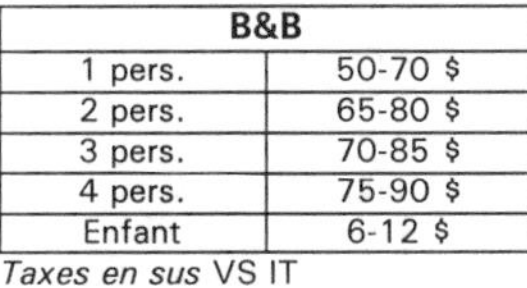

B&B	
1 pers.	50-70 $
2 pers.	65-80 $
3 pers.	70-85 $
4 pers.	75-90 $
Enfant	6-12 $

Taxes en sus VS IT

Prix réduits : fête du travail au 1er juin

Ouvert à l'année, jan à mars groupes seulement

Nombre de chambres	7
ch. avec s. de bain privée	7

Activités:

4. BIC

F A R2 AV

Dans le havre du Bic, notre maison centenaire vous accueille dans une ambiance victorienne et champêtre. Paysage idyllique toujours changeant. Paradis des ornithologues. Le jardin parfumé donne directement sur la plage et la Parc national du Bic. Site tranquille et enchanteur.

De Québec, aut. 20 est, rte 132 est. Au Bic, prendre la sortie Aux Cormorans et Club de golf. Faire 2 km sur la Pointe-aux-Anglais, «Aux Cormorans» est la dernière maison à gauche au bord de la mer.

GÎTE
AUX CORMORANS

Judy Parceaud
213, chemin du Golf
Pointe-aux-Anglais
Bic G0L 1B0
(418) 736-8113
fax (418) 736-4216

B&B	
1 pers.	40 $
2 pers.	50-75 $
3 pers.	60 $
Enfant	10 $

VS

Ouvert à l'année

Nombre de chambres	5
ch. avec s. de bain privée	1
salle de bain partagée	2

Activités:

5. BIC

F a R4

Maison centenaire en pleine campagne. Merveilleux couchers de soleil sur l'anse de la Rivière-Hâtée. Ambiance où les fleurs se marient à la magie de Noël. Chambres avec lit 60 pouces et salle de bain privée. Déjeuners d'autrefois ou déjeuners santé, heure de la soupe ou du thé, grillades à l'ext. Patio, galerie terrasse et jardin familial. C'est ici que la solitude face à la mer se fait bénéfique.

De Québec, aut. 20 est, rte 132 est. À la sortie est de Bic, au feu clignotant, à gauche rte 132. Environ 2 km. De Ste-Flavie ou Mont-Joli, rte 132 ouest dir. Bic. À votre droite, chez Marie-Roses.

GÎTE
CHEZ MARIE-ROSES

Jacqueline Caron
2322, Route 132 Est
Bic G0L 1B0
(418) 736-5311
(418) 736-4954
fax (418) 736-5955
www.philsar.com/caron/jc.htm

B&B	
1 pers.	50-65 $
2 pers.	60-70 $
3 pers.	75 $
Enfant	10 $

Taxes en sus VS MC IT

Ouvert : 1er fév au 31 déc

Nombre de chambres	5
ch. avec s. de bain privée	4
salle de bain partagée	1

Activités:

6. BIC

F a R4 AV

Maison typiquement québécoise datant de 1830. Le gîte vous propose 4 grandes chambres avec évier. Soupers charmants, cuisinés avec des produits locaux. Accès à la mer, départ du gîte de kayak de mer avec Rivi-Air Aventure. Service de boîte à lunch pour vos randonnées au Parc du Bic. Et plus encore...

De Québec, aut. 20 est et rte 132 est. À la sortie du Bic, au clignotant à gauche, rte 132, environ 5 km.

GÎTE
GÎTE AUX 5 LUCARNES

Johanne Desjardins
2175, Route 132 Est
Bic G0L 1B0
tel/fax (418) 736-5435
www.sie.qc.ca/lucarnes/

B&B	
1 pers.	40 $
2 pers.	50 $
3 pers.	75 $
4 pers.	95 $
Enfant	10 $

Taxes en sus VS MC ER

Prix réduits : 15 sept au 15 juin
Ouvert à l'année

Nombre de chambres	4
ch. avec lavabo	4
salle de bain partagée	2

Activités:

7. BIC

F a R5 AV

Je vous propose une maison remplie de charme et de beauté dans un décor et un aménagement typiquement normand. L'attrait principal du lieu est sa vue exceptionnelle sur la mer, les Îles du Bic et les montagnes du Parc du Bic. Il y a aussi les couchers de soleil et parfois les aurores boréales. Deux chambres avec vue sur le fleuve. Il est préférable de téléphoner pour faire une réservation.

À 3 hres de Québec, aut. 20 est, rte 132 est jusqu'au Bic. 1re entrée à droite rue Ste-Cécile, passez la station service, 1re rue à droite rue Voyer, devient le 2e rang ouest sans changer de voie. Faire 4 km.

GÎTE
LA PETITE NORMANDE

Claire Beaudoin
456, Rang 2 Ouest
Bic G0L 1B0
tel/fax (418) 736-5897
wwv.destinationquebec.com

B&B	
1 pers.	45 $
2 pers.	55 $

Prix réduits : fête du travail au 1er juin
Ouvert à l'année

Nombre de chambres	4
ch. au demi sous-sol	2
salle de bain partagée	2

Activités:

8. BIC, ST-FABIEN

F a R2.5 AV

Aux portes du Parc du Bic, venez partager avec moi le charme d'antan, le confort d'aujourd'hui, la tranquillité (à l'écart de la rte 132) et un copieux petit déjeuner qui sent bon le pain de ménage et la confiture maison. C'est avec chaleur que je vous accueille. J'aime la visite!

Vers Gaspé, rte 132. À St-Simon, au poste Petro Canada faire 11 km. Rang 1 à gauche, 2 km (maison blanche, toit rouge). Vers Montréal, rte 132. Au moulin d'art à St-Fabien, faire 3 km. Rang 1 à droite.

GÎTE
CLAIREVALLÉE

Marguerite Voyer
178, Route 132 Ouest
St-Fabien G0L 2Z0
tel/fax (418) 869-3582
www.cam.org/
~bsl/clairevallee/

B&B	
1 pers.	40 $
2 pers.	50 $
3 pers.	65 $
4 pers.	80 $
Enfant	10 $

VS

Ouvert : 15 mai au 15 oct

Nombre de chambres	5
ch. avec s. de bain privée	1
salle de bain partagée	3

Activités:

9. BIC, ST-FABIEN

F A AV

À deux pas du Parc du Bic, l'ancienne maison du cordonnier vous invite dans la chaleur de son décor début du siècle où ça sent le bon pain et la joie de vivre. Annexés au gîte, un joli petit café et une terrasse extérieure où vous pourrez goûter à nos délices maison. Venez casser la croûte avec les gens du village.

De Québec, aut. 20 est, rte 132 est jusqu'à St-Fabien. Au cœur du village près de la caisse populaire, maison jaune de style québécois.

GÎTE
LA MAISON DU CORDONNIER

Thérèse Gagné
26, 7e Avenue, C.P. 488
St-Fabien G0L 2Z0
(418) 869-2002

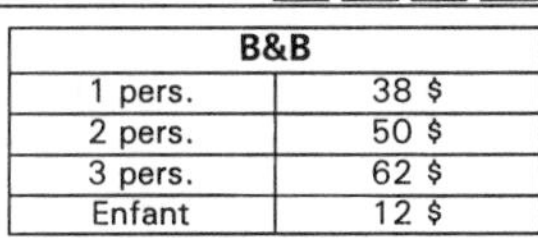

B&B	
1 pers.	38 $
2 pers.	50 $
3 pers.	62 $
Enfant	12 $

Taxes en sus VS

Ouvert : 1e avr au 31 déc

Nombre de chambres	3
salle d'eau partagée	1
salle de bain partagée	1

Activités:

10. DÉGELIS

F A R6

Gîte situé dans un boisé au bord du lac Témiscouata, super confort, vue panoramique imprenable sur le lac, déjeuner à la carte réputé. Le soir venu, autour d'un feu sur la plage, le chant du huard et les étincelles dorées, qui se marient aux étoiles, vous composent un spectacle son et lumière au naturel. Réserver du 15 oct au 15 mai.

À Dégelis, à la jonction de la rte 185 (transcanadienne) et de la rte 295 nord, faire 6 km, dir. Auclair et vous voilà au gîte.

GÎTE

GÎTE AU TOIT ROUGE

Dominique Lagarde et
André Demers
441, Route 295
Dégelis
(418) 853-3036
(418) 853-2294

B&B	
1 pers.	40 $
2 pers.	55-65 $
3 pers.	75-85 $
4 pers.	90-100 $
Enfant	5-12 $

Prix réduits : 15 oct au 15 avr, sur réservation
Ouvert : 6 jan au 20 déc

Nombre de chambres	4
ch. avec s. de bain privée	1
ch. avec lavabo	2
salle de bain partagée	1

Activités:

11. DÉGELIS

F a R.25

Bienvenue dans notre gîte accueillant: jardin d'eau et cascade parfumés de fleurs. Entrée indépendante, grand stationnement. Accès direct à la piste cyclable «Le Petit Témis», remise pour vélos. Balcon, salle de séjour, T.V. et frigo. Déjeuner copieux sous la verrière. Gazebo pour pique-nique en famille. Restaurant tout près. Enfants bienvenus. Au plaisir de vous accueillir.

De Québec, aut. 20 est jusqu'à Rivière-du-Loup et rte 185 sud. À Dégelis, 1re sortie à gauche sur av. Principale. Ou du Nouveau-Brunswick, rte 185 nord. À Dégelis, 1re sortie à droite sur av. Principale.

GÎTE

LA BELLE MAISON BLANCHE

Monique et André Lavoie
513, av. Principale, C.P. 625
route 185 Sud
Dégelis G5T 1L8
(418) 853-3324
fax (418) 853-3324
www.destinationquebec.com

B&B	
1 pers.	35 $
2 pers.	50-55 $
3 pers.	70 $
4 pers.	90 $
Enfant	15 $

Prix réduits : 1er nov au 1er mai
Ouvert à l'année

Nombre de chambres	5
salle d'eau partagée	1
salle de douche partagée	1
salle de bain partagée	1

Activités:

12. KAMOURASKA

F R2 AV

Au bord du fleuve et au cœur du village, belle grande maison avec solarium, sortie privée sur grand terrain paysagé, aires de repos. Invitation à parcourir les petites rues sinueuses, la promenade le long du rivage, admirer le coucher de soleil, les îles, le quai, la Côte-Nord, et écouter les vagues au gré des marées. Confort, propreté, bon déjeuner. Accueil chaleureux.

De Québec, aut. 20 est, sortie 465, faire 5 km vers Kamouraska. Au village, à gauche sur av. Morel (rte 132). 2e maison après l'église, côté du fleuve.

GÎTE

CHEZ LAURENCE DIONNE

Laurence Dionne
92, av. Morel, route 132
Kamouraska G0L 1M0
(418) 492-2916

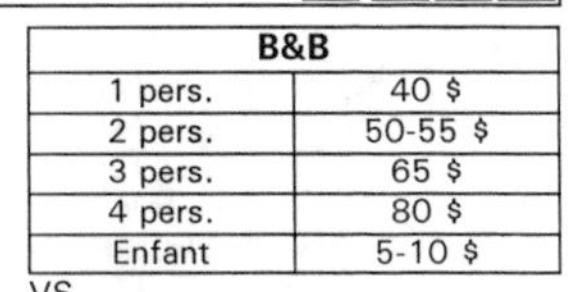

B&B	
1 pers.	40 $
2 pers.	50-55 $
3 pers.	65 $
4 pers.	80 $
Enfant	5-10 $

VS

Ouvert : 1er mai au 30 nov

Nombre de chambres	4
ch. au sous-sol	2
ch. au demi sous-sol	2
salle de bain partagée	2

Activités:

13. KAMOURASKA

F | a | R2 | AV

Au gré des vents et marées, une belle centenaire vous invite à venir goûter des moments inoubliables. Confort, propreté, joie de vivre vous attendent. Côtoyant la mer, une promenade de 2 km gravera vos souvenirs de moments doux. «L'air salin aiguisant l'appétit, un déjeuner de gourmet vous sera servi». Prix Excellence Bas-St-Laurent 1995-96.

De Québec, aut. 20 est, sortie 465. Faire 5 km vers Kamouraska. Au village, à gauche sur av. Morel (rte 132). 2e maison après l'église du même côté.

GÎTE
CHEZ NICOLE ET JEAN

Nicole et Jean Bossé
81, av. Morel, route 132
Kamouraska G0L 1M0
(418) 492-2921

B&B	
1 pers.	30-40 $
2 pers.	50 $
3 pers.	65 $
4 pers.	80 $
Enfant	10 $

VS

Ouvert à l'année

Nombre de chambres	3
salle d'eau partagée	1
salle de bain partagée	1

Activités:

14. L'ISLE-VERTE

F | a | R1 | AV

Vous avez le goût de vivre une page de notre histoire en admirant les réalisations de nos ancêtres? Nous sommes là pour partager avec vous notre belle grande maison seigneuriale, une fois et demie centenaire. Décor intérieur inspiré par les signes marquants de l'époque victorienne, fleurs & dentelles... charme, chaleureuse hospitalité d'autrefois, petits déj. copieux seront au rendez-vous.

De Québec, aut. 20, rte 132 est. Avant le pont, au clignotant à droite. Ou de Rimouski, rte 132 ouest. Après le pont, au clignotant à gauche. 1re maison à droite sur la colline.

GÎTE
AUX BERGES DE LA RIVIÈRE

Eve et Noëlla Caron
24, rue Villeray
L'Isle-Verte G0L 1L0
(418) 898-2501
(418) 862-8547

B&B	
1 pers.	35-40 $
2 pers.	45-50 $
3 pers.	60 $
4 pers.	70 $
Enfant	10 $

VS

Ouvert : 1er juin au 31 août

Nombre de chambres	5
salle de bain partagée	2

Activités:

15. L'ISLE-VERTE

F | A | R.5 | AV

Née anglo-normande en 1883, on vient tout juste de m'offrir une seconde jeunesse... Nichant au boisé près de la chute sur la rivière Verte, je vois mes jardins refleurir. J'abrite des chambres aux lits douillets et promets un agréable petit déjeuner. Une petite boutique aux oiseaux, créée par mes hôtes pour le plaisir de l'œil vous attend. Bon séjour à la Grande Ourse.

De Québec, aut. 20 est, rte 132 est. Après le pont de la rivière Verte, à droite et encore à droite. Ou de Rimouski, rte 132 ouest, sortie L'Isle-Verte. Tout droit jusqu'au bout (panneau jaune), à gauche.

GÎTE
LA GRANDE OURSE

Lise et Paul Livernois
6, rue du Verger
L'Isle-Verte G0L 1K0
tel/fax (418) 898-2763

B&B	
1 pers.	35 $
2 pers.	50 $
3 pers.	65 $

Ouvert : 15 juin au 30 sept

Nombre de chambres	3
salle d'eau partagée	1
salle de bain partagée	1

Activités:

16. L'ISLE-VERTE

F | R.5 | AV

Sur la route de la Gaspésie notre maison saura vous plaire. Accueil chaleureux, ambiance familiale, calme, repos vous sont assurés. Aimons partager expérience et traditions. Déjeuner santé, confitures, muffins maison à volonté. Prix réduits pour plus de 3 nuits. Remise à vélo. Piste cyclable à proximité. Bienvenue.

De Québec, aut. 20 est, rte 132 est. Au feu clignotant, faire 0,5 km sur la rte 132. Rue Louis-Bertrand à gauche. De Gaspé, rte 132 jusqu'à L'Isle-Verte, 2e rue à droite. Situé à 1 km du traversier de l'Isle-Verte.

GÎTE
LES CAPUCINES

Marie-Anna et Yvon Lafrance
31, Louis-Bertrand, C.P. 105
L'Isle-Verte G0L 1K0
(418) 898-3276

B&B	
1 pers.	35 $
2 pers.	50 $
3 pers.	65 $
4 pers.	80 $
Enfant	10 $

Prix réduits : 1er nov au 30 avr
Ouvert à l'année

Nombre de chambres	3
ch. au sous-sol	1
salle de bain partagée	2

Activités:

17. POINTE-AU-PÈRE

F | a

Venez rêver de voyage dans cette demeure victorienne construite vers 1860. Ancienne propriété du sieur Louis-Marie Lavoie dit «Louis Seize» qui occupait le poste de maître-pilote sur le fleuve St-Laurent «pour et au-dessus du havre de Québec». Cette charmante demeure est devenue une auberge où règnent le calme et un accueil personnalisé qui vous gâteront à souhait! **Photo p 48.**

De Québec, aut. 20 est, rte 132 jusqu'à Rimouski, rte 132 vers Pointe-au-Père, après l'église, faire 1 km.

AUBERGE
AUBERGE LA MARÉE DOUCE

Marguerite Lévesque
1329, boul. Ste-Anne
Pointe-au-Père, Rimouski
G5M 1W2
(418) 722-0822
(418) 723-4512
fax (418) 736-5167

B&B	
1 pers.	70-80 $
2 pers.	75-85 $
3 pers.	100 $
4 pers.	110 $
Enfant	15 $

VS MC

Prix réduits : mai,
1er oct au 22 déc
Ouvert : 1er mai au 22 déc

Nombre de chambres	9
ch. avec s. de bain privée	9

Activités:

18. POINTE-AU-PÈRE

F | A | R.5 | AV

Endroit magnifique, accueil chaleureux, lit confortable, hôte affable, restaurant accessible, marche paisible, soleil couchant, feu de grève, nuit étoilée, aurore boréale, bruit de vagues, sommeil profond. Lever paisible, café odorant, discussion... Activités: kayak, voile, musée, vélo, randonnée, golf...
Bon séjour, André.

Jetez l'ancre au bout de la 20! Passé Rimouski, rte 132 est, entre Bic et Métis, sous le phare de Pointe-au-Père, entre ciel et mer, (rue du Phare) vous coulerez des moments délectables, souvenirs inoubliables.

GÎTE
GÎTE DE LA POINTE

André Gamache
1046, rue du Phare
Pointe-au-Père G5M 1L8
(418) 724-6614
(418) 750-3332

B&B	
1 pers.	40 $
2 pers.	50 $
Enfant	10 $

Taxes en sus VS

Prix réduits : 15 sept au 15 juin
Ouvert : 15 jan au 15 déc

Nombre de chambres	5
ch. au demi sous-sol	4
salle de douche	2
salle d'eau partagée	3
salle de bain partagée	1

Activités:

19. RIMOUSKI

F a R6 AV

Gîte du passant sur une ferme. Dans la maison, il y a l'hospitalité d'antan. Ici, les enfants ont priorité. Citadins, faites connaissance avec la vie à la ferme. À proximité : restaurants, parcs, galerie d'art, golfs, équitation, théâtre d'été, etc. *Bienvenue. À bientôt, Louise.*

À 3 hres de Québec, aut. 20 est, rte 132 est. À la sortie est de Bic, au feu clignotant, à gauche pour reprendre rte 132. Faire environ 6,4 km à votre gauche. 11,5 km de Rimouski.

GÎTE
LA MAISON BÉRUBÉ

Louise Brunet et Marcel Bérubé
1216, boul. St-Germain Ouest, route 132
Rimouski G5L 8Y9
tel/fax (418) 723-1578

B&B	
1 pers.	40 $
2 pers.	50 $
3 pers.	65$
4 pers.	80 $
Enfant	5-15 $

Prix réduits : 1er oct au 30 avr
Ouvert à l'année

Nombre de chambres	5
ch. avec lavabo	1
salle d'eau partagée	1
salle de bain partagée	2

Activités:

20. RIMOUSKI, ST-NARCISSE

F a R4

Pour les rêveurs romantiques où amoureux de la nature. Endroit champêtre et familial. Vue sur le lac privé. Foyers int. et ext. Petits animaux de ferme. Baignade et canoë. Traîneau à chiens à l'érablière. Activités gratuites. À 10 min Canyon des Portes de l'Enfer, chutes, la plus haute passerelle au Québec. De vraies vacances...

De Québec, aut. 20 est, sortie 610, rte 232 ouest faire 16 km, demeurer sur la rte 232, dépasser l'intersection St-Narcisse faire 1 km puis le 1er rang à gauche faire 1 km.

GÎTE
DOMAINE DU BON VIEUX TEMPS

Hélène Rioux et René Martel
89, chemin de l'Écluse
Rimouski-St-Narcisse G0K 1S0
(418) 735-5646
www.chez.com/bonvieuxtemps
bonvieuxtemps@chez.com

B&B	
1 pers.	35-40 $
2 pers.	45-50 $
Enfant	10-15 $

Ouvert à l'année

Nombre de chambres	3
ch. avec s. de bain privée	2
salle de bain partagée	1

Activités:

21. RIVIÈRE-DU-LOUP

F A R4

Résidence d'été du premier Premier Ministre du Canada, Sir John A. Macdonald de 1882 à 1890. Superbe maison d'héritage qui offre aux visiteurs une vue magnifique à travers le fleuve St-Laurent jusqu'à la montagneuse Côte-Nord. Venez vous détendre dans une ambiance paisible et tranquille sans oublier nos délicieux petits déjeuners maison. Plusieurs activités et sorties à proximité.

Aut. 20 vers Rivière-du-Loup, ensuite dir. ouest rte 132 jusqu'à St-Patrice.

GÎTE
LES ROCHERS

336, rue Fraser
St-Patrice, Rivière-du-Loup
G5R 3Y4
(514) 393-1417
(418) 868-1435
fax (514) 393-9444
www.total.net/~chq

B&B	
1 pers.	60-70 $
2 pers.	65-75 $
Enfant	10 $

VS MC IT

Ouvert : 1er juin au 1er sept

Nombre de chambres	5
ch. avec s. de bain privée	1
ch. avec lavabo	3
salle de bain partagée	4

Activités: 

22. ST-ALEXANDRE, KAMOURASKA

F a R.3 AV

Bon séjour dans la belle maison ancestrale où a vécu Marie-Alice Dumont, première photographe professionnelle de l'est du Québec. Succulents déjeuners servis devant la verrière de l'ancien studio de photographie. Accueil plus que chaleureux. Prix Excellence Bas-St-Laurent 94-95.

De Québec, aut. 20 est, sortie 488 vers St-Alexandre. La Maison au Toit Bleu est située dans le village, à la croisée des rtes 230 et 289, près de la grande croix.

GÎTE
LA MAISON AU TOIT BLEU

Daria et Origène Dumont
490, av. St-Clovis
St-Alexandre G0L 2G0
(418) 495-2701
(418) 495-2368

B&B	
1 pers.	40 $
2 pers.	50 $
Enfant	10 $

Ouvert à l'année

Nombre de chambres	3
salle de bain partagée	2

Activités:

23. ST-ANDRÉ, KAMOURASKA

F a AV

Renouez avec la tradition des belles auberges d'autrefois. Une maison historique, un décor d'époque authentique, des chambres somptueuses, une vue sur le fleuve, **un restaurant offrant une table d'hôte créative et raffinée**... tout pour rêver et se laisser gâter. Découvrez nos nouvelles chambres grand confort. Grand prix du Tourisme Bas-St-Laurent 1997 «petite entreprise touristique». **Photo p 48.**

Par aut. 20, sortie 480 dir. St-André. Au village, à droite, rue Principale. Maison à côté du bureau de poste. Accès direct par route 132.

AUBERGE
AUBERGE LA SOLAILLERIE

Isabelle Poyau et Yvon Robert
112, rue Principale
St-André-de-Kamouraska
G0L 2H0
(418) 493-2914
fax (418) 493-2243

B&B	
1 pers.	45-80 $
2 pers.	54-89 $
Enfant	15-20 $

Taxes en sus VS MC

Prix réduits : printemps et automne
Ouvert : 15 avril au 31 oct

Nombre de chambres	11
ch. avec s. de bain privée	6
ch. avec baignoire et lavabo	3
ch. avec lavabo	2
salle d'eau partagée	2
salle de bain partagée	1

Activités:

24. ST-ÉLOI

F a AV

Venez partager avec nous, confort et tranquillité dans une maison centenaire (1863). Située au centre d'un village paisible. Respirez l'odeur de nos fleurs et admirez la vue superbe du fleuve St-Laurent. Des toiles vous racontent l'histoire de votre hôte artiste-peintre. Repas et petit déjeuner copieux fait maison. Une nuit chez-nous et vous serez aux anges. Bienvenue aux enfants.

De Québec, aut. 20 est, rte 132 est. Faire 19 km jusqu'à sortie rte St-Éloi. Faire 5 km dir. St-Éloi. Sur rue Principale, à gauche. Maison voisine de l'église.

AUBERGE
AU VIEUX PRESBYTÈRE

Raymonde et Yvon Pettigrew
350, Principale Est
St-Éloi G0L 2V0
(418) 898-6147

B&B	
1 pers.	38-40 $
2 pers.	53-55 $
3 pers.	68-70 $
4 pers.	85 $
Enfant	10 $

VS, IT

Prix réduits : 1er nov au 30 avr
Ouvert à l'année

Nombre de chambres	4
ch. avec lavabo	4
salle de bain partagée	3

Activités:

25. ST-JEAN-DE-DIEU

F R4

À 20 min du fleuve, nous vous invitons à séjourner sur une ferme laitière. Avec nos enfants, une famille heureuse de vous recevoir. Pêche et petits animaux : paons, canards, lapins, moutons, chèvres, chevreuil, lamas... Notre spécialité : crêpes au sirop d'érable. Chaude atmosphère et nourriture saine. Familles bienvenues. **Gîte à la ferme p 36.**

De Québec, aut. 20 est, rte 132 est jusqu'à Trois-Pistoles. Rte 293 sud jusqu'à St-Jean-de-Dieu. Faire 4 km après l'église.

GÎTE

LA FERME PAYSAGÉE

Gabrielle et Régis Rouleau
121, Route 293 Sud
St-Jean-de-Dieu G0L 3M0
(418) 963-3315

B&B	
1 pers.	30 $
2 pers.	38 $
Enfant	10 $

Ouvert à l'année

Nombre de chambres	3
salle de bain partagée	2

Activités: 

26. ST-LOUIS-DU-HA!HA!

F A R3

Maison de campagne et de ferme située dans un site enchanteur de la typique campagne témiscouataine, «au coeur même de la nature». Accueil chaleureux, excellent déjeuner gourmet servi à volonté. Venez vivre l'expérience d'être hébergé dans une chambre confortable de la maison ou dans un studio aménagé dans l'ancienne laiterie de la ferme.

De Québec, aut. 20 jusqu'à Rivière-du-Loup. Rte 185 sud jusqu'au 2e feu clignotant, à droite faire 1,6 km. À droite chemin Bellevue, faire 1,7 km.

GÎTE

GÎTE DE LA GIBECIÈRE

Marc Laperrière et
Mathieu M. Laperrière (fils)
58, chemin Bellevue
St-Louis-du-Ha!Ha! G0L 3S0
tel/fax (418) 854-6151

B&B	
1 pers.	38 $
2 pers.	48 $
Enfant	8 $

Taxes en sus

Ouvert : 1er mai au 31 oct

Nombre de chambres	2
salle de bain partagée	2

Activités:

27. ST-PATRICE-DE-RIVIÈRE-DU-LOUP

F A

«Qui dort dîne» **Au bonheur du jour**, ce gîte rural logé entre la route et la mer, dans l'Anse-au-Persil. Après avoir **réservé**, à la tombée du jour, la salle à manger propose 6 services à ses convives. Plus tard, au petit matin, le pain frais rôti sur le poêle à bois. Le vin et les jumelles sont à votre discrétion. Io parlo più che meno l'italiano.

L'Anse-au-Persil est sise entre Rivière-du-Loup et Cacouna. De Riv.-du-Loup, rte 132 est jusqu'au no civique 284. Un court chemin privé balisé mène au gîte qu'on ne peut voir de la route.

GÎTE

AU BONHEUR DU JOUR

Marie Anne Rainville
284, Anse-au-Persil, rte 132
St-Patrice-de-Rivière-du-Loup
G5R 3Y5
tel/fax (418) 862-3670

	B&B	PAM
1 pers.	40 $	60 $
2 pers.	55 $	100 $
3 pers.	70 $	140 $
Enfant	10 $	35 $

Ouvert : 20 juin au 1er sept

Nombre de chambres	3
salle de bain partagée	1

Activités: 

28. ST-SIMON

F a

Maison de la petite bourgeoisie du XIXe. Chambres meublées d'époque, avec baignoires sur pieds. Salon cossu avec piano. Une authentique cuisine régionale vous fera frissonner les papilles. Excursions : baleines, kayak, phoques. À proximité : île aux Basques, Parc du Bic. Venez vous laisser gâter.

14 km à l'est de Trois-Pistoles à 15 minutes du traversier. 50 km à l'ouest de Rimouski. Aucun détour nécessaire: accessible directement par la rte 132. Au cœur du village de St-Simon.

AUBERGE
AUBERGE ST-SIMON

Jacques Carrier
18, rue Principale
St-Simon G0L 4C0
(418) 738-2971
(418) 736-4902

	B&B	PAM
1 pers.	53-61 $	75-83 $
2 pers.	66-75 $	123-132 $
3 pers.	88-97 $	166-175 $
4 pers.	101-110 $	211-219 $
Enfant	8-10 $	20 $

Taxes en sus VS MC ER IT

Prix réduits : sur demande
Ouvert : 15 mai au 15 oct

Nombre de chambres	9
ch. avec s. de bain privée	2
ch. avec baignoire et lavabo	5
ch. avec douche et lavabo	2
salle de bain partagée	2

Activités:  

29. ST-SIMON, TROIS-PISTOLES

F A R4 AV

Belle habitation du siècle dernier (circa 1820). Environnement bucolique. Baignoire ancienne dans toutes les chambres. Plage privée. Forfaits : excursions aux baleines, kayak, observation d'oiseaux, île aux Basques, théâtre, découverte de la région. Sentiers pédestres : rivière Trois-Pistoles, Parc du Bic... ski de fond. Déjeuners copieux servis avec notre «pain quotidien». Prix dégressifs.

Accès direct par la rte 132. Allant vers l'est : 7 km à l'est de Trois-Pistoles. Allant vers l'ouest : 4 km à l'ouest de St-Simon. À 10 min du traversier.

GÎTE
CHEZ CHOINIÈRE

Alain Choinière
71, rue Principale Ouest
St-Simon G0L 4C0
(418) 738-2245

	B&B
1 pers.	40 $
2 pers.	55 $
3 pers.	70 $
4 pers.	85 $
Enfant	10 $

Prix réduits : 15 oct au 1er juin
Ouvert à l'année

Nombre de chambres	5
ch. avec baignoire et lavabo	2
ch. avec s. de bain privée	3
salle de bain partagée	1

Activités:

30. STE-LUCE-SUR-MER

F A AV

Notre auberge située directement sur la plage, à quelques km des Jardins de Métis, vous offre une oasis de paix en harmonie avec les cadences de la mer. De concert avec son coucher de soleil (inclus dans le menu) et notre fine cuisine régionale, vous allez vivre des moments magiques «image et son» pendant que vous savourerez l'excellence de notre table.

De Québec, aut. 20 est, rte 132 direction Ste-Flavie. Après Pte-au-Père, surveiller «Camping La Luciole», faire 500 pi. et tourner à gauche, rte du Fleuve à droite.

AUBERGE
AUBERGE DE L'EIDER

Johanne Cloutier
et Maurice Gendron
90, route du Fleuve Est
Ste-Luce-sur-Mer G0K 1P0
tel/fax (514) 679-0329
(418) 739-3535

	B&B
1 pers.	50 $
2 pers.	55-75 $
3 pers.	75-85 $
4 pers.	95 $
Enfant	10 $

Taxes en sus VS MC ER

Ouvert : 15 juin au 30 sept

Nombre de chambres	12
ch. avec s. de bain privée	12

Activités:

31. STE-LUCE-SUR-MER

F a R1.9

Bâtie en 1833... Au bord de la mer! Salle à manger et séjour entièrement vitrés près de la mer!.. Observez les PHOQUES, cormorans, et les couchers de soleil...! Marchez sur la grève. Dégustez caramel de crème de chèvre, jambon fumé artisanal, confiture de pommes et autres gâteries... À 12 min des Jardins de Métis et du traversier de Rimouski.

De Québec (3h15), aut.20 est, rte 132 est dir. Ste-Flavie. Après Pte-au-Père, surveiller «Camping La Luciole», faire 3,8 km. Maison blanche, volets jaunes, galerie rouge.

GÎTE
MAISON CATHERINE

Danièle Blouin et
Michel Alarie
302, Route 132 Est
Ste-Luce-sur-Mer G0K 1P0
tel/fax (418) 739-5505

B&B	
1 pers.	45 $
2 pers.	55 $
3 pers.	70 $
Enfant	10-15 $

Ouvert : 15 mai au 30 sept

Nombre de chambres	3
salle d'eau partagée	1
salle de bain partagée	1

Activités:

32. STE-LUCE-SUR-MER

F A R.1 AV

Sur les rives du St-Laurent, maison de 1920, aux coloris champêtres vous charme par son grand terrain paysager et sa plage privée. Déjeuner créatif «accroche l'oeil», ravive l'appétit du matin. Gazebo pour la détente. Le soir spectacle inoubliable: admirez le soleil enflammé embrasser la mer. On vous invite pour l'apéro. À 15 min : Jardins de Métis, Parc du Bic, traversier vers la Côte-Nord.

À mi-chemin entre Rimouski et Mont-Joli par la rte 132. Entrer dans le pittoresque village de Ste-Luce en longeant le fleuve; vous nous trouverez à 0,2 km à l'ouest de l'église, côté fleuve.

GÎTE
MAISON DES GALLANT

Nicole Dumont et
Jean Gallant
40, du Fleuve Ouest, C.P. 52
Ste-Luce-sur-Mer G0K 1P0
(418) 739-3512
sans frais 1-888-739-3512
jean.gallant@cgocable.ca

B&B	
1 pers.	45 $
2 pers.	55 $
3 pers.	65 $
Enfant	10 $

Prix réduits : oct à mai
Ouvert à l'année

Nombre de chambres	3
salle d'eau partagée	1
salle de bain partagée	1

Activités:

33. TROIS-PISTOLES

F A R1

Laissez-vous envoûter par le fleuve, les excursions à l'île aux Basques, les baleines, musées, théâtre d'été et bien d'autres activités. Vous ne repartirez pas sans avoir goûté le charme et la bonne table de notre gîte même si vous prenez le traversier à 5 minutes de chez nous.

À mi-chemin entre Montréal et Percé, nous sommes situés à 0,5 km à l'entrée ouest de la ville de Trois-Pistoles, côté nord donnant sur le fleuve et à 2 km du traversier pour Les Escoumins.

GÎTE
AU GRÉ DES MARÉES

Jeanne Riverin et
Marcel Hardy
525, Notre-Dame Ouest
Trois-Pistoles G0L 4K0
(418) 851-3819

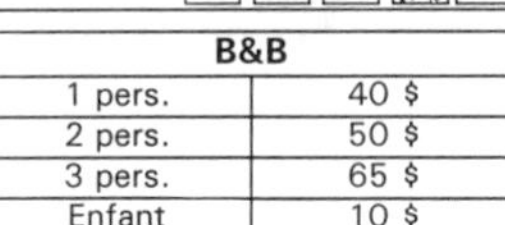

B&B	
1 pers.	40 $
2 pers.	50 $
3 pers.	65 $
Enfant	10 $

VS

Prix réduits : 1er nov au 30 avr
Ouvert à l'année

Nombre de chambres	3
salle de bain partagée	2

Activités: 

34. TROIS-PISTOLES

Et qu'on est bien chez-nous! Sur notre ferme, c'est le calme de la campagne, maison centenaire meublée d'antiquités, entourée de fleurs, d'arbres et d'oiseaux. Copieux déjeuner, pain et confitures maison. Près du traversier pour la rive nord. Pour partager notre bonheur, il n'y manque que vous.

De Québec, aut. 20 est, rte 132 est jusqu'à Trois-Pistoles. Rte 293 sud, faire 1 km, à droite rang 2 ouest, faire 2,7 km. Ou du traversier, 1re rue à gauche (Jean-Rioux), aux 2e feux de circulation, faire 1 km sur rte 293 sud, à droite 2,7 km.

GÎTE
FERME LE TERROIR DES BASQUES

Marguerite et
Pierre-Paul Belzile
65, rang 2 Ouest
Trois-Pistoles G0L 4K0
(418) 851-2001

B&B	
1 pers.	40 $
2 pers.	50 $
3 pers.	70 $
4 pers.	90$
Enfant	10 $

Ouvert : 1er mai au 31 oct

Nombre de chambres	4
ch. avec lavabo	2
salle de bain partagée	2

Activités:

LES GÎTES ET AUBERGES

35. ST-ALEXANDRE, KAMOURASKA

F a M19 AV

Site de plein air unique sur notre ferme forestière, 3 lacs, 2 rivières, faune, flore, sentiers pédestres de 11,4 km, belvédères, vélo, raquette, ski de randonnée, motoneige, équitation, camping hivernal, chevaux de traîneaux et de voitures, etc. Préparons et servons les repas sur demande. Visite gratuite à notre ferme d'élevage. Vous serez chez-vous dans cette belle nature québécoise. **Photo p 48.**

De Montréal, aut. 20 est, sortie 488, rte 289 à droite, faire 20 km (15 min de l'aut. 20). Ou de la Gaspésie, aut. 20, sortie 488, rte 289 à gauche, faire 20 km.

MAISON DE CAMPAGNE
LE REFUGE FORESTIER

Réal Sorel
Havre du Parke,
Route 289, C.P. 220
St-Alexandre G0L 2G0
(418) 495-2333
sans frais 1-888-495-2333
fax (418) 495-2509

Nbr. maisons	2
Nbr. chambres	3-34
Nbr. personnes	12-60
SEM-ÉTÉ	495-1995 $
SEM-HIVER	495-1995 $
WE-ÉTÉ	295-1195 $
WE-HIVER	295-1195 $
JR-ÉTÉ	125-495 $
JR-HIVER	125-495 $

Taxes en sus VS IT

Ouvert à l'année

Activités:

ESCAPADES À LA FERME

Gîtes à la ferme :

Corporation de développement économique et touristique des Basques

Pour informations, forfaits, visites guidées :

120, rue Notre-Dame Ouest, Trois-Pistoles (Québec) G0L 4K0
Tél. : (418) 851-4949 Téléc. : (418) 851-1237 C. élec. : basque@quebectel.com

• • • Demandez sans frais le guide vacances dans les Basques • • •

L' HÉRITAGE

Traverse Trois-Pistoles-Les Escoumins

Du 15 mai au 15 octobre - Durée de la traversée : 1 h 30

Pour informations et réservations
Trois-Pistoles, tél. : (418) **851-4676**
Les Escoumins, tél. : (418) **233-4676**

Circuit des fermes de Saint-Éloi

Découvrez une ferme laitière, un élevage bovin, une ferme maraîchère et un parc d'élevage d'animaux exotiques (wapitis, sangliers, autruches), le tout accompagné d'un guide qui vous fera découvrir les diverses facettes de l'agriculture et de l'histoire locale.

- Visites de groupes (dix et plus) sur réservation de juin à septembre.

Informations Tél. : (418) **851-4949** C. électr. : basque@quebectel.com

Une histoire de fleuve, de baleines, et surtout de chasseurs courageux : les Basques.
Exposition et fronton de pelote basque
Centre de documentation et de généalogie.
Animation pour enfants. Café-terrasse, boutique.

Parc de *l'aventure basque* en Amérique

66, rue du Parc, Trois-Pistoles (Québec) G0L 4K0 Tél. : (418) **851-1556** Téléc. : (418) 851-2188 C. élec. : paba@quebectel.com

Musée Saint-Laurent

Route 132, Trois-Pistoles (Québec) G0L 4K0
Tél. : (418) 851-2345 ou 851-2353

Automobiles et instruments d'autrefois

Plusieurs des automobiles de la collection la plus importante de la province ont été utilisées lors des tournages suivants :

- Bouscotte
- Cormoran
- Bonheur d'occasion
- L'Héritage
- Le Temps d'une paix
- L'Ombre de l'épervier

LA MAISON DU

Centre d'art et d'artisanat

Tous les jours, de 9 h 30 à 21 h

168, rue Notre-Dame Est, Trois-Pistoles (Québec) G0L 4K0
Haute saison Tél. : (418) 851-1656
Basse saison Tél. : (418) 851-2279

Les gîtes du passant dans les Basques

LA FERME PAYSAGÉE	121, route 293 Sud, Saint-Jean-de-Dieu (Québec)	G0L 3M0	Tél. : (418) **963-3315**
TERROIR DES BASQUES	65, rang 2 Ouest, C.P. 472, Trois-Pistoles (Québec)	G0L 4K0	Tél. : (418) **851-2001**
AU VIEUX PRESBYTÈRE	350, rue Principale Est, Saint-Éloi (Québec)	G0L 2V0	Tél. : (418) **898-6147**
AU GRÉ DES MARÉES	525, rue Notre-Dame Ouest, Trois-Pistoles (Québec)	G0L 4K0	Tél. : (418) **851-3819**
AUBERGE SAINT-SIMON	18, rue Principale, Saint-Simon (Québec)	G0L 4C0	Tél. : (418) **738-2971**
CHEZ CHOINIÈRE	Route 132 Est, Saint-Simon (Québec)	G0L 4C0	Tél. : (418) **738-2245**

CANTONS-DE-L'EST

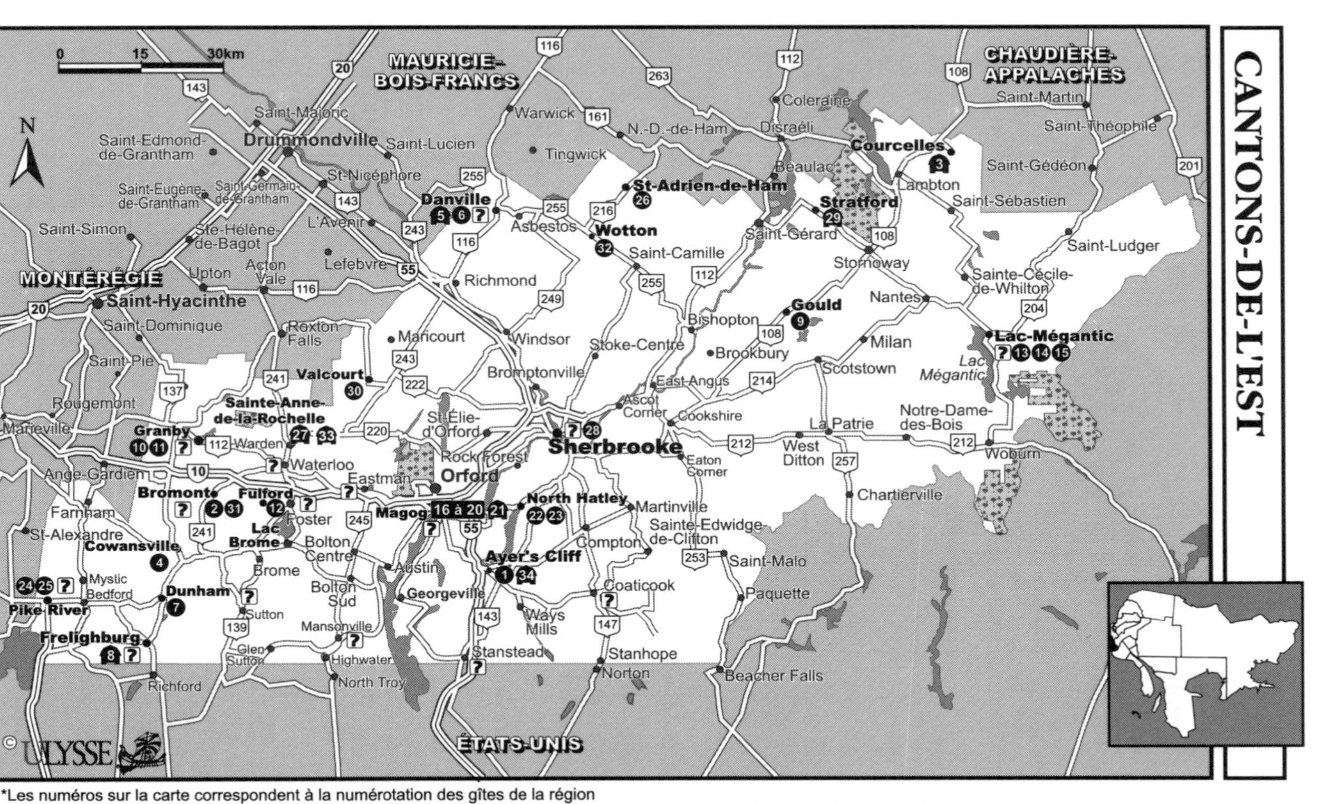

*Les numéros sur la carte correspondent à la numérotation des gîtes de la région

*** À COMPTER DU 13 JUIN 1998, LE CODE RÉGIONAL 514 PRÉCÉDANT LE NUMÉRO DE TÉLÉPHONE DEVIENDRA LE 450**

1. AYER'S CLIFF

F A R12

Amants de paix, d'immensité et d'harmonie, «La Chevrière» vous accueille dans sa maison campagnarde de construction récente. Une chambre plus luxueuse avec piano-à-queue, foyer en pierre, balcon. Boisé de 62 acres avec sentiers. Élevage de chèvres angora (mohair). Gorges de Coaticook. Gastronomie légendaire de North-Hatley. **Promenade à la ferme p 29.**

Aut. 10, sortie 121, aut. 55, sortie 21, rte 141 sud. 3 km après panneau «Hatley-Kingscroft-way's mills», à gauche (Chemin Roy nord). Faire 4 km. Maison en pierres des champs et bois à droite de la route.

GÎTE
FERME «LA CHEVRIÈRE»

Monique Marchand et
Serge Paradis
3238, chemin Roy Nord
Ayer's Cliff (Kingscroft)
J0B 1C0
tel/fax (819) 838-5292

B&B	
1 pers.	45-65 $
2 pers.	65-100 $

Taxes en sus VS MC

Ouvert à l'année

Nombre de chambres	3
salle d'eau partagée	1
salle de bain partagée	1

Activités:

2. BROMONT

F A R1 AV

Spacieux domaine à flanc de montagne où dentelles et argenterie côtoient le confort moderne. Gîte haut de gamme, tennis, piscine, foyer, petits déj. 5 services, accueil chaleureux et petites attentions feront de votre séjour une expérience inoubliable. Certificat cadeau, forfaits ski, golf, théâtre, spa,vélo, resto.

À 30 min des U.S.A, 15 min du Lac Brome et 45 min de Montréal. Aut. 10, sortie 74 dir. Bromont. De l'arrêt, boul. Pierre Laporte (rte 241), faire 6,5 km. À gauche sur des Verrières, 1re rue à droite de la Rigole.

GÎTE
Ô MÛRES MURES

Ginette Lambert
et Jean-Guy Tremblay
5, rue de la Rigole
Bromont J2L 1T2
(514) 534-5242
fax (514) 534-5409
www.virtuel.qc.ca/omurmur
maurice@virtuel.qc.ca

B&B	
1 pers.	55-75 $
2 pers.	70-95 $
3 pers.	85-110 $
Enfant	10-15 $

VS

Prix réduits : avr et nov
Ouvert à l'année

Nombre de chambres	3
ch. avec s. de bain privée	1
salle de bain partagée	1

Activités:

3. COURCELLES

F A

Notre ferme-auberge vous offre une fine cuisine régionale du terroir. Dégustez nos plats sous une magnifique verrière dotée d'un panorama de fleurs, de chevaux et de petits chevreuils. Logez dans un décor d'époque avec vos hôtes Gina et Gilles, qui se chargeront de vous faire découvrir tables et attraits. Un séjour gustatif et ressourçant. **Gîte à la ferme p 36.**

De Montréal, aut.10 est dir Sherbrooke. Sortie boul. Université jusqu'à Lenoxville, rte 108 est vers Beauceville. De Québec, pont Pierre-Laporte dir. St-Georges, sortie St-Joseph. À Beauceville, dir. 108 ouest vers Courcelles.

GÎTE
L'AUBERGE D'ANDROMÈDE

Gina Hallé et Gilles Leclerc
495, Rang 6
Courcelles, Beauce Sud
G0M 1C0
(418) 483-5442
(418) 486-7135
fax (418) 486-7096

B&B	
1 pers.	30 $
2 pers.	60 $
Enfant	15 $

Taxes en sus

Ouvert à l'année

Nombre de chambres	2
ch. avec s. de bain privée	2

Activités:

4. COWANSVILLE

F A R1 AV

Profitez d'une magnifique propriété de 10 acres où vous pouvez observer les chevreuils, les oiseaux... Site exceptionnel avec vue panoramique de la région. Endroit tranquille et reposant avec ses espaces fleuris, étang, patio, piscine creusée. Petit déjeuner copieux et varié. Quatre chambres dont deux suites VIP. «C'est l'bonheur total».

De Montréal ou Sherbrooke, aut. 10, sortie 74, boul Pierre Laporte dir. Cowansville. En face de l'hôpital BMP à gauche rue Principale, faire 0,5 km.

GÎTE
DOMAINE SUR LA COLLINE B&B

Nicole et Gilles Deslauriers
1221, rue Principale
Cowansville J2K 1K7
(514) 266-1910
cell. (514) 531-1416
fax (514) 266-4320

B&B	
1 pers.	65-90 $
2 pers.	75-100 $
3 pers.	120 $
4 pers.	140 $

VS MC

Prix réduits : 15 oct au 15 déc et 15 jan au 15 mai
Ouvert à l'année

Nombre de chambres	4
ch. avec s. de bain privée	2
salle de bain partagée	1

Activités:

5. DANVILLE

F a R3 AV

Amant de la nature, spacieux domaine où se cotoie forêt, sentiers pédestres, animaux et où le calme n'a d'égal que la beauté des paysages. Table d'hôte servie au coin du feu ou l'été sur terrasse. Activités: randonnée pédestre, vélo (voisin piste cyclable), baignade, ski de fond. Forfaits: théâtre, golf, vélo, équitation. **Gîte à la ferme p 36.**

De Montréal, aut. 20, sortie 147, rte 116 est. À Richmond, aux feux, faire 13,9 km, à gauche Demers faire 2,5 km. De Québec, aut. 20, sortie 253, rte 116 ouest. À Danville, aux feux 3 km Demers.

GÎTE
LE CLOS DES PINS

Josée Brouillette et
Daniel Godbout
60, chemin Boisvert
Danville J0A 1A0
tel/fax (819) 839-3521

	B&B	PAM
1 pers.	35-50 $	50-65 $
2 pers.	50-65 $	65-80 $
3 pers.	80 $	95 $
4 pers.	95 $	110 $
Enfant	10 $	15-20 $

Taxes en sus

Ouvert à l'année

Nombre de chambres	4
salle de bain partagée	2

Activités:

6. DANVILLE

F A R.5 AV

Prenez la route secondaire à mi-chemin entre Montréal et Québec, découvrez Danville et son patrimoine architectural. La beauté, le confort de notre demeure et nos fins petits déjeuners vous séduiront. Laissez-vous dorloter à notre villa santé : algologie, massothérapie, etc. Location de vélos sur place.

De Montréal, aut. 20, sortie 147, faire 75 km, rte 116 est. À Danville, à droite aux feux de circulation (D-Johnson). Au bout, à droite, faire 1 km. Ou de Québec, aut. 20, sortie 253, rte 116 ouest. À Danville, à gauche aux feux.

GÎTE
LES HEURES ROMANTIQUES

Cécile Carbonneau et
Robert Julien
171, du Carmel, C.P. 479
Danville J0A 1A0
(819) 839-2357
(819) 839-3915
fax (819) 839-9497
www.bbcanada.com/
2004.html

B&B	
1 pers.	50-60 $
2 pers.	60-70 $
3 pers.	85 $
4 pers.	95 $
Enfant	10-15 $

VS MC

Prix réduits : 15 oct au 23 déc et 15 jan au 15 mai
Ouvert à l'année

Nombre de chambres	4
ch. avec lavabo	4
salle de bain partagée	2

Activités: 

7. DUNHAM

F A R5 AV

UNE BELLE TROUVAILLE – «... qui s'appelle fort joliment d'ailleurs, le Temps des Mûres... Une superbe maison, tenue par un jeune couple. À cet endroit-là, les grands arbres du chemin font un tunnel de feuillage... On se croirait déjà au Vermont... somptueux petit déjeuner...» (Pierre Foglia, La Presse, 4 juillet 96).

Aut. 10, sortie 68, rte 139 sud dir. Cowansville (20 km). À Cowansville, aux 2e feux, à droite, rte 202 sud dir. Dunham (2 km). À gauche Rang Fitchett (2 km). À gauche Rang Vail (2 km). Maison sous le tunnel d'arbres à gauche.

GÎTE
LE TEMPS DES MÛRES

Marie-Josée Potvin
et Pierre Cormier
2024, chemin Vail
Dunham J0E 1M0
tel/fax (514) 266-1319
sans frais 1-888-708-8050

B&B	
1 pers.	40-50 $
2 pers.	55-75 $

VS MC

Prix réduits : 1er nov au 1er avr
Ouvert à l'année

Nombre de chambres	5
ch. avec s. de bain privée	1
salle de bain partagée	2

Activités:

8. FRELIGHSBURG

F a AV

Au pied du mont Pinacle, dans un des plus beaux villages québécois, venez cueillir des fruits sauvages, des champignons, surprendre les chevreuils au verger ou dans les chemins boisés, nourrir les petits animaux ou simplement vous reposer. Spécialités françaises. Forfaits disponibles. **Gîte à la ferme p 36.**

Aut. 10 sortie 22, aut. 35 sud jusqu'à la fin. À gauche dir. St-Alexandre et suivre jusqu'à Bedford. Prendre rte 202 sur 7 km environ. Jusqu'à l'indication Frelighsburg, à droite. Nous sommes à 1 km à droite après la traversée du village.

GÎTE
LA GIRONDINE

Françoise et François Bardo
104, Route 237 Sud
Frelighsburg J0J 1C0
(514) 298-5206
fax (514) 298-5216

B&B	
1 pers.	45 $
2 pers.	55 $
Enfant	12 $

Taxes en sus VS MC

Prix réduits : 1er nov au 30 avr
Ouvert à l'année

Nombre de chambres	3
salle d'eau partagée	1
salle de bain partagée	1

Activités:

9. GOULD

F A R.5 AV

Au cœur d'un village écossais développé vers 1837, construite en 1913. Elle possède tout son cachet propre aux descendants des premiers pionniers. Vaste maison avec foyer, boiseries d'origine et antiquités. À 150 m du premier magasin général, transformé en auberge, cuisine régionale traditionnelle.

À 50 km du Lac Mégantic et de Sherbrooke. De Montréal, aut. 10, sortie 150 dir. East Angus, rte 112. À East Angus, rte 214 jusqu'à jonction rte 108 est jusqu'à Gould. Des U.S.A., rte 3, aux frontières, rte 257 jusqu'à Gould.

GÎTE
LA MAISON McAULEY

Daniel Audet et
Jacques Cloutier
26, Route 257 Sud
Gould J0B 2Z0
tel/ fax (819) 877-3446

	B&B	PAM
1 pers.	50 $	70 $
2 pers.	55 $	95 $

Taxes en sus VS MC IT

Ouvert à l'année

Nombre de chambres	4
ch. avec lavabo	2
salle de bain partagée	2

Activités:

10. GRANBY

F a R4

Située à deux coups de pédale de la piste cyclable l'Estriade, notre demeure au bord du lac Boivin vous offre un environnement agréable. Salle de séjour privée avec foyer. Terrasse et B.B.Q. en saison. Petit déjeuner à votre rythme à la salle à manger. À la Maison DuClas, le confort et la détente vous attendent.

Aut. 10, sortie 74 dir. Granby. Au bout de Pierre Laporte, à gauche rte 112, à droite de L'Iris, à gauche de la Potentille et à gauche du Nénuphar.

GÎTE
LA MAISON DUCLAS

Ginette Canuel et
Camile Duchesne
213, du Nénuphar
Granby J2H 2J9
(514) 360-0641

B&B	
1 pers.	40-45 $
2 pers.	55-65 $

Prix réduits : 1er jan au 30 avr et 1er sept au 30 oct
Ouvert : 1er jan au 30 oct

Nombre de chambres	2
ch. avec s. de bain privée	2
ch. au sous-sol	2

Activités:

11. GRANBY

F A AV

Carole et Michel vous accueillent dans leur charmante résidence de couleur framboise. Laissez-vous choyer en ce lieu de détente au bord du lac Boivin et près d'un grand parc. Prenez votre café au bord de l'eau parmi les fleurs, face à la piste cyclable l'Estriade. Près des boutiques et des restaurants du centre-ville. Forfaits disponibles. **Photo p 48.**

De Montréal, aut. 10 est, sortie 74, rte 112 ouest pour Granby. Aux 1ers feux, à droite rue Church, à droite Drummond vers le no.90.

GÎTE
UNE FLEUR AU BORD DE L'EAU

Carole Bélanger et
Michel Iannantuono
90, Drummond
Granby J2G 2S6
tel/fax (514) 776-1141
1-888-375-1747 heures d'affaires - sans frais
(514) 372-0667
www.login.net/fleurvtg

B&B	
1 pers.	50-60 $
2 pers.	55-65 $
Enfants	5-10

VS MC AM

Prix réduits : 6 jan au 31 mars
Ouvert à l'année

Nombre de chambres	4
ch. avec s. de bain privée	2
salle de bain partagée	1

Activités:

12. LAC-BROME, FULFORD

F A R5 AV

Bienvenue dans notre résidence de style Tudor, sise entre Bromont et Knowlton. Faites une promenade sur le domaine où se côtoient chiens, canards... Mieux, un ruisseau, un boisé , une terrasse et une piscine pour votre détente et vos rêves. Raquettes et piste de motoneige. Forfait golf. Rabais pour 3 nuits et plus.

Sortie 78 de l'aut. 10, vers Bromont. Faire 7 km tout droit. À droite au clignotant rouge (ch. Brome). Nous sommes à 1 km à gauche.

GÎTE
LE TU-DOR

Ghislaine Lemay et
Jean-Guy Laforce
394, chemin Brome
Fulford, Lac-Brome
J0E 1S0
(514) 534-3947
fax (514) 534-5543

B&B	
1 pers.	50 $
2 pers.	65 $
3 pers.	85 $
4 pers.	105 $
Enfant	10 $

VS MC

Prix réduits : 3 nuits et plus
Ouvert à l'année

Nombre de chambres	4
ch. avec s. de bain privée	4

Activités: 

13. LAC-MÉGANTIC

Maison moderne en cèdre située dans un cadre enchanteur. Taquinez la truite au bout du quai, profitez de notre plage pour la baignade ainsi que de notre descente de bateau. Près de nombreux attraits, golf 18 trous, 2 parcs provinciaux dont l'Astrolab (centre d'interprétation en astronomie). Petit déj. dans le solarium ou le gazebo en regardant nager les huards.

Aut. 10, sortie 143, puis rtes 108 est et 161 sud. À Mégantic, traversez le pont faire 10 km ou après sortie 143 prendre rtes 112 est puis 212 vers le mont Mégantic puis 161 nord, faire 14 km.

GÎTE
AU CHANT DU HUARD

Françoise et Gérald Périnet
850, Route 161
Lac-Mégantic G6B 2S1
(819) 583-4795
fax (819) 544-9079

B&B	
1 pers.	50-85 $
2 pers.	60-95 $

Ouvert : 1er mai au 15 oct

Nombre de chambres	4
ch. avec s. de bain privée	1
ch. avec salle d'eau privée	2
salle de bain partagée	2

Activités:

14. LAC-MÉGANTIC

Faites halte à notre gîte, juché sur une colline dominant le lac et situé à 1 km du golf 18 trous! À prox. de l'Obersvatoire & Astrolab Mt-Mégantic. Profitez de nos 34 hectares de boisés, aménagés en étangs et en sentiers pédestres menant au barrage de castors. Environnement paisible et tonifiant. Idéal, pour couleurs d'automne. Petit déjeuner dans solarium avec vue sur le lac.

De Mtl. ou Sherbrooke, aut. 10, rtes 143 sud, 108 est, 161 sud. De Mégantic, faire 8 km dir. Club de golf. De N.D. des Bois, rtes 212 est, 161 nord, 1km après golf.

GÎTE
AU SOLEIL COUCHANT

Nicole et Gérard Théberge
1137, Route 161
Lac-Mégantic G6B 2S1
(819) 583-4900

B&B	
1 pers.	45 $
2 pers.	55-65 $

Ouvert : 1er mai au 31 oct

Nombre de chambres	3
ch. avec s. de bain privée	1
salle de bain partagée	2

Activités:

15. LAC-MÉGANTIC

Située au centre-ville dans un quartier résidentiel paisible et à proximité du lac, de la marina et des restaurants. Maison très accueillante et chaleureuse décorée avec goût. Les déjeuners sont également très copieux et vous bénéficiez de l'air climatisé durant la période estivale.

De Sherbrooke, rte 161 2e feux de circulation, à gauche rue Maisonneuve à droite rue Dollard. De Québec ou Woburn, traverser le centre-ville après la voie ferrée, à droite sur rue Villeneuve à gauche rue Dollard.

GÎTE
LA MAISON BLANCHE

Noreen Kavanagh Legendre
4850, rue Dollard
Lac-Mégantic G6B 1G8
(819) 583-2665

B&B	
1 pers.	45 $
2 pers.	55 $

Prix réduits : après l'Action de Grâce
Ouvert à l'année

Nombre de chambres	2
ch. avec s. de bain privée	2

Activités:

16. MAGOG

F A R.1 AV

Située dans la séduisante ville de Magog, près du mont Orford et à 2 pas du lac Memphrémagog, notre élégante demeure victorienne, son parc et la chaleur de notre accueil rendront votre séjour agréable. Gourmandises dans notre coquette salle à manger. Salon, solarium et jardin réservés aux clients. Piste cyclable. Vélo. **Publicité couverture arrière.**

De Montréal ou Sherbrooke, aut. 10, sortie 118 dir. Magog. Après la rivière Magog, à gauche au McDonald, 3e maison à droite.

GÎTE
À TOUT VENANT

Dany et Charly Crettaz
624, Bellevue Ouest
Magog J1X 3H4
(819) 868-0419
sans frais 1-888-611-5577

B&B	
1 pers.	53-62 $
2 pers.	62-70 $
3 pers.	80-90 $
Enfant	10-20 $

Taxes en sus

Prix réduits : 15 sept au 15 juin
Ouvert à l'année

Nombre de chambres	5
ch. avec s. de bain privée	4
salle de bain partagée	1

Activités:

17. MAGOG

F A R.5

Hiver comme été, pour un séjour inoubliable au coeur de l'Estrie, une halte à notre gîte s'impose. Activités de plein air, culturelles, montagne, plage à proximité de notre maison centenaire. Près de tout et loin du bruit nous vous offrons un accueil douillet. Forfaits disponibles selon les saisons.

De Montréal ou Sherbrooke, aut. 10, sortie 118 dir. Magog. Vous êtes sur Merry faire environ 6 km.

GÎTE
AU SAUT DU LIT

Ginette Henri et
Denis Belleville
224, rue Merry Nord
Magog J1X 2E8
(819) 847-3074
denisbel@generation.net

B&B	
1 pers.	60 $
2 pers.	80 $
3 pers.	115 $
4 pers.	140 $
Enfant	10-20 $

VS MC IT

Prix réduits : 15 oct au 15 déc, 1e avr au 1e juin
Ouvert à l'année

Nombre de chambres	5
ch. avec s. de bain privée	5

Activités:

18. MAGOG

F A R.1 AV

Demeure du XIXe siècle de pur style victorien entourée de jardins magnifiques située à deux pas du centre-ville et du lac Memphrémagog. Intérieur champêtre agrémenté d'objets uniques peints à la main. Ateliers de peinture sur meubles. Forfait-spectacle. Ski, activités nautiques, vignoble, équitation.

De Montréal, aut. 10 est, sortie 118 dir. Magog (3km) sur rte 141/rue Merry nord. De Québec, aut. 20 ouest, aut. 55 sud, 10 ouest, sortie 118, dir. Magog. Faire 3km sur rte 141/rue Merry nord.

GÎTE
LA BELLE VICTORIENNE

Louise Côté et Réal Viens
142, rue Merry Nord
Magog J1X 2E8
tel/fax (819) 847-0476

B&B	
1 pers.	55-80 $
2 pers.	60-85 $
3 pers.	95-100 $
Enfant	10 $

Taxes en sus MC

Prix réduits : mi-oct à mi-mai
Ouvert à l'année

Nombre de chambres	5
ch. avec s. de bain privée	3
salle de bain partagée	2

Activités:

19. MAGOG

F A R.1 AV

Apprivoisez la voile avec nous sur le Captivent, découvrez le Mt-Orford, les pistes cyclables, les arts, l'hiver en carriole ou traîneau à chiens. Tombez sous le charme discret de notre maison ensoleillée et des plaisirs douillets. Laissez-vous gâter par nos petites attentions, nos déjeuners découvertes et l'heure du thé. Selon la saison, au coin du feu ou au jardin, on vous attend! **Publicité couverture arrière.**

De Montréal ou Sherbrooke, aut. 10, sortie 118 direction Magog. Après la rivière Magog, à gauche au clignotant jaune direction Ayer's Cliff, garder la droite (rue Bellevue), 5e maison.

GÎTE
LA MAISON CAMPBELL

Francine Guérin et
Louise Hodder
584, rue Bellevue Ouest
Magog J1X 3H2
(819) 843-9000
fax (819) 843-3352
maisoncampbell@sympatico.ca

B&B	
1 pers.	50-70 $
2 pers.	55-75 $
Enfant	0-20 $

Taxes en sus

Prix réduits : 13 oct au 15 juin
Ouvert à l'année

Nombre de chambres	5
ch. avec s. de bain privée	3
salle de bain partagée	1

Activités:

20. MAGOG

F a R.1 AV

Une oasis de paix au cœur de Magog. Entre l'eau claire et rafraichissante de la piscine et la chaleur du foyer, vous serez agréablement surpris par l'accueil chaleureux de vos hôtes et leurs petites attentions. S'il vous arrive de rêver à de tels moments nous vous offrons de transformer ces rêves en réalité. Forfaits disponibles (sportifs et culturels). **Publicité couverture arrière.**

Aut 10, sortie 118 dir Magog. Vous êtes alors sur rue Merry-nord. Une fois traversé la rue principale, vous êtes sur rue Merry-sud, nous sommes à deux pas du McDonald.

GÎTE
LE MANOIR DE LA RUE MERRY

Jocelyne Gobeil et
Alain Tremblay
92, rue Merry Sud
Magog J1X 3L3
sans frais 1-800-450-1860
(819) 868-1860

B&B	
1 pers.	75 $
2 pers.	79 $
3 pers.	99 $
4 pers.	119 $
Enfant	15-20 $

Taxes en sus VS IT

Prix réduits : 1er nov au 30 avr
Ouvert à l'année

Nombre de chambres	4
ch. avec s. de bain privée	4

Activités:

21. MAGOG (Canton de)

F A R6 AV

Notre accueil et nos déjeuners 5 services font l'unanimité. Arrêtez-vous à notre chaleureuse maison datant de 1870. Piscine, terrasse fleurie, foyer... Régalez-vous à notre table d'hôte (6 services) concoctée à partir de nos élevages, légumes, fines herbes et fleurs comestibles. Apportez votre vin. **Table champêtre p 13.**

De Montréal, aut. 10, sortie 115 sud-Magog / St-Benoît-du-Lac, faire 1,8 km. Chemin des Pères à droite, dir. St-Benoît-du-Lac / Austin. Faire 6,1 km. Surveiller l'enseigne à votre droite. Nous vous attendons.

GÎTE
AUX JARDINS CHAMPÊTRES

Monique Dubuc
et Michel Skelling
1575, ch. des Pères, R.R. 4
Magog (Canton de) J1X 5R9
tel/fax (819) 868-0665

	B&B	PAM
1 pers.	65-85 $	93-113 $
2 pers.	70-90 $	126-150 $
3 pers.	90-110 $	179-203 $
Enfant	20 $	40 $

Taxes en sus VS MC

Ouvert à l'année

Nombre de chambres	5
ch. avec s. de bain privée	1
salle d'eau partagée	1
salle de bain partagée	1

Activités:

22. NORTH HATLEY

F | A | R.2 | AV

Pieds dans l'eau : petit manoir alliant le charme d'une demeure loyaliste à la tranquillité et à la détente de la vision panoramique du lac Massawipi. Jolies chambres spacieuses et confortables. Excellent petit déjeuner, type «brunch». Sur place : baignade, pédalo, raquette, pêche sur glace. Possibilité: motoneige, traineaux à chiens.

De Montréal, aut. 10, sortie 121. Aut. 55 sud, sortie 29. Route 108 est jusqu'à North Hatley. À 400 m, côté lac, à votre droite se trouve Lili Morgane.

GÎTE
LILI MORGANE

Valérie Thomas et
André Gervais
4215, chemin Magog
North Hatley J0B 2C0
(819) 842-4208
fax (819) 842-1132
agervais@courrier.usherb.ca

B&B	
1 pers.	80 $
2 pers.	100 $
Enfant	15 $

Taxes en sus

Prix réduits : 1e nov au 31 mai
Ouvert à l'année

Nombre de chambres	2
salle de bain partagée	1

Activités: 

23. NORTH HATLEY

F | A | R.03 | AV

Prix d'Excellence Cantons-de-l'Est 1996-97. Au cœur du village, une belle grande victorienne où l'on se sent chez soi. «Un délice!» dit *La Presse*. «Des petits déjeuners fabuleux!» *The Gazette*. Chambres douillettes, ambiance relaxante. Studio d'artiste et boutique sur place. Stages sur les gîtes offerts à l'automne et au printemps.

De Montréal, aut. 10, sortie 121. Aut. 55 sud, sortie 29. Rte 108 est. Dans le village, traverser un pont, prendre la voie du milieu et faire 0,3 km. L'entrée à 50 m après l'enseigne.

GÎTE
TAPIOCA

Dominique Lavigueur
et Robert Chiasson
680, ch Sherbrooke, C.P. 496
North Hatley J0B 2C0
tel/fax (819) 842-2743
www.tapioca.qc.ca
tapioca@tapioca.qc.ca

B&B	
1 pers.	77-102 $
2 pers.	85-110 $
3 pers.	125 $
4 pers.	140 $

Taxes en sus VS MC AM

Ouvert à l'année

Nombre de chambres	5
ch. avec s. de bain privée	5
salle d'eau partagée	1

Activités:

24. PIKE-RIVER

F | A | AV

Véritable petite auberge de campagne à une heure de Montréal. Notre famille originaire de Suisse s'y est installée il y a 30 ans. Notre salle à manger vous offre des spécialités suisses qui vous raviront. Nous disposons de 100 acres de terre pour de longues promenades.

De Montréal, pont Champlain, aut. 10 est, sortie 22 St-Jean-sur-Richelieu, rte 35 sud jusqu'à la rte 133 sud (30 min). À gauche, maison brune. Ou des É-U, aut. 89 nord jusqu'à Philipsburg, rte 133 nord, 13 km à droite.

AUBERGE
AUBERGE LA SUISSE

Dora et Roger Baertschi
119, Route 133
St-Pierre-de-Véronne-à-Pike-River J0J 1P0
(514) 244-5870
fax (514) 244-5181
www.bbcanada.com
/1899.html

B&B	
1 pers.	55-60 $
2 pers.	65-75 $
Enfant	25 $

Taxes en sus VS MC AM IT

Prix réduits : 1er fév au 30 avr, déc
Ouvert : 1er fév au 31 déc

Nombre de chambres	4
ch. avec s. de bain privée	4

Activités: 

25. PIKE-RIVER

À une heure de Montréal et 10 min du Vermont : au bord de la rivière, un gîte cossu et fleuri vous invite pour une halte bienfaisante dans une ambiance chaleureuse. Généreux déjeuner à saveur suisse avec pains maison et produits de notre ferme. Balades à vélo. Proche de la réserve faunique, du musée Missisquoi et des vignobles.

De Montréal, pont Champlain, aut. 10 est, sortie 22 vers St-Jean, routes 35 sud et 133 jusqu'à Pike-River. Dans la courbe, à gauche sur ch. Desrivières, faire 1,5 km.

GÎTE
LA VILLA DES CHÊNES

Noëlle et Rolf Gasser
300, Desrivières
Pike-River J0J 1P0
(514) 296-8848
fax (514) 296-4990

B&B	
1 pers.	40-45 $
2 pers.	60-65$
Enfant	10 $

Ouvert : 1er fév au 30 nov

Nombre de chambres	4
ch. avec s. de bain privée	1
ch. au sous-sol	1
salle de bain partagée	2

Activités:

26. ST-ADRIEN-DE-HAM

F a R6 AV

Au pied du Mt Ham Sud, découvrez la région de l'or blanc pendant que Lise, vous mijote de suculents plats qui vous ennivreront, moi, je vous propose : rand. pédestres, escalade du Mt Ham Sud, cours d'intro. plantes médicinales, séances de yoga, méditation, pyramides dans la forêt situé à 1150 p d'altitude vue panoramique sur la chaîne des Appalaches. Base de plein air «4 étangs». Séjour mémorable et revitalisant. Vos hôtes Lise et Gilles.

De Montréal, aut. 20, sortie 147. Rte 116 vers Danville, rtes 255 sud, 216 est vers St-Adrien et rte 257 sud Mt Ham Sud.

GÎTE

LES HAUTS BOISÉS

Lise Thomas et Gilles Hervieux
5050, Route 257
St-Adrien-de-Ham J0A 1C0
(819) 828-2326

B&B	
1 pers.	50 $
2 pers.	55 $

Ouvert à l'année

Nombre de chambres	3
ch. au sous-sol	3
salle d'eau partagée	2
salle de bain partagée	1

Activités:

27. STE-ANNE-DE-LA-ROCHELLE

Près de Waterloo et Valcourt, nos terres se découpent entre boisés et rivière dans le vallonneux décor estrien où jouent à saute-mouton prairies et pâturages. Pour une escapade à la ferme, une halte ou des vacances, l'hospitalité sera la même, franche et généreuse. Bonne bouffe maison, jardins fleuris, variétés d'animaux... Forfaits disponibles. **Gîte à la ferme p 37.**

Aut 10, sortie 88 jusqu'à Waterloo, rte 243 nord jusqu'à Lawrenceville. Au restaurant «La Licorne» à gauche (ch. Yamaska) et rang 9 à gauche jusqu'au haut de la côte.

GÎTE
EN EFFEUILLANT
LA MARGUERITE

Nathalie Carbonneau
1393, rang 9, R.R. #1
Ste-Anne-de-la-Rochelle
J0E 2B0
(514) 539-2943

	B&B	PAM
1 pers.	44-66 $	57-79 $
2 pers.	53-75 $	70-101$
3 pers.	79-92 $	118-132$
4 pers.	101-110 $	154-162 $
Enfant	8 $	13 $

Taxes en sus

Ouvert à l'année

Nombre de chambres	5
ch. avec s. de bain privée	2
salle de bain partagée	2

Activités:

28. SHERBROOKE

F a R1 AV

Goûtez au cachet des années 20 d'une spacieuse et chaleureuse résidence qui abritait jadis pasteurs et leur famille. Au coeur du quartier historique. À proximité des activités de la ville ou de plein air. Chambres Céleste, Campagnarde, Mexicaine, Médiévale et Nuit des Temps. Festin du matin au solarium, dans la grande salle à manger ou près du foyer.

De Montréal, aut. 10 (de Québec aut. 55), sortie 140, rte 410 jusqu'au boul. Portland. Faire 3 km après le Carrefour de l'Estrie. Après le parc Howard, à votre droite.

GÎTE
LE VIEUX PRESBYTÈRE

Flore Béland et Carl Thibeault
1162, boul. de Portland
Sherbrooke J1H 1H9
(819) 346-1665

B&B	
1 pers.	40-60 $
2 pers.	55-75 $
3 pers.	80-90 $

Ouvert : mai à oct

Nombre de chambres	5
ch. avec s. de bain privée	1
salle de bain partagée	2

Activités:

29. STRATFORD

F A R2

Vivez au rythme de la terre... À celui de la Terre Ferme au fil des saisons. Un gîte, une terre, une ferme biologique et diversifiée (animaux, cultures, produits transformés), repas à 90 % de produits fermiers. Vue panoramique magnifique, solarium, entouré de lacs, à proximité du parc de Frontenac, musées. **Gîte à la ferme p 37.**

De Montréal, aut. 10, rte 112 est. À St-Gérard, rte 161 sud jusqu'à Stratford. De la caisse populaire, 2 km (à mi-chemin dans la côte). De Québec, aut. 73 sud, rte 112 ouest. À St-Gérard, rte 161 sud jusqu'à Stratford...

GÎTE
LE GÎTE DE LA TERRE FERME

Brigitte Lagassé et
Luc Van de Walle
455, Route 161
Stratford G0Y 1P0
(418) 443-2335

B&B	
1 pers.	50 $
2 pers.	60 $
Enfant	5-10 $

Taxes en sus

Ouvert à l'année

Nombre de chambres	2
salle de bain partagée	1

Activités:

30. VALCOURT

F A R10 AV

Dans le calme et la tranquillité de la campagne estrienne, l'AUBERGE BOSCOBEL vous offre 120 acres de nature sous toutes ses formes: forêt, érablière, ruisseau, lac, prairie... et toute une faune. Les produits maison vous délecteront. À 10 km du musée Bombardier.

Aut. 10, sortie 78, rte 241 nord, à Warden rte 243 nord. Ou aut. 20, sortie 147, rtes 116 est, 139 sud, 222 est. À Valcourt, à l'arrêt, ch. de la Montagne vers Roxton Falls, 2,8 km, ch. Boscobel, 5,3 km, à la fourche, à gauche le 10e rang, faire 2 km.

GÎTE
AUBERGE BOSCOBEL

Sandra et Jean-Pierre Simon
6387, 10e Rang Nord
Valcourt J0E 2L0
tel/fax (514) 548-2442
jpsimon@total.net

B&B	
1 pers.	35 $
2 pers.	60 $
Enfant	10 $

Ouvert à l'année

Nombre de chambres	3
ch. avec s. de bain privée	1
salle de bain partagée	2

Activités:

31. BROMONT

F a R3 M6 AV

Une ferme à soi! Pourquoi pas? 1 jour? 2 jours? Toujours? Que vous soyez skieur, golfeur, chasseur, cycliste, groupe de réflexion, en tourisme d'affaires, pour une retrouvaille ou simplement amant de la nature. Vous trouverez sur une ferme forestière, un semi-détaché 2 étages aménagé avec goût. À 1 heure de Montréal et Sherbrooke, la campagne à portée de la main. Au cœur des Cantons-de-l'Est.

De Montréal, aut. 10 est, sortie 74, boul. Pierre Laporte sud dir. Bromont, 1 km. 1er chemin à droite, Racine, 1 km. 1re ferme à droite.

MAISON DE CAMPAGNE
LA FORÊT APPRIVOISÉE

Marlène Fortin et
Pierre Boisclair
240, chemin Racine
Bromont J2L 1G1
(514) 534-3070

Nbr. maisons	1
Nbr. chambres	3
Nbr. personnes	6-8
SEM-ÉTÉ	500 $
SEM-HIVER	500 $
WE-ÉTÉ	200 $
WE-HIVER	200 $
JR-ÉTÉ	100 $
JR-HIVER	100 $

Prix réduits : 1er avr au 1er juil, 1er sept au 20 déc
Ouvert à l'année

Activités:

32. WOTTON

F R5 M4

Chaleureux cottage au charme vieillot avec vue magnifique sur les lacs. Activités : pédalo, canot, motoneige, randonnée en forêt et à travers champs. Ski de fond, raquette, golf et baignade à proximité. À 4 km d'Asbestos «pays de l'amiante».

De Montréal, aut. 20 est, sortie 147. Rte 116 est jusqu'à Danville, rte 255 sud vers Wotton. 4 km après avoir croisé la rte 249, à gauche sur le chemin des Lacs, faire 2 km.

MAISON DE CAMPAGNE
LA MAISON DES LACS

Monique et Jean Mercier
28, chemin des Lacs
Wotton J0A 1N0
(819) 346-3575
téléavertisseur (819) 573-9478

Nbr. maisons	1
Nbr. chambres	5
Nbr. personnes	10
SEM-ÉTÉ	500 $
WE-ÉTÉ	250 $
WE-HIVER	250 $
JR-ÉTÉ	150 $
JR-HIVER	150 $

Ouvert : fin de sem. 1er sept au 30 juin, juil, août en tout temps

Activités:

ESCAPADES À LA FERME

Gîtes à la ferme :

Tables Champêtres* :

Promenade à la ferme :

* Marques de certification déposée

CHARLEVOIX

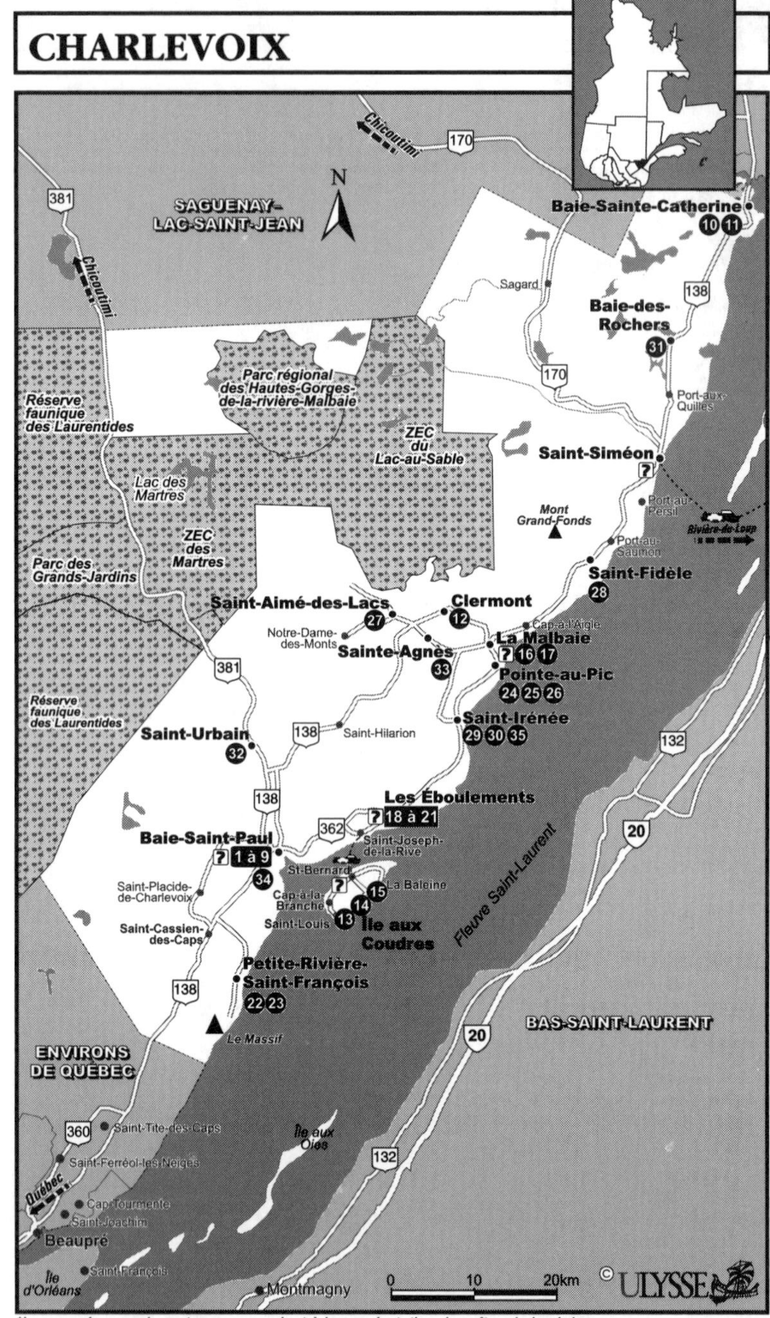

*Les numéros sur la carte correspondent à la numérotation des gîtes de la région

1. BAIE-ST-PAUL

F | A | R.2 | AV

Au cœur du Baie-St-Paul artistique, maison ancienne et colorée. Bois, dentelle, duvet. Poêle à bois complice des matins frileux. Petits déjeuners garnis de produits maison et régionaux. Piano, salon de lecture. Terrasses et jardins fleuris s'ouvrant sur la campagne, les montagnes et la magie des saisons. Forfait ski au Massif (à 15 min.). **Photo p 48.**

De Québec, rte 138 est. À Baie-St-Paul, rte 362 est (boul. Fafard). À l'église, rue Ste-Anne à droite jusqu'à l'embranchement de la rue Leblanc à droite, 1re maison bleue.

GÎTE
À LA CHOUETTE

Ginette Guérette et
François Rivard
2, rue Leblanc, C.P. 1978
Baie-St-Paul G0A 1B0
(418) 435-3217

B&B	
1 pers.	70 $
2 pers.	75 $
3 pers.	90 $
Enfant	5-10 $

Prix réduits : 1er avr au 23 mai, 14 oct au 23 déc
Ouvert à l'année

Nombre de chambres	4
ch. avec s. de bain privée	4

Activités:

2. BAIE-ST-PAUL

F | A | R.5 | AV

Au cœur historique du village, venez apprécier le confort de notre résidence victorienne, la terrasse donnant sur les montagnes, la chaleur du foyer. À quelques pas, découvrez bons restaurants, galeries, expositions et boutiques. Confitures et pâtisseries maison. Forfait ski au Massif de Petite-Rivière-St-François (à 15 min).

De Québec, dir. Ste-Anne-de-Beaupré, rte 138 est et faire 100 km. À Baie-St-Paul, rte 362 est. À l'église, traverser le pont, première rue à droite.

GÎTE
AU CLOCHETON

Josée Roy et Denis Allard
50, rue St-Joseph, C.P. 1607
Baie-St-Paul G0A 1B0
tel/fax (418) 435-3393

B&B	
1 pers.	45-65 $
2 pers.	50-70 $
3 pers.	70-85 $
4 pers.	100 $
Enfant	5-10 $

MC

Prix réduits : 15 oct au 31 jan, 15 avr au 18 juin
Ouvert à l'année

Nombre de chambres	4
ch. avec lavabo	3
ch. avec s. de bain privée	1
salle de bain partagée	1

Activités:

3. BAIE-ST-PAUL

F | A | R3.5

Venez découvrir un des plus beaux coins de Charlevoix! Vue exceptionnelle sur le fleuve. Environnement paisible. Maison pittoresque construite à flanc de montagne. Chambres avec vue panoramique, entrée et terrasse privées. Salle de séjour. Massage thérapeutique sur place. Forfait ski. À 5 min du centre-ville.

De Québec, rte 138 est dir. Ste-Anne-de-Beaupré, faire 100 km. À l'église de Baie-St-Paul, rte 362 est, faire 2 km. À l'enseigne «Les encadrements du Cap», à droite, chemin Cap-aux-Rets. 2e maison à gauche après la croix.

GÎTE
AU PERCHOIR

Jacinthe Tremblay
et Réjean Thériault
443, Cap-aux-Rets
Baie-St-Paul G0A 1B0
(418) 435-6955

B&B	
1 pers.	70-95 $
2 pers.	75-100 $
3 pers.	90-115 $
4 pers.	105-130 $
Enfant	5-15 $

Prix réduits : 3 jan au 13 fév, 14 avr au 21 juin et 18 oct au 24 déc
Ouvert à l'année

Nombre de chambres	3
ch. avec s. de bain privée	3

Activités: 

4. BAIE-ST-PAUL

Maison de style victorien, vue sur le fleuve St-Laurent et l'Île-aux-Coudres, endroit charmant et reposant. Chambres exquises à faire rêver avec T.V. et téléphone. Grand salon avec foyer et télescopes. Déj. sur terrasse, confitures maison accompagnées des sérénades des oiseaux. Le soir vous êtes invités à déguster notre cuisine raffinée.

De Québec, rte 138 est dir. Ste-Anne-de-Beaupré, faire 100 km. À l'église de Baie-St-Paul, rte 362 est, faire 5 km. À l'enseigne «Auberge L'Astrale», à droite Cap-aux-Corbeaux sud, faire 1 km.

AUBERGE
AUBERGE L'ASTRALE

Yvonne James
2, Cap-aux-Corbeaux Sud
Baie-St-Paul G0A 1B0
(418) 435-5676
sans frais 1-800-595-5676
fax (418) 435-4125

	B&B	PAM
1 pers.	70-80-115 $	95-105-140 $
2 pers.	90-100-135 $	140-150-185 $
3 pers.	105-115 $	180-190 $
4 pers.	120-130 $	220-230 $
Enfant	0-15 $	0-30 $

Taxes en sus VS MC

Prix réduits : avr, mai, oct, nov
Ouvert à l'année

Nombre de chambres	10
ch. avec s. de bain privée	10
salle d'eau partagée	2

Activités:

5. BAIE-ST-PAUL

Dans la campagne charlevoisienne, à 5 km de Baie-St-Paul, maison centenaire rénovée avec son charme d'antan. Relaxez devant le foyer du salon. Au matin, après une nuit dans une de nos coquettes chambres, dégustez un copieux déjeuner Vue sur le fleuve. Forfaits ski. Table d'hôte disponible du 1er oct au 1er mai.

De Québec, vers Ste-Anne-de-Beaupré, rte 138 est, faire 100 km jusqu'à Baie-St-Paul. Rte 362 est, à l'église, traverser le pont et continuer, faire 5 km, à gauche, maison blanche et verte.

AUBERGE
AUBERGE LA CORBIÈRE

Carole Bédard et
Jean Roch Provencher
188, Cap-aux-Corbeaux Nord
Baie-St-Paul G0A 1B0
(418) 435-2533
sans frais 1-800-471-2533
fax (418) 435-3186

	B&B
1 pers.	50-70 $
2 pers.	55-85 $
3 pers.	70-100 $
4 pers.	85-115 $
Enfant	10 $

Taxes en sus VS MC ER IT

Prix réduits : hors saison
Ouvert à l'année

Nombre de chambres	10
ch. avec s. de bain privée	7
ch. avec lavabo	3
salle de bain partagée	2

Activités:

6. BAIE-ST-PAUL

Maison au charme centenaire séduisante et confortable nichée sous les érables au cœur du village avec son pavillon. Salle à manger ensoleillée, terrasse et grand jardin. Le déjeuner, un copieux buffet dégustation de produits maison. Une table d'hôte accréditée par la «ROUTE DES SAVEURS» de Charlevoix servie dans l'ambiance intime et chaleureuse du foyer. À 15 min du Massif et à proximité de nombreuses activités. **Photo p 48.**

De Québec dir. Ste-Anne-de-Beaupré, rte 138 est, faire 100 km. À Baie-St-Paul, rte 362 est. À l'église à gauche rue St-Jean-Baptiste. Ou de La Malbaie, rtes 138 ou 362 O.

AUBERGE
AUBERGE LA MUSE

Evelyne Tremblay et
Robert Arsenault
39, St-Jean-Baptiste
Baie-St-Paul G0A 1B0
(418) 435-6839
fax (418) 435-6289
sans frais 1-800-841-6839
http://lamuse.com

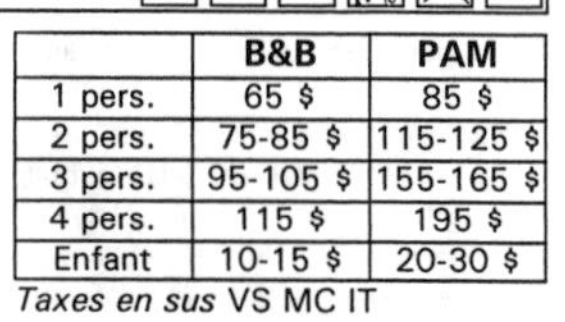

	B&B	PAM
1 pers.	65 $	85 $
2 pers.	75-85 $	115-125 $
3 pers.	95-105 $	155-165 $
4 pers.	115 $	195 $
Enfant	10-15 $	20-30 $

Taxes en sus VS MC IT

Prix réduits : 13 avr au 19 juin, 12 oct au 23 déc
Ouvert à l'année

Nombre de chambres	10
ch. avec s. de bain privée	10

Activités:

7. BAIE-ST-PAUL

F a R.2 AV

Au cœur des activités touristiques, à 2 pas des galeries et restaurants, à 15 min du centre de ski Le Massif, ancienne demeure décorée selon des thèmes reliés aux arts. Vastes chambres pouvant accueillir jusqu'à 4 pers. (lits «queen»). Déjeuner gourmand. Abri vélos et motos. Grand jardin fleuri. Recommandée par «*La Presse*». **Photo p 48.**

De Québec, rte 138 est. À Baie-St-Paul, rte 362 est. Située en face du couvent des Sœurs Franciscaines. Dans le village, la route 362 devient le boul. Fafard.

AUBERGE
AUX PETITS OISEAUX

Danielle Trussart et
Jacques Roussel
30, boul. Fafard, rte 362
Baie-St-Paul G0A 1B0
(418) 435-3888
(514) 433-2296
fax (418) 435-0465

B&B	
1 pers.	55 $
2 pers.	55-80 $
3 pers.	75-95 $
4 pers.	105-110 $
Enfant	10-15 $

Taxes en sus

Prix réduits : 15 oct au 30 avr
Ouvert à l'année

Nombre de chambres	7
ch. avec lavabo	2
ch. avec s. de bain privée	5
salle de bain partagée	1

Activités:

8. BAIE-ST-PAUL

F A R3.6

Venez vivre l'automne, l'hiver et le printemps dans l'ambiance chaleureuse d'une maison québécoise jouissant d'une vue exceptionnelle sur le fleuve St-Laurent. Deux chambres uniques et exotiques. Table garnie de fruits et confitures maison. En période estivale, location de cette **maison de campagne** **p 88.**

De Québec, rte 138 est, dir. Ste-Anne-de-Beaupré, faire 100 km. À l'église de Baie-St-Paul, rte 362 est, faire 2 km. À l'enseigne touristique «Gîte Exotica», à droite chemin Cap-aux-Rets. Dernière maison à gauche.

GÎTE
GÎTE EXOTICA

Raynald Thériault
439, Cap-aux-Rets
Baie-St-Paul G0A 1B0
(418) 435-6842
fax (418) 435-3951

B&B	
1 pers.	55-60 $
2 pers.	65-70 $

Prix réduits : 1er avr au 31 mai, 15 oct au 30 nov
Ouvert : 15 oct au 15 juin

Nombre de chambres	2
ch. avec s. de bain privée	2

Activités:

9. BAIE-ST-PAUL

F A R.1

Cette ancienne maison de chambres construite au début du siècle a retrouvé sa vocation avec l'arrivée de vos hôtes Marcelle et Jean qui vous aideront à vivre un séjour inoubliable. Vous dégusterez la plus grande variété de confitures, gelées, marmelades et cretons fait maison de Charlevoix.

Située à quelques pas de l'église de Baie-St-Paul sur la rue Ste-Anne (rue du quai), maison québécoise en briques rouges à votre droite.

GÎTE
L'ARTOÎT

Marcelle Rodrigue et
Jean Perron
50, rue Ste-Anne, C.P. 447
Baie-St-Paul G0A 1B0
(418) 435-4091

B&B	
1 pers.	45 $
2 pers.	50 $
3 pers.	65 $
4 pers.	100 $
Enfant	5-10 $

Prix réduits : 15 oct au 15 mai
Ouvert à l'année

Nombre de chambres	3
salle d'eau partagée	1
salle de bain partagée	1

Activités:

10. BAIE-STE-CATHERINE

F a AV

Tantôt emporté par la fureur des flots, tantôt enchanté par la tranquillité des bois, Notre-Dame de l'Espace veille sur le monde secret des baleines et sur notre village. Table d'hôte d'Anne-Marie, cuisine maison. Traîneaux à chiens. Billets croisières. Notre slogan : Soyez chez vous, chez nous! Prix Excellence Charlevoix 1994-95.

De Québec, rte 138 est dir. La Malbaie. Au pont, dir. Tadoussac. À l'affiche Baie-Ste-Catherine faire 2,8 km. Ou de Tadoussac, après le traversier, faire 4 km.

GÎTE
ENTRE MER ET MONTS

Anne-Marie et Réal Savard
476, Route 138
Baie-Ste-Catherine G0T 1A0
(418) 237-4391
fax (418) 237-4252

	B&B	PAM
1 pers.	35 $	50 $
2 pers.	45 $	75 $
3 pers.	60 $	105 $
Enfant	20 $	30 $

VS MC

Ouvert à l'année

Nombre de chambres	5
ch. avec lavabo	1
ch. au sous-sol	3
salle d'eau partagée	1
salle de bain partagée	2

Activités:

11. BAIE-STE-CATHERINE

F R.5 AV

Situé aux premières loges d'une magnifique baie et à l'entrée du fjord. Au cœur d'un village calme et près de sa petite église. Profitez de la beauté du paysage et découvrez la beauté de la mer. Pour des nuits de repos inégalées, loin du bruit de la rte 138 (150 m). Billets croisières. Ch. rez-de-chaussée et sous-sol.

De Québec, rte 138 est dir. Tadoussac. De l'enseigne «Bienvenue» de Baie-Ste-Catherine, faire 4 km. Première entrée à gauche. Surveiller l'enseigne provinciale sur rte 138.

GÎTE
GÎTE DU CAPITAINE

Etiennette et Benoit Imbeault
343, rue Leclerc
Baie-Ste-Catherine G0T 1A0
(418) 237-4320
(418) 237-4359

B&B	
1 pers.	40 $
2 pers.	45 $
3 pers.	60 $
4 pers.	80 $
Enfant	10 $

VS

Ouvert : 1er mai au 30 oct

Nombre de chambres	5
ch. au sous-sol	2
salle de bain partagée	2

Activités:

12. CLERMONT

F a R1

Au cœur de Charlevoix, la chaleur humaine, l'hospitalité, notre enracinement à ce pays te sont acquis. Dans le confort de notre vaste demeure, ton histoire nous passionne, la nôtre t'enchante, viens te reposer dans la douce chaleur de notre amitié.

De Québec, rte 138 est, faire 130 km jusqu'à Clermont. Ou de La Malbaie, rte 138 ouest, faire 7 km jusqu'à Clermont.

GÎTE
LA MAISON GAUDREAULT

Jeannine et Antonio
230, boul. Notre-Dame,
Route 138
Clermont G4A 1E9
(418) 439-4149

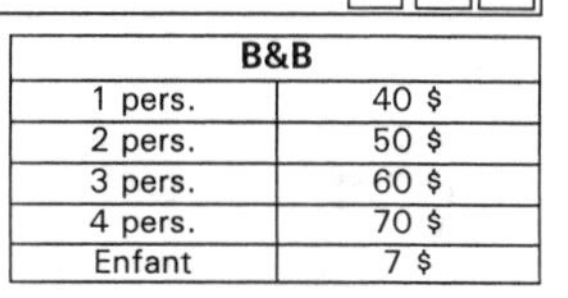

B&B	
1 pers.	40 $
2 pers.	50 $
3 pers.	60 $
4 pers.	70 $
Enfant	7 $

Ouvert à l'année

Nombre de chambres	5
salle de bain partagée	2

Activités:

13. ISLE-AUX-COUDRES

F a R2

Une grande maison paisible et accueillante, d'une affectueuse beauté où la générosité du cœur et de la table est digne de vos hôtes «Rita et Vincent». À un pas du fleuve, proche des activités culturelles et touristiques, laissez-vous bercer et gâter au rythme des marées dans un décor unique.

De Québec, rte 138 est dir. Baie-St-Paul. Rte 362 jusqu'au traversier de St-Joseph-de-la-Rive. Sur l'Isle, à l'arrêt à gauche, faire 3 km.

GÎTE

GÎTE LA MAISON BLANCHE

Rita et Vincent Laurin
232, Royale Est, C.P. 238
Isle-aux-Coudres G0A 3J0
(418) 438-2883

B&B	
1 pers.	50 $
2 pers.	70 $

Prix réduits : 15 oct au 15 juin
Ouvert à l'année

Nombre de chambres	5
ch. avec s. de bain privée	1
ch. avec lavabo	4
salle d'eau partagée	2
salle de bain partagée	2

Activités:

14. ISLE-AUX-COUDRES

F R2 AV

Dans la maison de l'oncle Wilfrid Desgagnés, vous serez si bien dorlotés. De longer le fleuve à vélo, vous serez charmés, en faisant halte dans les artisanats, moulins et musées. Un tour de l'Isle en avion, vous désirez, sur nos terres, laissez-vous envoler. L'hiver arrivé, motoneigistes prenez le traversier, ensemble, il fera bon de «chouenner»...

De Québec, rte 138 est dir. Baie-St-Paul. Rte 362 jusqu'au traversier. Sur l'Isle, à l'arrêt continuer, faire 3 km, à droite au 2e arrêt, faire 2 km.

GÎTE

GÎTE LA RIVERAINE

Lise Dufour
6, rue Principale
La Baleine, Isle-aux-Coudres
G0A 2A0
(418) 438-2831

B&B	
1 pers.	40 $
2 pers.	55 $
Enfant	10 $

Ouvert à l'année

Nombre de chambres	3
ch. avec lavabo	3
salle de bain partagée	2

Activités:

15. ISLE-AUX-COUDRES

F a 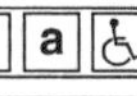   AV

Isolée des tourbillons de la ville, sur une île enchanteresse. Comme si le temps s'arrêtait. Savourez votre réveil aux chants des oiseaux en déjeunant sur la terrasse. Un grand salon fleuri et ensoleillé vous invite à la détente. Pour des vacances insolites: ayez votre chapeau, je fournis les pinceaux, ensemble produisons un tableau.

De Québec, rte 138 est dir. Baie-St-Paul. Rte 362 jusqu'au traversier de St-Joseph-de-la-Rive. Sur l'Isle, à droite au clignotant, faire 10 km. Après l'église St-Louis, 500 pi. Vous y êtes.

GÎTE

VILLA DU MOULIN

Louise F. Belley
252, chemin des Moulins
Isle-aux-Coudres G0A 1X0
(418) 438-2649
(418) 665-6126

B&B	
1 pers.	40 $
2 pers.	60 $
3 pers.	75 $
4 pers.	90 $
Enfant	10 $

Ouvert : 1er avr au 31 oct

Nombre de chambres	5
salle de bain partagée	2

Activités: 

16. LA MALBAIE

F R.5

Vous avez le goût d'aller au Casino? 130 secondes vous en séparent! Vous aimez les montagnes, les lacs, les sites touristiques; tout ceci à proximité de notre demeure, qui se veut accueillante en tout temps; dans un endroit calme et enchanteur. Bienvenue chez nous.

Que vous arriviez par les routes 138 où 362, sur le bord du fleuve, la sortie avant ou après le feu de circulation du centre d'achat, tournez et c'est la 3e maison de la rue à droite.

GÎTE

GÎTE E.T. HARVEY

Etudienne Tremblay Harvey
19, rue Laure-Conan
La Malbaie G5A 1H8
(418) 665-2779

B&B	
1 pers.	40 $
2 pers.	45 $
3 pers.	60 $
Enfant	0-15 $

Prix réduits : 30 oct au 15 mai, rabais 3 nuits et plus
Ouvert à l'année

Nombre de chambres	4
ch. au sous-sol	1
salle d'eau partagée	1
salle de bain partagée	1

Activités:

17. LA MALBAIE

F a R.5 AV

Au cœur de la Malbaie, à 2 km du Casino, près du fleuve, notre gîte offre le repos et la détente avec son jardin fleuri, ses foyers ext. et int., son spa ext., son bain thérapeutique pour 2, ses chambres insonorisées, TV. Sans oublier, les petits déjeuners de la crêpe orangée aux brioches Yvonne, vous dégusterez.

De Québec, rte 138 est dir. La Malbaie. De la Maison du Tourisme 1re rue à votre droite, côté gauche rue Laure-Conan. Ou rte 362 jusqu'à La Malbaie, 2e rue après le centre d'achat.

GÎTE
LA MAISON DUFOUR-BOUCHARD

Micheline Dufour
18, rue Laure-Conan
La Malbaie G5A 1H8
(418) 665-4982

B&B	
1 pers.	30-40 $
2 pers.	40-50 $
3 pers.	65 $
Enfant	0-15 $

Prix réduits : 15 sept au 15 juin
Ouvert à l'année

Nombre de chambres	3
salle de bain partagée	2

Activités:

18. LES ÉBOULEMENTS

F A

Sur les hauteurs des Éboulements, surplombant le fleuve St-Laurent et l'Île-aux-Coudres, centrée entre toutes les merveilles de Charlevoix, «l'Auberge la Bouclée» havre de paix pour vos vacances. Tombez en amour... Un cachet d'ancienneté qui accroche bien des coeurs. Pour un groupe, une famille ou des amoureux, du plus petit au plus grand, notre famille vous ouvre ses portes.

De Baie St-Paul, rte 362 est dir. La Malbaie / Île-aux-Coudres, faire env. 16 km. Au feu clignotant à droite. À 500 m à gauche. Bienvenue.

AUBERGE
AUBERGE LA BOUCLÉE

Ginette et Mario Ouellet
6, route du Port, C.P. 82
Les Éboulements G0A 2M0
(418) 635-2531
sans frais 1-888-635-2531

B&B	
1 pers.	52 $
2 pers.	69-89 $
3 pers.	104 $
4 pers.	119 $
Enfant	0-15 $

Taxes en sus VS MC AM IT

Prix réduits : 15 oct au 15 juin
Ouvert à l'année

Nombre de chambres	9
ch. avec lavabo	9
salle d'eau partagée	1
salle de bain partagée	4

Activités:

19. LES ÉBOULEMENTS

F a AV

L'auberge Le Surouêt (vent du sud-ouest) située au cœur des activités culturelles et sportives. Notre site offre une vue imprenable sur l'Île-aux-Coudres, un décor grandiose, des chambres grand confort avec balcon et foyer, salle à manger, terrasse, salon de thé, fine cuisine, galerie d'art, boutique de cadeaux. Sous un même toit, de quoi rendre votre séjour inoubliable.

De Baie St-Paul, rte 362, faire 16 km vers l'est. Au clignotant, continuer un autre 700 m on est à droite. Bienvenue.

AUBERGE

AUBERGE LE SUROUÊT

Micheline et Rhéaume Gélinas
195, rue Principale
Les Éboulements G0A 2M0
(418) 635-1401
(418) 635-1402
fax (418) 635-1404

	B&B	PAM
1 pers.	82,50-102,50$	110-130 $
2 pers.	105-125 $	160-180 $
3 pers.	140 $	215 $
Enfant	17,50 $	27,50 $

Taxes en sus VS MC AM ER IT

Prix réduits : 10 % du 15 sept au 15 juin
Ouvert à l'année

Nombre de chambres	5
ch. avec s. de bain privée	5

Activités:

20. LES ÉBOULEMENTS

F a R4

Je suis au centre de Charlevoix. Venez vivre avec moi une expérience hors de l'ordinaire dans la maison de mes ancêtres. Dans les montagnes avec vue sur le St-Laurent, vous êtes en pleine nature et cependant près de tous les grands attraits touristiques : «baleines, casino, Île-aux-Coudres, Baie St-Paul, etc.»

Venant de Québec par la rte 138, entrer à Baie-St-Paul, dir. rte 362 est jusqu'à l'église, tout droit vers Les Éboulements, rte 362 est. Faire environ 14 km.

GÎTE

GÎTE DU VACANCIER

Jacqueline Audet
104, Route 362
Les Éboulements G0A 2M0
(418) 635-2736
(418) 653-5861

B&B	
1 pers.	35-40 $
2 pers.	45-55 $
3 pers.	60-70 $
4 pers.	65-75 $
Enfant	10-15 $

Ouvert : 15 juin au 15 oct

Nombre de chambres	5
ch. avec s. de bain privée	1
ch. avec lavabo	4
salle de bain partagée	2

Activités: 

21. LES ÉBOULEMENTS

F a R1.5 AV

Nichée entre les montagnes et le fleuve, cette maison bicentenaire vous offre calme, rêve et bien-être. Ses chambres confortables avec salles de bain privées, ses meubles d'antan, son accueil souriant et le délice de ses pâtisseries et confitures maison en font un véritable Nid-Chouette.

De Québec, dir. Ste-Anne-de-Beaupré, rte 138 est jusqu'à Baie-St-Paul (env 100 km). De Baie-St-Paul, rte 362 est jusqu'aux Éboulements, faire 20 km. Ou de la Malbaie, rte 362 ouest, faire 25 km.

GÎTE

LE NICHOUETTE

Gilberte Tremblay
216, rue Principale
Les Éboulements G0A 2M0
(418) 635-2458
chouette@cite.net

B&B	
1 pers.	40 $
2 pers.	50 $
3 pers.	70 $
4 pers.	85 $
Enfant	0-15 $

VS MC

Ouvert : 1er mai au 30 oct

Nombre de chambres	3
ch. avec s. de bain privée	3

Activités:

22. PETITE-RIVIÈRE-ST-FRANÇOIS

F a AV

Située sur le bord du majestueux St-Laurent et près de la station de ski «Le Massif», notre maison est un havre de paix. Venez vous y ressourcer, piquer une bonne jasette, prendre un délicieux repas, et pour dormir, rien de mieux qu'une chaude «courtepointe». À vous de nous découvrir. Vos hôtes, Alice et Maurice.

De Québec dir. Baie St-Paul, faire 90 km. À l'indication Petite-Rivière-St-François, à droite, faire 8 km, à gauche rue Racine.

AUBERGE

AUBERGE LA COURTEPOINTE

Alice et Maurice Bouchard
8, Racine
Petite-Rivière-St-François
G0A 2L0
(418) 632-5858
fax (418) 632-5786

	B&B	PAM
1 pers.	50 $	70 $
2 pers.	90 $	130 $

Taxes en sus VS MC AM ER IT

Ouvert : 1er déc au 25 oct

Nombre de chambres	8
ch. avec s. de bain privée	8
ch. au sous-sol	1

Activités:

23. PETITE-RIVIÈRE-ST-FRANÇOIS

F A R4 AV

Prix Excellence Charlevoix 1996-97. Gîte en montagnes dans la Vallée de la Rivière-du-Sot à proximité du centre de ski le Massif et près de Baie-St-Paul. Un balcon sur le fleuve avec vue sur le paysage «extravagant» de Charlevoix. Et bien sûr... la visite est traitée aux petits oignons...

De Québec dir. Baie-St-Paul, faire 90 km. À l'indication Petite-Rivière-St-François, à droite. Faire 3 km, notre maison est à 200 mètres, à gauche de la route.

GÎTE

TOURLOGNON

Lise Archambault et
Irénée Marier
279, Principale
Petite-Rivière-St-François
G0A 2L0
tel/fax (418) 632-5708
sans frais 1-888-868-7564

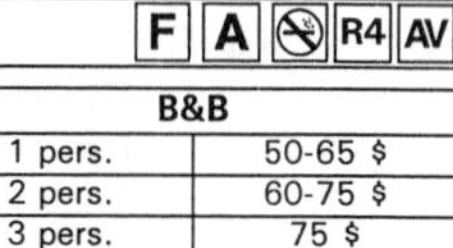

B&B	
1 pers.	50-65 $
2 pers.	60-75 $
3 pers.	75 $
Enfant	10-15 $

VS MC

Ouvert à l'année

Nombre de chambres	5
ch. avec lavabo	4
ch. avec s. de bain privée	1
salle de bain partagée	2

Activités:

24. POINTE-AU-PIC

F a R1 AV

Avec mon sourire facile et la simplicité des gens de Charlevoix, je vous réserve un accueil des plus chaleureux. Chambres propres et spacieuses avec un décor antique, déjeuners copieux font la joie des visiteurs. On nous a dit : «votre accueil chaleureux fait que nous nous sentons comme chez nous». À proximité d'attraits touristiques importants -CASINO-MUSÉE-GOLF-ETC. Venez vous laisser gâter.

De Québec, rte 138 est, dir. La Malbaie. À l'intersection du Manoir Richelieu tout droit environ 1 km, à gauche dans la côte. Ou de rte 362 vers Pointe au Pic, du Golf du Manoir 2 km, à droite dans la côte.

GÎTE

GÎTE BELLEVUE

Juliette et Louise Forgues
107, côte Bellevue
Pointe-au-Pic G0T 1M0
(418) 665-6126
(418) 438-2649

B&B	
1 pers.	40 $
2 pers.	55 $
3 pers.	70 $
4 pers.	90 $
Enfant	10 $

Prix réduits : 1er fév au 1er avr
Ouvert à l'année

Nombre de chambres	2
salle de bain partagée	2

Activités: 

25. POINTE-AU-PIC

F A R1 AV

Face au fleuve, la maison ancestrale, l'Eau Berge vous accueillera dans un décor unique. Les chambres sont des plus chaleureuses et confortables. Choix de petits déjeuners santé ou autres. Venez vous y ressourcer. Proximité du casino et de plusieurs activités. On vous attend.

De Québec, rte 138 est jusqu'à La Malbaie. Aux feux de circulation du pont, tout droit. Du centre commercial faire 500 mètres. À droite en face du «Irving». Ou rte 362 jusqu'à Pointe-au-Pic, tout droit le long du fleuve sur le boulevard. Au «Irving» à gauche.

AUBERGE
L'EAU BERGE

Claudette Dessureault
1220, boul. De Comporte,
C.P. 152
Pointe-au-Pic G0T 1M0
(418) 665-3003

B&B	
1 pers.	60-95 $
2 pers.	65-105 $
3 pers.	90-125 $
4 pers.	145 $
Enfant	15-20 $

Taxes en sus VS MC

Ouvert : 1er mai au 13 oct

Nombre de chambres	7
ch. avec lavabo	1
ch. avec s. de bain privée	2
salle d'eau partagée	1
salle de bain partagée	2

Activités:

26. POINTE-AU-PIC

F A R.5 AV

Une maison autrichienne très chaleureuse, surplombant le Manoir Richelieu et les nuances du fleuve. Venez y découvrir ses chambres douillettes, ses terrasses fleuries, ses déjeuners amicaux, son badminton, sa pétanque et la complicité autour du foyer. Notre particularité, vous recevoir en amis! Prix Excellence Charlevoix 1995-96.

De Québec, rte 138 est vers Baie-St-Paul. Rte 362 est vers Pointe-au-Pic. Du golf du manoir Richelieu, faire 2 km et tourner à droite. Ou de La Malbaie, rte 138 est. Du pont, rte 362 ouest, faire 4,4 km, tourner à gauche.

GÎTE
LA MAISON FRIZZI

Raymonde Vermette
et Adolf Frizzi
8, Côteau-sur-Mer, C.P. 526
Pointe-au-Pic G0T 1M0
(418) 665-4668
fax (418) 665-1143

B&B	
1 pers.	50-60 $
2 pers.	60-70 $
3 pers.	85-95 $
Enfant	0-15 $

Prix réduits : avr, mai, nov, déc
Ouvert à l'année

Nombre de chambres	4
ch. avec lavabo	4
salle de bain partagée	2

Activités:

27. ST-AIMÉ-DES-LACS

F A AV

Le Relais vous donne accès à une Vallée Glacière millénaire pourvue d'activités plein-air. Parmi les attraits à proximité : rafting, observation de l'ours, plage, vélo, cannot, kayak, randonnées, traîneau à chiens, location de VTT et motoneige... Pour votre confort: 8 chambres avec salle de bain privée dont 4 en pavillon. Salle à manger familiale, table certifiée «la Route des Saveurs de Charlevoix».

Sur rte 138, entre St-Hilarion et Clermont, sortie St-Aimé, suivre panneaux bleus touristiques. Nous sommes à 13 km du début dont 1 km en gravier. Nos bâtiments, à droite, sont en bois.

AUBERGE
AUBERGE LE RELAIS DES HAUTES GORGES

Lucille Dazé et Rhéal Séguin
317, rue Principale
St-Aimé-des-Lacs G0T 1S0
tel/fax (418) 439-5110
sans frais 1-800-889-7655

	B&B	PAM
1 pers.	55 $	85 $
2 pers.	68 $	110 $
3 pers.	88 $	155 $
4 pers.	98 $	190 $
Enfant	0-10 $	0-25 $

Taxes en sus VS MC

Prix réduits : nov et avr
Ouvert à l'année

Nombre de chambres	8
ch. avec s. de bain privée	8

Activités: 

28. ST-FIDÈLE

Au milieu de la côte charlevoisienne, nous vous invitons à déposer vos valises chez nous et à découvrir le comté : ses galeries d'art, ses sentiers pédestres, ses excursions aux baleines, ses bonnes tables, son casino et bien d'autres encore. La traverse Rivière-du-Loup St-Siméon est à 17 km à l'ouest. Bienvenue!

De Québec, rte 138 est dir. Tadoussac. À St-Fidèle, de la station Irving, faire 1 km, la maison est à gauche.

GÎTE

GÎTE LES PASSEREAUX

Isabelle Lacasse et
Franck Weissmuller
310, Route 138
St-Fidèle G0T 1T0
(418) 434-2357

B&B	
1 pers.	35 $
2 pers.	45-50 $

Ouvert : 23 juin au 7 sept

Nombre de chambres	**3**
ch. avec lavabo	2
salle d'eau partagée	1
salle de bain partagée	1

Activités:

29. ST-IRÉNÉE

Trente-cinq ans de vie à Saint-Irénée m'ont permis d'acquérir une maison typiquement originale de Charlevoix et située au bord d'une plage unique du fleuve Saint-Laurent. Je vous invite sincèrement à venir vivre vos moments d'évasion dans cet environnement si propice à la détente. *Lucie Tremblay*

De Québec, rte 138, faire environ 120 km. Face à l'église de Baie-St-Paul, rte 362, rte panoramique jusqu'à St-Irénée, 25 km. Ou de La Malbaie, rte 362 ouest faire environ 15 km.

GÎTE

LA LUCIOLE

Lucie Tremblay
178, chemin Des Bains
St-Irénée G0T 1V0
(418) 452-8283

B&B	
1 pers.	50 $
2 pers.	55 $
3 pers.	75 $
4 pers.	90 $
Enfant	10 $

VS

Prix réduits : hors saison, 45 $ pour 2 pers.
Ouvert à l'année

Nombre de chambres	**6**
salle d'eau partagée	1
salle de bain partagée	3

Activités:

30. ST-IRÉNÉE

Perché sur les hautes falaises de St-Irénée et voisin de la salle de concert du domaine Forget, le Manoir vous offre des chambres spacieuses et une vue sur le St-Laurent et les montagnes de Charlevoix à vous en couper le souffle. Promenade de 2 km le long de la mer à la Malbaie. Magnifique terrasse pour petits déjeuners. Forfaits disponibles selon les saisons.

De Québec, rte 138 jusqu'à Baie-St-Paul, puis rte 362 (la Panoramique) jusqu'à St-Irénée, 25 km. Ou de La Malbaie, rte 362 ouest, 15 km.

GÎTE

MANOIR HORTENSIA

Alida Landry
320, chemin les Bains
St-Irénée G0T 1V0
(418) 452-8180
tel/fax (418) 452-3357
hortensia@cite.net

B&B	
1 pers.	60-90 $
2 pers.	80-115 $
3 pers.	100-135 $
Enfant	15 $

Taxes en sus VS MC IT

Prix réduits : 15 oct au 15 mai
Ouvert à l'année

Nombre de chambres	**5**
ch. avec s. de bain privée	4
salle d'eau partagée	1
salle de bain partagée	1

Activités: 

31. ST-SIMÉON, BAIE-DES-ROCHERS

F a AV

Je vous invite à faire une halte dans le hameau de Baie-des-Rochers où se marient chaleur, quiétude et confort. La nature vous ouvre les bras avec la rivière qui coule derrière la maison. À 3 km se trouve la baie, et le réseau des sentiers pédestres vous offre une vue imprenable sur le panorama. À 15 km de la traverse St-Siméon/ Rivière-du-Loup.

De Québec, rte 138 est dir. Tadoussac. À 15 km de St-Siméon au dépanneur, enseigne indiquant Gîte de la Baie. À droite.

GÎTE

GÎTE DE LA BAIE

Judith Savard et
Maurice Morneau
68, rue de la Chapelle
St-Siméon (Baie-des-Rochers)
G0T 1X0
(418) 638-2821

B&B	
1 pers.	35 $
2 pers.	55 $
3 pers.	70 $
4 pers.	80 $
Enfant	10 $

Ouvert : 1er juin au 13 oct

Nombre de chambres	5
ch. avec s. de bain privée	2
ch. avec lavabo	2
salle de bain partagée	2

Activités:

32. ST-URBAIN

F a R3 AV

Gîte chaleureux et paisible, en opération depuis près de 20 ans. Situé au cœur de Charlevoix, à 10 min du parc des Grands Jardins, du mont du Lac des Cygnes et de Baie-Saint-Paul. Borné par une rivière saumonée. Activités de plein air variées. Grande salle de séjour avec TV et aire de pique-nique. Copieux déjeuner maison. Bienvenue chez Gertrude. **Photo p 48.**

De Québec, rte 138 est. Après Baie-St-Paul, faire 10 km, rte 381 nord. De l'intersection des rtes 138 et 381, faire 3 km.

GÎTE

CHEZ GERTRUDE

Gertrude Tremblay
706, St-Édouard, C.P 293
St-Urbain G0A 4K0
(418) 639-2205
fax (418) 639-2467

B&B	
1 pers.	32-37 $
2 pers.	45-50 $
3 pers.	60-65 $
4 pers.	70-75 $
Enfant	10 $

Ouvert à l'année

Nombre de chambres	5
ch. avec lavabo	1
salle d'eau partagée	1
salle de bain partagée	3

Activités:

33. STE-AGNÈS

F R4 AV

Maison canadienne (1858), salon antique, au cœur de Charlevoix à 20 min du casino. Ferme : centre d'interprétation des ratites soit 42 émeus et 3 nandous. Boutique sur place. Visite comprise avec nuitée. Piscine et gardiennage sur place. Équitation à 1 km.

De Québec, rte 138 dir. La Malbaie, à St-Hilarion, du garage Ultramar, toujours sur la rte 138 faire 4,5 km. À la croisée du rang 4, à gauche faire 1 km.

GÎTE

LE GÎTE DU MARAIS

Diane D. Tremblay
131, rang St-Jean-Baptiste
Ste-Agnès G0T 1R0
tel/fax (418) 439-3719

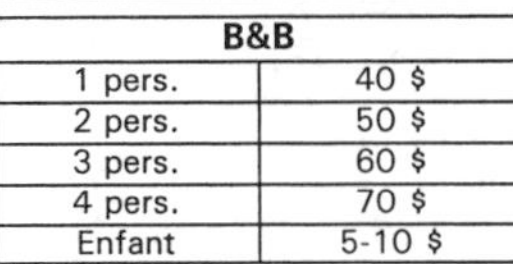

B&B	
1 pers.	40 $
2 pers.	50 $
3 pers.	60 $
4 pers.	70 $
Enfant	5-10 $

VS MC

Ouvert à l'année

Nombre de chambres	2
salle de bain partagée	2

Activités:

34. BAIE-ST-PAUL

F A R3.6 M4

Venez vivre l'ambiance chaleureuse d'une maison québécoise jouissant d'une vue exceptionnelle sur le fleuve St-Laurent. 2 chambres uniques salles de bain privées et exotiques. Literie, lav/séch. TV et système de son. Terrasse entourée d'arbres, de fleurs et d'oiseaux. Foyer int. et ext. Idéal pour 2 couples. **Gîte du passant p 79.**

De Québec, rte 138 est, dir. Ste-Anne-de-Beaupré, faire 100 km. À l'église de Baie-St-Paul, rte 362 est, faire 2 km. À l'enseigne touristique «Gîte Exotica», à droite chemin Cap-aux-Rets. Dernière maison à gauche.

MAISON DE CAMPAGNE
GÎTE EXOTICA

Raynald Thériault
439, Cap-aux-Rets
Baie-St-Paul G0A 1B0
(418) 435-6842
fax (418) 435-3951

Nbr. maisons	1
Nbr. chambres	2
Nbr. personnes	4
SEM-ÉTÉ	600 $
WE-ÉTÉ	200 $
JR-ÉTÉ	100 $

Ouvert : 15 juin au 15 oct

Activités :

35. ST-IRÉNÉE

F A R2 M2

Deux maisonnettes à l'orée de la forêt et à 30 mètres de notre Villa. Lit double, toilette, douche, frigo, cuisinière, chauffage électrique et bois. À une altitude de 225 m, vue de plus de 100 km sur les rives du St-Laurent. Un km du Domaine Forget et dans le centre des activités touristiques de Charlevoix.

De Québec, rte 138 est jusqu'à Baie-St-Paul. Rte 362 jusqu'à St-Irénée. À 100 mètres à l'est du quai, chemin St-Antoine, faire 2 km. Ou de La Malbaie, rte 362 ouest...

MAISON DE CAMPAGNE
HÉBERGEMENT
GILLES GIRARD

Irène Desroches et
Gilles Girard
360, chemin St-Antoine
St-Irénée G0T 1V0
(418) 452-3209

Nbr. maisons	2
Nbr. chambres	1
Nbr. personnes	2
SEM-ÉTÉ	220-320 $
WE-ÉTÉ	120-150 $

Prix réduits : 1er mai au 23 juin, 15 sept au 1er nov
Ouvert : 1er mai au 1er nov

Activités:

CHAUDIÈRE-APPALACHES

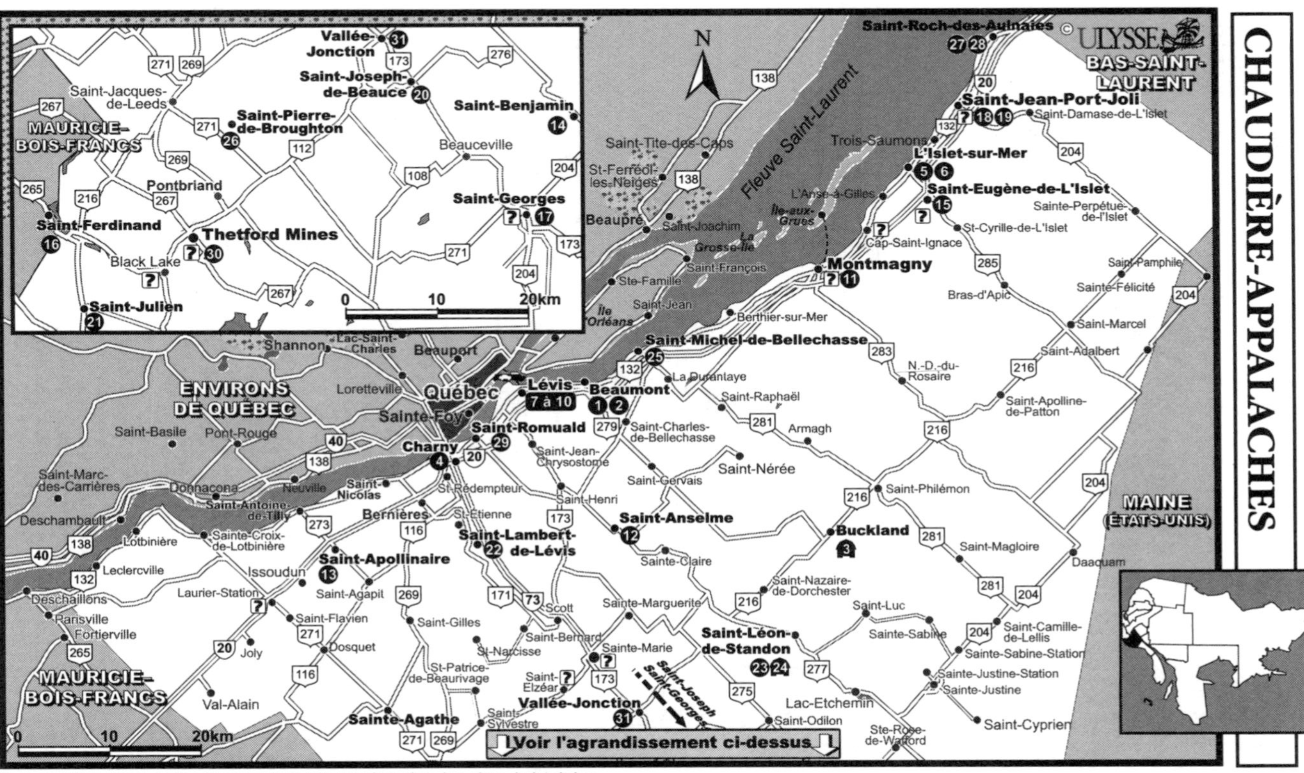

*Les numéros sur la carte correspondent à la numérotation des gîtes de la région

1. BEAUMONT

F A R5

Maison traditionnelle québécoise bicentenaire. Décor champêtre, meubles d'époque, âtre et poêle à bois. À 15 min du traversier menant au coeur du Vieux-Québec, parcourez nos belles routes de campagne et villages pittoresques. Nous serons charmés de partager avec vous cette belle demeure d'autrefois.

De Mtl ou Québec, aut. 20 dir Riv.-du-Loup, sortie 337, droit devant à 1,8 km. Ou de Riv.-du-Loup, aut. 20 sortie 337, tourner à droite, passer le viaduc, prochain chemin à droite, faire 1,8 km.

GÎTE
AU GRÉ DU VENT

Michèle Fournier et
Jean L'Heureux
220, chemin St-Roch
Beaumont G0R 1C0
(418) 838-9020
fax (418) 838-9074

B&B	
1 pers.	40-50 $
2 pers.	55-65 $
Enfant	0-15 $

VS

Ouvert : 1er mai au 30 sept, 1er nov au 31 mars (sur réservation)

Nombre de chambres	3
ch. avec lavabo	2
salle de bain partagée	1

Activités:

2. BEAUMONT

F A R1 AV

Domaine de 110 acres dominant le St-Laurent à 15 min des ponts, du traversier Lévis/Québec. Le charme d'un manoir restauré de 30 pièces. Ch. somptueuses et confortables. Décor antique, ambiance paisible et romantique, déj. avec service d'argenterie, vue sur plus de 20 clochers, piscine chauffée, calèche, carriole, motoneige. Parlons allemand. La vie de château! Rabais au-delà de 20% hors saison.

De Québec, aut. 20 est, sortie 330 nord, rte 132 est, 4 km. Ou de Riv.-du-Loup, aut. 20 ouest, sortie 337 nord, rte 132 ouest, 1 km.

GÎTE
MANOIR DE BEAUMONT

Denis Vézina
485, du Fleuve, route 132
Beaumont G0R 1C0
(418) 833-5635
fax (418) 833-7891

B&B	
1 pers.	85-115 $
2 pers.	90-120 $
3 pers.	105 $

Taxes en sus VS MC AM IT

Prix réduits : 20 % et plus hors saison
Ouvert à l'année

Nombre de chambres	5
ch. avec s. de bain privée	3
salle de bain partagée	2

Activités:

3. BUCKLAND

F A R5 AV

Au pays des cowboys et des prospecteurs, vous aurez au fil des saisons un choix d'activités moyennant un coût additionel. Vivez la Ruée vers l'OR avec la visite du Musée et de la Mine d'OR, l'équitation en montagne, cabane à sucre, sleigh-ride, vélo, motoneige, ski alpin. Aussi disponible séjour directement au ranch (8 km plus loin au pied des pentes de ski).. **Gîte à la ferme p 37 et annonce p 100.**

À 40 min de Québec ou 30 min de Lévis, aut. 20 est, sortie 337, route 279 jusqu'à Buckland puis à gauche route 216, traverser le village et faire 1 km.

GÎTE
RANCH MASSIF DU SUD

Yvette Marceau
et Raymonde Garant
4686, Principale, route 216
Buckland G0R 1G0
(418) 469-2900
fax (418) 883-2225

B&B	
1 pers.	31 $
2 pers.	50 $

Taxes en sus VS MC

Ouvert à l'année

Nombre de chambres	3
salle d'eau partagée	1
salle de bain partagée	1

Activités:

4. CHARNY

F A R.2

À 5 min de Québec et de la chute de la rivière Chaudière. À 0,5 km de l'aut. 20 vers la Gaspésie. À l'entrée de la Beauce (rte 73). Près de nombreux services : centre commercial, autobus, restos, golf à 1 km. Piste cyclable derrière la résidence, quartier calme. Salle de bain moderne et spacieuse. Terrasse fleurie pour déjeuner.

De Montréal, aut. 20 ou venant de Québec, pont Pierre-Laporte, dir. Riv.-du-Loup, sortie 175 sud Charny. 1ers feux à droite, à droite ave. Sous le Vent. Env. 400 mètres.

GÎTE

LE GÎTE DE LA CHUTE

Yvette McIntyre
et Normand Beaudin
8069, du Mistral
Charny G6X 1G1
(418) 832-0728

B&B	
1 pers.	35 $
2 pers.	45 $
Enfant	10 $

Ouvert à l'année

Nombre de chambres	3
ch. avec lavabo	3
ch. au sous-sol	3
salle de bain partagée	2

Activités:

5. L'ISLET-SUR-MER

F A R1 AV

Luxueuse résidence anglaise de 1867, rénovée avec boiserie de pin, foyer et verrière. Sise au bord du fleuve St-Laurent, à deux pas du Musée Maritime Bernier, site enchanteur, étang, fontaines, terrasses, SPA. Chambre panoramique avec balcon. Déjeuner complet à volonté. Forfaits croisières, gastronomique, golf, relaxation... **Photo p 96.**

À 100 km (1 hre) de Québec ou de Riv.-du-Loup, aut. 20, sortie 400, même indication que le Musée Maritime: 2,5 km dir. nord jusqu'au fleuve, à droite 1 km dir. est, rte 132.

GÎTE

LE GÎTE DU DOCTEUR

Nicole, Simon
et Sébastien Toussaint
81, des Pionniers, route 132
L'Islet-sur-Mer G0R 2B0
tel/fax (418) 247-3112
www.qbc.clic.net/~gitedoc
gitedoc@qbc.clic.net

B&B	
1 pers.	50-65 $
2 pers.	60-75 $
3 pers.	80-95 $
4 pers.	100-115
Enfant	15 $

VS MC

Prix réduits : mai, sept, oct
Ouvert : 1er mai au 30 oct

Nombre de chambres	4
ch. avec lavabo	2
ch. avec s. de bain privée	2
salle d'eau partagée	1
salle de bain partagée	1

Activités:

6. L'ISLET-SUR-MER

F a R.5 AV

Je vous accueille pour des moments de détente au chant des vagues. Coquette maison centenaire très confortable. La salle à manger donne sur le fleuve à se croire en bateau. Les chambres sont à faire rêver et les couchers de soleil inoubliables. Déjeuner fantaisie santé/gourmandise. Chansons, musique. Vélo, golf, ski de fond, motoneige, cabane à sucre, chasse à l'oie sauvage. Forfaits santé.

1 heure de Québec ou de Rivière-du-Loup, aut. 20, sortie l'Islet direction nord, route 132 (chemin des Pionniers) direction est.

GÎTE

LES PIEDS DANS L'EAU

Solange Tremblay
549, des Pionniers Est
L'Islet-sur-Mer G0R 2B0
(418) 247-5575
fax (418) 247-7772

B&B	
1 pers.	40 $
2 pers.	50-60 $
3 pers.	80-90 $
4 pers.	90-100 $
Enfant	10 $

Ouvert : 1er déc au 1er mars, 1er avr au 1er nov

Nombre de chambres	4
ch. au sous-sol	1
ch. avec s. de bain privée	1
salle d'eau partagée	1
salle de bain partagée	2

Activités:

7. LÉVIS

F | A | R.3 | AV

Site surplombant le Saint-Laurent, face au Vieux-Québec. Près du traversier. Circuits touristiques. Féerie de lumières, de la résidence ou de la terrasse. Confort. Détente près du feu. Air climatisé central. Accueil.

De Québec ou Riv-du-Loup, aut. 20, sortie 327 à droite sur Mgr-Bourget. Après 2e feu, faire 1 km, à gauche sur Champagnat. Au 2e arrêt, à droite, Des Bosquets. Ou du traversier, à Lévis, à droite Côte du Passage et après le 1er feu à gauche sur Champagnat, faire 6 arrêts, à gauche sur Des Bosquets.

GÎTE

GÎTE DES BOSQUETS

Véronique et Émile Pelletier
162, rue des Bosquets
Lévis G6V 6V7
(418) 835-3494
fax (418) 835-0563
pour réservation sans frais
1-888-335-3959

B&B	
1 pers.	30-35 $
2 pers.	45-50 $
3 pers.	60 $

VS

Ouvert à l'année

Nombre de chambres	3
ch. avec lavabo	2
salle d'eau partagée	1
salle de bain partagée	2

Activités:

8. LÉVIS

F | a | R1

À 2 km du traversier qui vous transporte au cœur même du Vieux-Québec en 10 minutes. Venez contempler le panorama d'une rare beauté sur la ville de Québec. L'hiver nous offrons, randonnée en motoneige et traîneau à chiens.

Aut. 20, sortie 325 nord, garder la droite, Côte du Passage à gauche, faire 3,5 km, à droite sur Wolfe, faire 1,5 km. Du traversier Québec-Lévis, à gauche faire 1,5 km, à droite sur Bienville, à gauche sur de l'Entente.

GÎTE

GÎTE LA LIVAUDIÈRE

Cécile Demers et
Jocelyn Bernard
129, de l'Entente
Lévis G6V 1S2
tel/fax (418) 833-0898

B&B	
1 pers.	50 $
2 pers.	60 $
3 pers.	75 $
4 pers.	90 $
Enfant	10 $

VS

Ouvert à l'année

Nombre de chambres	5
ch. avec s. de bain privée	1
ch. avec lavabo	2
salle de bain partagée	3

Activités:

9. LÉVIS

F | A | R.05

Petit gîte, grand confort, situé dans un secteur paisible. Savourez nos copieux petits déjeuners avec vue sur le jardin. À 0,5 km grand choix de restaurants. À 5 minutes (3 km) du traversier Lévis-Vieux-Québec. Choix entre très grands lits ou lits simples. Salle de bain réservée aux invités.

De Montréal ou Québec, aut. 20 est, sortie 325 nord. Au restaurant McDonald, à gauche, rue Bossuet, au 2e arrêt, à droite, maison en pierres grises dans la 2e courbe.

GÎTE

LA GRISERIE

Gaétane et Gilbert Belleau
12, rue Claudel
Lévis G6V 5A7
(418) 833-2342

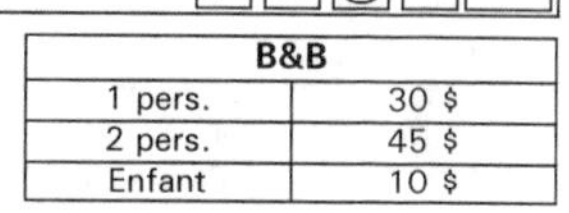

B&B	
1 pers.	30 $
2 pers.	45 $
Enfant	10 $

Prix réduits : oct, 1er fév au 30 mai
Ouvert : 1er fév au 30 oct

Nombre de chambres	2
salle d'eau partagée	1
salle de bain partagée	1

Activités:

10. LÉVIS

F a R2

Gîte accueillant dans un secteur paisible, loin du bruit, idéal pour la détente et le repos. Vue directe sur le fleuve et la ville de Québec, 3 km du traversier qui vous fera découvrir le charme du Vieux-Québec. Près des transports publics, centres commerciaux, restaurants. Patio à votre disposition pour admirer Québec. Salle de bain réservée aux invités.

De Québec ou Rivière-du-Loup, aut. 20, sortie 321 ch. des Îles. À gauche dir. nord 2,2 km, tout droit aux feux de circulation, prendre St-Georges 0,3 km, à l'arrêt à gauche, Robitaille environ 280 m, à gauche Papineau.

GÎTE
LA MAISON BLANCHE AU TOIT VERT

Irène Carrier et
A. Thiboutôt
13, Papineau
Lévis G6W 1J9
(418) 833-8904

B&B	
1 pers.	30 $
2 pers.	45 $

Ouvert à l'année

Nombre de chambres	2
salle de bain partagée	1

Activités:

11. MONTMAGNY

F a R1 AV

À seulement 40 min de Québec, découvrez la Capitale de l'Oie Blanche, la nature, un superbe boisé, une demeure calme et accueillante. Ch. confortables avec ventilateur. Réveil au chant des oiseaux, généreux déj. «à la Cécilienne». Golf, croisières (Grosse-Île, Île-aux-Grues), Carrefour mondial de l'accordéon, festival et chasse à l'oie, motoneige et ski. Bienvenue, chez nous, c'est chez vous.

De Québec, aut. 20 est, sortie 376, chemin des Poirier, rte 132 est, traverser le pont de la Rivière-du-Sud, faire 0,5 km en retrait de la 132.

GÎTE
LA CÉCILIENNE

Doris et Cécile Boudreau
340, boul Taché Est
Montmagny G5V 1E1
(418) 248-0165

B&B	
1 pers.	40 $
2 pers.	50-55 $
Enfant	15 $

VS

Ouvert à l'année

Nombre de chambres	4
salle d'eau partagée	1
salle de bain partagée	1

Activités:

12. ST-ANSELME

F a R.5

Au cœur de Chaudière-Appalaches, aux portes de la Beauce, un endroit de rêve décoré en vue d'assurer bonheur, confort, évasion, détente. Chambres insonorisées, boudoirs, salon, foyer, bain tourbillon, etc. Amoureux du plein air : foyer extérieur, piscine chauffée 40 pieds, patio, terrasse, terrain boisé fleuri. Golf,vélo,ski. Séjourner à **Douces Évasions** est **énergisant, enrichissant.** ***Bienvenue!***

***20 min de Québec**. Aut. 20, sortie 325 sud dir. Lac Etchemin, à l'entrée Saint-Anselme à droite, enseigne bourgogne, maison toit de tuiles rouges.*

GÎTE
DOUCES ÉVASIONS

Gabrielle Corriveau et
Gérard Bilodeau
1043, boul. Bégin
St-Anselme G0R 2N0
tel/fax (418) 885-9033
cell (418) 882-6809

B&B	
1 pers.	45-50 $
2 pers.	65 $
Enfant	10-15 $

Prix réduits : 10% pour 5 nuits et plus
Ouvert à l'année

Nombre de chambres	3
salle de bain partagée	3

Activités: 

13. ST-APOLLINAIRE

F a R4 AV

À 20 min. de Québec, à mi-chemin entre les chutes du Niagara et la Gaspésie, le charme de la vie d'autrefois dans notre maison bicentenaire. Table appréciée des gourmands! Sur place : activités de ferme, chevaux, calèche, carriole, piste de motoneige. À proximité : fleuve, domaine Joly, chute rivière Chaudière.

De Montréal ou Rivière-du-Loup, aut. 20, sortie 291, rte 273 nord, dir. St-Antoine-de-Tilly, faire 2,5 km. À droite, 1,7 km. Maison bardeaux blanche et verte sur la gauche.

GÎTE
NOTRE CAMPAGNE D'ANTAN

Marie-Claude Roux et Donald Foster
412, rang Bois-Franc Est
St-Apollinaire G0S 2E0
(418) 881-3418
fax (418) 525-7309

B&B	
1 pers.	25-35 $
2 pers.	45 $
Enfant	15 $

Prix réduits : 2 nuits et plus
Ouvert à l'année

Nombre de chambres	2
salle de bain partagée	1

Activités: 

14. ST-BENJAMIN, BEAUCE

F a R.5 AV

Venez faire une «saucette» au cœur de ce village. Vous apercevrez notre maison «l'Antiquaille» avec son toit rouge. Les déjeuners sauront satisfaire vos papilles gustatives. L'hôtesse vous invite à contempler ses travaux artisanaux. Près Village des défricheurs, Eco-Parc des Etchemins avec sa plage.

De Québec, rtes 73 et 173 sud. À Notre-Dame-des-Pins, à gauche vers St-Simon-les-Mines. Suivre les indications pour le village St-Benjamin.

GÎTE
L'ANTIQUAILLE

Jacqueline et Catherine
218, rue Principale
St-Benjamin G0M 1N0
(418) 594-8693

B&B	
1 pers.	30 $
2 pers.	45 $
Enfant	12 $

Ouvert : 1er avr au 31 oct

Nombre de chambres	3
salle d'eau partagée	1
salle de bain partagée	1

Activités:

15. ST-EUGÈNE-DE-L'ISLET

F a AV

Cet ancien moulin seigneurial vous séduira par son ambiance chaleureuse, son décor champêtre et sa table gastronomique. Située au cœur d'un vaste domaine, l'auberge bénéficie d'un environnement exceptionnel: rivière, petit lac de baignade, sentiers ornithologiques. Divers forfaits (golf, vélo, croisière, massage, ski, romantique) sont également offerts. **Photo p 96.**

Sur la rive-sud du fleuve, à 1 h de Québec. À la sortie 400 de l'aut. 20 est, tourner à gauche vers St-Eugène-de-L'Islet, à gauche sur le rang Lamartine et à gauche sur la route Tortue.

AUBERGE
AUBERGE DES GLACIS

Micheline Sibuet et Pierre Walters
46, route Tortue
St-Eugène-de-l'Islet G0R 1X0
(418) 247-7486
fax (418) 247-7182

	B&B	PAM
1 pers.	84 $	127-149 $
2 pers.	94 $	164-209 $

Taxes en sus VS MC AM IT

Prix réduits : 30 oct au 15 juin
Ouvert à l'année

Nombre de chambres	10
ch. avec s. de bain privée	10

Activités:

16. ST-FERDINAND (BERNIERVILLE)

F | A | R3.5 | AV

Sur la route des Irlandais, cet ancien presbytère, datant de 1840, fut édifié de pierres transportées de Québec par des boeufs. Le «Manoir d'Irlande» vous entraînera dans une atmosphère d'époque. Les amateurs de la nature auront le privilège d'être en contact avec la forêt et ses nombreux cours d'eau.

De Montréal, aut. 20 est, sortie 228. De Québec, aut. 20 ouest, sortie 253. Suivre la dir. Thedford Mines, rte 165 jusqu'à la sortie de Bernierville (St-Ferdinand). Au feu clignotant, à droite rte 216 dir. St-Julien (Maple Grove). À droite chemin Gosford.

GÎTE
MANOIR D'IRLANDE

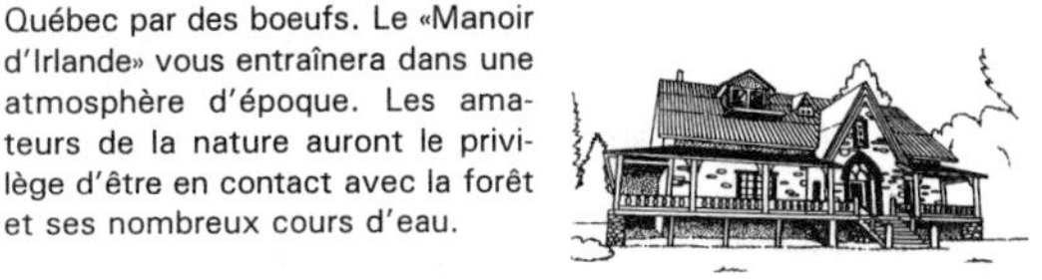

Julie Roy et
Pierre Nolet
175, chemin Gosford
St-Ferdinand G0N 1N0
tel/fax (418) 428-2874

B&B	
1 pers.	30-35 $
2 pers.	55-60 $
Enfant	0-12 $

Taxes en sus

Prix réduits : 1er jan au 31 mars
Ouvert à l'année

Nombre de chambres	3
salle de bain partagée	1

Activités:

17. ST-GEORGES, BEAUCE

F | a | R3 | AV

Décor de rêve dont vous tomberez en amour. Grande maison avec antiquités. Dormez dans un baldaquin de 125 ans... Dans la Romance aux vieilles lampes et dentelles... L'ancêtre aux photos d'époque... Ou la champêtre fleurie. Déjeuner copieux services porcelaine et dentelles. La Beauce, belle région de «patenteux». Golf, musée et un bel acceuil.

De Québec, rte 73 sud. À Vallée-Jonction, rte 173 sud vers St-Georges. Après le McDonald, à gauche 90e Rue, faire 3 km, à gauche 35e Av., la 9e maison à droite.

GÎTE
GÎTE LA SÉRÉNADE

Berthe et Bernard Bisson
8835, 35e Av. (par la 90e Rue)
St-Georges-de-Beauce Est
G5Y 5C2
(418) 228-1059

B&B	
1 pers.	45 $
2 pers.	55-59 $
Enfant	15 $

VS MC

Ouvert à l'année

Nombre de chambres	4
salle de bain partagée	2

Activités:

18. ST-JEAN-PORT-JOLI

F | A | R.1 | AV

Authentique maison canadienne bicentenaire située au coeur de la capitale de la scutpture et en bordure du fleuve St-Laurent. Chez nous vous êtes recu comme un ami à qui on veut faire plaisir. Offrons forfaits: «visite et dégustation à l'érablière», à l'année. **Annonce** p 101.

De Montréal ou Québec, aut. 20 est, sortie 414, à droite jusqu'à la rte 132. Rte 132 est à droite, faire 0,5 km. Grande maison blanche au toit rouge, une centaine de mètres après l'église.

GÎTE
AU BOISÉ JOLI

Michelle Bélanger et
Hermann Jalbert
41, de Gaspé Est
St-Jean-Port-Joli G0R 3G0
tel/fax (418) 598-6774

B&B	
1 pers.	45 $
2 pers.	55 $
3 pers.	65 $
Enfant	10 $

Taxes en sus VS MC

Prix réduits : 7 sept au 15 juin
Ouvert à l'année

Nombre de chambres	5
salle de bain partagée	2

Activités: 

19. ST-JEAN-PORT-JOLI

F a R.3 AV

Une victorienne unique aux décors chaleureux située dans le village. Grand terrain au bord du fleuve, voisin de la marina. Vue imprenable du soleil couchant. Randonnées pédestres au fleuve. Tranquillité, verdure. Forfaits disponibles. **Photo p 96. Annoncec p 101.**

De Montréal ou Québec, aut. 20 est, sortie 414 à droite jusqu'à la rte 132. Rte 132 ouest à gauche faire 0,4 km, rue de l'Ermitage. Victorienne un peu en retrait.

GÎTE
LA MAISON DE L'ERMITAGE

Rosita Ouellet et Benoît Poulin
56, de l'Ermitage
St-Jean-Port-Joli G0R 3G0
(418) 598-7553

B&B	
1 pers.	50 $
2 pers.	65 $
Enfant	15 $

VS MC

Prix réduits : 15 sept au 15 juin
Ouvert : 15 fév au 15 déc

Nombre de chambres	5
salle de bain partagée	2

Activités:

20. ST-JOSEPH-DE-BEAUCE

F a R.5 AV

Découvrez les aspects changeants de la vallée et l'architecture des maisons centenaires, qui regardent la course folle de la capricieuse rivière Chaudière vers le fleuve. Un panorama exceptionnel à chaque saison... Aire de jeux, remise pour vélo, piscine. Vous accueillir serait un grand plaisir.

De Québec, aut. 73 sud. À St-Joseph, avenue du Palais sud jusqu'au centre commercial. Rue St-Luc, maison face à la courbe.

GÎTE
«LES RÊVERIES»

Louise et Roland Doyon
1003, rue St-Luc
St-Joseph-de-Beauce G0S 2V0
(418) 397-4814
fax (418) 397-6439
reverie@microtec.net

B&B	
1 pers.	30 $
2 pers.	45 $
3 pers.	60 $
Enfant	5-10 $

VS

Ouvert à l'année

Nombre de chambres	2
ch. au sous-sol	2
salle d'eau partagée	1
salle de bain partagée	1

Activités:

21. ST-JULIEN

F a R15

Prix Excellence Chaudière-Appalaches 1996-97. Amis de la nature, randonneurs à pied, à vélo, à ski, notre gîte en bardeaux de cèdre vous attend dans les Appalaches. Calme, vue, «ornithologie de fauteuil», promenade. Après un bon repas (sur demande), refaire le monde sur la terrasse ou devant le foyer. Faites vous plaisir! O' P'tits Oignons, le gîte autrement!

Aut. 20, de Montréal sortie 228 ou de Québec sortie 253 dir. Thetford-Mines. Après la rte de contournement de Bernierville (St-Ferdinand) à droite, rte 216 ouest dir. St Julien. O' P'tits Oignons à droite avant le village.

GÎTE
O' P'TITS OIGNONS

Brigitte et Gérard Marti
917, chemin Gosford,
route 216
St-Julien G0N 1B0
tel/fax (418) 423-2512
bgmarti@megantic.net

	B&B	PAM
1 pers.	40-50 $	55-65 $
2 pers.	50-60 $	80-90 $

Ouvert à l'année

Nombre de chambres	3
ch. avec s. de bain privée	1
salle d'eau partagée	1
salle de bain partagée	1

Activités:

LE GÎTE DU DOCTEUR, L'Islet-sur-Mer, Chaudière-Appalaches

AUBERGE DES GLACIS, St-Eugène-de-l'Islet, Chaudière-Appalaches

LA MAISON DE L'ERMITAGE, St-Jean-Port-Joli, Chaudière-Appalaches

LA GÎTE LA P'TITE BALEINE, Bergeronnes, Côte-Nord, Duplessis-Manicouagan

LA MAISON LEBREUX, Petite-Vallée, Gaspé

AUBERGE LE LUPIN, Mont-Tremblant, Laurentides

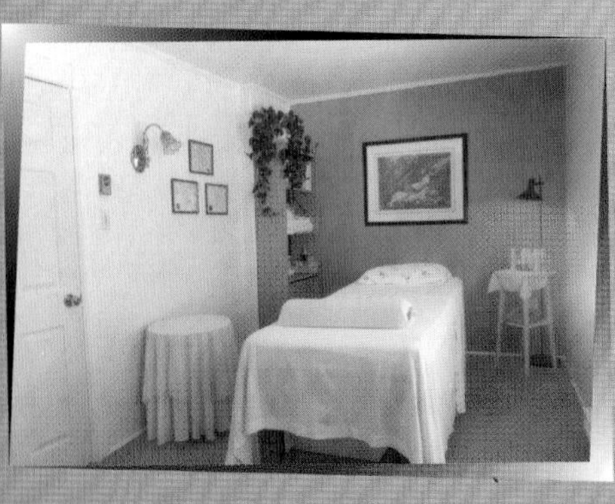

AUBERGE DE LA TOUR DU LAC, Ste-Agathe, Laurentides

22. ST-LAMBERT-DE-LÉVIS

F A R2 AV

À 20 min du Vieux-Québec, ambiance simple et chaleureuse dans un décor champêtre. Grand terrain paysagé, piscine et terrasse fleurie, bordé par la rivière Chaudière. L'hiver, douceur de vivre au coin du feu dans un confort douillet. Près: vélo, golf, équitation à l'année, ski de fond, randonnée en motoneige, patin, forfait randonnée en traîneau à chiens disponible.

De Montréal, aut. 20 est, ou de Québec, pont Pierre-Laporte ou de Riv.-du-Loup, aut. 20 ouest, sortie aut. 73 sud, sortie 115 St-Lambert. À droite rue Du Pont, 1 km. À l'église, à gauche rue des Érables, 1,5 km. À droite rue Dufour.

GÎTE

LA MAISON BLEUE

Francine et Yvon Arsenault
122, rue Dufour
St-Lambert-de-Lévis G0S 2W0
(418) 889-0545
cell. (418) 569-7423
fax (418) 622-6204
www.total.net/~asor

B&B	
1 pers.	40 $
2 pers.	50 $
Enfant	10 $

Ouvert à l'année

Nombre de chambres	**2**
salle d'eau partagée	1
salle de bain partagée	1

Activités:

23. ST-LÉON-DE-STANDON

F A R4

Découvrez L'Auberge Terre de Rêve. Cette maison ancestrale avec ses 3 chambres privées et ses 2 chambres familiales avec lits superposés peut accueillir jusqu'à 26 personnes. Un site de 1,3 km² donne accès à la randonnée, la baignade (lac-rivière), le vélo et la pêche en été, la raquette et le patin en hiver ou tout simplement à la tranquillité.

Aut. 20, sortie 325 Pintendre-Lac Etchemin. Rtes 173 sud et 277 sud. À St-Léon, de l'église route de l'église à droite rang St-François. Faire 3,6 km.

AUBERGE

AUBERGE TERRE DE RÊVE

Jean Comeau
65, rang St-François
St-Léon-de-Standon G0R 4L0
(418) 642-5559
fax (418) 642-2764

B&B	
1 pers.	40 $
2 pers.	50 $
3 pers.	70 $
4 pers.	90 $
Enfant	0-15 $

VS

Ouvert à l'année

Nombre de chambres	**5**
ch. avec s. de bain privée	1
ch. avec lavabo	2
salle d'eau partagée	4
salle de bain partagée	2

Activités: 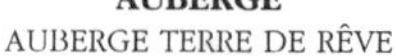

24. ST-LÉON-DE-STANDON

F a R7

Grand Prix Tourisme 1997. Paradis familial à 1 h. de Québec. Maison centenaire nichée au cœur des Appalaches. Chambre spacieuse dans le gîte ou dans un pavillon en bois rond. Patio près du lac privé, plage, rivière en cascades, sentiers. Forfaits ski et sports d'hiver. Salles à manger et de séjour indépendantes. Prix Excellence Chaudière-Appalaches 1995-96. **Gîte à la ferme p 37. Table champêtre p 14.**

De Québec, aut. 20 est, sortie 325 dir. Lac-Etchemin, rtes 173 sud et 277 sud dir. St-Léon-de-Standon. De l'église 0,9 km, à l'arrêt traverser rte 277, à gauche rte du Village, faire 4 km. Rg Ste-Anne à droite 2 km.

GÎTE

FERME LA COLOMBE

Rita Grégoire et
Jean-Yves Marleau
104, rang Ste-Anne,
route 277
St-Léon-de-Standon G0R 4L0
(418) 642-5152
fax (418) 642-2991

	B&B	PAM
1 pers.	40 $	50 $
2 pers.	55-60 $	84-90 $
3 pers.	75 $	120 $
4 pers.	85 $	145 $
Enfant	5-10 $	

Taxes en sus

Ouvert à l'année

Nombre de chambres	**2**
ch. avec s. de bain privée	2

Activités: 

LES GÎTES ET AUBERGES

25. ST-MICHEL-DE-BELLECHASSE

F a R6

À 4 km de la route 132, offrez-vous une halte ressourçante dans notre maison centenaire surplombant la plaine du «Bas-de-Bellechasse». Voir, entendre, sentir et goûter, voilà de vraies vacances! Oeufs frais du poulailler. Lits doubles. Traversier pour le Vieux-Québec à 25 min.

De Montréal ou Rivière-du-Loup, aut. 20, sortie 348. Rte 281 sud, faire environ 1 km. Rte 218 à droite, faire 0,7 km. Ou rtes 132, 281 sud, faire 3 km. Rte 218, faire 0,7 km.

GÎTE
LA PARIADE

Céline Veillet et
Gilles Deschênes
298, Rang 2, route 218
St-Michel-de-Bellechasse
G0R 3S0
(418) 884-3075

B&B	
1 pers.	43 $
2 pers.	55 $

Ouvert : 1er juillet au 31 août

Nombre de chambres	2
ch. avec lavabo	2
salle d'eau partagée	1
salle de douche partagée	1

Activités:

26. ST-PIERRE-DE-BROUGHTON

F a R4 AV

Vie de château dans un coin de paradis! Prendre le thé dans le gazébo, connaître l'histoire de cette grande maison aux allures victoriennes, découvrir la «pierre à savon», se baigner dans l'étang, visiter la basse-cour, nourrir daims-chèvres-lapins-poneys, marcher dans les sentiers! Le domaine vous appartient.

De Mtl, aut 20 est, sortie 228 Princeville, rte 165 vers Black-Lake, rte 112 dir. Québec, 24 km. À gauche faire 2 km. De Québec, rte 173 sortie Vallée-Jct, rte 112 jusqu'à St-Pierre-de-Broughton, à droite, faire 2 km.

GÎTE
AUBERGE DE LA
PIERRE FLEURIE

Pierrette Gagné et Pierre Cyr
193, Rang 11
St-Pierre-de-Broughton
G0N 1T0
(418) 424-3024

B&B	
1 pers.	40 $
2 pers.	45 $

Taxes en sus

Ouvert à l'année

Nombre de chambres	4
salle de bain partagée	2

Activités:

27. ST-ROCH-DES-AULNAIES

F a R4 AV

Un endroit de rêve! Goûtez aux charmes d'une maison bicentenaire sise sur un immense terrain sur le bord du fleuve. Salle à manger, vue sur le fleuve, cuisine maison. Laissez le temps passer tout doucement. Émerveillez-vous du retour des oies blanches, des couchers de soleil, des grandes marées, des tempêtes hivernales, bien au chaud devant le foyer. Repas sur réservation.

À 1 heure de Québec, 45 min de Riv.-du-Loup, aut. 20 sortie 430 à gauche dir. Seigneurie des Aulnaies. De Québec, rte 132, 15,5km de l'église de St-Jean-Port-Joli.

GÎTE
AU SOIR QUI PENCHE

Guy Gilbert
800, ch. de la Seigneurie
St-Roch-des-Aulnaies G0R 4E0
(418) 354-7744

B&B	
1 pers.	40 $
2 pers.	45 $
3 pers.	55 $
4 pers.	60 $
Enfant	6 $

Taxes en sus

Ouvert à l'année

Nombre de chambres	4
salle d'eau partagée	1
salle de bain partagée	2

Activités:

28. ST-ROCH-DES-AULNAIES

F A R1.5

En pleine nature, collés au fleuve et éloignés des bruits familiers, notre maison en bois rond et le pavillon y attenant offrent confort, calme, repos et intimité. «Endroit rêvé pour ceux que les vicissitudes de l'existence ont éloigné de la belle nature». Piscine chauffée. Prix Excellence Chaudière-Appalaches 1994-95.

De Québec, aut. 20 est, sortie 414. À l'église de St-Jean-Port-Joli, faire 10,5 km sur la rte 132 est. À 1,6 km du terrain de camping «Des Aulnaies», à gauche à l'affiche indiquant «Le Ressac».

GÎTE
LE RESSAC

Gisèle et Henri
1266, Route 132
St-Roch-des-Aulnaies
GOR 4E0
(418) 354-2219

B&B	
1 pers.	38 $
2 pers.	55 $

Ouvert : 1er mai au 31 oct

Nombre de chambres	**3**
salle d'eau partagée	1
salle de bain partagée	2

Activités:

29. ST-ROMUALD

F A R1 AV

La DIVINE CLÉMENTINE c'est comme la mélodie qui vous appelle et vous guide vers l'enchantement. C'est aussi l'atmosphère du bon vieux temps dans une maison canadienne de plus de 200 ans. C'est enfin les plaisirs de la table sur le bord du Saint-Laurent en savourant chaque instant. À tout venant!

À 5 minutes des ponts de Québec. Aut. 20, sortie 318 nord dir. St-Romuald. Tout droit faire 2 km jusqu'au fleuve. Vous traversez la rue Principale et Du Sault.

GÎTE
LA CLÉMENTINE

Elisabeth Boulet et
Pierre Clément
2039, chemin du Fleuve
St-Romuald G6W 5P8
tel/fax (418) 834-0846
prcebc@quebectel.com

B&B	
1 pers.	55-65 $
2 pers.	65-85 $
Enfants	10 $

VS MC IT

Ouvert : 1er mai au 1er nov

Nombre de chambres	**3**
ch. avec baignoire	1
salle d'eau partagée	2
salle de bain partagée	1

Activités:

30. THETFORD MINES

F A 

Pour un séjour royal, petit manoir de 1930. Son cachet bourgeois d'antan et son charme invitent à un «arrêt» du temps. Grand terrain boisé longeant une rivière contribue à l'atmosphère paisible des lieux. Accessible à de nombreux services et attractions. Déjeuners complets. Petits extra. Forfaits ski/golf.

De Mtl (240 km), autoroute Jean-Lesage 20 est, sortie 228, route 165 sud; à Black Lake, route 112 est jusqu'à Thetford-Mines, direction centre-ville. Ou de Québec (105 km), autoroute Robert-Cliche 73 sud, sortie 81 à Vallée-Jct, route 112 ouest jusqu'à Thetford-Mines, direction centre-ville.

GÎTE
LE KINGSVILLE

Thérèse Donovan et
Rock Vachon
609, Notre-Dame Nord
Thetford Mines G6G 2S6
(418) 338-0538

B&B	
1 pers.	45-55 $
2 pers.	60-70 $
Enfant	15 $

Taxes en sus VS MC

Prix réduits : 15 % pour séjours fréquents ou prolongés
Ouvert à l'année

Nombre de chambres	**3**
ch. avec s. de bain privée	1
salle de bain partagée	1

Activités:

31. VALLÉE-JONCTION

F A R4 AV

Située sur le site du musée ferroviaire en bordure de la rivière chaudière. La Maison Chabot abrite le café spectacle «Le chat Botté» boutique et galerie d'art populaire font aussi partie de la Maison Chabot qui vous invite à séjourner chez elle et à profiter de nos attraits et de notre train touristique.

Aut. 73 sud jusqu'à Vallée-Jonction, sortie 81. À droite rte 112 jusqu'à la rte 173 sud à gauche. Puis à droite rue du Pont, rte 112 est jusqu'au boul. J.M. Rousseau à gauche.

GÎTE

MAISON J.H.A. CHABOT

Johanne Grondin et
Jean-François Gagné
403, boul. J.M. Rousseau
Vallée-Jonction G0S 3J0
tel/fax (418) 253-6706
www.cam.org/~
vmarina/chabot.htm

B&B	
1 pers.	35-45 $
2 pers.	50-60 $
3 pers.	75 $
Enfant	10 $

Taxes en sus VS MC IT

Prix réduits : 10 % en nov
Ouvert à l'année

Nombre de chambres	3
salle d'eau partagée	1
salle de bain partagée	2

Activités:

ESCAPADES À LA FERME

Gîtes à la ferme :

Table Champêtre * :

* Marque de certification déposée

LES GÎTES ET AUBERGES

Saint-Jean-Port-Joli
un fleuve, des gens
et une histoire...
du 15 mai au 15 octobre 1998
En logeant dans l'un de ces
gîtes du passant
La Maison de l'Ermitage
Au Boisé Joli
56, rue de l'Ermitage
Saint-Jean-Port-Joli Tél. : (418) 598-7553
41, avenue de Gaspé Est
Saint-Jean-Port-Joli Tél. : (418) 598-6774
obtenez une réduction de
25% (en juillet et août) 50% (mai, juin, sept., oct.)
pour visiter
ces attraits touristiques
Érablière Marc-A. Deschênes
483, 2e rang Ouest,
Saint-Jean-Port-Joli Tél. : (418) 598-6606
Les Bateaux Leclerc
307, de Gaspé Ouest,
Saint-Jean-Port-Joli Tél. : (418) 598-3273
Musée des anciens canadiens
322, de Gaspé Ouest,
Saint-Jean-Port-Joli Tél. : (418) 598-3392
Centre d'art animalier Faunart
377, de Gaspé Ouest,
Saint-Jean-Port-Joli Tél. : (418) 598-7034

CÔTE-NORD (MANICOUAGAN-DUPLESSIS)

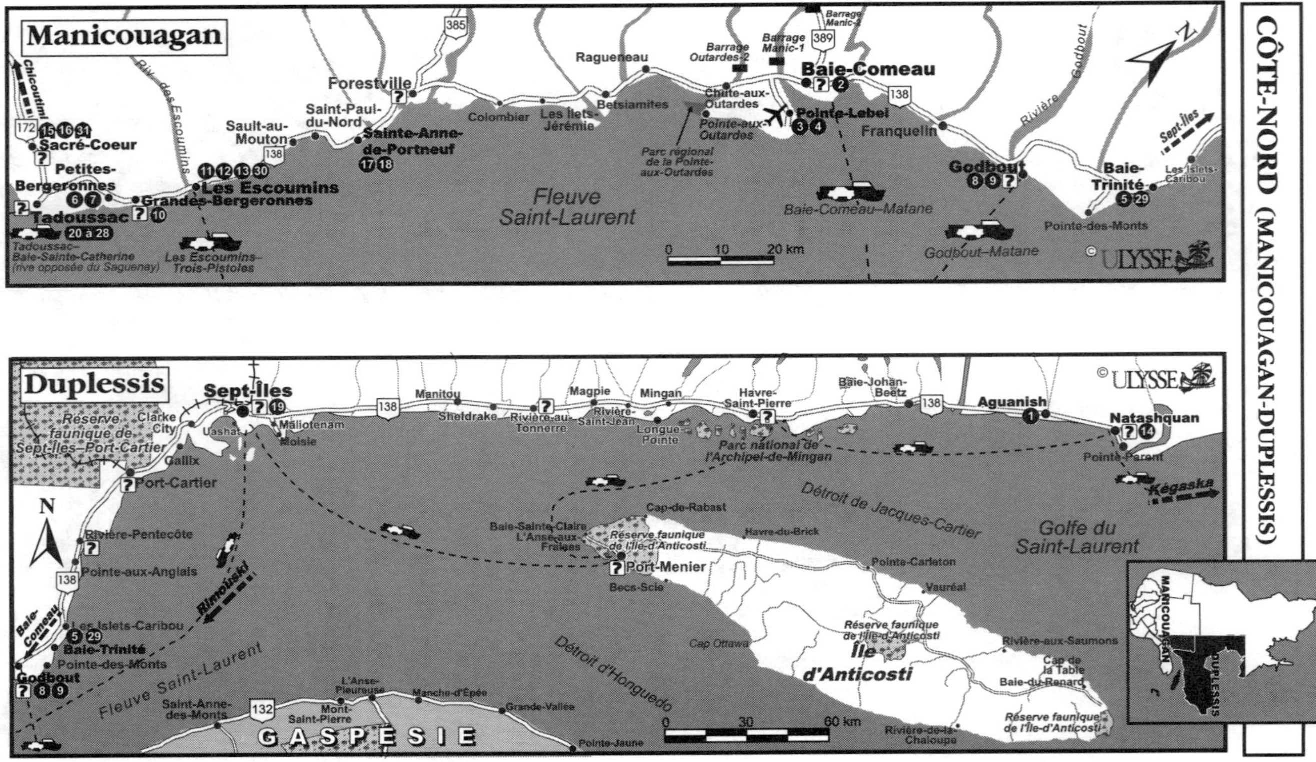

*Les numéros sur la carte correspondent à la numérotation des gîtes de la région

1. AGUANISH

F A R20 AV

Offrant une vue imprenable sur la mer et le petit village de pêcheurs d'Aguanish, cette Auberge sympathique et chaleureuse tiendra une place de choix dans votre voyage. À ne pas manquer : de 20h30 à 22h, projection d'un film dans la salle audio-visuellesur le thème : découverte des villages de la Basse Côte-Nord. Cette soirée des plus intéressante est une gracieuseté de l'Auberge. Aussi à voir, «Le Trait de Scie» : phénomène naturel grandiose et impressionnant. L'excursion de 3 h coûte 30 $ + tx.

Située à 40 mètres avant le pont d'Aguanish, à 30 km avant Natashquan.

GÎTE
AUBERGE AGUANISH

11, rue de la Rivière
Aguanish G0G 1A0
(418) 533-2366
(418) 786-2735
(418) 538-1414
fax (418) 533-2255
fax (418) 786-2744

B&B	
1 pers.	45- 70 $
2 pers.	60- 80 $
Enfant	10 $

Taxes en sus VS MC AM ER IT

Ouvert à l'année

Nombre de chambres	9
ch. avec s. de bain privée	7
salle de bain partagée	1

Activités:

2. BAIE-COMEAU

F a R.3

Maison d'inspiration victorienne construite en 1937. Quartier historique et patrimonial où il est bon de se balader. Face au parc et à la baie. Golf de plage à proximité. Accueil discret et chaleureux avant de continuer votre visite sur la Côte-Nord.

Par la rte 138, à mi-chemin entre Québec et Havre-Saint-Pierre. Secteur Est de Baie-Comeau à 250 m de l'hôtel Le Manoir, face au Parc des pionniers. À 3 km du traversier.

GÎTE
AU VIEUX QUARTIER

Maryse Desjardins
57, avenue Champlain
Baie-Comeau G4Z 1L9
(418) 294-2614
fax (418) 294-4326
vqartier@quebectel.com

B&B	
1 pers.	45 $
2 pers.	55 $
3 pers.	75 $
4 pers.	95 $
Enfant	15 $

Prix réduits : sur long séjour du 15 oct au 1er juin
Ouvert : 1er fév au 1er déc

Nombre de chambres	3
salle de bain partagée	2

Activités:

3. BAIE-COMEAU, POINTE-LEBEL

F a R2

Calme, douillet et confortable, gîte à découvrir. Accueil chaleureux et familial. Aimants de la nature soyez choyés par la grandeur et la beauté de notre plage où le fleuve rencontre la rivière Manicouagan; baignade, marche, piscine sont au rendez-vous. Copieux déjeuner maison, forfait sur réservation de nov. à mai.

De Québec, rte 138 est, dir. Baie-Comeau. À 7,5 km de Chute-aux-Outardes, à droite, aux feux de circulation dir. Pointe Lebel, faire 15 km.

GÎTE
AU PETIT BONHEUR

Carmen Poitras
et Mario Lévesque
1099, Granier
Pointe-Lebel G0H 1N0
(418) 589-6476
(418) 295-3419
fax (418) 589-9243

B&B	
1 pers.	35 $
2 pers.	45-55 $
3 pers.	65 $
4 pers.	75 $
Enfant	10 $

Prix réduits : 1er nov au 30 avr
Ouvert à l'année

Nombre de chambres	4
ch. au sous-sol	4
salle d'eau partagée	1
salle de bain partagée	2

Activités:

4. BAIE-COMEAU, POINTE-LEBEL

F A R1 AV

Prix Excellence Côte-Nord 1996-97. À 14 km de Baie-Comeau, à 200 m d'une plage immense, entre fleuve et rivière, découvrez un petit paradis pour la baignade, le vélo, la randonnée et l'équitation. Grande et douillette maison au charme victorien, chambres confortables, face au fleuve. Table d'hôte sur réservation.

De Québec, rte 138 est dir. Baie-Comeau. Après Chute-aux-Outardes, faire 7,5 km. Aux feux de circulation à droite faire 11,5 km. 1re rue à gauche après l'église.

GÎTE
LES TOURNE-PIERRES

Bernadette Vincent
et Jean-Yves Landry
18, rue Chouinard
Pointe-Lebel G0H 1N0
(418) 589-5432
fax (418) 589-1430
sergepa@quebectel.com

B&B	
1 pers.	38 $
2 pers.	55 $
3 pers.	70 $
4 pers.	90 $
Enfant	15 $

MC

Prix réduits : 1er oct au 31 mai
Ouvert à l'année

Nombre de chambres	5
salle d'eau partagée	1
salle de bain partagée	2

Activités:

5. BAIE-TRINITÉ

F a AV

Antique maison du gardien: ch. à l'étage, resto de fine cuisine dédiée à la mer au R.C. 2e s. de bain à l'ext. Aussi, au bord de la mer, 5 pavillons en bois rond avec s. de bain. Service de petit déj. à la maison du gardien. Excursion en baleinière, pêche, observation baleines, loups marins, musée du Vieux Phare. **Annonce p 115. Maison de campagne p 113.**

De Québec ou du traversier Matane/Godbout, rte 138 est, à droite à l'entrée Pointe-des-Monts, faire 11 km. Pour l'accueil, traverser le pont à pied.

AUBERGE
AUBERGE DU
PHARE DE POINTE-DES-MONTS

Jean-Louis Frenette
Chemin du Vieux Phare
Baie-Trinité G0H 1A0
(418) 939-2332
(418) 589-8408

	B&B	PAM
1 pers.	40 $	69 $
2 pers.	48 $	106 $
3 pers.	56 $	143 $
Enfant	8 $	

Taxes en sus VS MC

Ouvert : 1er juin au 1er oct

Nombre de chambres	9
ch. avec s. de bain privée	5
salle d'eau partagée	1
salle de bain partagée	2

Activités:

6. BERGERONNES

F a R1

De sa verte véranda, **Petite Baleine** berce et cause. Devant, doucement inclinées, les Buttes. La Côte-à-Bouleau où gazouillent morillons et bergeronnettes. Une rivière s'en échappe puis une autre et une autre. Un sourire s'ouvre et invite. De pièce en pièce l'âme respire les parfums d'hier. Un piano. Au lit, une **catalogne** pour rêve. La nappe de soleil effleure le cristal et joue la coquette au bal des confitures où trône «Cendrillon-du-Nord». **Ô Chicoutai**, tu charmes la table des matins d'ici! **Photo p 96.**

Place de l'église.

GÎTE
LA P'TITE BALEINE

Geneviève Ross
50, Principale
Bergeronnes G0T 1G0
(418) 232-6756
(418) 232-6653

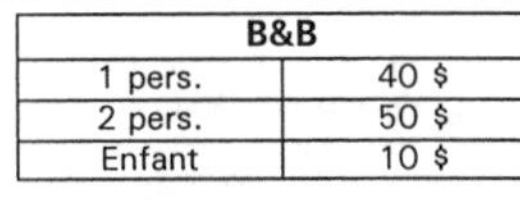

B&B	
1 pers.	40 $
2 pers.	50 $
Enfant	10 $

Prix réduits : mi-oct à mi-mai
Ouvert à l'année

Nombre de chambres	5
ch. avec s. de bain privée	1
ch. avec lavabo	2
ch. au sous-sol	1
salle d'eau partagée	2
salle de bain partagée	2

Activités:

7. BERGERONNES

F A AV

Un vrai séjour au pays des baleines, auberge en granit rose, au coeur du village. Croisières aux baleines, motoneige, kayak de mer, plongée sous-marine. 5 km du Cap Bon-Désir, site d'observation terrestre des baleines. 2 km du centre de la préhistoire. Table d'hôte régionale de 18 h à 22 h. Location de vélos. Forfait baleine : 89 $ p.p.occ. double. Taxes et services en sus.

De Tadoussac, 24 km, rte 138 est. À 0,5 km du kiosque touristique de Bergeronnes, à gauche, suivre indications routières.

AUBERGE
LA ROSEPIERRE

Diane Gagnon
et Richard Bouchard
66, Principale
Bergeronnes G0T 1G0
(418) 232-6543
sans frais 1-888-264-6543
fax (418) 232-6215
rosepierre@mail.fjord-best.com

B&B	
1 pers.	55-65 $
2 pers.	65-75 $
3 pers.	75-85 $
4 pers.	85-95 $
Enfant	10 $

Taxes en sus VS MC IT

Prix réduits : 1er oct au 31 mai
Ouvert à l'année

Nombre de chambres	10
ch. avec s. de bain privée	8
salle de bain partagée	1

Activités:

8. GODBOUT

F A

Séjourner au bord de la mer, près du traversier. Les déjeuners et les heures du bateau s'harmonisent pour mieux vous servir. Dans une ambiance chaleureuse, vous pouvez prendre votre repas du soir dans notre salle à manger «Aux Berges». Calme et beauté du paysage; plages, pêche, excursion en mer. Observation des chutes et des saumons athlètes.

De Québec, rte 138 est jusqu'à Godbout. Situé près du traversier.

AUBERGE
AUX BERGES

Lucie Cordeau et
Eric Deschênes
180, Pascal Comeau
Godbout G0H 1G0
(418) 568-7748
(418) 568-7816
fax (418) 568-7833

B&B	
1 pers.	35 $
2 pers.	45 $
3 pers.	55 $
Enfant	8-15 $

Taxes en sus VS MC IT

Ouvert : 1er mai au 31 oct

Nombre de chambres	3
ch. avec lavabo	3
salle de bain partagée	2

Activités:

9. GODBOUT

F a   R.02

Chaleur d'un foyer, chats qui ronronnent, histoires d'antan, dégustation de Bannick. Ici «les baleines vous regardent déjeuner». Pour vous détendre : musée inuit, kayak de mer, pêche, passe migratoire, prêt de vélo, forfaits croisière disp. Hiver : motoneige, raquette. Venez nous découvrir.

En descendant du traversier Matane-Godbout à droite, à l'arrêt vous y êtes. De Québec, rte 138 est. À Baie-Comeau, à gauche dir. Sept-Îles, faire 58 km. En face du Petit Quai.

GÎTE
LA MAISON DU VIEUX QUAI

Lynda Gauthier
142, rue Pascal Comeau
Godbout G0H 1G0
(418) 568-7453

B&B	
1 pers.	40 $
2 pers.	50 $
3 pers.	60 $
4 pers.	70 $
Enfant	5-10 $

Ouvert à l'année

Nombre de chambres	2
salle d'eau partagée	1
salle de bain partagée	1

Activités: 

10. GRANDES BERGERONNES

F | A | R1 | AV

Maison familiale tranquille recommandée dans un guide français. Confitures maison à volonté. Beaucoup d'informations sur la région. Observation terrestre des baleines. Nombreux centres d'interprétation. Baignade. Au plaisir de vous rencontrer.

À 3 hres de Québec, rte 138 est. À 20 min de Tadoussac et 10 min des Escoumins en provenance de Trois-Pistoles (traversier). En biais avec l'église.

GÎTE
BIENVENUE
CHEZ LES PETIT

Janet H. Petit
et Jean-Claude Petit
56, rue Principale
Bergeronnes G0T 1G0
(418) 232-6338

B&B	
1 pers.	35 $
2 pers.	45 $
3 pers.	60 $
4 pers.	75 $
Enfant	15 $

Prix réduits : oct, nov et déc
Ouvert à l'année

Nombre de chambres	5
ch. avec lavabo	1
salle d'eau partagée	1
salle de bain partagée	2

Activités:

11. LES ESCOUMINS

F | A | AV

«Une étape dans la découverte de la Côte-Nord...» Bons lits, bonne table, (repas sur rés.). Service sur mesure selon votre choix de repos ou d'activités : la mer, la rivière, la forêt. Baleines, saumons, truites sont au rendez-vous. Sites merveilleux pour plongée sous-marine, motoneiges. L'auberge, un relais douillet entre le fleuve et la forêt.

De Tadoussac, rte 138 est, faire 40 km. De Baie-Comeau, rte 138 ouest, faire 150 km. Du traversier Les Escoumins-Trois-Pistoles, faire 2 km.

AUBERGE
AUBERGE DE LA BAIE

Esther Gagné
267, Route 138
Les Escoumins G0T 1K0
(418) 233-2010
sans frais 1-800-287-2010
fax (418) 233-3378

B&B	
1 pers.	45-55 $
2 pers.	50-70 $
3 pers.	60-80 $
4 pers.	70-90 $
Enfant	10 $

Taxes en sus VS MC AM ER

Ouvert à l'année

Nombre de chambres	12
ch. avec s. de bain privée	12
salle d'eau partagée	2

Activités:

12. LES ESCOUMINS

F | A | R4

«Situé à l'orée de la réserve indienne ISSIPIT, venez découvrir la mer, le kayak, la voile, la plongée sous-marine, et en hiver, la pêche blanche, la randonnée en motoneige. Le littoral longe les limites du parc Saguenay-St-Laurent, le premier parc marin au Canada où l'observation des mammifères marins peut être fait de la rive ou en bateau. Matinées et déjeuners tranquilles.»

À 30 km à l'est de Tadoussac (route 138), nous sommes situés aux abords de la réserve ISSIPIT. Suivez les indications pour la réserve et sur le côté gauche de la rte, un pré fleuri vous indique la route. Bienvenue!

GÎTE
GÎTE DES GIROUETTES

Lucie Baillargeon
2, rue Roussel
Les Escoumins G0T 1K0
(418) 233-3297

B&B	
1 pers.	40 $
2 pers.	50 $

Taxes en sus

Ouvert à l'année, 1er nov au 1er mai, sur réservation

Nombre de chambres	3
salle de bain partagée	2

Activités:

13. LES ESCOUMINS

F a R.5

Grande maison située au cœur du village, face au fleuve St-Laurent. Beauté, calme, raffinement. Chambres spacieuses décorées avec soin. Des hôtes attentifs et chaleureux et le lendemain matin, des gâteries, petit déjeuner à volonté. Rés. sur demande pour excursions aux baleines.

De Québec, rte 138 est jusqu'aux Escoumins. Monter jusqu'à l'église, à gauche, 4e maison, volets verts.

GÎTE
LE GÎTE FLEURI

Marianne Roussel
21, de l'Église
Les Escoumins G0T 1K0
(418) 233-3155

B&B	
1 pers.	40 $
2 pers.	50 $
3 pers.	65 $
Enfant	10 $

Ouvert à l'année

Nombre de chambres	4
salle de bain partagée	2

Activités:

14. NATASHQUAN

F a R1

À 20 pieds de la mer, cette auberge vous propose détente, accueil chaleureux et service personnalisé. Visite guidée en minibus, location de vélos, descente de rivières, randonnée, plage. Rendez-vous à Natashquan, l'auberge «Le Port d'Attache» vous y attend.

Route 138 jusqu'à Natashquan.

AUBERGE
LE PORT D'ATTACHE

Nathalie Lapierre et
Magella Landry
70, du Pré
Natashquan G0G 2E0
(418) 726-3569
(418) 726-3440
fax (418) 726-3767

B&B	
1 pers.	50 $
2 pers.	65 $

Taxes en sus VS

Ouvert à l'année

Nombre de chambres	8
salle de bain partagée	3

Activités:

15. SACRÉ-COEUR

F a R1 AV

Hiver comme été, nos coûts incluent : visite de la ferme, cabane à sucre et nos traditions - soins des animaux (bisons, cerfs, chevaux, lapins...) - sentiers pédestres - tennis - piscine - réservations ou informations sur le fjord, les baleines, pêche, équitation, motoneige et sports d'hiver... **Gîte à la ferme p 38, annonce p 114. Chalet p 113.**

De Tadoussac vers Chicoutimi. À 17 km de l'intersection des rtes 138-172 et à 6 km de l'église de Sacré-Cœur. Ou de Chicoutimi-nord, rte 172 sud à droite, 60 mètres avant la halte routière.

GÎTE
FERME 5 ÉTOILES

Imelda et Claude Deschênes
465, Route 172
Sacré-Cœur G0T 1Y0
tel/fax (418) 236-4551
(418) 236-4833

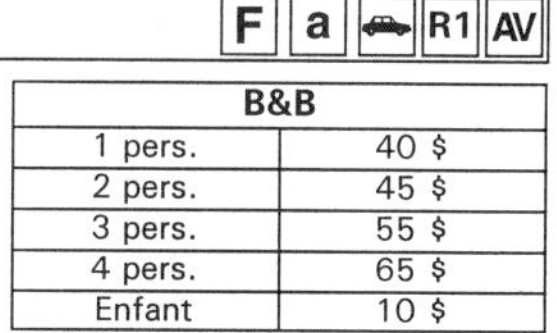

B&B	
1 pers.	40 $
2 pers.	45 $
3 pers.	55 $
4 pers.	65 $
Enfant	10 $

VS MC

Ouvert à l'année

Nombre de chambres	4
ch. avec lavabo	2
salle de bain partagée	2

Activités:

16. SACRÉ-COEUR

F a AV

Maison moderne reconnue pour ses grands espaces, sa propreté, l'accueil et la bonne humeur des gens qui l'habitent. Déjeuner servi dans la grande verrière avec vue sur le lac, les bernaches, les canards et autres animaux de la ferme.

De Tadoussac, rtes 138 est et 172 nord. Ou de Chicoutimi-nord, rte 172 sud. Surveiller notre panneau : Ferme Camil et Ghislaine.

GÎTE
GÎTE GHISLAINE

Ghislaine Gauthier
243, Route 172
Sacré-Coeur G0T 1Y0
(418) 236-4372

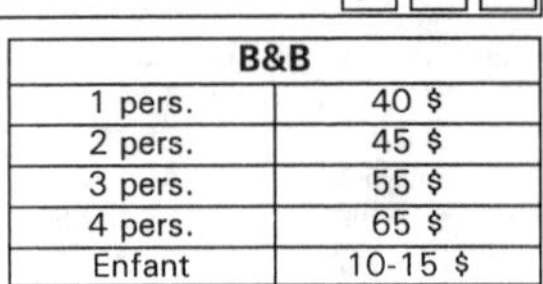

B&B	
1 pers.	40 $
2 pers.	45 $
3 pers.	55 $
4 pers.	65 $
Enfant	10-15 $

Prix réduits : 1er sept au 30 juin
Ouvert à l'année

Nombre de chambres	3
ch. au sous-sol	3
salle de bain partagée	2

Activités:

17. STE-ANNE-DE-PORTNEUF

F R.1 AV

Un accueil attentionné;
Des chambres pour rêver;
Un sommeil bien mérité;
Un copieux déjeuner;
Des légumes frais récoltés;
Une marée à observer;
Une plage où se promener;
Des oiseaux à contempler;
Une forêt enchantée;
Des sentiers à volonté;
Une amitié assurée.
Billets pour croisières. Grand Prix d'Excellence Provincial 94-95.

De Québec, rte 138 est, 288 km et 84 km de Tadoussac. Ou traversier Matane-Baie-Comeau, rte 138 ouest, 135 km. Des Escoumins : 33 km. De Forestville : 17 km.

GÎTE
GÎTE LA NICHÉE

Camille et Joachim Tremblay
46, Principale, route 138
Ste-Anne-de-Portneuf
G0T 1P0
(418) 238-2825

B&B	
1 pers.	35 $
2 pers.	45 $
3 pers.	60 $
Enfant	10 $

VS

Prix réduits : 1er nov au 30 avr
Ouvert à l'année

Nombre de chambres	5
ch. avec lavabo	5
salle d'eau partagée	1
salle de bain partagée	2

Activités:

18. STE-ANNE-DE-PORTNEUF

F a R1 AV

Aller chez Germina c'est comme visiter sa grand-mère. Crêpes, confitures et fous-rires vous y attendent. Venez marcher sur le banc de sable, voir les oiseaux, la marina, les baleines bleues et une maison centenaire au passé coloré du temps du cinéma et de l'épicerie. Bienvenue dans ce pays grand comme le vent, la mer et la forêt.

De Québec, rte 138 est, 288 km. À 4 maisons de l'église. De Tadoussac, 84 km. Des diff. traversiers : des Escoumins : 33 km, de Forestville : 17 km, de Baie-Comeau : 135 km, de Godbout : 189 km, du Havre : 505 km.

GÎTE
LA MAISON FLEURIE

Germina Fournier
193, Route 138, C.P. 40
Ste-Anne-de-Portneuf
G0T 1P0
(418) 238-2153
fax (418) 238-2793

B&B	
1 pers.	35 $
2 pers.	45-50 $
3 pers.	55 $
Enfant	10 $

Ouvert à l'année

Nombre de chambres	3
salle de bain partagée	2

Activités:

19. SEPT-ÎLES

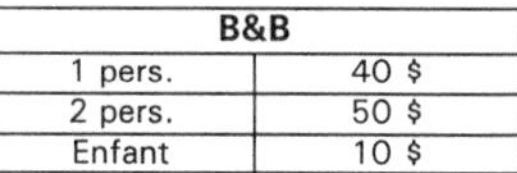

Sept-Îles vous accueille. Maison située à l'entrée de la ville. À proximité: sentiers pédestres près de la mer, piste cyclable et vélo disponible, équitation, sentier de motoneige près de la maison, ski alpin, de randonnée. Grande salle de repos, table de billard. Hospitalité simple et amicale. Déjeuner servi dans une ambiance familiale, confitures maison. Bienvenue!

À Sept-Îles dir. est à gauche, rue Desmeules face à l'info touristique, à droite rue Fiset, 3 coins de rue, rue Thibault.

GÎTE
GÎTE DES ÎLES

Réjeanne et André Lemieux
50, Thibault
Sept-Îles G4S 1M7
(418) 962-6116

B&B	
1 pers.	40 $
2 pers.	50 $
Enfant	10 $

Prix réduits : 1er oct au 31 mai
Ouvert à l'année

Nombre de chambres	2
salle de bain partagée	2

Activités: 

20. TADOUSSAC

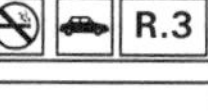

Au pied de la forêt, halte bienfaisante. Vue sur mer. Amitié et disponibilité sont nos règles d'or. **Aucun trafic routier proche**. Pour halte 2-3 ou 4 jours vos hôtes organisent croisières baleines, randonnées, excursions, observation (ours, orignaux, castors), traîneaux à chiens, ski, motoneige. Vente de billets au gîte.

De Québec, rte 138 est. À Tadoussac, 1re rue à droite, à la grande église, tourner à droite, suivre «le bord de l'eau», emprunter 1re rue à droite, au panneau «cul de sac» tourner à gauche sur 100 mètres.

GÎTE
AUX SENTIERS DU FJORD

Elisabeth Mercier
148, Coupe de l'Islet C.P. 398
Tadoussac G0T 2A0
(418) 235-4934
fax (418) 235-4252

B&B	
1 pers.	55 $
2 pers.	60 $
3 pers.	90 $
Enfant	10-15 $

Taxes en sus VS MC

Prix réduits : 15 sept au 15 juin
Ouvert à l'année

Nombre de chambres	5
ch. avec lavabo	5
salle de bain partagée	2

Activités: 

21. TADOUSSAC

F R.1 AV

Chez nous des chambres confortables et intimes. Dans notre verrière, une vue magnifique sur le fleuve St-Laurent et sur le fjord du Saguenay, où à votre réveil, un petit déjeuner buffet vous sera servi. À tout autre moment de la journée, relaxez en harmonie avec la nature. Billets pour croisières.

De Québec, rte 138 est. À la sortie du traversier du Saguenay, faire 0,5 km. À droite rue Des Pionniers, faire 0,3 km, à gauche rue des Forgerons, faire 0,3 km. À droite de la Falaise, 0,1 km.

GÎTE
GÎTE DE LA FALAISE

Émilienne et Fernand Simard
264, de la Falaise
Tadoussac, C.P. 431 G0T 2A0
tel/fax (418) 235-4344

B&B	
1 pers.	45 $
2 pers.	55 $
3 pers.	65 $
4 pers.	75 $
Enfant	10 $

VS MC

Prix réduits : 1er fév au 31 mai, oct, nov
Ouvert : 1er fév au 30 nov

Nombre de chambres	5
ch. avec lavabo	5
ch. au sous-sol	1
salle de bain partagée	2

Activités:

22. TADOUSSAC

F | a | R.5 | AV

Un accueil simple et chaleureux inspirant la détente. Un coin tranquille près des services. Nos copieux petits déjeuners maison vous régaleront. Croisières avec observation des baleines. Grande connaissance des mammifères marins. Billets en vente sur place.

De Québec, rte 138 est. À la sortie du traversier du Saguenay, suivre la rte sur 1,5 km, à droite rue Bois-Franc, 300 pieds, à gauche rue des Bouleaux. Nous vous attendons.

GÎTE
GÎTE DU BOULEAU

Claire-Hélène Boivin et
Jean-Yves Harvey
102, des Bouleaux, C.P. 384
Tadoussac G0T 2A0
tel/fax (418) 235-4601

B&B	
1 pers.	45 $
2 pers.	50-60 $
3 pers.	65 $
4 pers.	85 $

VS MC

Ouvert : 1er avr au 30 nov

Nombre de chambres	5
salle de bain partagée	3

Activités:

23. TADOUSSAC

F | A | R1

Bienvenue, grande maison restaurée, calme, un peu à l'écart du village. Biologiste et guide, nous aimons faire découvrir notre coin de pays. Sentiers, kayak, baleines, ours, castors, oiseaux, bons conseils et billets sur place. L'hiver, traîneau à chiens , ski de fond, motoneige et feu de foyer...

De Québec, en sortant du traversier, 1re rue à droite, la rue des Pionniers, 1 km de l'église, sur la gauche (200 m après le terrain de golf).

GÎTE
GÎTE DU MOULIN BAUDE

Virginie Chadenet et
Charles Breton
381, rue des Pionniers,
C.P. 411
Tadoussac G0T 2A0
(418) 235-4765
vchadenet@mail.fjord-best.com

B&B	
1 pers.	60 $
2 pers.	65-75 $
3 pers.	85-90 $
4 pers.	95-105 $
Enfant	10 $

Prix réduits : 9 sept au 9 juil, ou 3 nuits et plus
Ouvert à l'année

Nombre de chambres	4
ch. avec s. de bain privée	4

Activités:

24. TADOUSSAC

F | a | AV | R.1

Aux abords du fjord du Saguenay, l'Auberge la Maison Gagné vous accueille dans un climat de chaleur et d'intimité. Amoureux de la nature et de décors grandioses, chez nous les quatre saisons vous souhaitent la bienvenue. Au pied d'un des plus beau sentier pédestre de la province et au coeur des mammifères marins, votre séjour se transformera en de précieux souvenirs.

De Québec, rte 138 est. À la sortie du traversier, à gauche vous remarquerez, Auberge la Maison Gagné *(400m.)*

AUBERGE
LA MAISON GAGNÉ

Claire Gagné
139, Bateau-Passeur
Tadoussac G0T 2A0
(418) 235-4526
fax (418) 235-4832

B&B	
1 pers.	59 $
2 pers.	69 $
3 pers.	79 $
4 pers.	89 $
Enfant	10 $

Taxes en sus VS MC ER

Prix réduits : 15 sept au 15 juin
Ouvert à l'année

Nombre de chambres	10
ch. au sous-sol	2
ch. avec s. de bain privée	10

Activités:

25. TADOUSSAC

F a R.1

Vos hôtes partagent avec vous le «rêve devenu réalité». Nichée au sommet du village, dominant le Grand Fleuve, offrant une vue splendide. «Accueil chaleureux et intimité» décrivent bien l'ambiance de la maison. Balcon privé, chambre insonorisée aménagée avec goût et romantisme, lit 60". Mai, juin, sept, oct: week-end seulement.

Du bateau-passeur, rte 138, 1 km. Au milieu de la côte, sous les panneaux de signalisation routière, à gauche et prochaine rue à droite. Surveillez enseigne Harvey Lessard.

GÎTE
LA MAISON HARVEY-LESSARD

Sabine Lessard et Luc Harvey
19, des Forgerons Nord
Tadoussac G0T 2A0
à Tadoussac (418) 235-4802
à Québec (418) 827-5505

B&B	
1 pers.	75-80 $
2 pers.	80-85 $
Enfant	10 $

Prix réduits : mai, juin, sep, oct
Ouvert : 1er mai au 31 oct

Nombre de chambres	3
ch. avec s. de bain privée	3

Activités:

26. TADOUSSAC

F R.1

Nous sommes heureux de vous accueillir dans notre maison. Vu de Tadoussac, le Saguenay est grandiose. Croisières avec observation des baleines. Services d'autobus à 1 km. Bienvenue chez nous.

De Québec, rte 138 est jusqu'au traversier de la rivière Saguenay. En débarquant du traversier, prendre 1re rue à droite.

GÎTE
MAISON FORTIER

Madeleine B. Fortier
176, des Pionniers
Tadoussac G0T 2A0
(418) 235-4215
fax (418) 235-1029

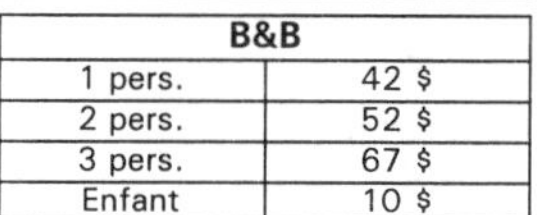

B&B	
1 pers.	42 $
2 pers.	52 $
3 pers.	67 $
Enfant	10 $

Taxes en sus VS

Prix réduits : nov
Ouvert à l'année

Nombre de chambres	5
ch. avec lavabo	5
salle d'eau partagée	1
salle de bain partagée	3

Activités:

27. TADOUSSAC

F A R.4 AV

Au cœur du village de Tadoussac, maison au charme centenaire, confortable et douillette avec vue sur le Saguenay et sur les rives du lac. Chambres à la Maison Gauthier ou dans l'annexe «Les suites de l'Anse» avec salle de bain privée. Petit déjeuner buffet à la Maison Gauthier. Prix exceptionnel hors saison.

De Québec, rte 138 est jusqu'au traversier de la rivière Saguenay à Baie Ste-Catherine. À la sortie du traversier, 250 mètres à gauche, vous y êtes.

AUBERGE
MAISON GAUTHIER ET LES SUITES DE L'ANSE

Lise et Paulin Hovington
159, du Bateau Passeur
Tadoussac G0T 2A0
(418) 235-4525
(514) 671-4656
fax (418) 235-4897
fax (514) 671-7586

B&B	
1 pers.	60 $
2 pers.	60-80 $
3 pers.	85-95 $
4 pers.	100-110 $
Enfant	10-15 $

Taxes en sus VS MC IT

Prix réduits : mai, juin
Ouvert : 1er mai au 30 oct

Nombre de chambres	12
ch. avec s. de bain privée	12

Activités:

28. TADOUSSAC

F A R.4

Maison centenaire, vue sur le fleuve St-Laurent et la rivière Saguenay. Les chambres ont toutes salle de bain privée. Petit déjeuner buffet. Excursions aux baleines. Près des autobus et des restaurants. La famille Hovington est fière de vous accueillir dans sa maison familiale.

De Québec, rte 138 est jusqu'à Baie-Ste-Catherine. Prendre le traversier, à la sortie prendre la 1re rue à droite, rue des Pionniers.

GÎTE
MAISON HOVINGTON

Lise et Paulin Hovington
285, des Pionniers
Tadoussac G0T 2A0
(514) 671-4656
(418) 235-4466
fax (514) 671-7586
fax (418) 235-4897

B&B	
1 pers.	55 $
2 pers.	55-70 $
Enfant	15 $

Taxes en sus VS MC IT

Ouvert : 1er mai au 30 oct

Nombre de chambres	5
ch. avec s. de bain privée	5

Activités:

ESCAPADES À LA FERME

Gîte à la ferme :

29. BAIE-TRINITÉ

F a M11 AV

Près du vieux phare, directement au bord de la plage. 2 magnifiques chalets en bois rond : luxueux, 2 chambres, salle de bain, divan-lit dans salle de séjour, cuisinette complète, T.V. Location à la journée si désirée. Réd. 1/3 du prix sept. et oct. **Annonce p 115. Auberge p 104.**

De Québec, rte 138 est. Surveiller l'entrée de la route Pointe-des-Monts, 4 km avant le village de Baie-Trinité (à l'ouest), suivre une route secondaire qui prend fin directement sur le stationnement du Vieux Phare.

MAISON DE CAMPAGNE
LE GÎTE DU PHARE DE POINTE-DES-MONTS

Jean-Louis Frenette
Chemin du Vieux Phare
de Pointe-des-Monts
Baie-Trinité G0H 1A0
(418) 589-8408
(418) 939-2332

Nbr. maisons	2
Nbr. chambres	2
Nbr. personnes	6
SEM-ÉTÉ	520 $
WE-ÉTÉ	180 $

Taxes en sus VS MC

Prix réduits : 1/3 du prix sept, oct
Ouvert : 1er mai au 31 oct

Activités:

30. LES ESCOUMINS

F a R1 M1

Au bord de la mer, venez apprécier le confort moderne de trois chalets entièrement équipés, qui vous feront vivre une détente au rythme de la nature. Activités : balade sur le bord de la plage, croisières aux baleines, kayak, plongée sous-marine, pêche au saumon, motoneige.

De Québec, rte 138 est jusqu'aux Escoumins. À l'entrée du village, à votre droite face à la Tourbière Lambert, tout près de la station service Pétro-Canada.

MAISON DE CAMPAGNE
LES CHALETS AU BORD DE LA MER

Michelle et Rémi Roy
25, rue des Pilotes, C.P. 373
Les Escoumins G0T 1K0
tel/fax (418) 233-2213

Nbr. maisons	3
Nbr. chambres	2
Nbr. personnes	6
SEM-ÉTÉ	525 $
SEM-HIVER	525 $
WE-ÉTÉ	200 $
WE-HIVER	200 $
JR-ÉTÉ	100 $
JR-HIVER	100 $

Taxes en sus VS MC

Prix réduits : hors saison pour une ou deux personnes
Ouvert à l'année

Activités:

31. SACRÉ-COEUR

F a R1 M6 AV

Hiver comme été : un centre familial où repos et activités se côtoient. Nos coûts incluent : literie, cuisine, T.V., visite et soins des animaux, cabane à sucre, tennis, piscine, sentiers, B.B.Q. Près : Tadoussac et Ste-Rose-du-Nord. Possibilités : fjord et baleines, pêche, équitation, motoneige et sports d'hiver. Réd. hors saison. **Gîte du passant p 107, gîte à la ferme p 38. Annonce p 114.**

De Tadoussac vers Chicoutimi à 17 km de l'intersection des rtes 138-172 et à 6 km de l'église de Sacré-Cœur. Ou de Chicoutimi-nord, rte 172 sud à droite, 60 mètres avant la halte routière.

MAISON DE CAMPAGNE
FERME 5 ÉTOILES

Imelda et Claude Deschênes
465, Route 172
Sacré-Cœur G0T 1Y0
tel/fax (418) 236-4551
(418) 236-4833

Nbr. maisons	9
Nbr. chambres	1-3
Nbr. personnes	2-8
SEM-ÉTÉ	410-1125 $
SEM-HIVER	285-910 $
WE-ÉTÉ	130-370 $
WE-HIVER	90-290 $

VS MC

Prix réduits : 1e sept au 30 juin
Ouvert à l'année

Activités:

voir guide pages 107 et 113

voir pages 104 et 113

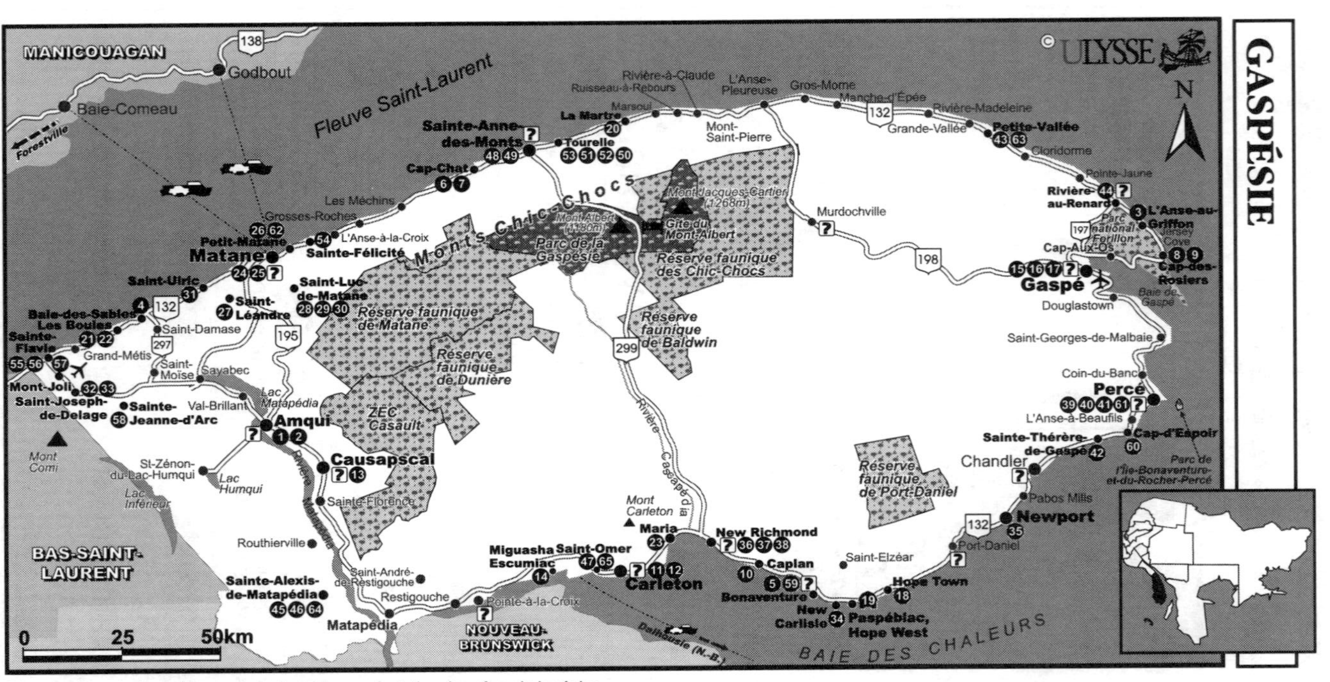

*Les numéros sur la carte correspondent à la numérotation des gîtes de la région

1. AMQUI

F a R4

Maison située sur une ferme d'antan près du lac Matapédia (5 min à pied), plage privée, une halte de repos. Admirez les paysages verdoyants ou colorés. Mi-chemin entre Québec et Percé ou N.-Brunswick. À 4 km: théâtre d'été, pêche, canot, golf, parc avec pistes cyclables et randonnées pédestres. Un déj. copieux fait maison, un accueil amical donnent le goût de revenir.

De Mont-Joli, rte 132 est, surveillez le panneau : «limites de la ville d'Amqui», et faire 2 km. Face au panneau Dixie Lee. De Percé, rte 132 ouest traverser la ville d'Amqui. Après le 2e feux faire 4 km. Voisin

GÎTE
DOMAINE DU LAC MATAPÉDIA

Carmelle et Roland Charest
780, Route 132 Ouest
Amqui G0J 1B0
(418) 629-5004

B&B	
1 pers.	45-50 $
2 pers.	50-55-60 $
3 pers.	70 $
4 pers.	80 $
Enfant	10 $

Prix réduits : oct
Ouvert : 1er juin au 15 oct

Nombre de chambres	5
ch. avec s. de bain privée	1
ch. avec lavabo	4
salle d'eau partagée	1
salle de bain partagée	2

Activités:

2. AMQUI

F a R.5

Amqui vous accueille! Maison située en plein centre-ville. Un paysage magnifique avec aménagement de fleurs et un jardin de légumes variés. À pied des restaurants et activités (tennis, piscine, etc). Hospitalité simple et amicale. Déj. servi dans une ambiance familiale, produits maison. Bienvenue chez-nous.

De Mont-Joli, rte 132 est. À Amqui, à droite à la Gare CN, traverser la voie ferrée, tout droit. De Gaspé, rte 132 ouest, traverser la ville d'Amqui, après le 2e feux continuer et à la voie ferrée, à gauche, et tout droit.

GÎTE
GÎTE DE LA VIEILLE MAISON

Anita et Roland Roy
21, rue Proulx, C.P. 179
Amqui G0J 1B0
(418) 629-8184

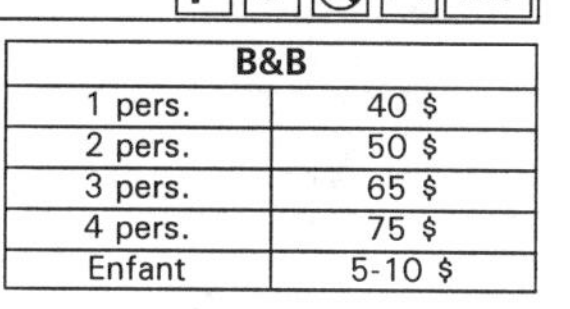

B&B	
1 pers.	40 $
2 pers.	50 $
3 pers.	65 $
4 pers.	75 $
Enfant	5-10 $

Prix réduits : 1er nov au 1er mai, sur réservation
Ouvert à l'année

Nombre de chambres	3
salle d'eau partagée	1
salle de bain partagée	1

Activités:

3. ANSE-AU-GRIFFON

F a R2.5 AV

Maison centenaire située près d'un petit port de pêche en bordure du parc Forillon. Milieu ouvrier accueillant, contacts faciles, endroits de détente, activités intéressantes. Notre objectif : que vous vous sentiez chez vous.

De Québec aut. 20 est rte 132 est jusqu'à Anse-au-Griffon. À l'entrée de Cap-des-Rosiers, sur la droite.

GÎTE
GÎTE FORILLON

Géraldine Gaul
934, boul. Griffon, route 132
Anse-au-Griffon G0E 1A0
(418) 892-5335

B&B	
1 pers.	30 $
2 pers.	45 $
3 pers.	60 $
Enfant	5-10 $

Ouvert : 1er mai au 30 oct

Nombre de chambres	3
salle de bain partagée	2

Activités:

4. BAIE-DES-SABLES

F a R3

Venez vivre au rythme du Sablier. C'est au son des vagues que vous découvrirez les charmes de cette maison centenaire située à quelques km des Jardins de Métis. Et c'est avec plaisir que nous vous recevrons dans cette jolie maison jaune. Aventurier! Deux kayaks de mer sont disponibles.

De Québec, aut 20 est, rte 132 est. 20 km après Sainte-Flavie, à gauche (rue de la Mer). De Gaspé, rte 132 ouest. 20 km après Matane, à droite (rue de la Mer).

GÎTE
LE SABLIER

Stéphane Lévesque
40, rue de la Mer
Baie-des-Sables G0J 1C0
(418) 772-6333
www.bbcanada.com/1143.html

	B&B	PAM
1 pers.	35 $	55 $
2 pers.	50 $	90 $
3 pers.	65 $	125 $
Enfant	10 $	25 $

VS IT

Ouvert : 15 mai au 31 oct

Nombre de chambres	5
salle d'eau partagée	2
salle de bain partagée	2

Activités:

5. BONAVENTURE, THIVIERGE

F R8 AV

Ici, la vie est saine et remplie du plaisir de rencontrer des gens qui aiment partager notre environnement. Si vous cherchez un endroit calme et reposant, nous vous attendons sur notre ferme. Vacances à votre rythme, nombreuses activités touristiques, nous vous raconterons...

De Québec, aut. 20 est, rte 132 est jusqu'à Bonaventure ouest. Prendre la rte Forest (située voisine de l'entrepôt Molson/O'Keefe), et faire 4,5 km, vous êtes à Thivierge, à droite, faire 1 km.

GÎTE

Pauline et Renaud Arsenault
188, Thivierge
Bonaventure G0C 1E0
(418) 534-2697

	B&B
1 pers.	35 $
2 pers.	45 $
Enfant	6-10 $

Ouvert à l'année

Nombre de chambres	4
salle d'eau partagée	1
salle de bain partagée	1

Activités:

6. CAP-CHAT

F A R4 AV

Prix Excellence Gaspésie 1996-97. Viens te joindre à nous, au son de la vague, aux cris des goélands. Vois, de notre plage, les baleines s'y perdre à l'horizon, aux flots dormants. Ferme tes yeux au soleil couchant, tu sentiras vibrer l'âme gaspésienne. Tu pourras visiter le Parc de la Gaspésie et le Centre d'interprétation du vent et de la mer. Repas du soir : gratin aux fruits de mer... un délice.

De Québec, aut. 20 est, rte 132 est jusqu'à Cap-Chat. À l'entrée ouest de Cap-Chat, 3 km de l'éolienne et 2 km du Centre d'interprétation du vent et de la mer, à votre droite.

AUBERGE
AUBERGE «AU CRÉPUSCULE»

Monette Dion et Jean Ouellet
239, Notre-Dame ouest,
route 132
Cap-Chat G0J 1E0
tel/fax (418) 786-5751
www.bbcanada.com/323.html

	B&B	PAM
1 pers.	40 $	55 $
2 pers.	50-55 $	80-85 $
3 pers.	65 $	110 $
4 pers.	80 $	140 $
Enfant	10 $	20-25 $

VS IT

Ouvert à l'année

Nombre de chambres	5
ch. avec lavabo	3
ch. avec s. de bain privée	1
ch. au sous-sol	2
salle de bain partagée	3

Activités:

7. CAP-CHAT

F A R3

Il faut vous arrêter pour goûter la quiétude de notre grande maison victorienne datant de 1904, bien blottie sous les arbres vous ouvrant une fenêtre sur la mer. Des images d'hôtes souriants, de leur accueil chaleureux, d'une nuit reposante et d'un petit déj. buffet exhaltant meubleront vos souvenirs d'un séjour inoubliable.

De Québec, aut. 20 est, rte 132 est jusqu'à Cap-Chat. Avant le pont (en bas de la côte), à droite, rue des Fonds. Tourner à droite à la 2e rue, rue de la Falaise. Garder la droite jusqu'au #4.

AUBERGE

AUBERGE LA BELLE ÉPOQUE

Hélène et Robert Lamarche
4, rue de la Falaise
Cap-Chat G0J 1E0
(418) 786-5476
fax (418) 786-2704

B&B	
1 pers.	50 $
2 pers.	65 $
Enfant	15 $

Taxes en sus VS MC

Ouvert : mi-juin à la mi-sept

Nombre de chambres	6
ch. avec lavabo	5
salle de bain partagée	3

Activités:

8. CAP-DES-ROSIERS, FORILLON

F a R.5

Gîte accueillant, chaleureux près du Parc Forillon où nature et animaux vous enchanteront. Découvrez le plus haut phare du pays et nos croisières (baleines, phoques et oiseaux). Tout en dégustant un copieux petit déjeuner, une vue superbe face à la mer vous éblouira. Bienvenue chez-nous.
Pétales de rose

De Québec, aut. 20 est et rte 132 est jusqu'à Cap-des-Rosiers. De Gaspé, rte 132 jusqu'à Cap-des-Rosiers, situé à 3 km de l'entrée du secteur Nord du Parc Forillon.

GÎTE

AUX PÉTALES DE ROSE

Alvine Lebrun
1184, Cap-des-Rosiers
Gaspé G0E 1E0
(418) 892-5031

B&B	
1 pers.	40 $
2 pers.	55 $
3 pers.	70 $
Enfants	10 $

Prix réduits : 15 mai au 15 juin, 1er oct au 31 oct
Ouvert : 15 mai au 31 oct

Nombre de chambres	5
ch. au sous-sol	2
salle de bain partagée	2

Activités:

9. CAP-DES-ROSIERS, FORILLON

F a R.2

Gîte enchanteur situé à la naissance du Parc Forillon. Découvrez la nature dans toute sa splendeur. Maison chaleureuse, bercée par le ressac des vagues, les montagnes sous la garde du plus haut phare du Canada. Les yeux ébahis, un seul souhait dans votre cœur : y revenir. Copieux petit déj. maison! Au coeur de toutes les activités du Parc.

De Québec, aut. 20 est, rte 132 est jusqu'à Cap-des-Rosiers. Face au phare. Ou de Gaspé, rte 132, 40 km vers Caps-des-Rosiers.

GÎTE

LE GÎTE DES ROSIERS

Rita Fortin
1326, boul. Rosier, route 132
Cap-des-Rosiers, Gaspé
G0E 1E0
(418) 892-5575

B&B	
1 pers.	45 $
2 pers.	50 $

Ouvert : 1er mai au 1er nov

Nombre de chambres	2
salle de bain partagée	1

Activités:

10. CAPLAN

F A R1 AV

En retrait de la route, située entre Bonaventure et Carleton, une auberge au décor champêtre. Ici et là : sentiers, plage, jardins fleuris, mangeoires d'oiseaux, lapins, chèvres, poules, chevaux. À 10 min : musée acadien, équitation, canots d'aventure, golf, pêche. Forfaits 3 jrs +. Attraits : grotte (spéléologie), musée fossilifère. Boîte à lunch sur demande. Déj. copieux : fruits frais, sirop d'érable, produits de la ferme.

Au cœur de la Baie-des-Chaleurs. De Percé, rte 132, surveiller le panneau «Municipalité de Caplan» après le pont, 3 km. À Caplan côté ouest, faire 1,5 km après l'église.

GÎTE
AUBERGE DE LA FERME

Rose-Aline Landry et
Jocelyn Brière
185, boul. Perron Est
Caplan G0C 1H0
(418) 388-5603
(418) 388-9911
fax (418) 388-2366

B&B	
1 pers.	30-40 $
2 pers.	50 $
3 pers.	60 $
4 pers.	80 $
Enfant	10 $

VS IT

Prix réduits : 1er oct au 1er juin
Ouvert à l'année

Nombre de chambres	5
salle d'eau partagée	1
salle de bain partagée	2

Activités:

11. CARLETON

F a AV

Située au centre-ville, au cœur des activités. Nous pouvons accueillir jusqu'à 16 personnes. L'heure du thé à 16 heures. Vous voyagez par train ou autobus nous nous ferons un plaisir d'aller à votre rencontre. Service de buanderie et bicyclettes sans frais. Forfaits disponibles. Chaque saison est à découvrir. Déjeuner copieux.

De Ste-Flavie, rte 132 est. En entrant à Carleton, à droite au 1er feux de circulation, rte du quai. De Percé, en entrant à Carleton, à gauche au 2e feux de circulation, rte du quai. À l'angle de la rte 132 et de la rte du quai.

AUBERGE
AUBERGE LA VISITE SURPRISE

Lise Leblanc et
Isabelle Quinn
527, boul. Perron, C.P. 293
Carleton G0C 1J0
(418) 364-6553
sans frais 1-800-463-7740
fax (418) 364-6890

B&B	
1 pers.	35 $
2 pers.	48 $
3 pers.	60 $
4 pers.	72$
Enfant	5-12 $

Taxes en sus VS MC ER

Prix réduits : 1er oct au 30 juin
Ouvert à l'année

Nombre de chambres	7
ch. au sous-sol	4
ch. avec lavabo	5
salle de bain partagée	3

Activités:

12. CARLETON

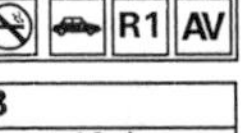

Deux acadiens vous accueillent dans leur maison style canadien en pierre de granite. Chambres spacieuses, décor champêtre. Grande véranda avec vue sur le Mont St-Joseph qui est situé à quelques km du gîte. Maison ouverte aux enfants. À proximité du terrain de jeux, plage, sentiers pédestres, tours d'observation d'oiseaux marins. 25 km du Parc de Miguasha.

De Québec, aut. 20 est, rte 132 est. À l'entrée de Carleton, voisin de «Optique Chaleurs». Entrée rue des Érables, 1re maison à droite. Ou de Percé, de l'église, faire 3 km, voisin du Motel l'Abri.

GÎTE
GÎTE LES LEBLANC

Jocelyne et Rosaire LeBlanc
346, boul. Perron Ouest
Carleton G0C 1J0
(418) 364-7601
(418) 364-3208
fax (418) 364-6333

B&B	
1 pers.	40 $
2 pers.	50 $
3 pers.	60 $
4 pers.	70 $
Enfant	10 $

VS MC

Ouvert : 1er mai au 31 oct

Nombre de chambres	4
ch. avec lavabo	2
salle de bain partagée	2

Activités:

13. CAUSAPSCAL

F R.2

Gîte situé en plein centre du village de Causapscal. Venez vous reposer dans un décor typique de la vallée de la Matapédia. C'est tout comme si vous étiez dans un village suisse. Profitez de la vue sur la rivière Matapédia d'où vous verrez les pêcheurs taquiner le saumon. Une halte où il fait bon s'arrêter!

Dir. ouest : rte 132, rue d'Anjou (1ère rue à droite après les feux) à gauche rue Belzile. Dir. est : rte 132, rue d'Anjou (voisin de la caisse populaire), à gauche, rue Belzile.

GÎTE
LE GÎTE DE LA VALLÉE

Gilberte Barriault
71, rue Belzile
Causapscal G0J 1J0
(418) 756-5226
(418) 756-3072

B&B	
1 pers.	35 $
2 pers.	45 $
3 pers.	60 $
Enfant	10 $

Prix réduits : 1er nov au 30 avr
Ouvert : 16 jan au 14 déc

Nombre de chambres	3
salle de bain partagée	1

Activités:

14. ESCUMINAC, MIGUASHA

F A R5 AV

Wanta-Qo-Tí, une expérience qui porte son nom : «sérénité». Entre les falaises rouges de Miguasha et la Baie des Chaleurs, ancienne ferme donnant sur la mer. Découvrez notre coin enchanteur. À 2 pas du Parc de Miguasha, du traversier aux îles-de-la-Madeleine, du centre de ski.

De Carleton, rte 132 ouest jusqu'à Nouvelle, dir. traversier Miguasha-Dalhousie. Au traversier à droite rte Miguasha qui devient Pte-à-Fleurant, 3,2 km. Ou de Matapédia, rte 132 est jusqu'à Escuminac. À droite enseigne Parc Miguasha, 6,2 km.

AUBERGE
AUBERGE WANTA-QO-TÍ

Bruce Wafer
77, chemin Pointe-Fleurant
Escuminac G0C 1N0
tel/fax (418) 788-5686
www.bbcanada.com/595.html

B&B	
1 pers.	40-43 $
2 pers.	57-66 $
3 pers.	81 $
4 pers.	96 $
Enfant	0-12 $

Taxes en sus VS MC IT

Prix réduits : 15 sept au 15 juin
Ouvert à l'année

Nombre de chambres	8
ch. avec s. de bain privée	4
salle de bain partagée	2

Activités:

15. GASPÉ

F a R1

À proximité du Parc Forillon, le gîte Baie Jolie vous accueille à Gaspé, berceau du Canada. La baie de Gaspé ravira votre regard. Redécouvrez l'histoire au Musée de la Gaspésie. De nombreuses activités touristiques vous seront suggérées. Hôtes et maison des plus accueillants. Un sourire vous attend. Copieux petits déjeuners.

De Québec, aut. 20 est, rte 132 est. Au pont de Gaspé, ne pas prendre ce dernier, continuer tout droit, faire 1,5 km en longeant la baie. Route 198 ouest, coin rue Boulay. Ou de Percé, rte 132 ouest, après le pont de Gaspé, à gauche et faire 1,5 km. Route 198 ouest.

GÎTE
GÎTE BAIE JOLIE

Blanche A. Blanchette et
Roland Fortin
270, Montée Wakeham
C.P. 1413
Gaspé G0C 1R0
(418) 368-2149

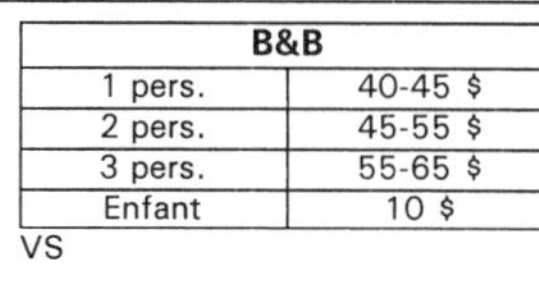

B&B	
1 pers.	40-45 $
2 pers.	45-55 $
3 pers.	55-65 $
Enfant	10 $

VS

Prix réduits : mai et oct
Ouvert : 1er mai au 31 oct

Nombre de chambres	4
ch. avec s. de bain privée	1
ch. avec lavabo	3
ch. au sous-sol	1
salle de bain partagée	1

Activités:

16. GASPÉ

F A R1 AV

Située près du Parc national Forillon. À 5 min à pied de tous les services. Cette maison canadienne saura vous satisfaire grâce à l'accueil de ses hôtes, à la propreté des lieux, à son confort et à sa tranquillité. Un enseignant vous donnera un cours magistral de 10 min sur ce qu'il y a à voir dans notre belle région... Petit déj. complet. À bientôt!

Rtes 132 ou 198 jusqu'à Gaspé. Rue Jacques-Cartier ou rue de la Reine jusqu'à la cathédrale où vis-à-vis le clocher, la rue Mgr Leblanc prend naissance.

GÎTE

GÎTE «LA CANADIENNE»

Hélène Pelletier
et Denis Bériault
201, Mgr. Leblanc
Gaspé G0C 1R0
tel/fax (418) 368-3806

B&B	
1 pers.	45 $
2 pers.	55 $
3 pers.	65 $
4 pers.	75 $
Enfant	10 $

VS

Ouvert : 1er mai au 31 août

Nombre de chambres	5
ch. avec s. de bain privée	5
ch. au sous-sol	5

Activités:

17. GASPÉ

F A R.01

À moins de 30 min du Parc Forillon, au centre-ville, maison de 3 étages, presque centenaire avec magnifique vue sur la baie de Gaspé. À pied des restaurants et activités (musée, promenade, cathédrale, marina). Chambres accueillantes et salle de séjour, décor d'époque et ambiance sont au rendez-vous. Petits déjeuners raffinés au son d'une douce musique.

De Percé, après le pont, continuer droit aux 1er feux de circulation. De Forillon, à droite aux 1er feux de circulation. De Murdochville, à gauche aux 1er feux de circulation. Pour tous, tourner à gauche aux 2e feux et avancer de 100 mètres.

GÎTE

LES PETITS MATINS
COUETTE-CAFÉ

Noëlline Couture et
Guy Papillon
129, de la Reine, C.P. 331
Gaspé G0C 1R0
(418) 368-1370

B&B	
1 pers.	50-60 $
2 pers.	50-60 $
3 pers.	75 $

VS MC

Ouvert à l'année

Nombre de chambres	3
ch. avec lavabo	1
salle d'eau partagée	1
salle de bain partagée	1

Activités:

18. HOPE TOWN, PASPÉBIAC

F A R6 AV

Une invitation à vous joindre à nous dans le confort de notre foyer, où un séjour inoubliable vous attend, dans notre belle et grande maison typiquement gaspésienne, face à la mer. Notre domaine de 30 hectares ainsi que la randonnée jusqu'à la cabane au Canada aux abords d'une rivière à saumon, vous restera en mémoire longtemps. Grand prix d'Excellence Provincial 1995-96.

De Québec, aut. 20 est, route 132 est jusqu'à Hopetown. À 4 km de «Automobiles Roland Roussy» tourner à gauche. Ou de Percé, rte 132 ouest jusqu'à Hopetown.

GÎTE

LA CLÉ DES CHAMPS

Jo-Anne Guimond et
Bernard Gauthier
254, Route 132
Hope Town, Paspébiac
G0C 2K0
(418) 752-3113
sans frais 1-800-693-3113

B&B	
1 pers.	40 $
2 pers.	50 $
3 pers.	65 $
4 pers.	75 $
Enfant	10 $

Ouvert à l'année

Nombre de chambres	3
salle d'eau partagée	1
salle de bain partagée	1

Activités:

19. HOPE WEST, PASPÉBIAC

f A R3 AV

Bienvenue à notre ferme d'élevage. Laissez-nous vous réveiller par l'arôme du café frais, des pâtisseries fraîches, comme nos brioches à la cannelle. L'anglais et le français sont parlés dans notre famille et dans le village. Plage et terrain de jeux à 5 min à pied. **Gîte à la ferme p 38.**

De l'ouest par la rte 132, entre Paspébiac et Hopetown, 200 km à l'est de Matapédia. De l'est, par la rte 132, entre Hopetown et Paspébiac, 117 km à l'ouest de Percé.

GÎTE
LA FERME MACDALE

Anne et Gordon MacWhirter
365, Route 132
Hope West, Paspébiac
G0C 2K0
(418) 752-5270
agmacwhirter@hotmail.com

B&B	
1 pers.	40 $
2 pers.	45 $
3 pers.	65 $
4 pers.	85 $
Enfant	10 $

Ouvert à l'année

Nombre de chambres	5
ch. avec lavabo	1
ch. avec s. de bain privée	1
salle d'eau partagée	2
salle de bain partagée	1

Activités:

20. LA MARTRE

F A R1

À l'écart des bruits de la 132, riante demeure ancestrale, perchée sur une colline dominant le fleuve St-Laurent et le pittoresque village de La Martre. Phare, centre d'interprétation, fouilles archéologiques, plage, sentiers, randonnées en forêt, pavillon disponible pour méditation et pique-nique. Près Parc de la Gaspésie. Piste motoneige à 1 km. Parlons allemand.

De Montréal ou Québec, aut. 20 est et rte 132 est. 25 km à l'est de Ste-Anne-des-Monts, 25 km à l'ouest de Mont St-Pierre. Au phare, rue de l'Église, à droite rue des Écoliers, 300 mètres.

GÎTE
GÎTE L'ÉCUME DE MER

Andréa Neu
21, rue des Écoliers
La Martre G0E 2H0
tel/fax (418) 288-5274
ecmer@globetrotter.qc.ca

B&B	
1 pers.	40 $
2 pers.	50 $
3 pers.	60 $
Enfant	0-10 $

Prix réduits : 10 %, pour 3 nuits et plus
Ouvert : 2 jan au 15 oct

Nombre de chambres	4
salle de bain partagée	2

Activités:

21. LES BOULES

F A

– Maman c'est quoi un bouquin couette? – C'est une auberge où il y a beaucoup de livres et de belles chambres avec de bonnes couettes. Située à deux pas de Métis/Mer, à l'écart de la 132, juste au bord de la mer. La cuisine est saine et savoureuse, l'ambiance européenne, avec beaucoup de bonne humeur. – On y va?
Forfait Jardins de Métis. Kayak. Chambres familiales dans le pavillon voisin.

À l'entrée de la Gaspésie, 35 km avant Matane, 10 km après les Jardins de Métis, prenez à gauche la rte de Métis-sur-Mer, faire 6 km, face à l'église, au bord du fleuve.

AUBERGE
AUBERGE DU GRAND FLEUVE

Marie Fradette et Raynald Pay
47, Pricipale
Les Boules G0J 1S0
tel/fax (418) 936-3332

B&B	
1 pers.	40 $
2 pers.	50-60-70 $
3 pers.	70-80 $
4 pers.	80-90 $
Enfant	5 $

Taxes en sus VS MC

Ouvert : 1er mai au 31 oct

Nombre de chambres	9
ch. avec lavabo	3
ch. avec s. de bain privée	6
salle d'eau partagée	2
salle de bain partagée	2

Activités: 

22. LES BOULES

F A AV

Ouvert à l'année. Situé à proximité des Jardins de Métis, l'auberge est licenciée et offre une fine cuisine. Choisissez la beauté de la nature et le calme champêtre. L'accueil est chaleureux et les déjeuners copieux. Rencontrez l'aubergiste, ses contes et ses activités. Forfaits disponibles.

Entre Rimouski et Matane en suivant la rte 132, à 10 km des Jardins de Métis, après le panneau touristique bleu, vers l'intérieur des terres par la rte McNider, faire 4 km jusqu'au 5e rang, tournez-y jusqu'à l'auberge au toit rouge.

AUBERGE
L'AUBERGE
«UNE FERME EN GASPÉSIE»

Pierre Dufort
1175, 5e Rang
Les Boules G0J 1S0
tel/fax (418) 936-3544

B&B	
1 pers.	35-40 $
2 pers.	55-60 $
3 pers.	65-70 $
4 pers.	75-80 $
Enfant	10 $

Taxes en sus VS MC

Prix réduits : 1er sept au 1er juillet
Ouvert à l'année

Nombre de chambres	6
salle de bain partagée	3

Activités:

23. MARIA

F a R8 AV

L'ambiance champêtre d'une ferme centenaire à l'écart du trafic. 55 acres de nature et de paix, une magnifique rivière aux eaux cristallines. À 10 min de la mer. Sentiers de marche et de vélo. Un grand potager bio. Animaux de ferme. Un endroit chaleureux en toute simplicité.

15 km de Carleton. À Maria, à gauche rue des Geais, 1re rue à l'est de l'hôpital, 3 km jusqu'au 2e rang, à gauche 200 m., à droite sur rte Francis Cyr, 5 km dont 3 km sur chemin de terre. 8 km de la 132.

GÎTE
LA VIEILLE FERME

Carole Gauthier
et Daniel Jacques
750, Deschênes
Maria G0C 1Y0
(418) 759-3042

B&B	
1 pers.	35 $
2 pers.	50 $
Enfant	15 $

Ouvert : juillet et août,
sur réservation les autres mois

Nombre de chambres	4
salle d'eau partagée	1
salle de bain partagée	1

Activités:

24. MATANE

F A R.1 AV

Ancien site de la Seigneurie Fraser au confluent de la rivière Matane et du fleuve St-Laurent. Profitez de la tranquillité et de l'air du fleuve, à proximité du centre-ville de Matane. Atmosphère chaleureuse et confortable. Lavabo dans chaque chambre. Gîte non-fumeur. Prix Excellence Gaspésie 1994-95.

De Québec, aut. 20 est, rte 132 est. À Matane, avenue du Phare, après «Tim Horton», à droite rue Druillette, au 148, accueil et stationnement.

AUBERGE
AUBERGE LA SEIGNEURIE

Famille Bouffard
621, rue St-Jérôme, C.P. 7
Matane G4W 3M9
(418) 562-0021
fax (418) 562-4455

B&B	
1 pers.	40-50 $
2 pers.	60-70 $
3 pers.	75-85 $
4 pers.	90-100 $
Enfant	10 $

Taxes en sus VISA MasterCARD

Prix réduits : 15 sept au 15 juin
Ouvert à l'année

Nombre de chambres	10
ch. avec lavabo	9
ch. avec s. de bain privée	1
salle d'eau partagée	1
salle de bain partagée	2

Activités:

25. MATANE

F a R1 AV

Ce gîte, en bordure de la mer offre une vue exceptionnelle. On y observe de nombreux oiseaux marins et des phoques à l'occasion. Vos hôtes-musiciens vous offrent un petit déjeuner raffiné bercé d'une douce musique. Excellent restaurant à proximité. À 1 km du centre-ville et du traversier.

À Matane sur la route 132, deuxième maison à l'ouest du phare (info. touristique de Matane).

GÎTE
GÎTE DU PHARE

Josée Landry et
Gilles Blais
984, du Phare Ouest
Matane G4W 3M6
(418) 562-6606
(418) 566-6810
fax (418) 562-8876

B&B	
1 pers.	35-45 $
2 pers.	50 $
3 pers.	65 $
4 pers.	80 $
Enfant	0-15 $

VS MC

Ouvert à l'année

Nombre de chambres	4
ch. avec lavabo	2
salle de bain partagée	2

Activités:

26. MATANE, PETIT-MATANE

F a R2 AV

Au bord de la mer, une halte de repos à découvrir. Maison typiquement gaspésienne, un lieu confortable pour relaxer dans un spa (bain tourbillon) aménagé dans une verrière avec vue sur la mer. Détendez-vous en admirant un coucher de soleil plongeant dans le fleuve ou en bénéficiant de l'air salin lors de vos promenades sur le bord de la rive. Sur réservation offrons sur place forfait santé et hébergement avec soin en massothérapie.

À 2 km à l'est de Matane, quitter la rte 132 et prendre à gauche la rte «chemin de la Grève», longer le bord de mer. Près de l'église, faire environ 0,3 km.

GÎTE
LE CHANT DES MARÉES

Marie-Louise Marchand
633, chemin de la Grève,
C.P. 169
Petit-Matane G0J 1Y0
(418) 562-9552

B&B	
1 pers.	35-45 $
2 pers.	50-60 $
3 pers.	65 $
4 pers.	80 $
Enfant	0-15 $

Prix réduits : sur réservation du 1er oct au 15 juin
Ouvert à l'année

Nombre de chambres	3
salle d'eau partagée	2
salle de bain partagée	1

Activités:

27. MATANE, ST-LÉANDRE

F A R15 AV

Ancré dans le silence du haut-pays, notre gîte vous convie à la poésie d'un séjour à la montagne. Charmante demeure où boiseries et meubles anciens vous parleront d'hier, délicieux moments au coin de l'âtre et déjeuners gourmands. 100 acres de forêt, excursion avec Golden-Retreiver. Très bon resto à 15 min. Prix régional "accueil" 97.

À 10 min de la mer. Rte 132, entre Ste-Flavie et Matane, à St-Ulric dir. sud vers St-Léandre. Suivre les panneaux touristiques bleus du gîte.

GÎTE
LE JARDIN DE GIVRE

Ginette Couture,
Gérald Tremblay,
Anaïs et Géraldine
3263, route du Peintre
St-Léandre G0J 2V0
tel/fax (418) 737-4411
jelandry@quebectel.com

B&B	
1 pers.	40-60 $
2 pers.	50-55-60 $
3 pers.	65 $
4 pers.	80 $
Enfant	0-10 $

VS

Ouvert à l'année

Nombre de chambres	5
ch. avec s. de bain privée	1
salle de bain partagée	2

Activités:

28. MATANE, ST-LUC

F a R4 AV

Loin du bruit, à 5 min de la ville et du traversier, participez à une chasse au trésor dans le boisé, arpentez La Promenade des Capitaines, découvrez la passe migratoire, prenez part au Festival de la Crevette ou en sirotant un breuvage, écoutez Guy vous raconter l'histoire de la montée du saumon. Équitation, traîneau à chiens, ski à 5 min. Sur place vélos adultes et enfants à votre usage. Au petit déjeuner dégustation des produits de l'érable.

À Matane, face au Jean Coutu à gauche boul. Jacques Cartier. Aux feux à gauche ave. St-Rédempteur, faire 7 km.

GÎTE
GÎTE DES SOUS-BOIS

Raymonde et Guy Fortin
26, chemin Lebel
St-Luc-de-Matane G0J 2X0
(418) 562-4834

B&B	
1 pers.	35 $
2 pers.	50 $
3 pers.	70 $
4 pers.	80 $
Enfant	10 $

Prix réduits : 30 oct au 30 avr
Ouvert à l'année

Nombre de chambres	3
salle de bain partagée	2

Activités:

29. MATANE, ST-LUC

F A R8 AV

Situé au coeur du village de St-Luc à 10 min du traversier de Matane. Endroit idéal pour randonnées pédestres dans une érablière aux multiples couleurs. Étang de castors que l'on peut admirer au travail sans oublier la parc de Matane où l'on peut observer les orignaux, pêcher et contempler la nature.

Arrivant à Matane, route 132 face à Jean Coutu, boul. Jacques Cartier jusqu'aux feux, Ave St-Rédempteur à gauche faire 8 km. Au centre du village de St-Luc, rue Noël après la rue de l'Église.

GÎTE
LE LOVÉ DU PIONNIER

Michel St-Gelais
1, rue Noël, C.P. 97
St-Luc-de-Matane G0J 2X0
tel/fax (418) 562-6238

B&B	
1 pers.	30 $
2 pers.	45 $
3 pers.	60 $
4 pers.	75 $
Enfant	5-10 $

VS MC

Prix réduits : 1er oct au 31 mai
Ouvert à l'année

Nombre de chambres	4
salle d'eau partagée	1
salle de bain partagée	2

Activités:

30. MATANE, ST-LUC

F A R8 AV

Situé à 200 m d'altitude, à l'écart des bruits de la rte 132. À 5 min de Matane. Vue imprenable sur le fleuve St-Laurent et la région matanaise. Couchers de soleil exceptionnels! Maison de grande qualité, bain thérapeutique, déj. copieux, accueil chaleureux, café européen. Près de la passe migratoire des saumons, traverse Matane/ Baie-Comeau. À 300 m. de la piste de motoneige. Sports d'hiver à proximité. Visite érablière 15 km.

À Matane, face au Jean-Coutu, boul Jacques-Cartier jusqu'aux feux, ave St-Rédempteur, tourner vers St-Luc faire env. 7 km. Surveiller panneau bleu «Le Panorama» 1 km.

GÎTE
LE PANORAMA

Marie-Jeanne et Hector Fortin
23, chemin Lebel
St-Luc-de-Matane G0J 2X0
tel/fax (418) 562-1100

B&B	
1 pers.	35 $
2 pers.	50 $
3 pers.	70 $
4 pers.	80 $
Enfant	10 $

VS

Ouvert à l'année

Nombre de chambres	3
ch. au demi sous-sol	1
salle de bain partagée	2

Activités: 

31. MATANE, ST-ULRIC

F a R5

À Matane, regardez les pêcheurs à l'œuvre, faites provision de crevettes, visitez la passe migratoire de saumon. À St-Ulric, respirez l'air pur du fleuve, observez les superbes couchers de soleil et les éoliennes uniques au Canada. Venez déguster nos confitures maison et admirer notre magnifique potager fleuri, différent chaque année (lauréat à plusieurs reprises). Chambres avec lavabos. Bienvenue à tous.

De Montréal, aut. 20 est, rte 132 est. C'est à 45 km à l'est de Ste-Flavie et à 18 km à l'ouest de Matane. Ou de Gaspé, rte 132 nord. À Matane, faire 18 km sur la rte 132.

GÎTE
CHEZ NICOLE

Nicole et René Dubé
3371, Route 132
Matane
St-Ulric Ouest G0J 3H0
tel/fax (418) 737-4896

B&B	
1 pers.	30 $
2 pers.	40-45 $
3 pers.	50 $
4 pers.	60 $
Enfant	10 $

Ouvert à l'année

Nombre de chambres	3
ch. avec lavabo	3
salle d'eau partagée	1
salle de bain partagée	1

Activités:

32. MONT-JOLI, ST-JOSEPH-DE-LEPAGE

F a R2 AV

Nous vous offrons une vue magnifique sur le fleuve car nous sommes situés sur un plateau à 2 km de Mont-Joli et à 7 km de Ste-Flavie. Les Jardins de Métis, le C.I.S.A. et les bons restaurants sont à quelques minutes. Centre de ski tout près. Nous vous attendons avec nos copieux déjeuners et notre musique folklorique (accordéon).

De Québec, aut. 20 est, rte 132 est. Faire 2 km de Mont-Joli. Ou de la vallée de la Matapédia, le gîte est situé avant Mont-Joli, à 5 min du centre d'achat.

GÎTE
GÎTE BELLEVUE

Nicole et Émilien Cimon
2332, rue Principale,
route 132
Mont-Joli G5H 3N6
(418) 775-2402

B&B	
1 pers.	35 $
2 pers.	45-50 $
3 pers.	65 $
4 pers.	75 $
Enfant	10 $

Prix réduits : 1er déc au 31 mai
Ouvert à l'année

Nombre de chambres	3
salle de bain partagée	2

Activités:

33. MONT-JOLI, ST-JOSEPH-DE-LEPAGE

F

Venez partager le calme de la campagne et l'histoire de la première école de rang de chez nous, sans trop vous éloigner de votre itinéraire. Accueil chaleureux et vue splendide sur le fleuve à partir des collines. Vous savourerez des couchers de soleil grandioses dans un décor et une atmosphère uniques.

De Québec, aut. 20 est, rte 132 est. À Ste-Flavie, dir. 132 est vers Mont-Joli. Faire 7 km jusqu'à Saint-Joseph-de-Lepage, à droite avant l'église, 2e maison à droite.

GÎTE
GÎTE DE LA VIEILLE ÉCOLE

Jeannine Migneault
90, du Lac
Mont-Joli,
St-Joseph-de-Lepage G5H 3P2
(418) 775-3504

B&B	
1 pers.	35 $
2 pers.	45 $
3 pers.	55 $
4 pers.	65 $
Enfant	8 $

Ouvert : 1er juin au 1er oct

Nombre de chambres	2
salle de bain partagée	1

Activités: 

34. NEW CARLISLE

F A R1

Un séjour enchanteur dans une véritable ambiance d'époque. Belle villa d'antan (1844) restaurée au cœur de notre pittoresque village colonial. En retrait de la rue, l'histoire, le calme et le repos vous attendent. Jardins anglais et sentiers boisés. Salon d'art. Visite commentée en soirée. Déjeuner ancestral. À prox. : plage, cinéma, tennis, cavernes, spa.

De Québec, aut. 20 est, rte 132 est jusqu'à New Carlisle, village colonial au coeur de la Baie-des-Chaleurs. Environ 150 km de Matapédia/ Campbellton (N.B.) et 125 km à l'ouest de Percé.

AUBERGE
LA MAISON DU JUGE THOMPSON

Judy et Normand Desjardins
105, rue Principale, C.P. 754
New Carlisle G0C 1Z0
(418) 752-6308
(418) 752-5744

B&B	
1 pers.	50-55 $
2 pers.	60-70 $
3 pers.	80-85 $
4 pers.	85-90 $
Enfant	10 $

VS

Ouvert : juillet, août

Nombre de chambres	6
ch. avec s. de bain privée	3
salle d'eau partagée	1
salle de bain partagée	2

Activités:

35. NEWPORT

F a R.4 AV

Un gîte à découvrir! Ancien domaine d'un riche marchand s'étalant sur la plus belle plage du canton. Charme du passé, décor enchanteur et confort douillet. Le petit déjeuner un régal! Site idéal pour long séjour car niché entre Percé et Bonaventure. L'endroit rêvé pour la quiétude de vos nuits et la découverte de vos jours. Un doux souvenir! **Annonce p 136.**

De Québec, aut. 20 est, rte 132 est jusqu'à Newport, à 1 km à l'ouest de l'église. Maison au bord de la mer, face à l'halte routière.

GÎTE
AUBERGE LES DEUX ÎLOTS

Guylaine Michel
et André Lambert
207, Route 132, C.P. 223
Newport G0C 2A0
(418) 777-2801
(418) 777-2722
fax (418) 777-4719

B&B	
1 pers.	40-50 $
2 pers.	50-60 $
3 pers.	75 $
4 pers.	90 $
Enfant	5-10 $

Taxes en sus VS

Prix réduits : 1er sept au 30 juin
Ouvert à l'année

Nombre de chambres	5
ch. avec s. de bain privée	2
salle d'eau partagée	1
salle de bain partagée	1

Activités: 

36. NEW RICHMOND

F A R1 AV

Maison située dans une nature aux accents sauvages sur le bord de la Baie-des-Chaleurs. Jardins fleuris, sentiers boisés, accès à la plage vous invitent à vous détendre dans ce décor de grand calme.

De Québec, aut. 20 est, rte 132 est jusqu'à New Richmond. À l'intersection de la rte 299 à droite, faire 3,5 km, rue de la Plage à votre droite. Ou de Percé, à l'intersection de la rte 299, à gauche.

GÎTE
GÎTE «LES BOULEAUX»

Patricia Fallu et
Charles Gauthier
142, de la Plage, C.P. 796
New Richmond G0C 2B0
(418) 392-4111
fax (418) 392-6048

B&B	
1 pers.	35 $
2 pers.	45-55 $
3 pers.	70 $
4 pers.	85 $
Enfant	5-10 $

VS

Ouvert à l'année

Nombre de chambres	4
ch. avec lavabo	2
ch. a sous-sol	2
salle de bain partagée	2

Activités:

37. NEW RICHMOND

F A R.5 AV

Venez vivre l'ambiance chaleureuse d'une maison victorienne jouissant d'une vue exceptionnelle sur la Baie-des-Chaleurs. Grande véranda donnant sur la mer et les montagnes. Chambres spacieuses et confortables. Bord de mer accessible.

De Québec, aut. 20 est, rte 132 est jusqu'à New Richmond. À l'intersection de la rte 299, à droite, faire 5 km boul. Perron. Ou de Percé, à New Richmond, à gauche sur le boul. Perron.

AUBERGE
L'ÉTOILE DE MER

Diane Bourdages et
Jacques Veillette
256, Perron ouest
New Richmond G0C 2B0
tel/fax (418) 392-6246

B&B	
1 pers.	40 $
2 pers.	50-60 $
3 pers.	70-80 $
4 pers.	80-90 $
Enfant	10 $

Taxes en sus VS

Ouvert : 1er jan au 31 mars, 1er mai au 31 oct

Nombre de chambres	6
ch. avec s. de bain privée	1
salle de bain partagée	2

Activités:

38. NEW RICHMOND

F R2.8

J'ai pour vous un petit coin sympathique à New Richmond. La mer, les montagnes sont au rendez-vous. Repos, sérénité, déjeuner maison. Pêche, randonnée pédestre, activités culturelles et sportives. Chez nous, c'est chez vous. Je vous attends.

De Québec, aut. 20 est, rte 132 est jusqu'à New Richmond. Prendre le chemin Cyr et le boul. Perron est, à gauche, faire 2 km. Ou de Percé, boul. Perron, faire 0,4 km et à droite.

GÎTE
LA RELÂCHE

Émilienne Bourdages
108, Bellevue, C.P. 36
New Richmond (Cap-Noir)
G0C 1C0
(418) 392-6749

B&B	
1 pers.	30 $
2 pers.	40-45 $
Enfant	10 $

Ouvert à l'année

Nombre de chambres	3
salle de bain partagée	2

Activités:

39. PERCÉ

F a R.1

«Non, vous ne rêvassez pas! "La Rêvasse" n'est pas une légende. Au fait, quel autre intérêt que ce gîte pour venir à Percé? Ah oui, le rocher... L'avantage du gîte sur le rocher, c'est qu'il est accessible à marée basse comme à marée haute, et qu'en plus il est peuplé d'êtres très chaleureux... Merci pour cet accueil Percéen!»
Sébastien Bret (Lyon-France)
Service de tours guidés de la région.

De Québec, aut. 20 est, rte 132 est jusqu'à Percé. Près du Palais de Justice, rue St-Michel. Au cœur de l'arrondissement naturel de Percé.

GÎTE
À LA RÊVASSE

Brenda Cain et
William Lambert
16, St-Michel, C.P. 281
Percé G0C 2L0
tel/fax (418) 782-2102

B&B	
1 pers.	40-45 $
2 pers.	50-55 $
3 pers.	70 $
4 pers.	85 $
Enfant	10 $

Ouvert : 1er mai au 15 oct

Nombre de chambres	4
ch. avec lavabo	3
salle de bain partagée	2

Activités: 

40. PERCÉ

F A R.5

Nous habitons au centre du village, derrière l'église. C'est un endroit tranquille, **surtout la nuit**. Vaste solarium, grandes chambres, déjeuner fait maison. Ici, vous pourrez relaxer, garer l'auto et partir à pied. Tout est à portée de la main : Île Bonaventure, Rocher Percé, montagnes, restos, boutiques, etc. Nous sommes des gens d'ici, qui vivons ici à l'année et qui saurons vous aider dans votre choix d'activités.

Rte 132 est jusqu'au village de Percé. Rue du Cap Barré jusqu'à la dernière maison, revêtement de bois gris-bleu.

GÎTE

GÎTE DU MONT STE-ANNE

Ginette Gagné
et Michel Méthot
44, Cap Barré
Percé G0C 2L0
tel/fax (418) 782-2739

B&B	
1 pers.	40-45 $
2 pers.	50-55 $
3 pers.	60-65 $
Enfant	10 $

Prix réduits : 15 mai au 30 juin, 1er sept au 15 oct
Ouvert : 15 mai au 15 oct

Nombre de chambres	5
ch. avec lavabo	4
ch. au sous-sol	2
salle de bain partagée	3

Activités:

41. PERCÉ

F A R.1 AV

Venez découvrir les charmes d'une maison ancestrale et d'une grange au cachet rustique, situées au coeur de Percé. Nous vous offrons : belles chambres douillettes à la maison ou à la grange. Petits déjeuners copieux, salon avec foyer, coin de lecture, solarium, terrasse et balcons. Tennis à quelques pas. 5 min de marche du rocher. **Maison de campagne p 138.**

De Québec, aut. 20 est, rte 132 est. Situé au centre du village, en face du palais de justice, coté de la mer.

AUBERGE

LA MAISON ROUGE

Stéphanie Grégoire et
Jean-Baptiste Silla
125, Route 132 Ouest
Percé G0C 2L0
(418) 782-2227

B&B	
1 pers.	43-48 $
2 pers.	57-63 $
3 pers.	72-78 $
4 pers.	87-93 $
Enfant	10-15 $

Taxes en sus VS

Ouvert : 1er juin au 30 sept

Nombre de chambres	9
salle de bain partagée	4

Activités:

42. PERCÉ, STE-THÉRÈSE-DE-GASPÉ

F a R4

Séjournez dans ce pittoresque village de pêcheurs. Afin de bien vous recevoir, nous vous invitons à la farniente ou nous vous offrons nos forfaits : excursion aux baleines, tour guidé de Percé, pêche en haute mer, tour de l'île Bonaventure. Sur demande, nous vous ferons parvenir les tarifs de ces forfaits.

À 15 min de Percé, rte 132 ouest. Ste-Thérèse, à mi-chemin entre le quai et l'église vous verrez le Moulin à vent; en face du restaurant du Bria.

GÎTE

GÎTE DU MOULIN À VENT

Claudine Desbois
247, Route 132
Ste-Thérèse-de-Gaspé
G0C 3B0
tel/fax (418) 385-4922
(418) 656-6920

B&B	
1 pers.	35 $
2 pers.	50 $
Enfant	10 $

Ouvert : 1er juillet au 30 sept

Nombre de chambres	3
salle de bain partagée	2

Activités:

43. PETITE-VALLÉE

F a AV

Sur une longue pointe qui s'avance dans la mer, en retrait de la route 132 et à une heure (70 km) du Parc Forillon, notre maison centenaire ouvre grand ses portes pour vous offrir un accueil familial ainsi qu'une cuisine traditionnelle où poissons et fruits de mer sont à l'honneur. Nouvelle salle à manger avec vue superbe sur la mer. Surprise 20e anniversaire! **Maison de campagne p 138. Photo p 128.**

De Québec, aut. 20 est, rte 132 est jusqu'à Petite Vallée. À l'entrée du village, après la «coukerie», prendre la 1re rue à gauche. À l'embranchement, à gauche.

AUBERGE
LA MAISON LEBREUX

Denise Lebreux
2, Longue Pointe, C.P. 1015
Petite-Vallée G0E 1Y0
(418) 393-2662
tel/fax (418) 393-3105

	B&B	PAM
1 pers.	40 $	55 $
2 pers.	50-60 $	80-90 $
3 pers.	65 $	110 $
4 pers.	80 $	140 $
Enfant	10 $	20 $

Taxes en sus VS IT

Ouvert à l'année

Nombre de chambres	8
ch. avec lavabo	4
salle de bain partagée	3

Activités:

44. RIVIÈRE-AU-RENARD

F a R1

Entre la mer et la montagne, à l'entrée du parc Forillon, à proximité du port de mer et donnant accès à la traversée de l'Île d'Anticosti, se trouve le gîte «Bouffée d'Air», maison spacieuse avec chambres d'hôtes accédant à une terrasse, à un jardin fleuri et à une vue surprenante sur la mer. Un délicieux déjeuner est servi. Bienvenue.

De Québec, aut. 20 est, route 132 est jusqu'à Rivière-au-Renard. Suivre la direction vers le parc Forillon. De l'église du village faire 2 km.

GÎTE
BOUFFÉE D'AIR

Harold Paradis
219, Renard Est
Rivière-au-Renard G0E 2A0
(418) 269-3298
(418) 269-5045

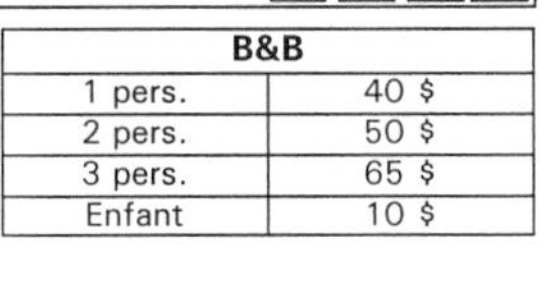

	B&B
1 pers.	40 $
2 pers.	50 $
3 pers.	65 $
Enfant	10 $

Ouvert : 1er juin au 30 sept

Nombre de chambres	3
ch. avec s. de bain privée	1
ch. au sous-sol	1
salle de bain partagée	1

Activités:

45. ST-ALEXIS-DE-MATAPÉDIA

F A R1.5 AV

Maison «spéciale» à 1,4 km à l'ouest du village. Vaste terrain boisé, sentiers, grande piscine creusée, chauffée, sous dôme. Séjour unique en toutes saisons sur plateaux naturels. Animation, histoire de la région. Possibilité: pêche saumon, truite, canotage rivières, forfaits motoneige. Accueil très chaleureux.

De Carleton, 85 km. Entrer à Matapédia, traverser le pont, à droite dir. St-Alexis, 10 km. À l'arrêt tout droit 1,4 km. D'Amqui, 100 km, pont pour St-Alexis, via St-Benoît, 10 km.

GÎTE
AUX BOIS D'AVIGNON

Laura Chouinard
171, Rustico Nord
St-Alexis-de-Matapédia
G0J 2E0
(418) 299-2537
tel/fax (418) 299-2111
boisdavi@globetrotter.qc.ca

	B&B
1 pers.	50 $
2 pers.	60 $
3 pers.	70 $
4 pers.	80 $
Enfant	10 $

Prix réduits : 15 sept au 1er juin
Ouvert à l'année

Nombre de chambres	3
salle de bain partagée	2

Activités:

46. ST-ALEXIS-DE-MATAPÉDIA

F a R.5

Maison accueillante et chaleureuse. Vue splendide sur les montagnes. À 4 km le belvédère «horizon de rêves» réserve une vue panoramique sur la rivière à saumon Restigouche. Érablière à 2 km. Foire agricole en août. Possibilité de visiter une ferme laitière. Sentier de motoneige à 0,5 km. Bienvenue chez nous en Gaspésie.

120 km de Mont-Joli, rte 132 est, pont de St-Alexis, faire 8 km, à l'arrêt, à droite. 125 km de Carleton, rte 132 ouest, pont de Matapédia faire 11 km tout droit à l'arrêt. Voisin de la coopérative de consommation.

GÎTE
AUX QUATRE SAISONS

Bérengère Pinault
et Raymond Charest
115, Rustico Nord, C.P. 136
St-Alexis-de-Matapédia
G0J 2E0
(418) 299-2528
(418) 299-2068

B&B	
1 pers.	40 $
2 pers.	45 $
Enfant	10 $

Ouvert à l'année

Nombre de chambres	2
ch. au sous-sol	1
salle de bain partagée	2

Activités:

47. ST-OMER

F R3

Chez nous, c'est chez vous. Petit village de 1300 habitants entre la mer et les montagnes à 10 min. de Carleton. Maison paisible entourée d'arbres à 91 m de la route 132, patio, galerie, cour arrière, stationnement. Plage à 5 min, café, cantines, 20 min du parc Miguasha, pêche aux saumons. Chambres pour bon repos, bon dodo. Déjeuner bonne bouffe. Nous vous attendons avec notre accueil de Gaspésiens.

De Québec, aut. 20 est et rte 132 est jusqu'à St-Omer. Après le camping aux Flots Bleus, faire 1,5 km. Ou de Percé, à l'église St-Omer, faire 1 km.

GÎTE
GÎTE LE ROITELET

Lucina Quinn et
Maurice Leblanc
108, route St-Louis
St-Omer G0C 2Z0
(418) 364-7436
fax (418) 364-6049

B&B	
1 pers.	30-35 $
2 pers.	45-50 $

VS

Prix réduits : 1er oct au 31 mai
Ouvert à l'année

Nombre de chambres	5
salle de bain partagée	2

Activités:

48. STE-ANNE-DES-MONTS

F a R1 AV

Pourquoi venir à Ste-Anne-des-Monts? Vous y découvrirez le magnifique Parc de la Gaspésie, les monts Albert et Jacques-Cartier, un golf, l'Explorama et l'accueil chaleureux de ses habitants. Réduction: 10% -3 nuits et plus. Quelques chambres au sous-sol avec entrée indépendante.

De Québec, aut. 20 est, rte 132 est jusqu'à Ste-Anne-des-Monts. Avant le pont, tourner à gauche. À l'arrêt, tourner à gauche sur la 1re ave. Maison de briques de couleur beige, 3e à gauche.

GÎTE
CHEZ MARTHE-ANGÈLE

Marthe-Angèle Lepage
268, 1re Avenue Ouest,
C.P. 3159
Ste-Anne-des-Monts G0E 2G0
tel/fax (418) 763-2692

B&B	
1 pers.	33-35 $
2 pers.	48-50 $
3 pers.	65 $
4 pers.	75 $
Enfant	7-12 $

Prix réduits : 10 % - 3 nuits et plus
Ouvert à l'année

Nombre de chambres	5
ch. avec lavabo	1
ch. au sous-sol	3
salle de bain partagée	3

Activités: 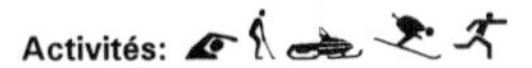

49. STE-ANNE-DES-MONTS

F a R1 AV

Nos petits déjeuners causerie font la joie des visiteurs, nos crêpes et la variété de nos confitures maison sur du bon pain font leur régal. Endroit calme, à proximité de toutes les attractions... Chambres propres et confortables. On nous a dit : «Votre accueil chaleureux fait que nous nous sentons comme de la parenté». Bienvenue.

De Québec, aut. 20 est, rte 132 est, à l'intersection de la rte 299 (rte du Parc), faire 1 km, à gauche 5e rue est. Ou la 1re Avenue (Explorama, église) en allant vers Gaspé, 1 km à droite.

GÎTE
SOUS LA BONNE ÉTOILE

Carole Dupuis
et Denis Béchard
30, 5e Rue Est, C.P. 1132
Ste-Anne-des-Monts
G0E 2G0
tel/fax (418) 763-3402

B&B	
1 pers.	35 $
2 pers.	50 $
3 pers.	65 $
4 pers.	80 $
Enfant	5-15 $

VS

Ouvert : 15 jan au 15 déc

Nombre de chambres	4
ch. avec lavabo	1
ch. au demi sous-sol	4
salle de bain partagée	2

Activités:

50. STE-ANNE-DES-MONTS, TOURELLE

F A R.5

Au cœur de la péninsule gaspésienne, terrasse extérieure permettant d'admirer des mammifères marins, superbes couchers de soleil, village de pêcheur. Découvrez le parc de la Gaspésie, les Monts Albert, Jacques Cartier, Explorama, promenade au fleuve. Une chambre avec s. de b. privée. Copieux petit déjeuner Gaspésien. Réduction 10 %, 3 nuits et plus. Bienvenue chez nous.

De Québec, aut. 20 est, rte 132 est jusqu'à Tourelle. De la halte touristique, faire 0,2 km, tourner à gauche, maison blanche.

GÎTE
AU COURANT DE LA MER

Bibiane Miville et Rino Cloutier
3, Belvédère, C.P. 191
Tourelle G0E 2J0
tel/fax (418) 763-5440
Pour réservation seulement
1-800-230-6709 de 17h à 23h

B&B	
1 pers.	35-50 $
2 pers.	50-60 $
3 pers.	65 $
4 pers.	75 $
Enfant	7-12 $

VS

Prix réduits : 10 % - 3 nuits et plus
Ouvert : 1er mars au 30 nov

Nombre de chambres	5
ch. avec s. de bain privée	1
salle de bain partagée	3

Activités:

51. STE-ANNE-DES-MONTS, TOURELLE

F a R.5 AV

À 10 min de Ste-Anne-des-Monts. Le ski, les excursions, ne manquez pas le Parc de la Gaspésie! De notre terrasse fleurie, vous dégusterez nos délicieuses crêpes aux pommes, tout en admirant la mer. Profitez de l'intimité, de l'ambiance rustique et romantique de notre demeure.

De Québec, aut 20 est. Situé sur la rte 132. À 1 heure de Matane. 11 km du Tim Horton de Ste-Anne-des-Monts. De l'église de Tourelle, faire 3,5 km à l'est.

GÎTE
GÎTE DE LA NOUVELLE FRANCE

Danielle Martin et
Jean-Guy Brisebois
203, boul. Perron Est
Ste-Anne-des-Monts, Tourelle
G0E 2J0
(418) 763-3338

B&B	
1 pers.	45 $
2 pers.	50-55 $
3 pers.	65-70 $
Enfant	10 $

Taxes en sus VS

Prix réduits : 1er jan au 30 avr : spécial du skieur (groupe)
Ouvert à l'année

Nombre de chambres	4
ch. avec s. de bain privée	4

Activités: 

52. STE-ANNE-DES-MONTS, TOURELLE

F a R3 AV

Bienvenue dans notre maison au pied d'une belle montagne face à la «mer». Vous pourrez marcher sur le bord de l'eau jusqu'à la tourelle et voir les pêcheurs au havre. Nos déjeuners avec crêpes et confitures maisons variées sont appréciés. Mais nos jasettes gaspésiennes tout autant. Chez nous vous vous sentirez chez-vous.

De Québec aut. 20 est, route 132 est jusqu'à Tourelle. Faire 2 km après l'église. Nous sommes à 8 min de l'intersection de la rte 299 - Parc de la Gaspésie Sainte-Anne-des-Monts.

GÎTE
GÎTE DE LA TOUR

Elise Dupuis et
Pierre Paul Labrie
151, boul. Perron Est C.P. 183
Ste-Anne-des-Monts (Tourelle)
G0E 2J0
tel/fax (418) 763-2802

B&B	
1 pers.	35 $
2 pers.	50 $
3 pers.	60 $
Enfant	5-10 $

Prix réduits : avr, mai, oct, déc
Ouvert : 1er avr au 15 déc

Nombre de chambres	3
salle de bain partagée	2

Activités:

53. STE-ANNE-DES-MONTS, TOURELLE

F A R.01

Nous vous offrons trois chambres à coucher confortables, ambiance familiale et décontractée, site exceptionnel, village de pêcheurs, superbe vue sur la mer et couchers de soleil. À 30 km, découvrez le parc de la Gaspésie, une mer de montagnes. C'est le seul endroit au Québec où cohabitent caribous, cerfs de Virginie et orignaux. Venez rêver avec nous.

De Montréal, aut.20 est, rte 132 est jusqu'à Tourelle. De Ste-Anne-des-Monts, à l'intersection de la rte 299 (rte du parc), faire 4 km sur la rte 132 est dir. Gaspé. Situé à droite sur la rte 132.

GÎTE
GÎTE DU PIONNIER DE TOURELLE

Doris Therrien
87, boul. Perron Ouest,
C.P. 157, route 132
Tourelle G0E 2J0
(418) 763-7254

B&B	
1 pers.	35 $
2 pers.	45 $
3 pers.	60 $
4 pers.	75 $
Enfant	10 $

Ouvert à l'année

Nombre de chambres	3
salle d'eau partagée	1
salle de bain partagée	1

Activités:

54. STE-FÉLICITÉ

F a R1 AV

À moins de 15 min de notre gîte, se trouve la traverse Matane/Baie-Comeau/Godbout. À Matane, vous pourrez marcher le long de la promenade des Capitaines, visiter la passe-migratoire, vous rendre nourrir les cerfs à la Seigneurie du chevreuil ou participer au Festival de la crevette.

Du pont de la rivière Matane, 15 km vers l'est sur la rte 132 ou 1 km à l'ouest de Ste-Félicité. Maison blanche 2 étages aux volets turquoises face à la mer.

GÎTE
LE COUCHANT

Jacques Roy
65, Route 132 Ouest
Ste-Félicité G0J 2K0
(418) 733-4070

B&B	
1 pers.	35 $
2 pers.	50 $

Prix réduits : fév à mai, oct, nov, 10 %
Ouvert : 1er fév au 30 nov

Nombre de chambres	3
ch. avec lavabo	3
salle de bain partagée	1

Activités:

55. STE-FLAVIE

F | a | R.7 | AV

Site d'une rare beauté! Une halte reposante en face de la mer. Immense terrain dont une partie boisée. Près de la chute le long du ruisseau, des aménagements pour vous permettre de vous ressourcer. Les Jardins de Métis 5 km, centre d'art 0,7 km, golf 12 km, motoneige 6 km. Une grande chambre familiale disponible.

De Québec, aut. 20 est, rte 132 est jusqu'à Ste-Flavie. Se rendre jusqu'au 571, rte de la Mer.

GÎTE
AUX CHUTES

Nicole R. et Jocelyn Bélisle
571, route de la Mer,
route 132 Est
Ste-Flavie G0J 2L0
(418) 775-9432

B&B	
1 pers.	38-45 $
2 pers.	45-65 $
3 pers.	55-75 $
4 pers.	70-85 $
Enfant	10 $

Prix réduits : 15 oct au 15 avr
Ouvert à l'année

Nombre de chambres	5
ch. avec lavabo	1
salle de bain partagée	2

Activités:

56. STE-FLAVIE

F | A | R.2

Venez goûter à l'hospitalité gaspésienne dans notre maison ancestrale imprégnée de la chaleur et la joie de vivre des quatre générations qui l'ont habitée. Laissez-vous envoûter par la beauté des couchers de soleil. Nous sommes situés face à la mer et à 6 km des fameux Jardins de Métis.

Suivre route 132 vers Gaspé. À Rimouski, faire 24 km et au bureau d'information touristique de Ste-Flavie, faire 0,4 km.

GÎTE
LA MARÉE BLEUE

Jacqueline Paquet et
Peter Innis
411, route de la Mer
Ste-Flavie G0J 2L0
(418) 775-7801
innisp@sie.qc.ca

B&B	
1 pers.	40-45 $
2 pers.	55 $
Enfant	10 $

VS IT

Prix réduits : hors saison
Ouvert à l'année

Nombre de chambres	4
salle de bain partagée	2

Activités:

57. STE-FLAVIE

F | a | R5 | AV

Je vous attends face au fleuve dans le charme et le confort d'une maison de bois blond, aux portes de la Gaspésie. Ici les journées commencent aux sons des vagues, se réchauffent au contact des gens et se terminent sous les couleurs d'un soleil couchant.

De Québec, aut. 20 est, rte 132 est jusqu'à Ste-Flavie. C'est à 5 km de l'église, en longeant la mer vers l'est. Ou de Gaspé, rte 132 ouest. 60 km après Matane.

GÎTE
LA QUÉBÉCOISE

Cécile Wedge
705, de la Mer, route 132 Est
Ste-Flavie G0J 2L0
(418) 775-2898
(418) 775-3209
fax (418) 775-9793

B&B	
1 pers.	35 $
2 pers.	45-50 $
Enfant	12 $

Prix réduits : 1er oct au 31 mai
Ouvert à l'année

Nombre de chambres	3
salle d'eau partagée	1
salle de bain partagée	1

Activités: 

58. STE-JEANNE-D'ARC

Se dressant au cœur d'un petit village pittoresque où se succèdent de magnifiques couchers de soleil, notre maison ancestrale, située en retrait de la route principale, vous assurera la quiétude et la tranquillité que vous recherchez. Des produits du terroir québécois agrémenteront votre petit déjeuner.

De Montréal ou de Québec, aut. 20 est, rte 132 est jusqu'à Ste-Flavie. Suivre dir. Vallée de la Matapédia. À Mont-Joli, faire 24 km. À la station service, à droite et faire 4 km.

GÎTE

GÎTE DE L'AMITIÉ

Lise et Richard Hébert
192, rue Principale C.P. 55
Ste-Jeanne-d'Arc G0J 2T0
(418) 776-2416

B&B	
1 pers.	35 $
2 pers.	45 $
Enfant	10 $

Ouvert : 1er mai au 31 oct

Nombre de chambres	4
salle de bain partagée	2

Activités:

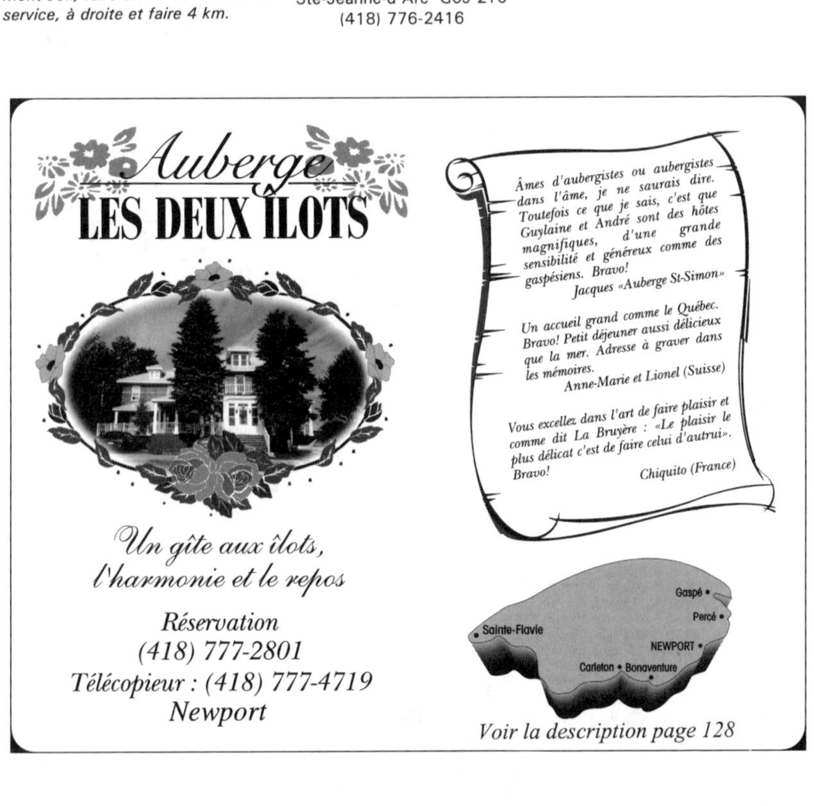

59. BONAVENTURE

F | a | R8 | M8 | AV

Une grande maison ancestrale pour être en famille ou en groupe et respirer un air de vacances en ayant sous la main la mer et ses plages, les sentiers pédestres et cyclables, le centre équestre, le musée, le golf (18), le BIOPARC, la rivière : ses canots, ses kayaks et sa pêche au saumon. L'hiver, réchauffez-vous près du poêle à bois après une randonnée de ski de fond, de motoneige ou une journée de ski alpin.

Itinéraire spécifié à la réservation ou ville.bonaventure.qc.ca.

MAISON DE CAMPAGNE
L'ACADIENNE

Michel Girard
116, rue Beaubassin, C.P. 306
Bonaventure G0C 1E0
(418) 534-4240
bobassin@quebectel.com

Nbr. maisons	1
Nbr. chambres	5
Nbr. personnes	14
SEM-ÉTÉ	695-1325 $
SEM-HIVER	695-1325 $
JR-ÉTÉ	125-200 $
JR-HIVER	150-200 $

Prix réduits : automne et printemps
Ouvert à l'année

Activités:

60. CAP-D'ESPOIR, PERCÉ

F | a | R1 | M.25 | AV

Venez vous détendre sur la plage et laissez-vous bercer aux sons des vagues. Que d'histoires à se raconter en famille autour d'un feu sur le sable. Venez nous rencontrer, trois chalets agréablement aménagés (dont un situé au rez-de-chaussée et l'autre à l'étage dans la même maison) avec vue sur l'île Bonaventure sont à votre disposition. À 10 min d'un magnifique site touristique : Percé. Au plaisir de vous accueillir.

De Québec, aut. 20 est, rte 132 est, situé à 12 km à l'ouest de Percé. Lever les yeux et vous apercevez l'île Bonaventure.

MAISON DE CAMPAGNE
CHALETS DE LA PLAGE

Jason Pitre
adresse de correspondance
1233, Principale, C.P. 26
Cap-d'Espoir G0C 3G0
(418) 782-2181
fax (418) 782-5214

Nbr. maisons	3
Nbr. chambres	2
Nbr. personnes	6-8
SEM-ÉTÉ	550-600 $
WE-ÉTÉ	180-200 $
JR-ÉTÉ	90-100 $

Prix réduits : 1er mai au 23 juin, 20 août au 30 oct
Ouvert : 1er mai au 30 oct

Activités:

61. MATANE, PETIT-MATANE

F | A | R2 | M2 | AV

La Maison du Bonheur est un havre de paix et de tranquillité sur le bord de la mer à Petit-Matane. Vous aurez l'occasion d'explorer les berges et d'y découvrir les richesses de la mer. Une jolie petite baie saura vous rafraîchir. C'est la pleine nature qui s'offre à vous.

À 2 km de Matane, quitter la rte 132 et prendre la rte (chemin) de la Grève qui suit le fleuve. À sept maisons de l'église, vous êtes rendu. 8 km du traversier, 6 km de l'autobus, 2 km des Promenades du Bas-St-Laurent.

MAISON DE CAMPAGNE
LA MAISON DU BONHEUR

Christiane Trudeau
655, chemin de la Grève
Petit-Matane G0J 1Y0
(418) 566-6790
Manon (418) 728-4780

Nbr. maisons	1
Nbr. chambres	3
Nbr. personnes	6
SEM-ÉTÉ	525 $
SEM-HIVER	495 $
WE-ÉTÉ	sur demande
WE-HIVER	sur demande
JR-ÉTÉ	sur demande
JR-HIVER	70 $

Prix réduits : 15 sept au 31 mai
Ouvert à l'année

Activités:

62. PERCÉ

F A R.1

La maison Laberge est une résidence typique située à coté du Cap Mont-Joli. La maison a des panoramas magnifiques du côté nord sur la corniche connue comme les Trois Soeurs qui domine le Cap Barré. En jetant un regard vers l'est, le mur massif qu'est le Rocher Percé peut être aperçu s'élevant derrière le Cap Mont-Joli. **Gîte du passant p 130.**

De Québec, aut. 20 est, rte 132 est. Située en haut du village, en face du palais de justice, coté de la mer.

MAISON DE CAMPAGNE
LA MAISON LABERGE

Stéphanie Grégoire
125, Route 132 Ouest
Percé G0C 2L0
(418) 782-2227
www.total.net/~chq

Nbr. maisons	1
Nbr. chambres	2
Nbr. personnes	6
SEM-ÉTÉ	700 $
JR-ÉTÉ	125 $

Ouvert : 1er juin au 30 sept

Activités:

63. PETITE-VALLÉE

F a R.01 M1 AV

En bordure de mer, trois magnifiques chalets entièrement équipés vous procureront la détente désirée. Vous endormir et vous réveiller au bruit des vagues, surprendre le coucher ou le lever du soleil sur la mer; voilà ce qui vous attend ici. **Gîte du passant p 131. Photo p 96.**

De Québec, aut. 20 est, rte 132 est jusqu'à Petite-Vallée. Après la «Coukerie», à l'entrée du village, prendre la 1re rue à gauche. À l'embranchement, tourner à gauche.

MAISON DE CAMPAGNE
LA MAISON LEBREUX

Denise Lebreux
2, Longue Pointe
Petite-Vallée G0E 1Y0
(418) 393-2662
tel/fax (418) 393-3105

Nbr. maisons	3
Nbr. chambres	1
Nbr. personnes	4
SEM-ÉTÉ	525 $
SEM-HIVER	400 $

Taxes en sus VS IT

Prix réduits : 16 sept au 14 mai
Ouvert à l'année

Activités:

64. ST-ALEXIS-DE-MATAPÉDIA

F a R5 M5 AV

Vacances à la ferme en Gaspésie? Pourquoi pas? Découvrez la vie agricole et rurale dans une ferme laitière familiale. Tous les ingrédients pour un séjour vivifiant et éducatif : une maison toute équipée, les animaux, la forêt et quatre familles de descendance acadienne. Pêche dans le ruisseau, balade en canot, vélo, baignade à la rivière, forfaits disp. Visite guidée de la ferme, chasse au petit gibier, ski de fond, cabane à sucre, camping.

De Rimouski rte 132 est, 160 km. Après le pont de St-Alexis, 5 km rang St-Benoit. De Pointe-à-la-Croix, à Matapédia après le pont. À droite, 16 km, rang St-Benoit à droite.

MAISON DE CAMPAGNE
LA P'TITE MAISON
DES LEBLANC

René Leblanc
153 A, St-Benoit
St-Alexis-de-Matapédia
G0J 2E0
(418) 299-2106
(418) 299-2443

Nbr. maisons	1
Nbr. chambres	3
Nbr. personnes	6
SEM-ÉTÉ	200-275 $
SEM-HIVER	200-275 $
WE-ÉTÉ	50-75 $
WE-HIVER	50-75 $
JR-ÉTÉ	25-40 $
JR-HIVER	25-40 $

Ouvert à l'année

Activités:

65. ST-OMER

F | a | R.5 | M.5 | AV

Maison de campagne (1925) avec vue imprenable sur les montagnes à 5 min de la mer, où il fait bon se reposeer en respirant l'air salin et profitant de toutes les commodités. La maison peut accueillir les tout-petits. Grandes chambres avec 2 salles de bain. Près : Carleton, Miguasha, plages, excursions, golf, terrain de jeux, théâtre, fine cuisine. Par courrier: 409, Principale Grondines G0A 1W0

De Québec, aut. 20 est, rte 132 est jusqu'à St-Omer. Après le camping «Les Flots Bleus». Ou de Percé, après l'église de St-Omer. Attention : même numéro de porte à l'est et à l'ouest.

MAISON DE CAMPAGNE
CHEZ LÉONIE

Rena Mathieu
246, Route 132 Ouest
St-Omer G0C 2Z0
(418) 268-3388
(418) 364-6618

Nbr. maisons	1
Nbr. chambres	3
Nbr. personnes	1-10
SEM-ÉTÉ	600 $

VS

Prix réduits : mai, juin, sept, oct, sur réservation et pour 3 nuits et plus seulement
Ouvert : 1er mai au 31 oct

Activités:

ESCAPADES À LA FERME

Gîte à la ferme :

19 LA FERME MACDALE, Hope-West-Paspébiac 38

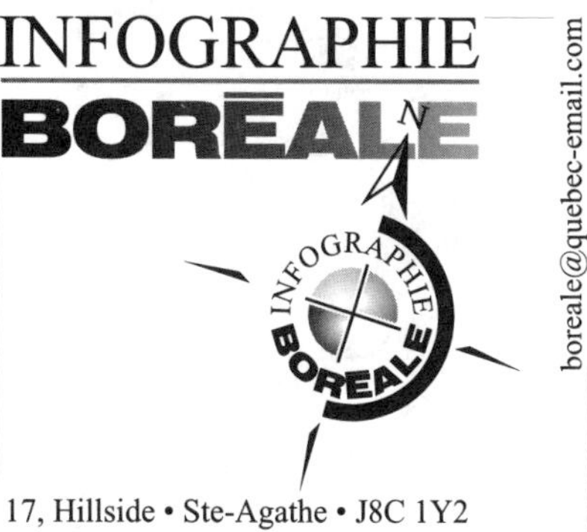

ÎLES-DE-LA-MADELEINE

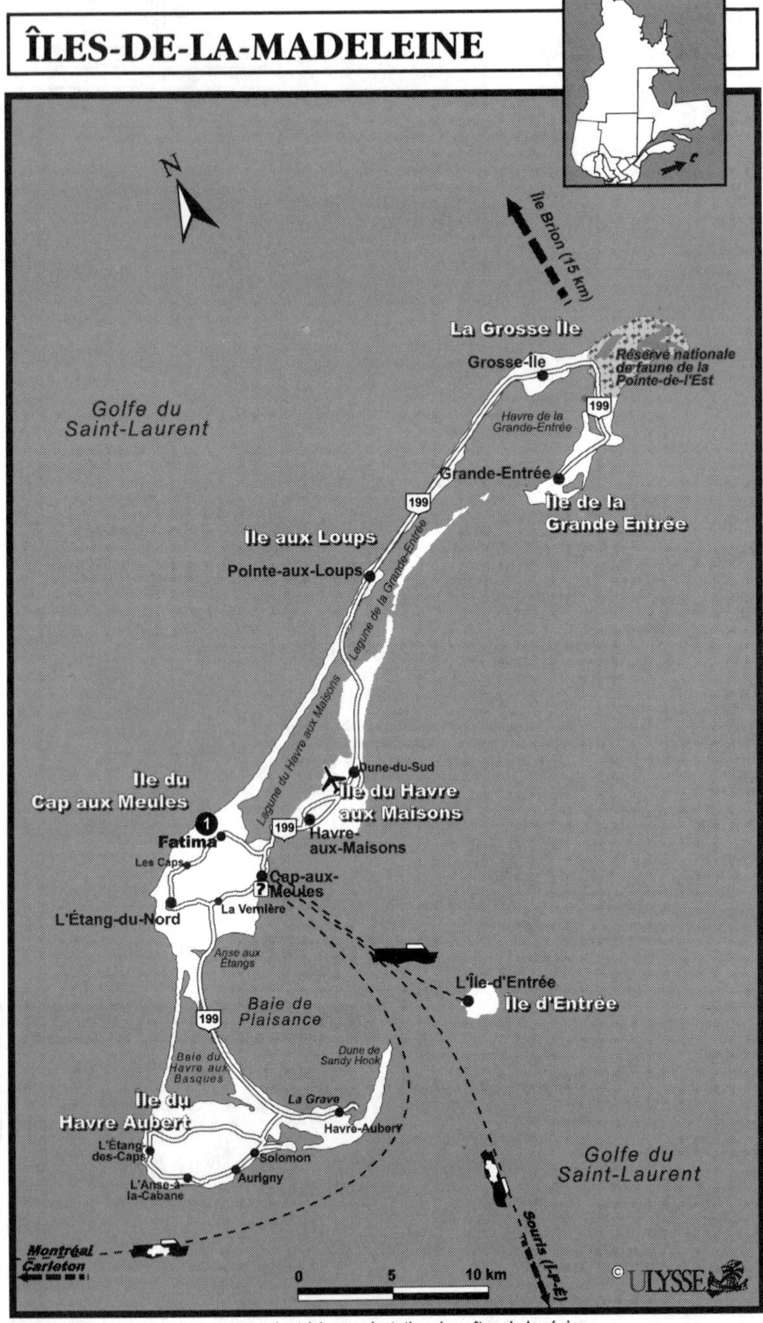

*Les numéros sur la carte correspondent à la numérotation des gîtes de la région

1. FATIMA

F a R1.5

Profitez de l'hospitalité d'une vraie famille madelinienne. Site boisé, tranquille, près des services dans un quartier résidentiel de l'Île du Cap-aux-Meules. Petit déjeuner copieux, chambres confortables à 1 km de la plage. Ambiance amicale et accueil chaleureux. Gîte non-fumeur.

Du traversier, rte 199 est, ch. Marconi vers ch. les Caps. À Fatima près de l'église, prendre ch. de l'Hôpital. Tourner à gauche au ch. Thorne.

GÎTE

Blandine et Thomas Thorne
56, chemin E. Thorne
Fatima G0B IG0
(418) 986-3006

B&B	
1 pers.	40 $
2 pers.	45 $
3 pers.	55 $
Enfant	10 $

Ouvert : 1er mai au 31 oct

Nombre de chambres	2
salle de bain partagée	2

Activités:

LANAUDIÈRE

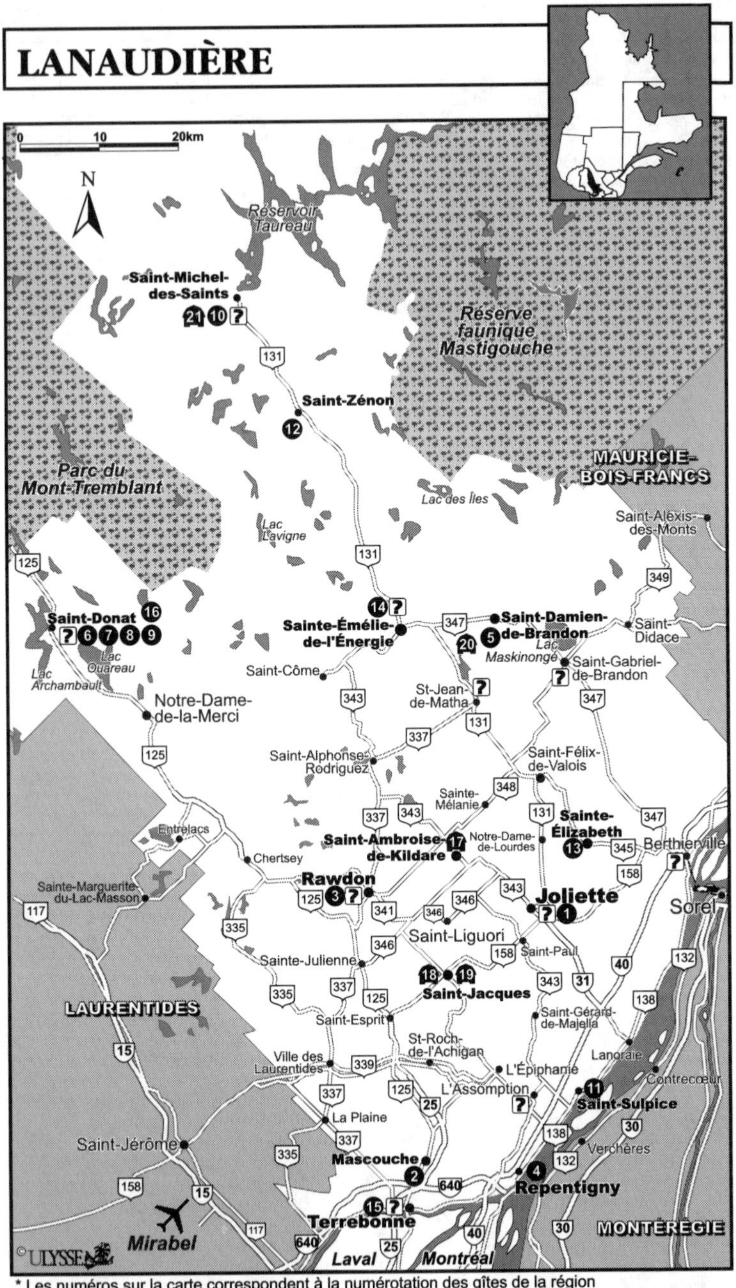

* Les numéros sur la carte correspondent à la numérotation des gîtes de la région

* **À COMPTER DU 13 JUIN 1998, LE CODE RÉGIONAL 514 PRÉCÉDANT LE NUMÉRO DE TÉLÉPHONE DEVIENDRA LE 450**

1. JOLIETTE

F | a | R.5 | AV

Chaleureuse et confortable maison centenaire décorée dans un souci du détail d'autrefois. Située à proximité de divers sites culturels et naturels dont l'Amphithéâtre du Festival international de Lanaudière. Joliette, ville coquette dotée de nombreux parcs, vous propose des sorties de jour et de soirée.

De Montréal ou de Québec, aut. 40, sortie 122 vers Joliette. À Joliette, rue Salaberry à gauche, (face au bureau d'info touristique) jusqu'au boul. Base de Roc à gauche.

GÎTE

GÎTE AUX P'TITS OISEAUX

Céline Coutu
722, boul Base de Roc
Joliette J6E 5P7
(514) 752-1401

B&B	
1 pers.	40 $
2 pers.	50 $

VS

Ouvert à l'année

Nombre de chambres	3
ch. avec lavabo	2
salle de bain partagée	1

Activités:

2. MASCOUCHE

F | a | R3 | AV

À 30 min du centre-ville de Montréal et de Mirabel. Grande maison ensoleillée, à la campagne, entourée de grands champs et de verdure. Près: centres d'équitation, sentiers de motoneige. Stationnement. Accueil chaleureux et courtois. Bienvenue à la Maison des Érables.

De Québec, aut. 40, 640 ouest et 25 nord. Ou de Montréal, aut. 15 nord, 440 est, 25 nord. Ou de Mirabel, aut. 15 sud, 640 est, 25 nord, sortie 34 à gauche sur St-Henri, 1,5 km.

GÎTE

LA MAISON DES ÉRABLES

Marie-Paule et Claude Potvin
2124, boul St-Henri
Mascouche J7K 3C3
(514) 966-9508
fax (514) 669-2387

B&B	
1 pers.	30-35 $
2 pers.	40-45 $
Enfant	10 $

Ouvert à l'année

Nombre de chambres	2
ch. avec lavabo	2
salle d'eau partagée	1
salle de bain partagée	1

Activités:

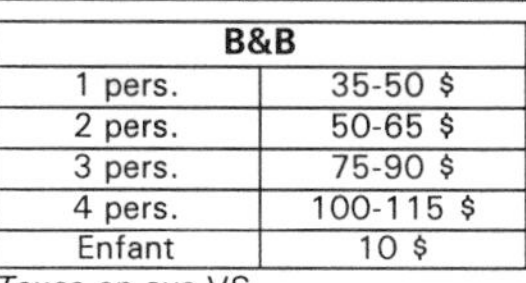

3. RAWDON

F | A | R.1 | AV

Amants de nature sauvage, de ski, golf ou d'histoire, cette victorienne vous offre une halte inoubliable : chambres en mansarde, déjeuner 5 services sur la galerie/terrasse ou au jardin. Guide pour vos aventures socio-culturelles, gastronomiques ou sportives. Votre plaisir est le mien! *Mimi*. Prix Excellence Lanaudière 1995-96.

De Montréal, aut. 25 nord. À St-Esprit, rte 125 nord. À Ste-Julienne, rte 337 nord jusqu'à Rawdon (rue Queen est l'artère principale). De Mirabel, aut. 15 nord, sortie rte 158 est, à Ville des Laurentides, rte 337 nord... De Dorval, aut. 40 est, 640 ouest, 25 nord...

GÎTE

GÎTE DU CATALPA

Micheline Trudel
3730, rue Queen, C.P. 1639
Rawdon J0K 1S0
(514) 834-5253

B&B	
1 pers.	35-50 $
2 pers.	50-65 $
3 pers.	75-90 $
4 pers.	100-115 $
Enfant	10 $

Taxes en sus VS

Ouvert à l'année

Nombre de chambres	5
ch. avec s. de bain privée	1
salle de bain partagée	2

Activités:

4. REPENTIGNY

F A R1 AV

Grande maison moderne nichée dans une érablière près du majestueux fleuve St-Laurent. À 30 min des aéroports Mirabel et Dorval. À 15 min du Stade olympique et Biodôme. Piscine creusée, feu de cheminée. «Hospitalité exceptionnelle et déj. paradisiaques» a-t-on écrit. Accueil 12 pers. **Annonce p 207.**

De Mirabel, aut 15 sud, 640 est vers Repentigny. 4ᵉ feu à gauche boul. l'Assomption. Rue Perreault à droite. À l'arrêt à gauche Gaudreault. De Dorval, aut. 520 est, 40 est, sortie 96 E, 4ᵉ feu... Ou route 138 (Notre-Dame), rue

GÎTE
LA VILLA DES FLEURS

Denise, Claude,
Marianne et Elaine
45, rue Gaudreault
Repentigny J6A 1M3
(514) 654-9209
fax (514) 654-1220

B&B	
1 pers.	40 $
2 pers.	50-60 $
4 pers.	70 $
Enfant	10 $

VS AM

Ouvert à l'année

Nombre de chambres	4
ch. avec lavabo	3
ch. avec s. de bain privée	1
salle de bain partagée	1

Activités:

5. ST-DAMIEN-DE-BRANDON

F A R2 R4 AV

À 1h15 de Montréal, votre plus beau voyage vous attend. Dormez en Afrique. Détendez-vous au Japon. Déj. au Québec et laissez les oiseaux chanter leurs sérénades. Découvrez la forêt Laurentienne où une rivière en cascades se faufile. De ce haut plateau la Grande Ourse tire sa révérence aux montagnes et vous invite à danser avec le ciel. Ici, c'est l'immensité tout près de vous. Près : jardins, la table champêtre «L'Autre temps», lacs, chutes.

De Montréal, aut. 40 est, sortie 144. Rte 347 nord, ch. Mondor à droite, faire 1 km. À gauche ch. des Cenelliers.

GÎTE
LA GRANDE OURSE

Ginette Hébert
6523, chemin des Cenelliers
St-Damien-de-Brandon
J0K 2E0
tel/fax (514) 835-0399

B&B	
1 pers.	47 $
2 pers.	57 $
3 pers.	77 $
Enfant	10 $

VS

Prix réduits : nov à jan
Ouvert : 15 jan au 15 déc

Nombre de chambres	2
salle d'eau partagée	1
salle de bain partagée	1

Activités:

6. ST-DONAT

F A R.5 AV

Un site enchanteur pour les amoureux de la nature. À 200 m du gîte, vous entrez directement sur la piste de ski de randonnée. En été, vous pouvez utiliser le même sentier pour explorer les boisés riches en champignons sauvages. Le gîte offre plusieurs forfaits tels que golf, ski, croisières. Bientôt le gîte offrira la massothérapie.

En arrivant à St-Donat, au clignotant vous êtes à 1,2 km du gîte. Au premier arrêt, à gauche puis garder votre droite. Aller jusqu'au bout de la rue et vous verrez l'enseigne du «Gîte Nuit de Rêve».

GÎTE
GÎTE NUIT DE RÊVE

Reine Bernatchez
40, Rivard
St-Donat J0T 2C0
(819) 424-5163

B&B	
1 pers.	50-60 $
2 pers.	60-70 $
3 pers.	80 $

VS IT

Ouvert à l'année

Nombre de chambres	5
salle de bain partagée	2

Activités:

7. ST-DONAT

F A R4 AV

Gîte neuf, très ensoleillé avec 5 chambres spacieuses, insonorisées, salle de bain privée, salle de séjour avec T.V. Entouré de lacs, à 30 m d'un sanctuaire d'oiseaux. Paradis pour motoneige. Spéciaux pour groupe et long séjour. Forfait repas. Tarif réduit pour ski alpin. Vos hôtes Louise et Jean.

De Montréal, rte 125 nord ou aut. 15 nord, sortie 89, rte 329 nord jusqu'à St-Donat. Aux feux de circulation, au centre du village, à droite rue Allard, 1 km de l'église.

GÎTE
HALTE AUX PETITS OISEAUX

Louise Bigras et
Jean L'Espérance
63, Allard
St-Donat J0T 2C0
(819) 424-3064

B&B	
1 pers.	45 $
2 pers.	65 $
3 pers.	85 $
4 pers.	105 $
Enfant	10 $

Taxes en sus VS MC AM

Ouvert à l'année

Nombre de chambres	5
ch. avec s. de bain privée	5

Activités:

8. ST-DONAT

F a R.1

À proximité de tous les sports : été-hiver. J'ai pour vous 4 chambres, TV, lavabo, toutes commodités. Maison confortable entourée d'une véranda, tout près d'un grand lac d'eau pure, avec plage aménagée et parc pour enfants. Accueil chaleureux.

De Montréal, aut. 25 et rte 125 nord jusqu'à St-Donat. Ou aut. 15 nord, sortie 89, rte 329 nord jusqu'à St-Donat; au feu clignotant, rte 125 nord. Après les feux de circulation au centre du village, au 2e arrêt rue Bellevue, à gauche.

GÎTE
LA MAISON ROBIDOUX

Annie Robidoux
284, rue Bellevue, C.P. 702
St-Donat J0T 2C0
(819) 424-2379

B&B	
1 pers.	45 $
2 pers.	55-60 $
3 pers.	75 $
4 pers.	90 $
Enfant	10-15 $

VS MC

Ouvert : 1er déc au 31 oct

Nombre de chambres	4
ch. avec lavabo	4
salle d'eau partagée	1
salle de bain partagée	2

Activités:

9. ST-DONAT

F a R3

Au bord du lac à 10 km du parc Mt-Tremblant. Au pied des pentes de ski, près des sentiers de motoneige, notre gîte moderne, climatisé vous offre 1 ch. lit Queen, 2 salles de séjour avec foyer et TV. Baignade, pédalo, sport nautique, pêche. Ambiance intime. Gîte non-fumeur. Au plaisir de vous accueillir. *Line et Denis*

De Mtl, aut. 25 et rte 125 nord jusqu'à St-Donat ou aut. 15 nord, sortie 89, rte 329 nord jusqu'à St-Donat. Au feu clignotant, rte 125 nord. Aux feux de circulation au centre du village, rue Allard à droite, 2 km. Au bout à gauche, 1km.

GÎTE
LA MAISON SUR LE LAC

Line et Denis Boivin
103, chemin Lac Blanc
St-Donat J0T 2C0
(819) 424-5057

B&B	
1 pers.	50 $
2 pers.	60 $
3 pers.	75 $
4 pers.	90 $
Enfant	10 $

VS

Ouvert à l'année

Nombre de chambres	2
ch. au demi sous-sol	1
ch. avec s. de bain privée	1
salle de bain partagée	1

Activités:

10. ST-MICHEL-DES-SAINTS

F a R5

Prix Excellence Lanaudière 1996-97. Charme d'antan, confort d'aujourd'hui. Venez vivre un séjour en pleine nature ou diverses «petites plaisances» vous sont offertes. Accueil chaleureux, chambres confortables et petits déjeuners copieux agrémentés de produits maison et enjolivés de fleurs et d'herbes fraîches. Notre souci : embellir vos vacances.

De Montréal, aut. 40 nord et aut. 31 vers Joliette. Rte 131 vers St-Michel-des-Saints. À 9 km de l'église de St-Zénon. Services d'autobus St-Michel / Joliette / Montréal.

GÎTE
PETITES PLAISANCES

Simone Rondeau
7451, chemin Brassard,
route 131
St-Michel-des-Saints J0K 3B0
(514) 833-6342

B&B	
1 pers.	40 $
2 pers.	50-60 $
Enfant	10-15 $

Ouvert à l'année

Nombre de chambres	3
salle de bain partagée	2

Activités:

11. ST-SULPICE

F a R3 AV

Notre maison plus que centenaire est située sur le «chemin du Roy» (rte 138) à 15 min de l'île de Montréal. Nous vous offrons une halte de paix dans un décor rempli de fleurs et d'oiseaux. Un déjeuner vous sera servi à l'intérieur ou à l'extérieur avec toile de fond le majestueux fleuve St-Laurent.

Aut. 40, sortie 108 dir. rte 343 sud. Aux feux de circulation à droite vers Repentigny, 2 km. Ou de Québec, rte 138, 4,4 km de l'Église de St-Sulpice. Ou, de Montréal, rte 138, 1,7 km de Repentigny.

GÎTE
GÎTE LES BOUCHARD

Suzanne et Jacques Bouchard
351, Notre-Dame
St-Sulpice J5W 3X3
(514) 589-2010
fax (514) 352-0679

B&B	
1 pers.	40 $
2 pers.	50 $

Ouvert : 1er juin au 31 oct

Nombre de chambres	2
salle de bain partagée	2

Activités:

12. ST-ZÉNON

F a R.1 AV

Découvrez la Matawinie et reposez-vous dans une maison centenaire au coeur du village le plus élevé du Québec. Accueil chaleureux, chambres confortables et déjeuner copieux. Amants de la nature, du golf et de l'histoire régionale se sentiront chez eux.

De Montréal, aut. 40 nord et aut. 31 vers Joliette. Rte 131 vers St-Michel-des-Saints. Le gîte est situé à 300 m de l'église. Service d'autobus St-Zénon / Joliette / Montréal.

GÎTE
AU VENT VERT

Denise et Marcel Plante
6300, rue Principale
St-Zénon J0K 3N0
(514) 884-0169

B&B	
1 pers.	40 $
2 pers.	50 $
Enfant	0-5 $

Ouvert à l'année

Nombre de chambres	2
salle de bain partagée	1

Activités:

13. STE-ÉLISABETH

F A R4

À 1 h de Montréal et situé à quelques minutes de Joliette, dans un cadre champêtre, notre gîte ouvre ses portes aux voyageurs, qu'ils viennent de loin ou non. Au centre de la région, des trajets de 30 à 60 min. permettent de découvrir une région diversifiée en paysages et en saveurs. Vos hôtes vous reçoivent comme de la grande visite. Excellents petits déjeuners, notre gîte est en opération depuis 6 ans.

À une heure de Montréal, aut. 40, sortie 122, aut. 31 et rte 131, dir. nord. À Notre-Dame-de-Lourdes, à droite vers Ste-Élisabeth, faire 1,5 km.

GÎTE
CHEZ MARIE-CHRISTINE

Micheline Adam
3120, Du Ruisseau
Ste-Élisabeth J0K 2J0
(514) 759-9336

B&B	
1 pers.	42 $
2 pers.	57 $
3 pers.	77 $

Ouvert : mai à oct

Nombre de chambres	3
salle d'eau partagée	1
salle de bain partagée	1

Activités:

14. STE-ÉMÉLIE-DE-L'ÉNERGIE

F A R4 AV

Le chef propriétaire vous reçoit dans une jolie auberge en bois rond. Ambiance très chaleureuse, cuisinière au bois, foyers et terrasse. Cuisine gourmande régionale, table d'hôte 6 services en PAM, salle privée pour petit groupe. Activités incluses : plage, spas, vélos de montagne, raquette, patinoire et plus. Réunions d'affaires et de formation.

Prendre la rte 131 nord dir. St-Michel-des-Saints. À Ste-Émélie-de-l'Énergie, au clignotant jaune, à droite, faire 11,3 km, l'auberge est à votre gauche.

AUBERGE
AUBERGE DU VIEUX MOULIN

Sylvie Vivier et Yves Marcoux
200, chemin du Vieux Moulin
Ste-Émélie-de-l'Énergie
J0K 2K0
tel/fax (514) 884-0211

	B&B	PAM
1 pers.	65 $	90 $
2 pers.	80 $	130 $
3 pers.	100 $	150 $
4 pers.	120 $	175 $
Enfant	0 $	20 $

Taxes en sus VS MC IT

Prix réduits : mi-oct à début déc, mi-avr à juin
Ouvert à l'année

Nombre de chambres	11
ch. avec s. de bain privée	11
salle d'eau partagée	2

Activités:

15. TERREBONNE

F A R.4 AV

Trouver la campagne à la ville. Maison classée monument historique dans le Vieux-Terrebonne. Dans le voisinage : site historique, restaurants, stationnement, randonnée pédestre, parc, rivière, patin, cinéma. 15 min de Montréal. 45 min des aéroports. Nous aimons la conversation, l'histoire, la généalogie, l'ornithologie, la musique et... les voyageurs.

De Montréal, aut. 25 nord, sortie Terrebonne 22E. Aux feux de circulation, boul. des Seigneurs, à droite sur Moody, à gauche sur St-Louis, se rendre jusqu'à l'église. Aussi par l'aut. 640.

GÎTE
MAISON N.T. ROUSSILLE

Paule et Jacques Tremblay
870, St-Louis
Terrebonne J6W 1J9
(514) 964-6016
fax (514) 471-7127
http://pages.infinit.net/roussill

B&B	
1 pers.	45-54 $
2 pers.	50-60 $
3 pers.	70-78 $
Enfant	10-12 $

Taxes en sus

Ouvert à l'année

Nombre de chambres	2
ch. avec lavabo	2
salle d'eau partagée	1
salle de bain partagée	1

Activités:

16. SAINT-DONAT

F a AV

Chalets tout confort, jumelés à la beauté d'un lac ou d'une rivière sauvages ou rien ne vient troubler la paix (munis de douche et d'eau chaude). Promenades dans un des sentiers de la nature, canotage, pique-nique au bord de l'eau, pêche, observation de la faune et de la flore, randonnée en vélo de montagne. Nos gardiens vous accueillent et vous font partager leur passion pour ce coin de pays.

De Montréal, aut 25 jusqu'à rte 337 dir. Rawdon et Saint-Côme. Du village, suivre les panneaux routiers Parc de Mont-Tremblant (secteur de l'Assomption). Le poste d'accueil à 20 km de Saint-Côme.

MAISON DE CAMPAGNE
PARC DU MONT-TREMBLANT

Centre touristique
des Deux-Vallées
2951, Route 125 Nord,
C.P. 1169
Saint-Donat
(819) 424-4766
(819) 424-7012
fax (819) 424-2413

Nbr. maisons	4
Nbr. chambres	2-3
Nbr. personnes	2-8
JR-ÉTÉ	100-110 $

Taxes en sus VS MC

Ouvert : 15 mai au 12 oct

Activités:

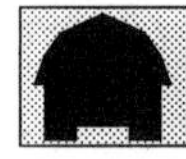

ESCAPADES À LA FERME

Tables Champêtres* :

Promenade à la ferme :

* Marque de certification déposée

LAURENTIDES

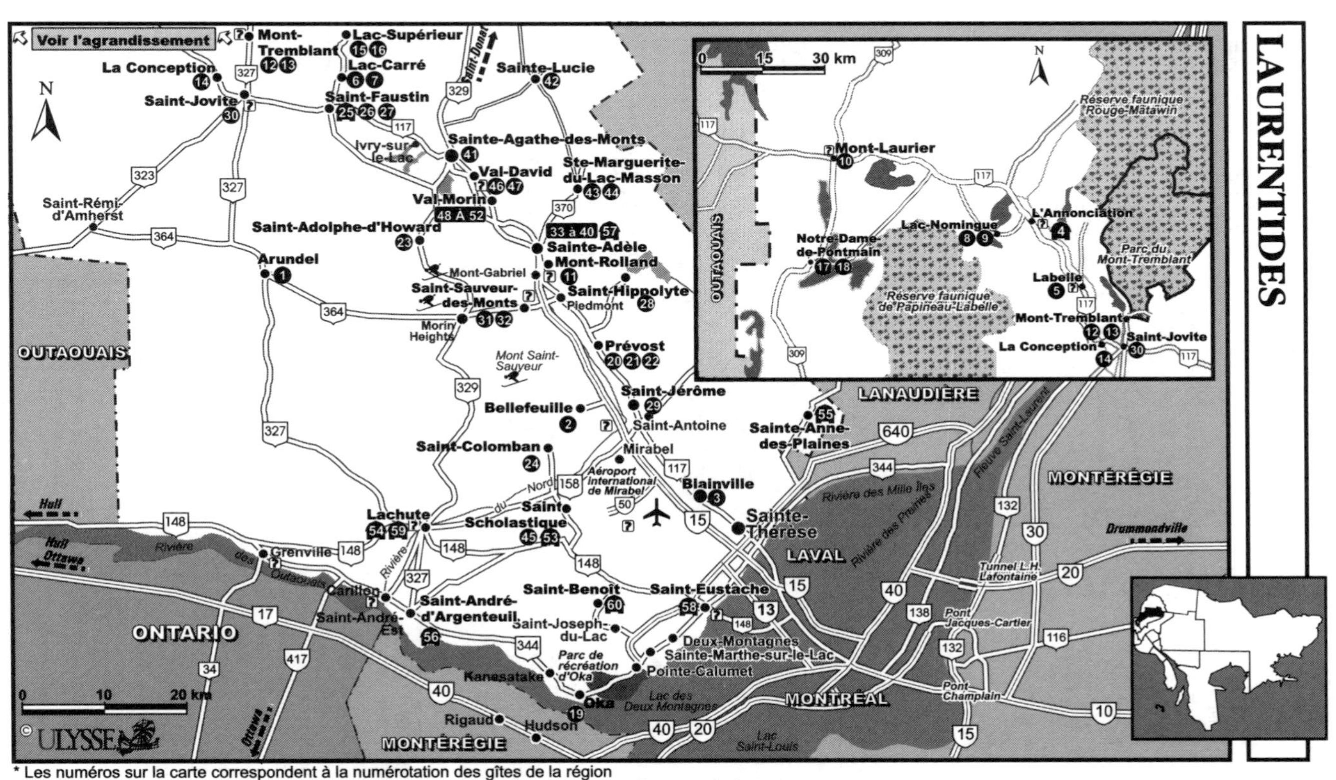

* Les numéros sur la carte correspondent à la numérotation des gîtes de la région

* **À COMPTER DU 13 JUIN 1998, LE CODE RÉGIONAL 514 PRÉCÉDANT LE NUMÉRO DE TÉLÉPHONE DEVIENDRA LE 450**

1. ARUNDEL

f A R2

Ferme, nichée dans la magnifique vallée de la rivière Rouge, offre une occasion unique de vivre une expérience intime avec la nature. Séjours de réflexion et de détente, seul ou en groupe; ateliers de pratiques holistiques, de croissance personnelle et d'expression créatrice... Repas sains et atmosphère à la fois paisible et chaleureuse ne manqueront pas de vous inspirer et de vous régénérer. Dîner possible sur réservation.

De Montréal, aut. 15 qui devient rte 117. À St-Jovite, rte 327 sud. Au village d'Arundel, au 2e arrêt, à droite faire environ 1 km.

GÎTE
SAGA TURUNG FARM B&B

Julia Miller
73, ch. Rivière Rouge
Arundel J0T 1A0
(819) 687-2382

B&B	
1 pers.	45 $
2 pers.	60-75 $

Prix réduits : après 6 jours / groupes
Ouvert à l'année

Nombre de chambres	5
ch. avec s. de bain privée	1
salle d'eau partagée	2
salle de bain partagée	1

Activités:

2. BELLEFEUILLE

F R12

Site panoramique en montagne, à mi-chemin entre l'aéroport de Montréal et le Mont-Tremblant. Ski de fond à la porte, randonnées pédestres en forêt, lac privé et déjeuner «santé» sont à votre disposition. Nous vous réservons un accueil chaleureux, tranquillité, intimité et confort... Service de massothérapie disponible.

De Montréal ou Mirabel, aut. 15 nord, sortie 43 ouest - Bellefeuille. Vous êtes sur rue De Martigny qui devient de la Montagne et boul. Lasalette. Après les feux de circulation et l'église, à droite sur la rue St-Camille, faire 4,8 km.

GÎTE
GÎTE FLEURS DES BOIS

Monique F. Morin
et Rémi Gagnon
1331, rue St-Camille, R.R. #2
Bellefeuille J0R 1A0
(514) 438-7624

B&B	
1 pers.	40-45 $
2 pers.	55-60 $
3 pers.	85 $
Enfant	15 $

Ouvert : 5 jan au 15 déc

Nombre de chambres	5
ch. avec s. de bain privée	2
salle d'eau partagée	2
salle de bain partagée	1

Activités:

3. BLAINVILLE

F a R1 AV

À 15 min de Mirabel, pour parer aux inconvénients du décalage horaire, nous vous réservons le confort et la quiétude de notre maison. Au seuil des Laurentides et à 30 min de Montréal, c'est une halte agréable pour les cyclistes. Sentiers de vélo, marche et ski de fond à proximité.

De Mirabel, aut. 15 sud, sortie 31 vers St-Janvier. Rte 117 à droite. Faire 3 km. Rue Notre-Dame à droite puis J. Desrosiers à gauche. Ou de Montréal, aut. 15 nord, sortie 25. Rte 117, à gauche, faire 3 km jusqu'à la 98e ave. à gauche.

GÎTE
LE GÎTE DU LYS

Francine Beauchemin
1237, Jacques-Desrosiers
Blainville J7C 3B2
(514) 437-4948
fax (514) 437-3658

B&B	
1 pers.	35 $
2 pers.	45-55 $
3 pers.	75 $
4 pers.	90 $
Enfant	15 $

Ouvert à l'année

Nombre de chambres	3
ch. au sous-sol	3
salle de bain partagée	1

Activités:

4. L'ANNONCIATION

F a R5

Il a fallu défricher un coin de montagne pour faire paître notre petit troupeau et s'installer confortablement. Vos hôtes, d'anciens enseignants, sont des gens simples et vrais qui ont le goût de partager avec vous leur bonheur de vivre les valeurs d'autrefois. On vous attend chaleureusement. **Gîte à la ferme et table champêtre p 38 et 17.**

De Montréal, aut 15 nord et rte 117 jusqu'à l'Annonciation. De l'hôpital, faire 4,3 km. À gauche chemin Laliberté, 1re maison à droite. Maison canadienne amande.

GÎTE

LA CLAIRIÈRE DE LA CÔTE

Monique Lanthier et
Yves Bégin
16, chemin Laliberté
L'Annonciation J0T 1T0
(819) 275-2877
fax (819) 275-3363

B&B	
1 pers.	35 $
2 pers.	50 $

Ouvert : 1er déc au 31 mars, 1er mai au 31 oct

Nombre de chambres	3
ch. au sous-sol	3
salle d'eau partagée	2
salle de bain partagée	1

Activités:

5. LABELLE

F A R5

À 20 min de Mont-Tremblant, à proximité du parc linéaire «Le p'tit train du nord», notre maison surplombe le Lac Labelle et offre une vue magnifique. Accueil chaleureux, déjeuners princiers, activités nombreuses : plage, canot, randonnées pédestres, ski de fond à la porte, raquette, motoneige, forfait pour cyclistes. Au rythme des 4 saisons...

De Montréal, aut. 15 nord et rte 117 jusqu'à Labelle. À 3 km du village, au feu clignotant, à gauche dir. Lac Labelle et suivre les indications du domaine Marie-Max.

GÎTE

LA CLOCHE DE VERT

Thérèse et Normand Brunette
1080, chemin Saindon
Lac Labelle
Labelle J0T 1H0
(819) 686-5850

B&B	
1 pers.	40 $
2 pers.	55-65 $
Enfant	10 $

Ouvert à l'année

Nombre de chambres	3
ch. avec lavabo	2
ch. avec s. de bain privée	1
salle d'eau partagée	1
salle de bain partagée	1

Activités:

6. LAC-CARRÉ

F A R.4 AV

À 10 km de St-Jovite, à 18 km du Mt-Tremblant. Voisin du parc linéaire. Accès gratuit à 2 terrains de tennis et à la plage du lac. Idéal pour sportifs et amants de la nature. Hôtes agréables, lits confortables, bonne bouffe, environnement paisible, maison chaleureuse. Quoi demander de plus?

De Montréal, aut. 15 nord et rte 117 nord. Après Ste-Agathe, faire 18 km. Sortie Lac-Carré. Au 1er arrêt à droite faire 1,5 km, à droite rue de La Gare.

GÎTE

GÎTE DE LA GARE

Isabelle Bourgeault et
Patrick Vandal
362, de La Gare
Saint-Faustin-Lac-Carré
J0T 1J0
(819) 688-6091

B&B	
1 pers.	45 $
2 pers.	60 $

Ouvert à l'année

Nombre de chambres	4
salle de bain partagée	2

Activités: 

LES GÎTES ET AUBERGES

7. LAC-CARRÉ

F A R.1 AV

«La Licorne», symbole de liberté, vous convie à partager ses merveilles, ses paysages grandioses. Après une journée de vélo dans le Parc Linéaire à 50 m, venez vous détendre dans notre jardin, au son de la cascade ou vous revigorer dans le lac face au gîte. L'hiver, relaxez devant un bon feu de foyer après une journée de ski! 1 km Mont Blanc, 20 km Tremblant, 10 km bonnes tables de St-Jovite. Km 69,5 de la piste cyclable.

De Montréal, aut. 15 nord et rte 117 nord. Après Ste-Agathe, 20 km, sortie Lac-Carré, à l'arrêt à droite, 1 km.

GÎTE

LA LICORNE

Patricia et Robin
1690, rue Principale
Lac-Carré J0T 1J0
(819) 688-3030
fax (819) 688-5020
www.bbcanada.com/403.html

	B&B
1 pers.	40 $
2 pers.	60 $
3 pers.	75 $
Enfant	15 $

VS

Ouvert : 1er déc au 15 avr, 1er mai au 31 oct

Nombre de chambres	4
salle de bain partagée	2

Activités:

8. LAC-NOMININGUE

F A R3 AV

Située dans un décor enchanteur, sur les rives du magnifique lac Nominingue, avec sa terrasse et sa plage privée, notre spacieuse demeure vous est grande ouverte. Baignade, canotage, catamaran et pédalo sur place. Près piste cyclable de 200 km, golf, tennis et réserves fauniques. Déj. copieux avec fruits de saison. Gîte non-fumeur.

De Montréal, aut. 15 nord et rte 117 nord jusqu'à L'Annonciation. 2 km après la sortie, à gauche sur rte 321 sud vers Nominingue, 14 km. Traverser le village, faire 3 km.

GÎTE

GÎTE DU GRAND LAC

Solange et Fernand Lanctôt
2692, chemin Tour du Lac
Lac-Nominingue J0W 1R0
(819) 278-4587

	B&B
1 pers.	45 $
2 pers.	60 $
3 pers.	75 $
Enfant	10-15 $

VS

Prix réduits : avr et nov
Ouvert : 15 avr au 31 déc

Nombre de chambres	3
ch. avec lavabo	1
salle d'eau partagée	1
salle de bain partagée	1

Activités:

9. LAC-NOMININGUE

F A R.5 AV

Manoir centenaire dans un site patrimonial unique, tour à tour hôpital, presbytère, école ménagère et provincialat des sœurs de Ste-Croix. Paix et harmonie assurées dans un cadre superbe à l'orée du bois. Cuisine du potager. À 1 km de la piste cyclable. Ski de fond dans la réserve Papineau-Labelle.

De Montréal, aut. 15 nord et rte 117 nord. Après L'Annonciation au feu clignotant, rte 321 sud. Traverser Nominingue jusqu'à la dernière rue, St-Ignace. À gauche. En haut de la côte à droite.

AUBERGE

LE PROVINCIALAT

P. Seers et G. Petit
2292, Sacré-Coeur
Lac-Nominingue J0W 1R0
tel/fax (819) 278-4928

	B&B	PAM
1 pers.	40 $	57,50 $
2 pers.	60-75 $	95-110 $
3 pers.	75 $	127,50 $
4 pers.	100 $	170 $
Enfant	15 $	27 $

VS MC

Prix réduits : 1er nov au 30 avr, sauf 23 déc au 5 jan
Ouvert à l'année

Nombre de chambres	5
ch. avec s. de bain privée	1
ch. avec lavabo	2
salle de bain partagée	2

Activités:

10. MONT-LAURIER

F a R.1

Bienvenue dans ma petite auberge confortable et paisible, dans une ville ou la magie des couleurs en fait un site idéal pour un séjour agréable. C'est mon rêve et je vous l'offre dans un intérieur douillet, décoré de boiseries et de couleurs chaudes. Je vous y attends, venez le partager avec moi.

De Montréal, aut. 15 Nord, rte 117 jusqu'à Mont-Laurier. Nous sommes situés sur le boul. A. Paquette qui est le prolongement de la rte 117. L'Auberge est à votre droite.

AUBERGE

AUBERGE DE LA MAISON GRENIER

Dominic Vincent
335, boul. A. Paquette
Mont-Laurier J9L 1K5
(819) 623-6306

B&B	
1 pers.	40 $
2 pers.	55 $
3 pers.	70 $
Enfant	5 $

Taxes en sus VS MC IT

Prix réduits : 15 sept au 15 déc, 15 mars au 15 juin
Ouvert à l'année

Nombre de chambres	7
ch. avec lavabo	1
salle de bain partagée	2

Activités:

11. MONT-ROLLAND

F a  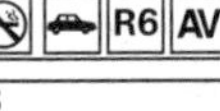 R6 AV

Notre maison est située à 3 km du village, au cœur de la région des Laurentides. Un gîte accueillant, avec ses cinq chambres dont deux avec salle de bain privée et trois avec lavabo, vous attend dans un environnement idéal pour vous reposer. Parcs et sentiers pédestres et piste cyclable à votre portée. Prix Excellence Laurentides 94-95.

De Montréal, aut. 15 nord, sortie 67, rte 117 nord jusqu'aux feux de circulation, à droite à Mont-Rolland, rue St-Joseph. À l'arrêt, à gauche sur la rue Rolland, 3 km.

GÎTE

AUBERGE DES SORBIERS B&B

Gisèle et Michel Lamoureux
4120, rue Rolland
Mont-Rolland J0R 1G0
(514) 229-3929

B&B	
1 pers.	35-45 $
2 pers.	55-65 $
Enfant	10-15 $

VISA

Ouvert : 1er déc au 31 mars, 1er mai au 31 oct

Nombre de chambres	5
ch. avec lavabo	3
ch. avec s. de bain privée	2
salle d'eau partagée	1
salle de bain partagée	2

Activités:

12. MONT-TREMBLANT

F A R1 AV

À moins de 1 km des pistes de ski de Tremblant. Au cœur des sentiers de ski de fond et de vélo. À proximité du Parc Linéaire et des pistes cyclables. Grande maison de bois rond, chambres spacieuses, salon avec foyer. Tarif d'hiver à partir de 75 $ occ. double. Bienvenue! **Photo p 96.**

De Montréal, aut. 15 nord, rte 117 nord. Après St-Jovite (2 km) au 2e clignotant jaune, prendre Montée Ryan à droite jusqu'au bout. À gauche, longer le lac, 2e rue (rue Pinoteau) à gauche. Affiche Le Lupin.

AUBERGE

AUBERGE LE LUPIN

Sylvie Senécal
et Pierre Lachance
127, Pinoteau
Mont-Tremblant J0T 1Z0
(819) 425-5474
fax (819) 425-6079
lelupin@intlaurentides.qc.ca

B&B	
1 pers.	48-68 $
2 pers.	64-88 $
3 pers.	96-108 $
Enfant	12 $

Taxes en sus VS MC AM ER IT

Prix réduits : mai, juin (en semaine)
Ouvert : 15 mai au 15 oct, 15 nov au 15 avr

Nombre de chambres	9
ch. avec s. de bain privée	7
salle d'eau partagée	1
salle de bain partagée	1

Activités: 

13. MONT-TREMBLANT

F A AV

Un demi siècle au cœur de l'action, l'Auberge Sauvignon perpétue la tradition du confort, de la bonne chair et du plaisir de recevoir. Son bar, son restaurant et sa cuisine en font un lieu de rendez-vous et de joie pour les amoureux de tradition et de plaisir de vivre. Ses chambres au confort contemporain ont un charme qui font l'harmonie des yeux et du bien-être. «À Tremblant, la réalité est plus vrai que la légende car "tout bouge"!».

Aut. 15 nord, rte 117. Après St-Jovite au clignotant, à droite Montée Ryan suivre Mt-Tremblant. À gauche ch. Principal, 1 km.

AUBERGE

AUBERGE SAUVIGNON

Francine Moreau et
Patrick Bermand
2723, chemin Principal
Mont-Tremblant J0T 1Z0
(819) 425-5466
fax (819) 425-9260

B&B	
1 pers.	90-100-110 $
2 pers.	90-100-110 $

Taxes en sus VS MC AM ER

Prix à la hausse en hiver
Ouvert à l'année

Nombre de chambres	7
ch. avec s. de bain privée	7

Activités:

14. MT-TREMBLANT, LA CONCEPTION

F A AV

Grande maison de campagne sur les berges de la rivière Rouge dans la forêt ou l'on y trouve maison longue Huronne et tipi. À quelques minutes des pistes de ski de fond, vélo «p'tit train du Nord» et de la **Station de ski Tremblant**. Canots disponibles. Chambres spacieuses. Foyer au salon. Tarif hiver à partir de 70 $ occ. double.

De Montréal, aut. 15 nord, rte 117 nord dir. St-Jovite. À la Conception, ch. des Tulipes à droite. Ou d'Ottawa, rte 323 nord dir. St-Jovite, rte 117 nord dir. La Conception, ch. des Tulipes à droite.

AUBERGE

L'AUBERGE À LA CROISÉE DES CHEMINS

Johanne Parent et
Bob Bourdon
4273, chemin des Tulipes
La Conception J0T 1M0
tel/fax (819) 686-5289

B&B	
1 pers.	46-71 $
2 pers.	65-85 $
3 pers.	85-110 $
4 pers.	105-130 $
Enfant	10 $

Taxes en sus VS MC IT

Prix réduits : 15 oct au 15 déc, 15 avr au 30 juin
Ouvert à l'année

Nombre de chambres	9
ch. avec s. de bain privée	7
salle d'eau partagée	2
salle de bain partagée	1

Activités:

15. MONT-TREMBLANT, LAC-SUPÉRIEUR

F A R7 AV

Prix Excellence Laurentides 1996-97. À l'orée d'une forêt sauvage de 15 hectares sillonnée par une rivière, notre maison de bois vous offre nuits douillettes, bain musical et petits déjeuners mémorables! Pied-à-terre idéal pour visiter le parc du Mont-Tremblant et la station touristique Tremblant. Bienvenue au pays des castors!

De Montréal, aut. 15 nord, rte 117 nord, sortie Lac-Carré. À l'arrêt, à droite, faire 2,3 km. Suivre indications Parc Mont-Tremblant, faire 5,6 km. À gauche, chemin Lac-à L'Équerre, faire 3,6 km.

GÎTE

CHEZ NOR-LOU

Louise Lachance et
Normand Sauvé
803, chemin Lac à L'Équerre
Lac-Supérieur J0T 1J0
(819) 688-3128
norlou@intlaurentides.qc.ca

B&B	
1 pers.	40-45 $
2 pers.	55-65 $

VS

Ouvert : 1er déc au 31 mars, 1er mai au 31 oct

Nombre de chambres	3
salle de bain partagée	2

Activités:

16. MONT-TREMBLANT, LAC-SUPÉRIEUR

F | A | R.5 | AV

À la porte du parc du Mont-Tremblant, et de la montagne Nord, magnifique maison canadienne embrassée par la nature. Parc Linéaire à 2,5 km. Ski, vélo, forfait motoneige. Détente devant le feu de foyer. Petits déjeuners «en famille» et la joie de vivre des gens qui vous y invitent. **Photo p 128.**

De Montréal, aut. 15 nord, rte 117 nord, sortie St-Faustin/Lac-Carré. À l'arrêt à droite, faire 2,3 km suivre indication Parc Mont-Tremblant, faire 2,5 km sur chemin Lac-Supérieur.

GÎTE

GÎTE ET COUVERT
LA MARIE-CHAMPAGNE

Marie-France
et Denis Champagne
654, chemin Lac-Supérieur
Lac-Supérieur J0T 1J0
tel/fax (819) 688-3780

B&B	
1 pers.	40-50 $
2 pers.	60-70 $
3 pers.	75 $
4 pers.	90 $
Enfant	15 $

VS

Ouvert : 1er déc au 31 oct

Nombre de chambres	5
ch. avec lavabo	1
ch. avec s. de bain privée	2
salle d'eau partagée	1
salle de bain partagée	2

Activités:

17. NOTRE-DAME-DE-PONTMAIN

F | a | R6 | AV

En retrait de la route, directement au bord du lac, dans un décor entièrement boisé, vous serez émerveillé par la vue sur la rivière et la montagne. Activités : piscine, sentiers pédestres, pêche et chasse. Location de chaloupes, canots et pédalo. Repas du soir sur réservation. En avril, forfait sirop d'érable. Autres forfaits sur demande.

De Montréal, aut. 15 nord et rte 117. À Mont-Laurier, rte 309 sud, faire 30 km, rte 311 nord, faire 1,6 km. Ou de Hull, aut. 50, rte 309 nord. Après N-D-Pontmain, rte 311 nord, faire 1,6 km.

GÎTE

GÎTE DE LA MAISON
CANADIENNE

Françoise Morin et
Gaston Landreville
61, ch. Lac-du-Cerf, rte 311
Notre-Dame-de-Pontmain
J0W 1S0
(819) 597-2460
fax (819) 597-4020

B&B	
1 pers.	40 $
2 pers.	55 $
Enfant	10-15 $

Ouvert : 1er avr au 30 nov

Nombre de chambres	3
salle de bain partagée	2

Activités:

18. NOTRE-DAME-DE-PONTMAIN

F | A | R4

Nous avons eu le coup de foudre pour cette ancienne pension pour draveurs bien connue dans l'histoire des Hautes-Laurentides. Assise au milieu des champs, entourée d'arbres centenaires, les pieds dans La Lièvre, elle vous séduira aussi. Ses chambres en bois de cèdre, ses petits déjeuners de fruits, de fleurs et de musique vous resteront en mémoire longtemps.

De Montréal, aut. 15 nord et rte 117. De Mont-Laurier, rte 309 sud pour environ 30 km. De Hull, aut. 50 et rte 309 nord. Après Notre-Dame-de-Pontmain, 4 km environ.

GÎTE

LA MAISON BEAULIEU

Suzanne Léonard
et Claude Gauthier
1260, Route 309
Notre-Dame-de-Pontmain
J0W 1S0
(819) 597-2002

B&B	
1 pers.	40 $
2 pers.	55 $
3 pers.	70 $
4 pers.	85 $
Enfant	10-15 $

Ouvert : 1er fév au 1er nov

Nombre de chambres	5
salle d'eau partagée	1
salle de bain partagée	2

Activités:

19. OKA

F a R.5 AV

Situé entre l'aéroport international de Mirabel (40 min) et Montréal (45 min). Dépaysement total sur un site enchanteur au bord d'un lac et d'une piscine. Piste cyclable. Voisin du parc d'Oka. L'été, possibilité de pratiquer vos sports nautiques et le golf. L'hiver, ski de fond, pêche blanche, motoneige.

De Mirabel, aut. 15 sud, sortie rte 640 ouest jusqu'à la fin. À droite rte 344 ouest jusqu'à Oka, rue Olier à gauche. Sommes à votre droite au bord de l'eau à 8,5 km de la fin de rte 640 ouest.

GÎTE
LA MAISON DUMOULIN

Pierrette Dumoulin
53, rue St-Sulpice, C.P. 1072
Oka J0N 1E0
(514) 479-6753
fax (514) 479-1802

B&B	
1 pers.	40-45-50 $
2 pers.	50-55-60 $
Enfant	10 $

Ouvert à l'année

Nombre de chambres	3
salle de bain partagée	2

Activités:

20. PRÉVOST

F A R.5 AV

Profitez de l'air pur à 20 min de Mtl. Maison centenaire à 15 min de l'aéroport Mirabel, à 5 min de St-Sauveur, c'est une oasis de paix à 35 km de Montréal. Située à l'entrée des Laurentides, entre les parcs de la rivière du Nord et linéaire. Idéal pour confort, détente et air pur. Skis et vélos prêtés gratuitement.

De Montréal, aut. 15 nord, sortie 55, à droite rue Morin, devenant rue Principale, faire 1,5 km. Ou par autobus Limocar, arrêt chemin du Lac Echo, Prévost.

GÎTE
AUX BERGES FLEURIES

Nicole et Fransois Laroche
1028, Principale
Prévost J0R 1T0
(514) 224-7631
fax (514) 436-5997

B&B	
1 pers.	39 $
2 pers.	49-59 $
Enfant	15 $

VS MC

Ouvert à l'année

Nombre de chambres	4
ch. avec lavabo	3
ch. avec s. de bain privée	1
salle de bain partagée	1

Activités:

21. PRÉVOST

F A R1 AV

À 5 min de St-Sauveur, lieu de détente pour adultes non fumeurs (foyer au salon et à la salle à manger, panorama, jacuzzi au solarium, petits déjeuners santé). À 1 km, Parc Linéaire (200 km) pour cyclisme, marche, ski. Transport possible. À 5 min ski alpin, golf, puces et antiquaires. Forfaits Dorval et Mirabel. Hablamos español.

Aut. 15 nord, sortie 55. Rue Morin, à droite, franchir le pont. Rue de la Station, à gauche jusqu'à 1 km après les feux de la rte 117. Montée Sauvage, à gauche. Du Sommet, à droite. De la Voie Lactée, à droite.

GÎTE
CHEZ MADELEINE ET PIERRE

Madeleine Sévigny
et Pierre Lavigne
1460, Voie Lactée, C.P. 92
Prévost J0R 1T0
(514) 224-4628
fax (514) 224-7457
pdaignau@marasuca.com

B&B	
1 pers.	40 $
2 pers.	50-60 $

Ouvert : 1er juin au 31 oct,
15 jan au 31 mars

Nombre de chambres	2
ch. avec s. de bain privée	1
salle d'eau partagée	1
salle de bain partagée	1

Activités: 

22. PRÉVOST

F A R2 AV

À 45 min de Montréal, pour un dépaysement en montagne. Autonomie de loisirs. Location d'équipements. Ski, golf, équitation, sleigh ride, vélo, canot, glissades d'eau. Forfait souper 100 $. Forfait Mirabel 95 $. Centre de relaxation sur place. Foyer, déjeuner copieux, galette sarrasin et «désossé».

De Montréal, aut. 15 nord, sortie 45, rte 117 nord. Faire 10,2 km (2e feux de circulation). Rue de la Station, à droite sur 1,5 km. Rue Vigneault à gauche. Après l'intersection Léveillée-Vigneault. Maison blanche à gauche.

GÎTE
LA RESSOURCE

Chantal Larouche
et Pierre Bellemare
1527, rue Vigneault, C.P. 29
Prévost J0R 1T0
tel/fax (514) 224-7416

B&B	
1 pers.	40 $
2 pers.	65 $
Enfant	10 $

Prix réduits : juin et oct
Ouvert à l'année

Nombre de chambres	3
salle d'eau partagée	1
salle de bain partagée	1

Activités:

23. ST-ADOLPHE-D'HOWARD

F A R4 AV

Entre lac et montagnes, oasis de paix. Pour en ressentir les bienfaits, vos hôtes savent vous gâter, le quotidien vous faire oublier. Au salon, près du feu, musique, livres, jeux, divan moelleux. Chambres chaleureuses, pour des nuits plus que paresseuses. Les délices du matin, savourés près du lac voisin, ravissent vos papilles et enchantent vos pupilles.

De Montréal, aut. 15 nord, sortie 60, rte 364 ouest, jusqu'à rte 329 nord. Faire 10 km, à gauche Mtée Lac Louise, faire 1,5 km, à droite Gais Lurons, 1er arrêt à gauche.

GÎTE
AUBE DOUCE

Michèle Ménard et
Gilles Meilleur
22, chemin de la Québécoise
St-Adolphe-d'Howard J0T 2B0
(819) 327-5048
fax (819) 327-5254

B&B	
1 pers.	40-50 $
2 pers.	60-80 $
3 pers.	80-105 $
Enfant	0-10 $

AM

Ouvert à l'année

Nombre de chambres	4
ch. avec s. de bain privée	4

Activités:

24. ST-COLOMBAN, MIRABEL

Au pied des Laurentides, le gîte baigne dans la nature : sous bois, ruisseau et jardin fleuri. Voisin de l'aéroport Mirabel, à proximité : lac, golf, ski de fond, cabane à sucre, etc... Déjeuner gourmand au coin du feu. **Forfait aéroport : gîte/ navette/ stationnement.** Bienvenue à tous! Prix Excellence Laurentides 95-96 pour la qualité d'accueil.

De Montréal, aut. 15 nord, sortie 39. Rte 158 ouest dir. Lachute 10 km. Aux feux à dr. St-Colomban 5 km, après l'église à g. Côte St-Paul 800 m, à dr. rue Couture 300 m, à dr. rue Picard 50 m, à g. rue Tour du Lac, 200 m.

GÎTE
LA MAISON DU SOURIRE

Jovette Charette
396, Tour du Lac, Lac Légaré
St-Colomban J0R 1N0
tel/fax (514) 569-0109

B&B	
1 pers.	40 $
2 pers.	55 $

Ouvert à l'année

Nombre de chambres	2
ch. avec s. de bain privée	2
salle d'eau partagée	1

Activités: 

25. ST-FAUSTIN

F A R8

Ferme artisanale de 115 acres bâtie de nos mains à partir des ressources de nos forêts. Repas servis près du foyer de pierre à la maison de bois rond. Jolies chambres annexées à la bergerie. À 20 km du Mont-Tremblant et 7 km du Parc Linéaire. Chez nous, ce n'est pas le «tape à l'œil» qui compte, mais le «tape à l'Âme»! **Gîte à la ferme p 38.**

De Mtl, aut. 15 nord. À St-Faustin, 2 km après Mont-Blanc, à gauche ch. la Sauvagine, 7 km. De St-Jovite, rte 327 sud vers Arundel 2 km. À gauche ch. Paquette 6 km.

GÎTE
FERME DE LA BUTTE MAGIQUE

Diane et Maud
1724, chemin la Sauvagine
St-Faustin J0T 2G0
(819) 425-5688

B&B	
1 pers.	35 $
2 pers.	55 $
3 pers.	75 $
Enfant	20 $

Ouvert à l'année

Nombre de chambres	3
salle d'eau partagée	1
salle de bain partagée	1

Activités:

26. ST-FAUSTIN

F A R.3 AV

Notre maison a l'habitude des gens... autrefois bureau de poste et magasin général, elle a l'âme à recevoir et ses hôtes aussi. L'hiver vous apprécierez le feu de bois. L'été le déj. sur la terrasse. Disponible suite familiale pour groupes et longs séjours 85-100$. 50 min de l'aéroport Mirabel. 15 min de Tremblant. Forfaits ski et vélo. Repas sur réservation.

De Montréal ou de l'aéroport Mirabel, aut. 15 nord vers St-Jérôme. Continuer jusqu'à Ste-Agathe, rte 117, faire 16 km. Prendre entrée St-Faustin/Lac Carré, suivre les panneaux bleus. Sommes face à l'église.

AUBERGE
LA BONNE ADRESSE

Odette Bélanger
1196, rue de la Pisciculture
St-Faustin J0T 2G0
(819) 688-6422
fax (819) 688-5052

B&B	
1 pers.	45 $
2 pers.	60-75 $
3 pers.	80-105 $
4 pers.	98-110 $
Enfant	15 $

VS

Prix réduits : nov, avr
Ouvert à l'année

Nombre de chambres	6
ch. avec s. de bain privée	2
salle de bain partagée	2

Activités:

27. ST-FAUSTIN

F A R10 AV

Gîte situé sur une terre boisée de 25 hectares, habitée d'une variété d'animaux sauvages, avec vue magnifique sur les montagnes. À proximité de nombreux centres d'activités, dont Parc du Mont-Tremblant et Mont-Blanc. Idéal pour pratiquer vos sports préférés : ski, raquette, canot, golfs (6), vélo et randonnée. On vous attend pour partager un peu de nous avec vous.

De Montréal, aut.15 nord, rte 117 nord, faire 22 km jusqu'à sortie pour Base de plein air des Laurentides (Golf des Ruisseaux). Suivre indications pour la Base jusqu'au 1760 Lac Sauvage (6 km).

GÎTE
LA VOLIÈRE DU HAUT-BOIS

Élyse Beauregard
et Diane Nicholson
1760, ch. Lac Sauvage,
C.P. 329
St-Faustin J0T 2G0
(819) 425-6567
fax (819) 425-8009

B&B	
1 pers.	40 $
2 pers.	55 $
3 pers.	75 $
Enfant	15 $

Ouvert : 1er déc au 31 oct

Nombre de chambres	4
salle de bain partagée	2

Activités: 

28. ST-HIPPOLYTE

F a R4 AV

De notre salle à manger avec terrasse, vous serez éblouis par une vue unique: située face au lac, au coeur des montagnes où s'éclatent une flore et faune luxuriantes, imaginez le spectacle, à la brunante, lorsque le soleil peint ses toiles! De plus, fine cuisine imaginative, copieuse, chambres mignonnes et confortables. Plage privée, sablée, eau classée A. Embarcations. Repos assuré. Un vrai paradis!

1h de Montréal, aut. 15 nord sortie 45 dir. St-Hippolyte, 1er feu à gauche 16 km, rte 333 nord. À l'église à gauche 4 km, garder la droite Auberge 300 m.

AUBERGE
AUBERGE RESTAURANT FANTACCI

Nicole Bouffard et
Yvan Trottier
81, chemin Lac-du-Pin-Rouge
St-Hippolyte J0R 1G0
(514) 563-2790
à partir du 15 mai :
sans frais 1-800-427-0840

	B&B	PAM
1 pers.	46-70 $	79-103 $
2 pers.	60-80 $	124-146 $
3 pers.	83-109 $	171-203 $
Enfant	20 $	à la carte

Taxes en sus VS MC

Prix réduits : spécial 2 nuits
Ouvert : 15 mai à l'Action de Grâce

Nombre de chambres	6
ch. avec s. de bain privée	4
ch. avec lavabo	2
salle d'eau partagée	5
salle de bain partagée	3

Activités:

29. ST-JÉRÔME

F A R.3 AV

À 10 min de l'aéroport de Mirabel et 30 min de celui de Dorval, hospitalité à la québécoise, généreuse, attentionnée. Maison d'ambiance, petit déj. gourmand. Gérard, professeur d'histoire, est fier de raconter son Québec! Gîte situé à 100 m du parc linéaire «Le P'tit train du Nord». **Annonce p 167.**

Aut. 15 nord, sortie 43 est vers centre-ville. Après le pont, à droite rue Labelle. Aux feux, à gauche (cathédrale), rue Du Palais, Melançon 1er feux à gauche. Gîte un coin de rue à gauche.

GÎTE
L'ÉTAPE CHEZ MARIE-THÉRÈSE ET GÉRARD

Marie-Thérèse et
Gérard Lemay
430, rue Melançon
St-Jérôme J7Z 4K4
(514) 438-1043

	B&B
1 pers.	35 $
2 pers.	50 $
3 pers.	69 $
Enfant	10-15 $

Ouvert à l'année

Nombre de chambres	3
salle d'eau partagée	1
salle de bain partagée	2

Activités:

30. ST-JOVITE

F A R2

Offrez-vous un retour dans le temps, en 1860. Cachée dans les Laurentides, à 10 min de route du Mt Tremblant, Wilde's Heath est une magnifique maison victorienne enrichie d'un ameublement prestigieux datant de la fin du XIXe siècle et entourée d'un jardin à l'anglaise unique en son genre. Découvrez-y des panoramas à couper le souffle et oubliez le reste du monde.

De Montréal, aut. 15 nord, qui devient la rte 117 après Ste-Agathe. Passer St-Jovite, à gauche en dir. de Brébeuf, rte 323, 1,6 km plus loin, panneau Wilde's Heath B&B.

GÎTE
LE WILDE'S HEATH B&B

Daniel Taddeo
268, Route 323
St-Jovite J0T 2H0
(819) 425-6859
(514) 330-3291
fax (819) 425-7636

	B&B
1 pers.	75-100 $
2 pers.	75-125 $

IT

Ouvert à l'année

Nombre de chambres	3
ch. avec s. de bain privée	1
salle de bain partagée	1

Activités: 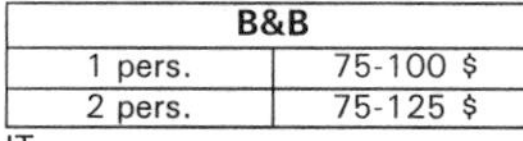

31. ST-SAUVEUR-DES-MONTS

F A R2

Lauréat, Grand Prix du Tourisme Laurentides: accueil et service à la clientèle 1997. Face aux pentes de ski, à 2 km du village, décor enchanteur, tranquillité et petites attentions, présence et discrétion, piscine chauffée, climatisation centrale, terrasse fleurie, 2 ch. avec foyer dont une suite au demi sous-sol. Nombreuses activités récréo-touristiques tout près. Mais surtout détente, confort et le plaisir de vous accueillir. Un petit déjeuner de gourmet vous attend. Bienvenue!

De Montréal, aut. 15 nord, sortie 60 à gauche, rte 364 ouest à droite, 3e feu, rue Principale à gauche, 2 km.

AUBERGE

AUBERGE SOUS L'ÉDREDON

Carmelle Huppé et
Andrée Cloutier
777, Principale
St-Sauveur-des-Monts
J0R 1R2
(514) 227-3131

B&B	
1 pers.	55-80 $
2 pers.	70-95 $
3 pers.	100-110 $
Enfant	10-15 $

Taxes en sus VS MC

Prix réduits : avr, mai, nov, 10 % 3 nuits et plus
Ouvert à l'année

Nombre de chambres	7
ch. avec s. de bain privée	5
ch. au demi sous-sol	1
salle de bain partagée	1

Activités:

32. ST-SAUVEUR-DES-MONTS

F A AV

Maison au charme d'antan au cœur d'un village pittoresque. Théâtre d'été, restos, boutiques, golf, vélo, glissade d'eau, raquettes, ski à 2 min. Superbe vue sur pistes, foyer, antiquités, fine cuisine et bons vins. Piscine, grand jardin tout fleuri et privé, terrasse. S. de bain privées. Suite luxueuse avec jacuzzi double. Non-Fumeur. Petit nid douillet et coquet. Forfaits : traîneau à chiens et autres.

De Montréal (45 min) aut. 15 nord, sortie 60. Ch. Jean Adam rte 364, 2e feu à droite, rue de la gare. À gauche, rue Principale, faire 0,6 km. Maison typique avec terrasse. Bienvenue au B&B.

GÎTE

«AUX PETITS OISEAUX...»

Mireille et Benny
342, rue Principale
St-Sauveur-des-Monts
J0R 1R0
(514) 227-6116
fax (514) 227-6171
auxpetitsoiseaux@sympatico.ca

B&B	
1 pers.	45-120 $
2 pers.	50-150 $
3 pers.	70-165 $
4 pers.	110-180 $
Enfant	0-20 $

Taxes en sus VS MC AM

Prix réduits : avr et nov
Ouvert à l'année

Nombre de chambres	4
ch. avec s. de bain privée	4

Activités:

33. STE-ADÈLE

F A R4 AV

Entre Montréal et Mont-Tremblant, au coeur de la forêt, une «cabane au Canada» telle que la rêvent les Français. Rivière, cascades, piscine naturelle, faune et sentiers. On enfile raquettes et ski de fond à partir de la maison. La région regorge de restaurants gastronomiques, cinémas et théâtres d'été.

De Montréal, aut. 15 nord, sortie 67. 7 km rte 117 nord. Au lac Millette à gauche, ch. du Moulin, 2 km. À la grange verte à droite sur des Engoulevents. Chemin privé, tenir la gauche.

GÎTE

À L'ORÉE DU BOIS

Louise Durivage et
Robert Parizeau
4400, rue des Engoulevents
Ste-Adèle J0R 1L0
(514) 229-5455
http://pages.infinit.net/jpmenard/

B&B	
1 pers.	60 $
2 pers.	80 $
3 pers.	100 $
Enfant	20 $

Prix réduits : 10 % 5 nuits et plus
Ouvert à l'année

Nombre de chambres	4
ch. avec lavabo	4
salle d'eau partagée	2
salle de douche	2

Activités: 

34. STE-ADÈLE

F | a | R2 | AV

Chez nous, c'est un domaine privé à cinq minutes de toutes les activités des Laurentides et vous êtes notre grande visite. Foyer, piano, machine à boule, climatiseur, spa extérieur... tout pour votre détente. Notre petit déjeuner n'a de petit que le nom et sur réservation, nous offrons les autres repas.

De Montréal ou Mirabel, aut. 15 nord, sortie 69 vers Ste-Marguerite, rte 370, faire environ 6 km ou 1,8 km à partir du parc linéaire des Laurentides (piste cyclable) à votre droite.

AUBERGE

AUX PINS DORÉS

Carmen Champagne et René Tremblay
2251, chemin Ste-Marguerite
Ste-Adèle J0T 2K0
(514) 228-4556
fax (514) 728-8767

	B&B	PAM
1 pers.	40-55 $	60-75 $
2 pers.	50-70 $	85-105 $
3 pers.	85 $	135 $
4 pers.	100 $	170 $
Enfant	5-10 $	

Ouvert à l'année

Nombre de chambres	4
ch. avec s. de bain privée	1
salle de bain partagée	2

Activités:

35. STE-ADÈLE

F | A | R1 | AV

Au cœur du village romantique «Au Nid Douillet» vous accueille chaleureusement dans son décor champêtre. Chambres de bain privées avec bain thérapeutique. Profitez des nombreuses activités à proximité : forfaits santé, motoneige, skis, traîneaux à chiens, golf, théâtre. Service de navettes offert. Déjeuner copieux pour enjoliver vos matins.

De Montréal, aut. 15 nord, sortie 67, 4e feu de circulation à droite, sur le chemin Ste-Marguerite, 3e bâtiment à gauche. 20 min de l'aéroport de Mirabel.

AUBERGE

AUBERGE AU NID DOUILLET

Andrée Morrissette et Martin Leduc
430, chemin Ste-Marguerite
Ste-Adèle J0R 1L0
(514) 229-6939
sans frais 1-800-529-6939
fax (514) 229-6651

	B&B	PAM
1 pers.	55-65 $	75-89 $
2 pers.	65-90 $	99-119 $
3 pers.	75-100 $	129-149 $
4 pers.	85-110 $	159-179 $
Enfant	0-10 $	0-25 $

Taxes en sus VS MC AM ER IT

Prix réduits : sur semaine, 15 avr au 15 juin, 15 oct au 15 déc
Ouvert à l'année

Nombre de chambres	8
ch. avec s. de bain privée	8

Activités:

36. STE-ADÈLE

F | a | R.5 | AV

Entre Montréal et Tremblant, au coeur de toutes les activités culturelles et de plein air, se cache notre nid d'amour. Décrochage total garanti. Des hôtes accueillants, la chaleur d'une soirée au coin du feu, et au réveil, le «grand déjeuner» servi dans la verrière, où l'on peut admirer les oiseaux, un jardin fleuri, un ruisseau et une piscine chauffée. Bonne nuit Bonjour une gâterie à s'offrir.

De Montréal, aut. 15 nord, sortie 67, rte 117, boul. Ste-Adèle faire 2 km, à gauche maison de pierres. 25 min aéroport de Mirabel.

AUBERGE

AUBERGE BONNE NUIT BONJOUR

Huguette Leblond et Michel Ouellette
1980, boul. Ste-Adèle
Ste-Adèle J0R 1L0
tel/fax (514) 229-7500
sans frais 1-888-229-7500
www.bbcanada.com/1607.html

	B&B
1 pers.	50-60 $
2 pers.	70-85 $
3 pers.	90 $
4 pers.	100 $
Enfant	0-10 $

Taxes en sus VS AM IT

Prix réduits : avr, mai, nov
Ouvert à l'année

Nombre de chambres	6
ch. avec s. de bain privée	4
salle d'eau partagée	1
salle de bain partagée	1

Activités:

37. STE-ADÈLE

F A R1 AV

Dans le cœur des Laurentides, situées sur une rivière enchantée avec ses tourbillons naturels, nos chambres personnalisées, dont deux avec balcon sur la rivière, notre sauna en pierres des champs, spa extérieur et pavillon de relaxation vous invitent à la détente. Un délicieux petit déjeuner ainsi qu'un vaste choix d'activités vous attendent. Forfait détente, motoneige. VENEZ RÊVER AVEC NOUS! **Annonce p 168.**

De Montréal, aut. 15 nord sortie 67, rte 117, boul Ste-Adèle, faire 3,6 km. À gauche, maison de pierres au toit bleu. 25 min de l'aéroport de Mirabel.

GÎTE
BEAUX RÊVES B&B

Hannes Lamothe
2310, boul. Ste-Adèle rte 117
Ste-Adèle J0R 1L0
(514) 229-9226
sans frais 1-800-279-7679
fax (514) 229-2999
www.beauxreves.com
bienvenue@beauxreves.com

B&B	
1 pers.	60-75 $
2 pers.	75-90 $
3 pers.	110-115 $
4 pers.	115-130 $
Enfant	0-20 $

Taxes en sus VS AM

Prix réduits : forfaits disponibles
Ouvert à l'année

Nombre de chambres	4
ch. avec s. de bain privée	4

Activités:

38. STE-ADÈLE

F A R.5 AV

Chalet Suisse offrant une vue panoramique des Laurentides; en face de glissades d'eau et d'une piste de motoneige interprovinciale de 6000 km, à deux pas du Centre-ville et au cœur de toutes les attractions touristiques régionales. En 30 min vous admirerez la station de ski internationale du Mt-Tremblant.

De Montréal, aut. 15 nord, sortie 67, jusqu'aux feux de circulation, faire 3,4 km sur boul. Ste-Adèle, à gauche face à la «tour à bungee». Ou aut. 15 sud, sortie 69, à droite chemin Ste-Marguerite.

GÎTE
GÎTE DES AMÉRIQUES

Charles Fillion
1724, boul. Ste-Adèle
Ste-Adèle J0R 1L0
(514) 229-9042
fax (514) 229-1763
amerique@citenet.net

B&B	
1 pers.	35-45 $
2 pers.	45-55 $
3 pers.	55-65 $
Enfant	5-10-15 $

VS MC

Ouvert : 1er déc au 30 oct

Nombre de chambres	3
ch. avec lavabo	2
salle de bain partagée	2

Activités:

39. STE-ADÈLE

F A R.3 AV

Notre jolie maison canadienne située dans un boisé offre, en plus de la climatisation et de la piscine, le confort et la détente. Grande chambre familiale. Petits déjeuners incomparables. Gîte situé à 25 min de l'aéroport de Mirabel. Sentiers de randonnée pédestre et de ski de fond sur place.

De Montréal ou de l'aéroport de Mirabel, aut. 15 nord, sortie 69, rte 370 est, faire 0,8 km, en face du restaurant «La Clef des Champs».

GÎTE
LA BELLE IDÉE

Suzanne et Jean-François
894, de l'Arbre Sec
Ste-Adèle J0R 1L0
(514) 229-6173
sans frais 1-888-221-1313
fax (514) 229-5423
www.bbcanada.com/870.html

B&B	
1 pers.	50-60 $
2 pers.	55-75 $
3 pers.	75-90 $
4 pers.	105 $
Enfant	0-10 $

Prix réduits : avr, nov
Ouvert à l'année

Nombre de chambres	4
ch. avec s. de bain privée	2
salle de bain partagée	1

Activités:

40. STE-ADÈLE-EN-HAUT

F A R.2 AV

EN-HAUT! À flanc de montagne, endroit paisible près du lac, de la plage, du ski Chantecler et des restaurants. Auberge climatisée, cachet européen, balcons privés, suite VIP, vues splendides! Cheminée en pierres, salon, grands sauna et SPA intérieurs, bains de neige! Apprenez l'allemand au déjeuner!

De Montréal, aut. 15 nord sortie 67, rte 117 (boul. Ste-Adèle), aux 4e feux, à gauche rue Morin 0,3 km, à gauche rue Ouimet 0,2 km. 4e maison à gauche dans le cul-de-sac.

GÎTE

AUBERGE LA GIROUETTE DES B&B

Helga Büchel et
Jacques Bélanger
941, rue Ouimet
Ste-Adèle-en-Haut J0R 1L0
tel/fax (514) 229-6433
sans frais 1-800-301-6433
www.bbcanada.com/1536.html

B&B	
1 pers.	40-85 $
2 pers.	60-100 $
3 pers.	105-120 $
4 pers.	120-160 $

Taxes en sus VS

Prix réduits : nov, 15 jan au 15 juin
Ouvert à l'année

Nombre de chambres	5
ch. avec s. de bain privée	5

Activités:

41. STE-AGATHE-DES-MONTS

F A R1 AV

Imaginez une belle maison centenaire où le confort est une tradition. Les petits déjeuners raffinés, le feu dans l'âtre, les massages suédois. Parfum des saisons et bonheur calme de l'heure bleu. À 1 h de Montréal, 35 min de Tremblant, 2 pas du centre-ville. 12 ch. dont 8 avec cheminée et baignoire à remous. **Photo p 96.**

De Montréal, aut. 15 nord, sortie 86. Rte 117 nord, à gauche rue Préfontaine, puis à droite sur le chemin Tour-du-Lac jusqu'au 173.

AUBERGE

AUBERGE DE LA TOUR DU LAC

Jean-Léo Legault
173, Tour-du-Lac
Ste-Agathe-des-Monts
J8C 1B7
sans frais 1-800-622-1735
(819) 326-4202
fax (819) 326-0341
www.delatour.qc.ca

B&B	
1 pers.	73-103 $
2 pers.	88-118 $
Enfant	15 $

Taxes en sus VS MC AM ER IT

Prix réduits : avr et nov
Ouvert à l'année

Nombre de chambres	12
ch. avec s. de bain privée	12

Activités:

42. STE-LUCIE-DES-LAURENTIDES

F A AV

Entre Ste-Agathe et St-Donat. Coin de nature isolé dans la forêt Laurentienne. Rivière, étang, sentier de motoneige Trans-Québec #33. Spa sur la terrasse dans un pavillon japonais de avril à novembre. Escalade du Mont Legault, astronomie, ornithologie. Près du parc du Mont-Tremblant. Je vous attends,
Carole.

De Montréal, aut. 15 nord, sortie 89 vers St-Donat. Faire 19,1 km, rte 329 nord. À droite pour l'Interval, lac Creux. Faire 3 km, à l'arrêt à droite 2e maison.

GÎTE

CHEZ GRAND-MÈRE ZOIZEAUX

Carole Daneau
3496, 10e Rue
Ste-Lucie-des-Laurentides
J0T 1V0
(819) 326-8565
fax (819) 326-0136
www.laurentides.com

B&B	
1 pers.	40-50 $
2 pers.	50-65 $
3 pers.	70-85 $
Enfant	15 $

Prix réduits : 10 %, 3 nuits et plus, 20 % 5 nuits et plus (dimanche au jeudi)
Ouvert à l'année

Nombre de chambres	3
ch. avec s. de bain privée	1
ch. avec lavabo	2
ch. au sous-sol	1
salle de bain partagée	1

Activités:

43. STE-MARGUERITE-DU-LAC-MASSON

F A R4 AV

À quelques minutes du village de Ste-Marguerite, venez découvrir les boisés qui entourent notre gîte campagnard soit par randonnée pédestre, vélo, ski de fond, raquettes. Au retour, atmosphère champêtre devant le foyer. Le confort des chambres vous mènera au petit matin avec ses déjeuners gourmands servis à la chambre ou à la salle à manger.

Aut. 15 nord, sortie 69, rte 370 est. Faire environ 8 km jusqu'à la résidence «LES DEUX ROSES». À gauche sur chemin Guénette. Faire 4,5 km, Auberge le Campagnard à droite.

GÎTE
AUBERGE LE CAMPAGNARD

Dennis Gosselin
145, chemin Guénette
Ste-Marguerite-du-Lac-Masson
J0T 1L0
(514) 228-4739

B&B	
1 pers.	50 $
2 pers.	65 $

VISA

Ouvert : 1er juin au 31 oct, 1er déc au 30 avr

Nombre de chambres	2
salle de bain partagée	1

Activités:

44. STE-MARGUERITE-DU-LAC-MASSON

F A R1 AV

Chantal et Patrice vous accueillent dans leur maison. «Le calme de la forêt, la beauté des lieux, l'éclairage de la maison, des personnes si chaleureuses, un déjeuner extra. Tout y était.» Ici vous retrouverez le bien-être d'une demeure agréable, sans cérémonie. Venez le constater par vous-même!

À 12,5 km de l'aut. 15 nord, sortie 69. Rte 370, 10,5 km. À gauche après le Sergaz, Place Ste-Marguerite. À gauche Place des Rapides. Maison au bout de la rue.

GÎTE
GÎTE DU LIÈVRE

Chantal Belisle et
Patrice Richard
34, Place du Lièvre
Ste-Marguerite-du-Lac-Masson
J0T 1L0
tel/fax (514) 228-4131
sans frais de mtl
(514) 823-4582
gite_du_lievre@citenet.net

B&B	
1 pers.	60 $
2 pers.	70 $
3 pers.	85 $
4 pers.	100 $
Enfant	10 $

Prix réduits : jan à mai, oct, déc
Ouvert : 1er déc au 30 oct

Nombre de chambres	3
ch. avec s. de bain privée	1
salle de bain partagée	1

Activités:

45. STE-SCHOLASTIQUE, MIRABEL

F a R2 AV

À 9 km de l'aéroport, dans un joli village, nouvelle formule de gîte : 1 unité indépendante de 3 chambres est réservée aux voyageurs alors que l'hôtesse habite une unité indépendante dans cette même bâtisse. Confort, intimité, accueil chaleureux, petit déjeuner copieux vous attendent dans cette maison historique rénovée. Stationnement longue durée et navette pour l'aéroport. Location de vélos et visites agro-touristiques.

Aut. 15, sortie 35. Aut. 50, sortie 279 dir. Ste-Scholastique, faire 3 km. Rang St-Rémi à gauche. Au village à droite rue St-Vincent. 1er arrêt à gauche Côte des Saints.

GÎTE
LE GÎTE DE MIRABEL

Isabelle Bigras
9530, Côte des Saints
Ste-Scholastique J0N 1S0
(514) 258-3563
fax (514) 258-4197

B&B	
1 pers.	39 $
2 pers.	49 $
3 pers.	59 $
Enfants	5-15 $

Taxes en sus VS MC

Ouvert à l'année

Nombre de chambres	3
salle d'eau partagée	1
salle de bain partagée	1

Activités: 

46. VAL-DAVID

F a R.5

Au cœur des Laurentides, nous vous acceuillons dans une ambiance familiale et chaleureuse. Maison rustique, rez-de-chaussée en bois rond, feu de foyer, veranda grillagée. Face au parc linéaire, pour vos randonnées en vélo ou ski de fond ou tout simplement goûter au charme du village.

De Montréal, aut. 15 nord, sortie 76, rte 117 nord. Après l'enseigne «Bienvenue Val-David» premiers feux de circulation, à droite sur rue de l'Église, à droite rue de la Sapinière. 2e coin de rue.

GÎTE
LA CHAUMIÈRE AUX MARGUERITES

Fabienne et Marc Girard
et leur fille Jéromine
1267, rue de la Sapinière
Val-David J0T 2N0
(819) 322-2043

B&B	
1 pers.	50 $
2 pers.	60 $
Enfants	0-10 $

VS

Prix réduits : 2 nuits et plus
Ouvert à l'année

Nombre de chambres	2
salle de bain partagée	1

Activités:

47. VAL-DAVID

F a AV

Auberge aux allures d'une vieille gare sur la piste cyclable l'été et de ski de fond l'hiver. Terrasse sur La Rivière du Nord. Idéal pour les amoureux. Chambres sur la rivière ou sur la piste le «P'tit train du nord». Service de transport tout le long de la piste cyclable (minibus 15 passagers). Organisons des raids en : ski de fond, motoneige, traîneau à chiens, vélo, canot, visite du Québec. Dans notre restaurant: dégustation des bières québécoises et cuisine traditionnelle.

1h de Montréal, aut. 15 nord ou rte 117 nord, sortie 76 Val David. À Val David, 1re rue à gauche 600 m.

AUBERGE
LE RELAIS DE LA PISTE

Anne-Marie et
Thierry Chaumont
1430, de l'Académie
Val-David J0T 2N0
(819) 322-2280
fax (819) 322-6658

	B&B	PAM
1 pers.	58-68 $	73-83 $
2 pers.	65-75 $	96-106 $
Enfant	15 $	

Taxes en sus VS AM IT

Ouvert : 1er déc au 31 mars,
1er mai au 30 oct

Nombre de chambres	6
ch. avec s. de bain privée	6

Activités:

48. VAL-MORIN

F A R.5 AV

Un «nid» douillet pour votre détente à l'abri des regards. Au salon, une vue superbe attire les flâneurs près du feu. Accès facile à la piste de vélo (1 km) et aux pistes de ski de fond et alpin. Près de Val-David, Ste-Adèle, St-Sauveur et Mont-Tremblant (30 min.). À 40 km de Mirabel et 75 km de Dorval, nous pouvons aller vous accueillir.

De Montréal ou Mirabel, aut. 15 nord, sortie 76 (Val-Morin). Rte 117, faire 0,5 km, à droite à Curé-Corbeil, faire 2 km et à droite rue Morin, faire 0,5 km.

GÎTE
LA «CHANT'OISEAU»

Martine et Marc Sabourin
5760, rue Morin
Val-Morin J0T 2R0
(819) 322-6660

B&B	
1 pers.	40 $
2 pers.	55 $
3 pers.	75 $
Enfant	10-15 $

Prix réduits : 1er nov au 1er juin,
10% à partir de la 2e nuit
Ouvert à l'année

Nombre de chambres	3
salle de bain partagée	1

Activités:

LES GÎTES ET AUBERGES

49. VAL-MORIN

F A AV

En bordure de la piste du P'TIT TRAIN DU NORD pour vos randonnées en vélo et en ski de fond. Organisons aussi des expéditions en canoë partout au Québec. Grand salon avec foyer pour pause-café ou lecture. Nos déjeuners sont copieux et appréciés. Un secteur de villégiature paisible près d'un lac sans embarcation motorisée.

De Montréal, aut. 15 nord, sortie 76, rte 117 nord, 1re à droite Curé Corbeil, à l'arrêt, rue Morin à droite, 1re à gauche 7ième Avenue, au bout à gauche, de la Gare.

GÎTE
LES FLORETTES

Micheline Boutin et
Jacques Allard
1803, de la Gare
Val-Morin J0T 2R0
(819) 322-7614
fax (514) 226-3299
sa2000@inclaurentides.qc.ca

B&B	
1 pers.	40 $
2 pers.	59 $
3 pers.	75 $
Enfant	16 $

Taxes en sus VS MC

Ouvert à l'année

Nombre de chambres	4
salle d'eau partagée	1
salle de bain partagée	2

Activités:

50. VAL-MORIN

F A R.5 AV

Jadis, magasin général et bureau de poste. Un joyau du patrimoine. Site privilégié en bordure du Parc Linéaire et du lac Raymond. Vélos, canots et pédalos sans frais. Les grandes galeries face au lac incitent à la détente. Endroit idéal pour profiter de la douceur du temps. Venez savourer notre petit déj. 5 services et ces petites attentions qui rendront votre séjour mémorable. Certificat cadeau.

De Montréal, aut. 15 nord, sortie 76. Rte 117 nord, faire 0,5 km, à droite à Curé-Corbeil jusqu'au bout. À droite, 0,5 km sur rue Morin. À la 8e Ave tourner à gauche, c'est la 7e Ave, jusqu'au bout.

GÎTE
LES JARDINS DE LA GARE B&B

Françoise et Alain
1790, 7e Avenue
Val Morin J0T 2R0
tel/fax (819) 322-5559
sans frais 1-888-322-4273
http://pages.infinit.net/racetr/jardin.html

B&B	
1 pers.	50 $
2 pers.	70 $
Enfant	10-15 $

Taxes en sus VS IT

Prix réduits : 15 oct au 15 déc, 15 mars au 1er mai (dim au jeu)
Ouvert à l'année

Nombre de chambres	5
ch. avec lavabo	2
salle d'eau partagée	1
salle de bain partagée	2

Activités:

51. VAL-MORIN

F A R2 AV

Entre Montréal et Tremblant, au cœur des montagnes, se cache un coin de paradis au bord d'un lac sauvage. L'été, respirez la sainte paix en canotant accompagnés des huards. L'hiver, relaxez devant le foyer central face à une vue superbe sur les pistes de ski de fond. Parc linéaire à 3,7 km, 200 km de piste cyclable. **Maison de campagne p 167.**

Aut. 15 nord, sortie 76, rte 117 nord. Suivre indications Far Hills, 6,3 km. À l'arrêt au ch. Far Hills Inn, aller tout droit pour 1,4 km. À droite vers Lac Lasalle puis à gauche, CUL-DE-SAC.

GÎTE
NID D'AMOUR

Lise et Camil Bourque
6455, chemin du Lac Lasalle
Val-Morin J0T 2R0
tel/fax (819) 322-6379
sans frais 1-888-322-6379
nidamour@hotmail.com

B&B	
1 pers.	60-90 $
2 pers.	70-90 $
3 pers.	120 $
4 pers.	140 $

VS

Prix réduits : en sem sauf juil, août, et congé scolaire d'hiver
Ouvert à l'année
sauf durant le Temps des Fêtes

Nombre de chambres	3
ch. avec s. de bain privée	3

Activités:

52. VAL-MORIN

F A R2 M6 AV

Vivre comme les gens riches et célèbres. Une maison spacieuse, un toit cathédrale, des chambres avec salle de bain privée, un souper sous le chandelier, face à l'âtre central, après une journée sur les pistes de ski de fond du Far Hills. Le rêve, quoi! Minimum 2 nuits, pour sûr! **Gîte p 166.**

Aut. 15 nord, sortie 76, rte 117 nord. Suivre indications Far Hills, 6,3 km. À l'arrêt au ch. Far Hills Inn, aller tout droit pour 1,4 km. À droite vers Lac Lasalle puis à gauche, CUL-DE-SAC.

MAISON DE CAMPAGNE
NID D'AMOUR

Lise et Camil Bourque
6455, ch. du Lac Lasalle
Val-Morin J0T 2R0
tel/fax (819) 322-6379
sans frais 1-888-322-6379
nidamour@hotmail.com

Nbr. maisons	1
Nbr. chambres	2
Nbr. personnes	2-6
SEM-HIVER	750-1470 $
WE-HIVER	250-420 $

VS

Prix réduits : sur nuit suppl. au delà du weekend ou semaine
Ouvert : 3 jan au 1er mai

Activités:

ESCAPADES À LA FERME

Gîtes à la ferme :

Tables Champêtres* :

Promenade à la ferme :

* Marque de certification déposée

LES MAISONS DE CAMPAGNE

Situé au coeur des Laurentides, là où il y en a pour tous les goûts!

Cinq bonnes adresses pour vous accueillir

L'hospitalité est une tradition chez nous!!!

LAVAL

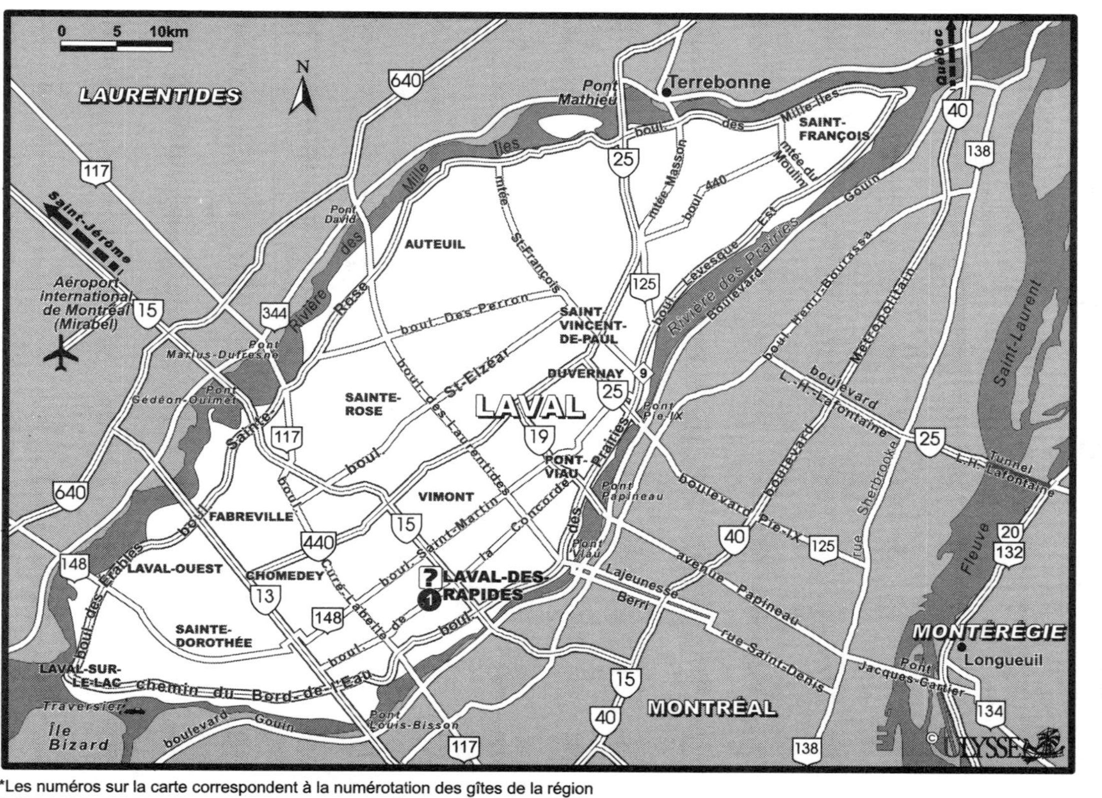

*Les numéros sur la carte correspondent à la numérotation des gîtes de la région

*** À COMPTER DU 13 JUIN 1998, LE CODE RÉGIONAL 514 PRÉCÉDANT LE NUMÉRO DE TÉLÉPHONE DEVIENDRA LE 450**

1. LAVAL

F a R2 AV

Ancienne maison de ferme confortable. Située à 3 km de Montréal, station de métro Henri-Bourassa (si vous arrivez par les transports en commun, on ira vous chercher). Accueil chaleureux, déjeuner copieux au goût. Enfants bienvenus. Piscine et terrasse fleurie. Réduction 15 % après 7 nuits consécutives.

De Montréal, aut. 15 nord, sortie 7, boul. des Prairies est. Ou de Mirabel, aut. 15 sud, sortie 7, boul des Prairies vers l'est. Le boul. Bon Pasteur est la 13e rue vers l'est, tourner à gauche.

GÎTE
L'ABRI DU TEMPS

Marguerite et Raoul St-Jean
2, boul. Bon Pasteur
Laval-des-Rapides
H7N 3P9
tel/fax (514) 663-5094

B&B	
1 pers.	40 $
2 pers.	55 $
Enfant	5-15 $

Prix réduits : 15 % après 7 nuits consécutives
Ouvert : 1er jan au 30 avr, 1er juin au 31 déc

Nombre de chambres	3
salle de bain partagée	2

Activités: 

MAURICIE–BOIS-FRANCS

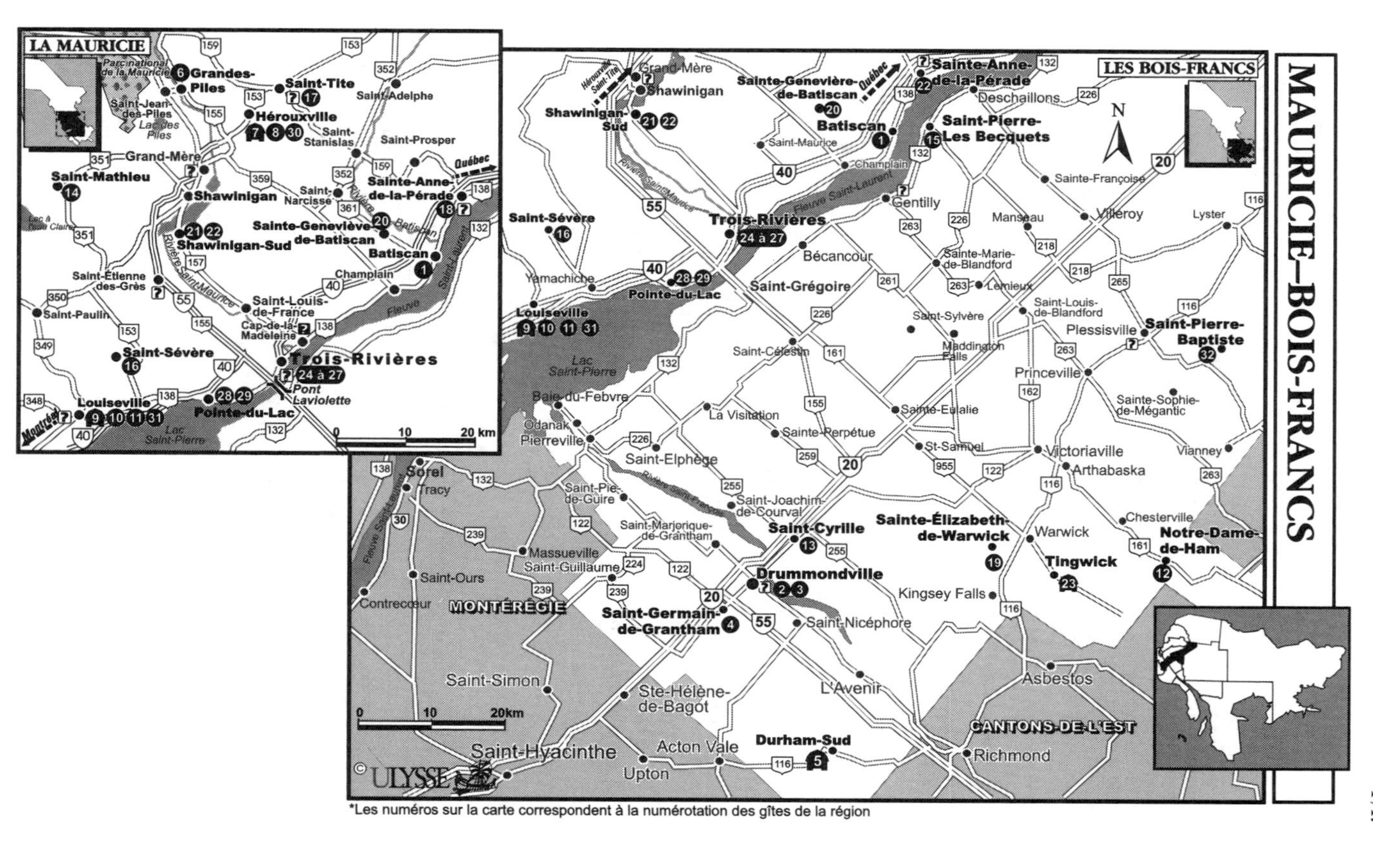

1. BATISCAN

F A R2 AV

L'osmose du bleu des flots et des cieux! Le St-Elias vous offre des chambres douillettes et chaleureuses avec vue sur le fleuve. Dès le réveil, vous apprécierez sourires et gâteries. C'est à Batiscan, village enchanteur, que je vous invite à découvrir gîte et délices du terroir. Activités hivernales : raquette, traîneau à chiens, trottinette des neiges. Prix Excellence Mauricie-Bois-Francs 1995-96. **Photo p 192.**

Entre Montréal et Québec, aut. 40, sortie Batiscan, dir. rte 361 sud, rte 138 ouest. 4 km de l'autoroute.

GÎTE
LE ST-ELIAS

Monique Bernier
951, Principale
Batiscan G0X 1A0
(418) 362-2712
fax (418) 362-2081

	B&B	PAM
1 pers.	45-50 $	60-65 $
2 pers.	55-60 $	85-90 $

VS MC

Ouvert : 15 jan au 31 oct

Nombre de chambres	4
salle d'eau partagée	1
salle de bain partagée	2

Activités:

2. DRUMMONDVILLE

F A R1 AV

«Revivez la maisonnée d'antan qui fleure bon la rose et les enfants.» Notre «petite» famille (11) vous accueille à sa table garnie de pain et de confitures maison, d'œufs frais du jour, de jus et de café odorant. Situé à mi-chemin entre Montréal et Québec, et entre Sherbrooke et Trois-Rivières. Bienvenue au cœur de chez nous!

Aut. 20, sortie 175, vers Drummondville (boul Lemire sud), à 300 m de l'aut. 20.

GÎTE
LE GÎTE DES ROSES

Diane et Denis Lampron
215, boul. Lemire, R.R. #6
Drummondville J2B 8A9
(819) 474-4587
fax (819) 474-1500

	B&B
1 pers.	40 $
2 pers.	55 $
3 pers.	65 $
4 pers.	75 $
Enfant	10 $

Ouvert à l'année

Nombre de chambres	3
salle de bain partagée	3

Activités:

3. DRUMMONDVILLE

F A R4 AV

Venez vous reposer au bord de la rivière St-François, dans un gîte ayant gardé son cachet rustique, et entouré d'un boisé, de verdure et de fleurs, près d'un ruisseau. Le déjeuner se prendra sur place ou dans la maison à côté, sur le même terrain. Nous sommes à 12 min du centre-ville.

Aut 20, sortie 55 vers Sherbrooke, jusqu'à la sortie rte 139 vers St-Nicéphore. Traverser le village, se rendre à l'aéroport près de la rivière, tourner à droite, faire 1,2 km.

GÎTE
MAISON LA COULÉE

Beldora et Daniel Roy
4890, boul. Allard
Drummondville J2B 6V3
(819) 477-4359
fax (819) 477-0672
daniel.roy@dr.cgocable.qc.ca

	B&B
1 pers.	35 $
2 pers.	55 $
3 pers.	80 $
4 pers.	110 $
Enfant	10 $

Prix réduits : pour les groupes de 8 personnes et moins
Ouvert à l'année

Nombre de chambres	5
ch. avec s. de bain privée	1
salle d'eau partagée	1
salle de bain partagée	2

Activités:

4. DRUMMONDVILLE, ST-GERMAIN

F A R6 AV

Charme du passé, douceur de vivre. Grande maison de campagne datant de 1916, isolée, entourée de vastes espaces fleuris. Déj. gourmet: pain, crêpes, pain doré, confitures maison, servi au solarium. Village Québécois d'Antan. Piste cyclabe «La campagnarde», Festival Folklore (début juillet), ski de fond au village Québécois d'antan, moulin à laine d'Ulverton, théâtre d'Upton et Drummondville. Bienvenue au cœur du Québec.

De Québec, aut. 20, sortie 166, à gauche sur le 10e rang jusqu'à rte 239 nord. De Montréal, aut. 20, sortie 166, à droite 10e rang jusqu'à rte 239 nord, faire 3 km.

GÎTE
LE MADAWASKA

Juliette Levasseur
644, Route 239 Nord
St-Germain J0C 1K0
(819) 395-4318

B&B	
1 pers.	40 $
2 pers.	55 $
3 pers.	65 $
Enfant	10 $

Prix réduits : jan à mars
Ouvert à l'année

Nombre de chambres	3
salle de bain partagée	2

Activités:

5. DURHAM-SUD

F A R5 AV

Notre ferme de la sixième génération vous invite cordialement à venir jouir de sa beauté paisible, soit en marchant dans les prés et les bois, ou en faisant une halte au bord de la rivière, ou en prenant part à de multiples activités extérieures. **Gîte à la ferme p 39.**

De l'aut. 20, sortie 147, rte 116 est jusqu'à Durham-Sud. Du feu clignotant, faire encore 2 km sur la rte 116, à gauche ch. Mooney, 3 km. Ou de l'aut. 55, sortie 88, rte 116 ouest faire 12 km, à droite ch. Mooney, 3 km.

GÎTE
LA SIXIÈME GÉNÉRATION

Heather Lunan
et Norman Carson
415, chemin Mooney
Durham-Sud J0H 2C0
(819) 858-2539
fax (819) 858-2001

B&B	
1 pers.	40-45 $
2 pers.	55-60 $
3 pers.	75 $
4 pers.	90 $
Enfant	0-10 $

Taxes en sus

Ouvert : 1er juin au 31 oct

Nombre de chambres	3
salle d'eau partagée	1
salle de bain partagée	1

Activités:

6. GRANDES-PILES

F a R.1 AV

Juché entre la rivière St-Maurice et les montagnes, le Château Crête, joyau de la Mauricie, une halte rêvée pour qui veut découvrir les grands espaces sauvages. Vous y attendent: Parc national de la Mauricie et ses nombreuses activités toutes saisons; Village du Bûcheron; Village d'Émilie; Cité de l'Énergie; tout ça et bien plus encore... À bientôt!

À mi-chemin entre Montréal et Québec par aut. 40 puis 55 nord et 155 vers La Tuque et le Lac St-Jean. Nous sommes situés à moins de 60 km de Trois-Rivières. Bonne route... Voyez notre site Internet...

AUBERGE
LE CHÂTEAU CRÊTE

Micheline Bardor et
Hilaire Lavoie
740, 4e Avenue
Grandes-Piles G0X 1H0
(819) 538-8389
sans frais 1-888-538-8389
fax (819) 538-7323
www3.sympatico.ca/
chateau_crete

B&B	
1 pers.	45-65 $
2 pers.	55-80 $
3 pers.	70-95 $
Enfant	15 $

Taxes en sus

Ouvert à l'année

Nombre de chambres	7
ch. avec s. de bain privée	2
ch. avec lavabo	3
ch. au sous-sol	3
salle d'eau partagée	3
salle de bain partagée	1

Activités:

7. HÉROUXVILLE

F a

Une halte à notre gîte vous permettra un temps de repos. Nous vous offrons aussi le gîte à la ferme ce qui vous amènera à vivre les joies de notre quotidien. Aménagement extérieur, piscine, vélo, jeux, foyer, et attraits touristiques intéressants. Gîte offert dans une maison de ferme voisine de la maison familiale. Maison climatisée. **Gîte à la ferme p 39.**

De Montréal, aut. 40 est. À Trois-Rivières, aut. 55 nord. À la fin de l'aut. 55, sortie rte 153 nord. À Hérouxville, traverser le chemin de fer et faire 2 km.

GÎTE
FERME LES SEMAILLES

Lise Richer et François Naud
1480, rang Saint-Pierre
Hérouxville GOX 1J0
(418) 365-5190
(418) 365-5590

B&B	
1 pers.	25 $
2 pers.	40 $
Enfant	10 $

Ouvert à l'année

Nombre de chambres	5
salle de bain partagée	2

Activités:

8. HÉROUXVILLE

F A R5 AV

Gîte chaleureux situé près du Parc de la Mauricie entre Montréal et le Lac St-Jean. Venez vous détendre au coin du feu et goûter aux «chamallow» grillés. Ambiance familiale où il fait bon vous faire découvrir nos traditions. Prix Excellence Mauricie-Bois-Francs 1994-95. **Maison de campagne p 182.**

À mi-chemin entre Québec et Montréal par aut. 20 ou aut. 40, prendre aut. 55 nord via Trois-Rivières. À la fin de l'aut. 55, sortie rte 153 nord. À Hérouxville, au feu clignotant, rue voisine de l'église.

GÎTE
MAISON TRUDEL

Nicole Jubinville
et Yves Trudel
543, Goulet
Hérouxville GOX 1J0
(418) 365-7624
fax (418) 365-7041
www.bbcanada.com/408.html

B&B	
1 pers.	40 $
2 pers.	50 $
3 pers.	75 $
Enfant	10 $

VS

Ouvert à l'année

Nombre de chambres	4
salle de bain partagée	3

Activités:

9. LOUISEVILLE

F a R1 AV

Maison de ferme, victorienne (1880) confortable et paisible, dans un parc ombragé et fleuri. Un retour dans un passé romantique! Qualité et harmonie. «Un coin de paradis» a-t-on écrit. À 10 km : chutes Ste-Ursule, Lac St-Pierre. Souper à la ferme (5 serv.) avec réservations. **Gîte à la ferme p 39, table champêtre p 21, maison de campagne p 182, promenade à la ferme (visite des jardins) p 32. Photo p 192.**

De Montréal ou de Québec, aut. 40, sortie 166. Rte 138 est, 2,4 km, rte 348 ouest. À gauche vers Ste-Ursule, 1,5 km, 1er ch. à droite, 1re maison éloignée sous les arbres.

GÎTE
GÎTE DE LA SEIGNEURIE

Michel Gilbert
480, chemin du Golf
Louiseville J5V 2L4
tel/fax (819) 228-8224

B&B	
1 pers.	45-60 $
2 pers.	55-80 $
3 pers.	80 $
4 pers.	95 $
Enfant	15 $

Taxes en sus

Ouvert à l'année

Nombre de chambres	5
ch. avec lavabo	2
ch. avec s. de bain privée	1
salle d'eau partagée	1
salle de bain partagée	1

Activités:

10. LOUISEVILLE

F A AV

Le Gîte du Carrefour est un bâtiment de prestige, reconnu «Bien culturel» du Québec. De style Néo-Reine-Anne, elle est l'unique maison de la Citée à être caractérisée : «Historique». Meublée et décorée somptueusement, son confort est absolue. Il faut la découvrir de par son jardin...4 chambres tout aussi cossues l'une que l'autre.

De Montréal ou de Québec, aut. 40, sortie 166 ou 174 via la rte 138, vers le centre ville de Louiseville. Coin rte 349 et rte 138.

GÎTE
GÎTE DU CARREFOUR

Réal-Maurice Beauregard
11, ave. St-Laurent Ouest
Louiseville J5V 1J3
tel/fax (819) 228-4932

B&B	
1 pers.	45 $
2 pers.	55 $

Ouvert à l'année

Nombre de chambres	4
salle d'eau partagée	1
salle de bain partagée	3

Activités:

11. LOUISEVILLE

F a R1 AV

Venez goûter au charme d'antan dans le confort d'aujourd'hui. La maison de l'Ancêtre, cette magnifique demeure située sur un immense terrain bordé d'arbres et de fleurs, saura vous faire découvrir les parfums de sa cuisine et les secrets de sa beauté. Retrouvez-y confort et tranquillité dans l'une de ses trois chambres décorées avec soin. À 1 h de Montréal, la maison de l'Ancêtre, un oasis de paix.

Venant de Montréal, aut 40, sortie 166. Rte 138 est, 3,5 km. Rte 349, rue Notre-Dame nord, 1km. De Québec, aut. 40, sortie 174. Rte 138 ouest, 4,9 km, rte 349, rue Notre-Dame nord, 1km.

GÎTE
LA MAISON DE L'ANCÊTRE

Julienne Leblanc
491, Notre-Dame Nord
Louiseville J5V 1X9
(819) 228-8195

B&B	
1 pers.	40-45 $
2 pers.	45-50 $
3 pers.	60-65 $
Enfant	10 $

Ouvert à l'année

Nombre de chambres	3
salle de bain partagée	2

Activités:

12. NOTRE-DAME-DE-HAM

F A R7 AV

Les Appalaches comblent et surprennent les gens en quête de nouveaux horizons. Mes voyages combinés avec l'amour de la bonne cuisine donnent à ma table son attrait. M. Pierre Dupont d'Enjeux, Radio-Canada, m'offre toutes ses étoiles, Mme Dupont aussi. Berceau, lit d'enfant sont là. Personne handicapée bienvenue.

Aut. 20, Jean-Lesage, dir. Québec. Sortie 210. À Victoriaville, direction Musée Laurier ou S.Q., boul. Laurier sud (rte 161 sud). Notre-Dame-de-Ham, 26 km.

GÎTE
GÎTE J.D. TROTTIER

Jeanne D. Trottier
37, rue Principale
Notre-Dame-de-Ham G0P 1C0
tel/fax (819) 344-5640

B&B	
1 pers.	40 $
2 pers.	55 $
3 pers.	70 $
Enfant	12 $

VS MC

Ouvert : 1er avr au 31 oct

Nombre de chambres	3
salle de bain partagée	2

Activités: 

13. ST-CYRILLE

F a R3

Entre Montréal et Québec à 5 km de Drummondville, «L'Oasis», un gîte non-fumeur, entouré de vastes espaces, arbres, fleurs et jardin d'eau, nature et détente, air climatisé. Déj. à votre rythme, de différents styles : maison, européen, diète ou végétarien de notre potager. Enfant: 0 à 6 ans gratuit. Parlons allemand. À voir Village Québécois d'Antan, Festival Mondial de Folklore (juillet), Moulin à laine d'Ulverton. En nomination pour le Prix Mauricie-Bois-Francs 1996-97.

Aut. 20, sortie 185, faire 2 km jusqu'à l'église, rte 122 à droite, faire 1 km.

GÎTE
L'OASIS

Johanna Beier-Putzke
3500, route 122
St-Cyrille J1Z 1C3
(819) 397-2917

B&B	
1 pers.	30 $
2 pers.	40-50 $
Enfant	0-15 $

Ouvert à l'année

Nombre de chambres	2
ch. avec lavabo	1
salle de bain partagée	1

Activités:

14. ST-MATHIEU-DU-PARC

F A R5 AV

Bienvenue dans notre havre de paix et d'harmonie. 7 km du parc de «La Mauricie.» Vous êtes conviés à l'Herbarium, domaine pittoresque, décor enchanteur et grandiose, au milieu de lacs, montagnes, jardins fleuris. Accueil amical, ambiance de détente, déj. succulent. Pique-nique, randonnées pédestre et de traîneau à chiens sur place.

De Montréal, aut. 40 est. Aut. 55 nord, sortie 217. Rte 351 sud, 12 km. À droite, ch. St-François, 4 km. À gauche, ch. Principal, 1 km. À droite, ch. St-Paul, 0,5 km.

GÎTE
L'HERBARIUM

Anne-Marie Groleau
1950, chemin St-Paul
St-Mathieu-du-Parc G0X 1N0
(819) 532-2461

B&B	
1 pers.	40 $
2 pers.	55-65 $
3 pers.	75 $
Enfant	10 $

Ouvert à l'année

Nombre de chambres	3
salle d'eau partagée	1
salle de bain partagée	1

Activités:

15. ST-PIERRE-LES-BECQUETS

F A R1 AV

Venez vivre au rythme des marées, la vie du fleuve, de la campagne et d'un village qui prend le temps de vous recevoir. Nous vous offrons détente et confort, dans une maison chaleureuse aux points de vue uniques. Piscine chauffée en saison. Lever et coucher de soleil inoubliables.

De Montréal, aut. 40 est. À Trois-Rivières, pont Laviolette, aut. 30 est, qui devient la rte 132 est, jusqu'à St-Pierre. Ou du pont de Québec, dir. Nicolet, rte 132 ouest jusqu'à St-Pierre.

GÎTE
LA MAISON SUR LE FLEUVE

Suzanne Chartrand
et Jacques Lefebvre
136, Marie-Victorin
St-Pierre-les-Becquets
G0X 2Z0
(819) 263-2761
fax (819) 375-2512

B&B	
1 pers.	35 $
2 pers.	50 $
Enfant	5-15 $

Ouvert à l'année

Nombre de chambres	3
salle d'eau partagée	1
salle de bain partagée	1

Activités:

16. ST-SÉVÈRE

F a R8 AV

Village agricole au cachet d'antan. Maison rustique, spacieuse, meublée à l'ancienne, 170 ans d'âge. 6 générations Héroux dit Bourgainville. Espaces verts. «À 2 pas du Chemin du Roy, au Bourgainvillier tu t'arrêteras, bonne halte tu y feras». Possibilité de camping rustique.

À 5 min. de l'aut., à mi-chemin entre Montréal et Québec, par rte 138 ou aut. 40, sortie 180. À Yamachiche, au feu clignotant, dir. Shawinigan, rte 153, faire 3 km. Suivre indication St-Sévère, faire 5 km. Au cœur du village.

GÎTE
AU BOURGAINVILLIER

Lise Héroux
83, rue Principale
St-Sévère G0X 3B0
tel/fax (819) 264-5653
(514) 668-3955

B&B	
1 pers.	35 $
2 pers.	50 $
3 pers.	65 $
Enfant	10 $

Ouvert à l'année

Nombre de chambres	4
salle d'eau partagée	1
salle de bain partagée	1

Activités:

17. ST-TITE

F a R1 AV

Au cœur de St-Tite, ville au cachet western, se dresse cette maison victorienne tout en bois (1907). À votre réveil pain maison, beurre d'érable. À pied ou à vélo, découvrez boutiques, restaurants, terrasses. À moins de 30 min., lacs, golf, équitation, ski, Parc de la Mauricie, Village du Bûcheron, Cité de l'Énergie, traîneaux à chiens. Bienvenue!

De Québec ou Montréal, aut 20 ou aut 40. Prendre aut 55 nord via Trois-Rivières. À la fin de l'aut. 55, sortie rte 153 nord jusqu'à St-Tite, à la caisse populaire faire 500 m à gauche.

GÎTE
MAISON EMERY JACOB

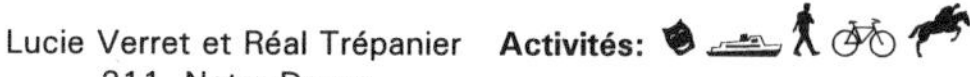

Lucie Verret et Réal Trépanier
211, Notre-Dame
St-Tite G0X 3H0
(418) 365-5532
fax (418) 365-3957

B&B	
1 pers.	40 $
2 pers.	50 $
Enfants	10 $

AM

Ouvert à l'année

Nombre de chambres	3
salle d'eau partagée	1
salle de bain partagée	1

Activités: 

18. STE-ANNE-DE-LA-PÉRADE

F A AV

Sur le Chemin du Roy entre la rivière des «petits poissons des chenaux» et la «marigotte» oubliée, le vieux Manoir vous offre, en marge du temps, son petit monde de forfaits douceurs: pêche, motoneige, traîneau à chiens, musée, croquet ou vélo, une cuisine gourmande et de doux rêves sous le baldaquin.

Entre Montréal (2h) et Québec (1h) sur Ch. Du Roy (rte 138), à 100 mètres de l'église. Via aut. 40, sortie 236, à droite au 1er arrêt, à gauche au 2e arrêt et faire 200 mètres.

AUBERGE
AUBERGE DU
MANOIR DAUTH

Lise Garceau et Yvan Turgeon
21, boul. de Lanaudière
C.P. 111
Ste-Anne-de-la-Pérade
G0X 2J0
tel/fax (418) 325-3432

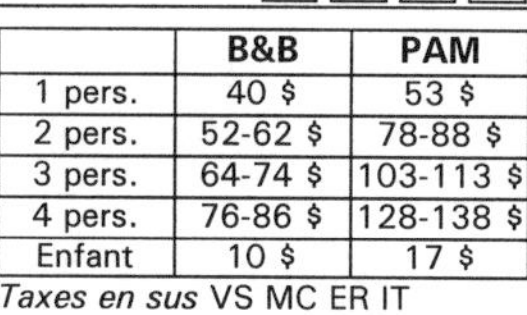

	B&B	PAM
1 pers.	40 $	53 $
2 pers.	52-62 $	78-88 $
3 pers.	64-74 $	103-113 $
4 pers.	76-86 $	128-138 $
Enfant	10 $	17 $

Taxes en sus VS MC ER IT

Ouvert à l'année

Nombre de chambres	6
ch. avec s. de bain privée	2
ch. avec lavabo	2
salle d'eau partagée	2
salle de bain partagée	2

Activités:

LES GÎTES ET AUBERGES

19. STE-ÉLIZABETH-DE-WARWICK

F a R8 AV

Pour piquer une jasette, un somme ou votre fourchette, vous êtes bienvenue! Maison en pleine campagne près de Kingsey Falls, (théâtre des Grands-Chênes, Parc Marie-Victorin). Le petit déj.? Un vrai péché et que dire de vos hôtes! Votre curiosité est piquée? Préparez votre baluchon on vous attend.

Aut. 20, sortie 210, rte 955 jusqu'à St-Albert. Suivre la dir. Warwick jusqu'au 4e rang (6 km). À droite. Après le village de Ste-Élizabeth, à gauche sur rte Mondoux, faire 1,5 km.

AUBERGE
LE PETIT BALUCHON

Marie-France, Daniel
Jean-René Dumas
305, route Mondoux
Ste-Élizabeth-de-Warwick
J0A 1M0
(819) 358-2406

	B&B	PAM
1 pers.	35 $	50 $
2 pers.	55 $	85 $
Enfant	5-10 $	10-20 $

Taxes en sus

Ouvert à l'année

Nombre de chambres	5
salle de bain partagée	2

Activités:

20. STE-GENEVIÈVE-DE-BATISCAN

F A R8

En bordure de la rivière Batiscan, à deux pas du «Chemin du Roy» rte 138, partagez l'atmosphère intime et chaleureuse de notre maison ancestrale (grands lits, bain tourbillon). Initiez-vous à l'élevage de chèvres Angoras et appréciez une randonnée à travers les pâturages jusqu'à notre plantation de bleuets cultivés. À proximité du Parc de la Batiscan. **Annonce p 181.**

Entre Montréal et Québec, aut. 40, sortie 229 dir. Ste-Geneviève-de-Batiscan, rte 361 nord, faire 4,2 km. Après le pont N.-P. Massicotte, à droite, rue Principale, faire 0,5 km. De la rte 138, sortie 361 nord...

GÎTE
LA MARIE-JEANNE

Marie Auger et Alfred Pellerin
241, Principale, C.P. 84
Ste-Geneviève-de-Batiscan
G0X 2R0
(418) 362-2337

	B&B
1 pers.	45 $
2 pers.	55 $
Enfant	15 $

Ouvert : 1er mai au 30 sept

Nombre de chambres	2
salle de bain partagée	2

Activités:

21. SHAWINIGAN SUD

F a R4 AV

À la porte de la Cité de l'Énergie, la campagne à la ville. Quatre chambres regardant la Saint-Maurice : nuitée paisible, déjeuner irrésistible. L'écrivaine Adrienne Choquette y a vécu; ses mots soufflent sur le Temps. Décor d'autrefois, où il fait beau, bon et chaud.

De Montréal ou Québec, aut. 40. À Trois-Rivières, aut. 55 nord sortie 211 dir. Cité de l'Énergie, rte 157. Après les ponts, à droite au viaduc boul. du Capitaine. Au bout, avant la côte, à gauche ch. Saint-Laurent.

GÎTE
LE TEMPS DES VILLAGES

Reynald Roberge
155, chemin Saint-Laurent
Shawinigan Sud G9P 1B6
tel/fax (819) 536-3487

	B&B
1 pers.	50-60 $
2 pers.	60-70 $
Enfant	10 $

Ouvert à l'année

Nombre de chambres	4
salle d'eau partagée	1
salle de bain partagée	1

Activités:

22. SHAWINIGAN SUD

F A R.5 AV

Au cœur du Québec, un séjour magnifique vous attend : Parc national, Parc des chevreuils, Cité de l'Énergie, musées, théâtres, festivals, sports nautiques, golf, ski, sentiers de motoneige. Venez vous amuser et vous détendre chez nous dans la grandiose Mauricie. Dans un coin paisible, vous déjeunerez près du foyer en hiver, près de la piscine en été. Quelles vacances!

Aut. 40 jusqu'à Trois-Rivières, l'aut. 55 nord sortie 211. De là, Shawinigan-Sud jusqu'à la 125e Rue. À gauche jusqu'à av. Côté (1,5 km à votre gauche), jusqu'à rue Lacoursière. À droite jusqu'à Adrienne Choquette. À droite sur Albert-Dufresne.

GÎTE
LES P'TITS POMMIERS

Michelle Fortin et
Jean-Louis Gagnon
2295, Albert-Dufresne
Shawinigan Sud G9P 4Y6
(819) 537-0158
fax (819) 537-4839

B&B	
1 pers.	40 $
2 pers.	50 $
Enfant	10 $

Ouvert à l'année

Nombre de chambres	2
salle d'eau partagée	1
salle de bain partagée	1

Activités:

23. TINGWICK

F a R7 AV

En pleine campagne, redécouvrez les douceurs d'antan : animaux, ruisseau, jardins bio, poêle à bois, table garnie des produits frais de la ferme. Près d'une piste cyclable de 71 km sur ancienne voie ferrée; parcours de pêche à la truite sur la Nicolet; forfaits théâtre. Bienvenue dans notre petit paradis. **Gîte à la ferme p 39.**

De Montréal ou Québec, aut. 20 sortie 210, rte 955 sud vers St-Albert jusqu'au bout. Tourner à droite. À 1 km, à gauche vers Warwick, tout droit jusqu'à Tingwick. À l'arrêt, tout droit faire 4 km. Au rang 7, à gauche, faire 3,4 km.

GÎTE
LES DOUCES HEURES D'ANTAN

Francine Gareau
et Claude Barabé
703, rang 7
Tingwick J0A 1L0
(819) 359-2813
fax (819) 359-3229
www.login.net/dhdantan

B&B	
1 pers.	35 $
2 pers.	55 $
3 pers.	70 $
4 pers.	80 $
Enfant	5-10 $

Taxes en sus VS

Ouvert : 1er déc au 30 sept

Nombre de chambres	4
ch. avec lavabo	3
salle de bain partagée	2

Activités:

24. TROIS-RIVIÈRES

F A R4 AV

Au cœur de la ville et à l'entrée du Trois-Rivières historique, sur une rue discrète et ombragée, se blottit notre auberge. C'est une belle victorienne avec ses riches boiseries de chêne, ses portes biseautées, ses dorures et belles moulures, léguée par l'ancienne aristocratie. La salle à manger, ouverte au public, y est élégante avec ses lustres brillants, ses dentelles, ses lampes anciennes. Stat. et climatisation.

Aut. 40, sortie Trois-Rivières centre-ville. Jusqu'à Notre-Dame. À gauche rue Radisson (sur votre gauche). Il y a deux grandes marquises noires, vous y êtes.

AUBERGE
AUBERGE DU BOURG

Monic et Jean-Marc Beaudoin
172, Radisson
Trois-Rivières G9A 2C3
(819) 373-2265

	B&B	PAM
1 pers.	50-70 $	60-80 $
2 pers.	60-80 $	80-100 $

Taxes en sus VS MC AM IT

Ouvert à l'année

Nombre de chambres	4
ch. avec lavabo	2
ch. avec s. de bain privée	2
salle d'eau partagée	2
salle de bain partagée	1

Activités:

25. TROIS-RIVIÈRES

F A R.1 AV

Située au coeur du centre-ville et à deux pas du Vieux-Trois-Rivières. Ancienne maison de religieuses au décor champêtre et aux chambres mansardées. Venez relaxer près du bassin d'eau ou sur l'une des terrasses. Forfait massage ou plein air disponible. Stationnement.

De Montréal, aut. 40 est, sortie centre-ville Trois-Rivières. Aux feux de circulation, à droite, prochains feux de circulation, à gauche. Faire 0,4 km jusqu'à rue Bonaventure, faire 0,4 km.

GÎTE

GÎTE DU PETIT COUVENT

Maryse Bergeron et
Martin Gagnon
466, Bonaventure
Trois-Rivières G9A 2B4
(819) 379-4384
sans frais 1-800-582-4384
fax (819) 371-2430

B&B	
1 pers.	45 $
2 pers.	55-60 $
3 pers.	70 $
4 pers.	85 $
Enfant	5-15 $

Ouvert à l'année

Nombre de chambres	3
ch. avec lavabo	3
salle d'eau partagée	1
salle de bain partagée	1

Activités:

26. TROIS-RIVIÈRES

F A R.1

Prix Excellence Mauricie - Bois-Francs 1996-97. Grande maison située sur la rive du fleuve Saint-Laurent, elle offre toutes les commodités de la ville et tous les charmes de la campagne. Tranquillité, sécurité, petites attentions se conjuguent à une chaude hospitalité. Grands espaces, stationnement, parc, piscine, jardin potager, chambres spacieuses et climatisées. Extrait d'un guide français : À ce prix là, une excellente adresse!

De aut. 55, sortie Notre-Dame, dir. 138 est, faire env. 1 km. Au McDonald's, à droite, rue Garceau. Rue Notre-Dame à droite, 5e maison à gauche.

GÎTE

GÎTE SAINT-LAURENT

Yolande et René Bronsard
4551, Notre-Dame
Trois-Rivières Ouest G9A 4Z4
tel/fax (819) 378-3533
www.bbcanada.com/
2101.html
rené.bronsard@sympatico.ca

B&B	
1 pers.	45 $
2 pers.	60 $

Ouvert à l'année

Nombre de chambres	4
ch. avec lavabo	4
salle d'eau partagée	2
salle de bain partagée	1

Activités:

27. TROIS-RIVIÈRES

F a R1 AV

Située dans le Vieux-Trois-Rivières, maison style anglais, stationnement, air climatisé, terrasse, foyer. De là, à pied : centre-ville, restaurants, parc portuaire. Proximité : Forges St-Maurice, parc national Mauricie. Forfait : Musée Arts Traditions populaires Québec. Rabais séjour prolongé. Bienvenue aux enfants. Maison des oursons.

Aut. 40, sortie 201, boul. des Chenaux dir. sud, à droite, 1,6 km, rte 138 ouest ou rue St-Maurice à droite, 0,8 km. Aux 4e feux, à l'église, rue St-François-Xavier à gauche, 0,7 km.

GÎTE

MAISON WICKENDEN

Carole Hébert
et Jean-Paul Damphousse
467, St-François-Xavier
Trois-Rivières G9A 1R1
tel/fax (819) 375-6219

B&B	
1 pers.	35-40 $
2 pers.	45-50 $
3 pers.	60 $
4 pers.	70 $
Enfant	0-10 $

VS

Prix réduits : 1er nov au 1er mai
Ouvert à l'année

Nombre de chambres	3
salle d'eau partagée	1
salle de bain partagée	1

Activités:

28. TROIS-RIVIÈRES, POINTE-DU-LAC

F | A | R1.6 | AV

À 10 km du Vieux-Trois-Rivières et son parc portuaire, site enchanteur directement au bord du fleuve et du Lac St-Pierre. Grand jardin, piscine creusée, tables à pique-nique, B.B.Q. Calme et reposant, près des sites à découvrir. Copieux petit déj. Rabais : 3 jours et plus. Parlons anglais, allemand, italien, espagnol. Forfait vol aérien offert. **Annonce p 184.**

De Montréal (130 km) aut. 40 est, sortie 187. Rte 138 est, 7 km. De Mirabel, aut. 15 sud, 640 est, 40 est... De Québec (130 km) aut. 40 ouest et 55 sud, sortie Notre-Dame, rte 138 ouest, 5 km.

GÎTE

GÎTE BAIE-JOLIE

Barbara et Jacques Piccinelli
711, Notre Dame, Route 138
Pointe-du-Lac G0X 1Z0
tel/fax (819) 377-3056

B&B	
1 pers.	35 $
2 pers.	55-60 $
3 pers.	70-75 $
4 pers.	90 $
Enfant	10 $

AM

Prix réduits : 15 oct au 15 mai
Ouvert : 1er déc au 31 oct

Nombre de chambres	3
ch. avec s. de bain privée	3

Activités:

29. TROIS-RIVIÈRES, POINTE-DU-LAC

F | a | R2 | AV

Vous cherchez calme, repos, tranquillité? Dans notre belle maison canadienne vous trouverez atmosphère chaleureuse et détente assurée! Venez vous faire gâter par nos déjeuners copieux, variés et de grande qualité. Pour vous délasser, été comme hiver, piscine intérieur et bain thérapeutique recommandés. Maison climatisée.

De Montréal, aut. 40 est, sortie 187, rte 138 est, faire 7 km, à gauche rue des Saules (au bout). Ou de Québec, aut. 40 ouest, aut 55 sud, sortie Notre-Dame, rte 138 ouest, faire 5 km, à droite rue des Saules (au bout).

GÎTE

SOLEIL LEVANT

Léonie Lavoie et
Yves Pilon
300, av. des Saules
Pointe-du-Lac G0X 1Z0
(819) 377-1571
cell. (819) 695-3109
fax (819) 377-1292

B&B	
1 pers.	40 $
2 pers.	55 $
3 pers.	75 $
Enfant	15 $

MC

Ouvert à l'année

Nombre de chambres	3
ch. au sous-sol	1
salle de bain partagée	2

Activités:

LES GÎTES ET AUBERGES

30. HÉROUXVILLE

F A R5 M1 AV

Au Centre de la Mauricie. Maison datant de 1883 ayant gardée son cachet d'antan avec chambres de style d'époque. Située au cœur du village. Lieu idéal de repos et de calme. À proximité Parc National de la Mauricie. Pêche sauvage, équitation, vélo, tous les sports d'hiver. Aussi disponible «Cabane au Canada» en Haute Mauricie. **Gîte p 174.**

À mi-chemin entre Québec et Montréal par aut. 20 ou aut. 40, prendre aut. 55 nord via Trois-Rivières. À la fin de l'aut. 55, sortie rte 153 nord. À Hérouxville, au feu clignotant, rue voisine de l'église.

MAISON DE CAMPAGNE
MAISON TRUDEL

Nicole Jubinville
et Yves Trudel
543, Goulet
Hérouxville GOX 1J0
(418) 365-7624
fax (418) 365-7041
www.bbcanada.com/408.html

Nbr. maisons	1
Nbr. chambres	6
Nbr. personnes	14
SEM-ÉTÉ	600 $
SEM-HIVER	600 $
WE-ÉTÉ	300 $
WE-HIVER	300 $
JR-ÉTÉ	150 $
JR-HIVER	150 $

VS

Prix réduits : 6 personnes et moins

Ouvert à l'année

Activités:

31. LOUISEVILLE

F a R1 M1.5 AV

Maison ancestrale sur le site de la ferme. Au printemps, profitez des beaux jardins anciens (4 acres). Idéal pour s'initier au jardinage ou en connaître davantage. Bibliothèque horticole. Excursions guidées 4 saisons : randonnées pédestres, canot, pêche, vélo, raquette, traîneau à chiens... Chutes Ste-Ursule, Lac St-Pierre. **Gîte à la ferme p 39, gîte du passant p 174, table champêtre p 21, promenade à la ferme (visite des jardins) p 32.**

De Montréal ou de Québec, aut. 40, sortie 166. Rte 138 est, 2,4 km, rte 348 ouest. À gauche vers Ste-Ursule, 1,5 km, 1er ch. à droite, 1re maison éloignée sous les arbres.

MAISON DE CAMPAGNE
LA MAISON DU JARDINIER

Michel Gilbert
480, chemin du Golf
Louiseville J5V 2L4
tel/fax (819) 228-8224

Nbr. maisons	1
Nbr. chambres	3
Nbr. personnes	4
SEM-ÉTÉ	400 $
SEM-HIVER	400 $
JR-HIVER	100 $

Taxes en sus

Ouvert à l'année

Activités:

32. ST-PIERRE-BAPTISTE

F a R4 M2

Aux contreforts des Appalaches, belle maison : intérieur bois naturel et briques. Aux froidures, un foyer crépitant vous attend. Literie, catalognes tissées, nécessaire pour cuisine, 2 salles de bain. À la ferme : sentiers, ski de randonnée, petits animaux. À proximité : sentiers de motoneige, baignade à la chute.

De Montréal, aut. 20, sortie 228 ou de Québec, sortie 253 dir. Thetford Mines. À Plessisville, faire 11 km. À gauche dir. St-Pierre-Baptiste, 4 km. À l'église, à gauche 100 m. À droite rte Roy, 5 km. À droite Gîte Domaine des Pins.

MAISON DE CAMPAGNE
DOMAINE DES PINS

Danielle Pelletier et
Yvon Gingras
2108, rang Scott
St-Pierre-Baptiste G0P 1K0
(418) 453-2088
fax (418) 453-2760

Nbr. maisons	1
Nbr. chambres	5
Nbr. personnes	14
SEM-ÉTÉ	250-400 $
SEM-HIVER	300-450 $
WE-ÉTÉ	150-275 $
WE-HIVER	250-325 $
JR-ÉTÉ	100 $
JR-HIVER	125 $

Taxes en sus

Ouvert à l'année

Activités: 

ESCAPADES À LA FERME

Gîtes à la ferme :

Table Champêtre* :

Promenade à la ferme :

* Marque de certification déposée

une Visite du
TONNERRE!
à Shawinigan
Prenez part à la formidable
aventure industrielle du Québec
des cent dernières années.
CENTRE DE SCIENCES -
SPECTACLES MULTIMÉDIAS -
UNE TOUR D'OBSERVATION -
UNIQUE AU MONDE
EXPOSITIONS INTERACTIVES -
TRAVERSÉE DE LA RIVIÈRE -
BALLADE EN TROLLEY BUS -
Une invitation de :
Hydro Québec
Alcan
Corporation Abitibi-Consolidated
Division Belgo
Ville de Shawinigan
Ville de Shawinigan-Sud
Gouvernement du Québec
Gouvernement du Canada
La cité de l'énergie
Mauricie bois-francs
LE PARC OÙ L'ON EXPLORE LE TEMPS
INFORMATION
819·536·8516

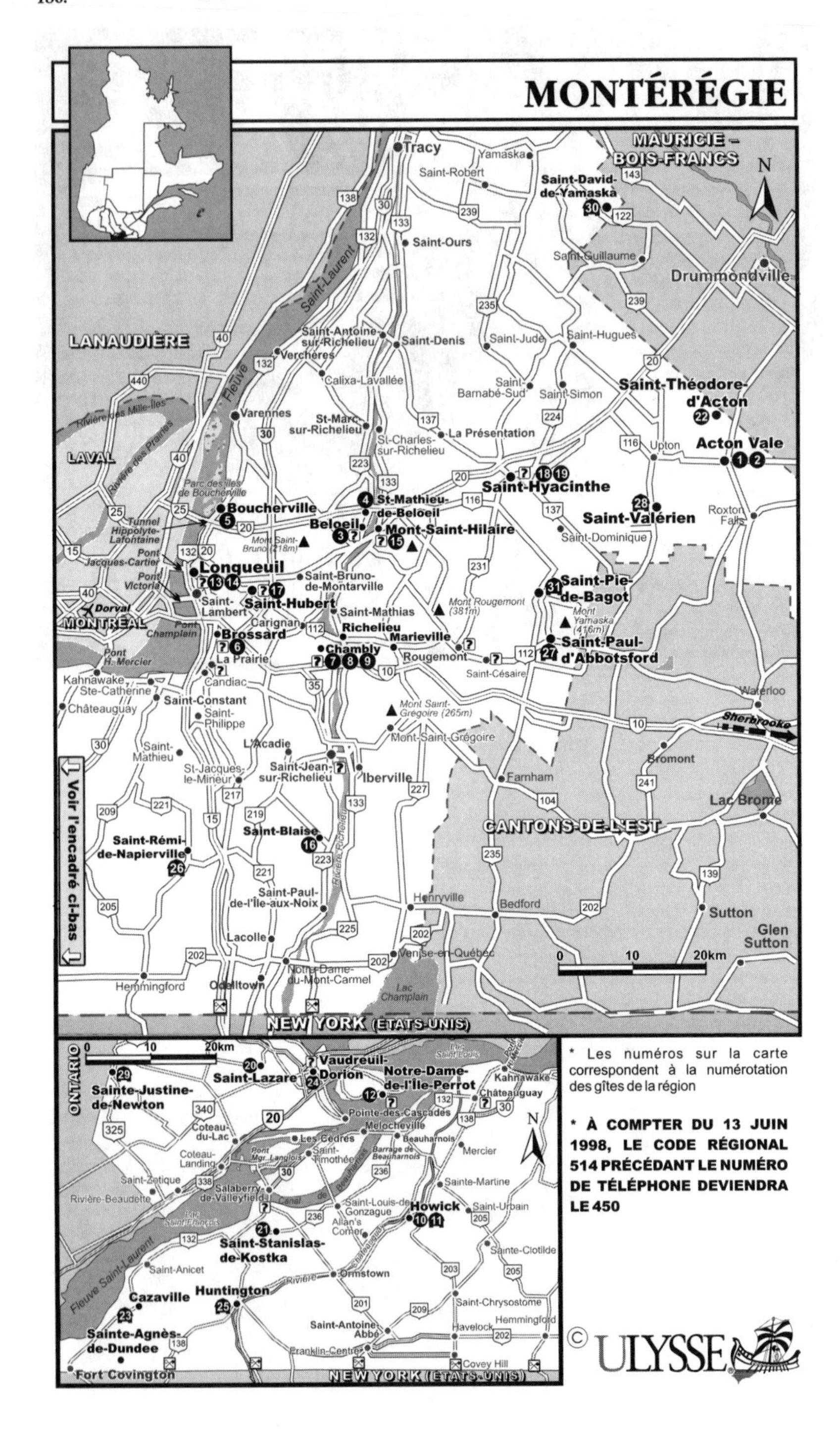
MONTÉRÉGIE
MAURICIE – BOIS-FRANCS
N
Tracy
Yamaska
Saint-Robert
Saint-David-de-Yamaska
Saint-Ours
Saint-Guillaume
Drummondville
LANAUDIÈRE
Fleuve Saint-Laurent
Saint-Antoine-sur-Richelieu
Saint-Denis
Saint-Jude
Saint-Hugues
Verchères
Calixa-Lavallée
Saint-Barnabé-Sud
Saint-Simon
Saint-Théodore-d'Acton
Varennes
St-Marc-sur-Richelieu
St-Charles-sur-Richelieu
La Présentation
Upton
Acton Vale
LAVAL
Rivière des Mille-Îles
Rivière des Prairies
Parc des Îles de Boucherville
Saint-Hyacinthe
Boucherville
St-Mathieu-de-Beloeil
Beloeil
Mont-Saint-Hilaire
Saint-Valérien
Roxton Falls
Saint-Dominique
Tunnel Hippolyte-Lafontaine
Mont Saint-Bruno (218m)
Pont Jacques-Cartier
Longueuil
Pont Victoria
Saint-Bruno-de-Montarville
Saint-Lambert
Saint-Hubert
Dorval
MONTRÉAL
Pont Champlain
Saint-Mathias
Mont Rougemont (381m)
Saint-Pie-de-Bagot
Mont Yamaska (416m)
Carignan
Richelieu
Brossard
Marieville
Saint-Paul-d'Abbotsford
Pont H. Mercier
La Prairie
Chambly
Rougemont
Saint-Césaire
Kahnawake
Ste-Catherine
Candiac
Châteauguay
Saint-Constant
Saint-Philippe
Mont Saint-Grégoire (265m)
Waterloo
Sherbrooke
Mont-Saint-Grégoire
Saint-Mathieu
L'Acadie
Saint-Jean-sur-Richelieu
St-Jacques-le-Mineur
Iberville
Bromont
Farnham
Voir l'encadré ci-bas
Lac Brome
CANTONS-DE-L'EST
Saint-Blaise
Saint-Rémi-de-Napierville
Rivière Richelieu
Saint-Paul-de-l'Île-aux-Noix
Henryville
Bedford
Sutton
Glen Sutton
Lacolle
Venise-en-Québec
0 10 20km
Hemmingford
Odelltown
Notre-Dame-du-Mont-Carmel
Lac Champlain
NEW YORK (ÉTATS-UNIS)
ONTARIO
0 10 20km
Sainte-Justine-de-Newton
Saint-Lazare
Vaudreuil-Dorion
Notre-Dame-de-l'Île-Perrot
Lac Saint-Louis
Kahnawake
Châteauguay
Coteau-du-Lac
Pointe-des-Cascades
Melocheville
Coteau-Landing
Les Cèdres
Saint-Timothée
Pont Mgr. Langlois
Barrage de Beauharnois
Beauharnois
Mercier
Saint-Zotique
Rivière-Beaudette
Salaberry-de-Valleyfield
Canal de Beauharnois
Sainte-Martine
Lac Saint-François
Saint-Louis-de-Gonzague
Howick
Saint-Urbain
Allan's Corner
Saint-Stanislas-de-Kostka
Sainte-Clotilde
Fleuve Saint-Laurent
Saint-Anicet
Rivière Châteauguay
Ormstown
Cazaville
Huntington
Saint-Chrysostome
Sainte-Agnès-de-Dundee
Saint-Antoine-Abbé
Havelock
Hemmingford
Franklin-Centre
Covey Hill
Fort Covington
NEW YORK (ÉTATS-UNIS)
* Les numéros sur la carte correspondent à la numérotation des gîtes de la région
* À COMPTER DU 13 JUIN 1998, LE CODE RÉGIONAL 514 PRÉCÉDANT LE NUMÉRO DE TÉLÉPHONE DEVIENDRA LE 450
© ULYSSE

1. ACTON VALE

F A R2 AV

Entre Montréal et Québec, au pays du vélo, à 2 km de la piste «La Campagnarde», 8 km du théâtre La Dame de Cœur, face au club de golf, que demander de plus! Nos déjeuners sont servis dans la véranda. Profitez de nos forfaits golf ou vélo. Tout dans la simplicité et la joie de recevoir les gens venus d'ailleurs.

Aut. 20, sortie 147, à droite sur la rte 116, faire 17 km vous serez rendus. Ou aut. 55, rtes 139 et 116, tous ces chemins vous amènent chez-nous. À retenir : face au golf.

GÎTE
AUBERGE AUX P'TITS OIGNONS

Denise Morin et
Jacques McCaughan
1011, Route 116 Ouest
Acton Vale J0H 1A0
(514) 549-5116
fax (514) 549-6116
auberge@ntic.qc.ca

B&B	
1 pers.	35 $
2 pers.	50-60 $
3 pers.	65-75 $
4 pers.	80 $
Enfant	10 $

VS MC AM ER

Ouvert à l'année

Nombre de chambres	4
ch. avec s. de bain privée	1
ch. au sous-sol	3
salle d'eau partagée	1
salle de bain partagée	2

Activités:

2. ACTON VALE

F a R.1

Au cœur du quartier historique, notre maison victorienne vous réserve simplicité, chaleur, intimité. Dentelles, frivolités, charme d'antan. Piscine. À 2 pas : parc, bistro, boutiques et la piste cyclable «La Campagnarde» qui relie l'Estriade. À quelques km de la Dame de Cœur, théâtre d'été au concept unique en Amérique du Nord.

Aut. 20, sortie 147. Rte 116 est jusqu'à Acton Vale. Aux feux de circulation, à gauche suivre la courbe. Aux feux de circulation, dans la pointe, garder la droite compter 2 rues à votre gauche et tourner sur St-André. Passer la voie ferrée.

GÎTE
LA MAISON DU DOC

Claudette et Michel Favreau
1153, St-André, C.P. 1555
Acton Vale J0H 1A0
(514) 546-7469
fax (514) 546-3990

B&B	
1 pers.	35-40 $
2 pers.	50-60 $
3 pers.	60-70 $
4 pers.	70-80 $
Enfant	10 $

Ouvert à l'année

Nombre de chambres	4
salle de bain partagée	2

Activités:

3. BELOEIL

F A R.1 AV

La Vallée du Richelieu saura vous conquérir... À 20 min de Montréal, faites une halte et venez côtoyer la paix et le charme douillet de notre maison ancestrale (1846) sur le bord de la rivière Richelieu, au coeur du Vieux-Beloeil. Admirez les beautés du mont St-Hilaire. Copieux petit déj., service dentelle, porcelaine et argenterie.

Aut. 20, sortie 112, rte 223 sud, faire 4 km. Maison voisine du presbytère et de l'église. Ou de la rte 116, rte 223 nord, faire 1 km.

GÎTE
BEAUX BRUNELLES

Madeleine Lassonde
1030, rue Richelieu
Beloeil J3G 4R2
(514) 467-4700
fax (514) 467-4668

B&B	
1 pers.	40 $
2 pers.	55 $
3 pers.	70 $
Enfant	0-10 $

Ouvert à l'année

Nombre de chambres	5
salle de bain partagée	2

Activités:

4. BELOEIL, ST-MATHIEU

F A R.6 AV

20 min de Montréal. Randonnée sur Mt-St-Hilaire, croisière sur le Richelieu. À 2 pas de 2 théâtres d'été. Prélassez-vous dans notre gazebo. La maison sous les arbres (familiale 1905) vous y attend avec ses ch. spacieuses. Petits déjeuners servis dans la chaleur de notre cuisine ornée d'un poêle à bois.

De Montréal/Québec, aut. 20 sortie 109. Sur rue St-Jean-Baptiste dir. St-Mathieu-de-Belœil dir. nord, faire 1 km. Première route à droite Ruisseau sud, faire 3,8 km.

GÎTE
LA MAISON DU GAZEBO

Monique et Georges Blanchard
2054, Ruisseau sud
St-Mathieu-de-Beloeil J3G 2C9
(514) 464-2430
fax (514) 464-4541

B&B	
1 pers.	40 $
2 pers.	55 $
3 pers.	70 $
Enfant	10 $

Ouvert à l'année

Nombre de chambres	3
salle d'eau partagée	1
salle de bain partagée	1

Activités:

5. BOUCHERVILLE

À 15 min des attraits touristiques de Montréal. Ambiance conviviale. Nous aimons jaser avec les gens. Bicyclettes et tandem disponibles gratuitement. Pistes cyclables. Autobus vers le métro. Petits déjeuners copieux. Climatisation. Stationnement. Petit souvenir pour chacun.

De Montréal par tunnel Louis-H. Lafontaine ou de Québec, aut. 20, sortie 90 dir Varennes. Rte 132 est, sortie 18 - Montarville. À gauche jusqu'au boul. Fort St-Louis. À gauche, 1,2 km.

GÎTE
LE RELAIS DES ÎLES PERCÉES

Colette et Raymond LeBlanc
85, des Îles Percées
Boucherville J4B 2P1
tel/fax (514) 655-3342
lerelais@total.net

B&B	
1 pers.	40 $
2 pers.	55 $
3 pers.	70 $
Enfant	10 $

VS

Ouvert à l'année

Nombre de chambres	3
ch. au sous-sol	2
salle de bain partagée	2

Activités:

6. BROSSARD

Plaisir ou affaires, pour une seule nuit ou plus, vous partagez notre petit déjeuner. Jardin égayé par le chant des oiseaux, piscine fleurie, chambre spacieuse 1 à 5 pers. 15 min du centre-ville et du casino. Rabais : 0 à 12 ans 10 $. 4 nuits au prix de 3. Tarifs corporatifs (octobre à mai). Spécialité : crêpes Alexandre Legrand.

De Mirabel, de Montréal, de Dorval, dir. aut. 15 sud, pont Champlain, sortie 8-0 Taschereau-La Prairie, à gauche sur Rome, Niagara à droite. De Québec, aut. 20, sortie 90 La Prairie-U.S.A., sortie 53, boul Rome, Niagara à droite.

GÎTE
AU JARDIN D'ALEXANDRE

Diane et Jean-Marie Caissie
8135, Niagara
Brossard J4Y 2G2
(514) 445-2200
fax (514) 445-1244

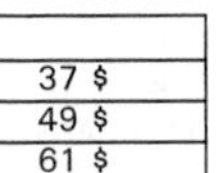

B&B	
1 pers.	37 $
2 pers.	49 $
3 pers.	61 $
4 pers.	73 $
Enfant	10 $

Prix réduits : 4 nuits au prix de 3
Ouvert à l'année

Nombre de chambres	1
salle d'eau partagée	1
salle de bain partagée	1

Activités:

7. CHAMBLY

F a R.2 AV

À 20 min de Montréal, maison victorienne de 1914 avec magnifiques boiseries, moulures d'époque, foyer et portes françaises. Déjeuner servi dans la véranda offrant comme décor les montagnes qui se confondent à l'eau. Quai pour les plaisanciers. À 2 pas de tous les services et des activités de la ville. Souper sur réservation.

De Montréal, aut. 10, sortie 22, boul. Fréchette jusqu'au bout. Suivre les indications. Voisin de l'église St-Joseph.

GÎTE
AUBERGE L'AIR DU TEMPS

Lucie Chrétien et
Daniel Desgagné
124, Martel
Chambly J3L 1V3
(514) 658-1642
sans frais 1-888-658-1642
fax (514) 658-2830

B&B	
1 pers.	40-60 $
2 pers.	55-75 $
3 pers.	70-90 $
4 pers.	95-105 $
Enfant	15 $

Taxes en sus VS

Prix réduits : 16 oct au 14 déc et 6 jan au 20 avr
Ouvert : à l'année sauf du 1er nov au 15 nov.

Nombre de chambres	5
ch. avec s. de bain privée	5

Activités:

8. CHAMBLY

F A R2 AV

Cette ancienne demeure des officiers du Fort-Chambly datant de 1812, transformée en manoir luxueux, vous offre un panorama, un confort et une ambiance exceptionnels. Faites-en votre pied-à-terre pour visiter, après un petit déjeuner gastronomique, Montréal (20 min) et la Montérégie, pour revenir vous prélasser au bord de la piscine et vous laissez bercer par le chant des rapides, ou devant un bon feu. **Photo p 192.**

Aut. 10, sortie 22, ou route 112 ou route 223. Suivre ensuite les indications pour le Fort Chambly. Voisin du corps de garde.

GÎTE
LA MAISON DUCHARME

Danielle Deland et
Edouard Bonaldo
10, de Richelieu
Chambly J3L 2B9
(514) 447-1220
fax (514) 447-1018

B&B	
1 pers.	85-105 $
2 pers.	95-115 $
3 pers.	115-135 $
4 pers.	135-155 $
Enfant	20 $

Taxes en sus VS MC

Prix réduits : 15 oct au 17 déc, 4 jan au 15 mai
Ouvert à l'année

Nombre de chambres	4
ch. avec s. de bain privée	4

Activités:

9. CHAMBLY

F a R1

Au cœur des activités : l'aqua-fête, la piste cyclable, le Fort et le bassin de Chambly. À moins de 30 min de Montréal, du festival des montgolfières. Profitez de notre hospitalité européenne, de la piscine creusée, relaxez sur la terrasse dans le jardin. Prix Excellence Montérégie 1995-96.

Aut. 10, sortie 22, boul. Fréchette jusqu'à la rue Bourgogne, à droite jusqu'au 3e arrêt, à gauche rue St-Jacques vers les rapides.

GÎTE
LE RICHE LIEU

Colette Lepiez
4, rue St-Jacques
Chambly J3L 3L1
(514) 658-7974
(514) 447-0075
fax (514) 447-1457

B&B	
1 pers.	50 $
2 pers.	65 $

Ouvert : 1er avr au 30 sept

Nombre de chambres	3
ch. avec s. de bain privée	1
ch. au sous-sol	1
salle de bain partagée	1

Activités:

10. HOWICK

F A R4 AV

Maison qui allie rustique et moderne, piscine intérieure, air climatisé, foyer, élevage de chiens de la race «Rhodesian Ridgebacks» sur une ferme de 100 acres. Chenil disponible pour vos chiens. Savourez un déjeuner riche, marchez, pédalez, jardinez ou reposez-vous.

De Montréal (40 km), pont Mercier, rte 138 ouest et rte 203 vers Howick. Après le pont, à gauche sur rue Lambton et à droite sur English River. Faire 2,4 km, à droite sur le rang 4 et faire 1,6 km.

GÎTE
BARDON FARM

Barbara et Gordon Petrie
1557, Rang 4
Howick J0S 1G0
(514) 825-2697

B&B	
1 pers.	35-40 $
2 pers.	50-55 $
Enfant	5-10 $

Ouvert à l'année

Nombre de chambres	3
ch. avec s. de bain privée	1
salle de bain partagée	2

Activités:

11. HOWICK

Bienvenue sur notre ferme laitière de 150 acres, 5e génération. Nourrir les petits animaux, faire des tours de charrette, du vélo, profiter de notre piscine creusée, aussi feu de camp. Petit déjeuner maison délicieux. Nous recevons depuis 12 ans des invités chez nous. Gîte non-fumeur. **Gîte à la ferme p 40.**

De Montréal, aut. 20 ouest, pont Mercier, rte 138 ouest. Rte 203 jusqu'au village de Howick (environ 40 km). Traverser le pont, rue Lambton à gauche. Prendre English River Road et faire 2 km.

GÎTE
HAZELBRAE FARM

Gloria et John Peddie
1650, English River Road
Howick J0S 1G0
(514) 825-2390

B&B	
1 pers.	30 $
2 pers.	50 $
Enfant	5-9 $

Ouvert à l'année

Nombre de chambres	3
ch. avec lavabo	2
ch. avec s. de bain privée	1
salle de bain partagée	2

Activités:

12. ÎLE PERROT

F A R4 AV

Situé sur le lac des Deux-Montagnes. En pleine nature, le gîte offre la vue sur le côté nord : Oka, pont de l'île aux Tourtes et des petites îles colorées. Le gîte offre paix et tranquillité avec un grand terrain paysagé et des endroits magnifiques pour relaxer au bord de l'eau.

Aut. 20 ouest, aux premiers feux en arrivant à l'Île Perrot, à droite, traverser la voie ferrée et faire 1,6 km. À droite sur la rue Roy. Dernière maison au bord de l'eau.

GÎTE
GÎTE DE L'ÎLE

Nicole Frappier
10, rue Roy
Île Perrot J7V 8W3
tel/fax (514) 425-5996
cell (514) 592-2248

B&B	
1 pers.	60 $
2 pers.	75 $

Ouvert à l'année

Nombre de chambres	2
salle de bain partagée	2

Activités: 

13. LONGUEUIL

F a R1 AV

Maison accueillante située dans un quartier paisible. À proximité du centre-ville de Montréal, séjournez dans un décor chaleureux où règne une ambiance propice à la détente. Profitez des trois salons pour relaxer. Savourez le petit déjeuner composé de crêpes dentelles ou d'oeufs servis sur un lit d'oignons. Une oasis dont vous conserverez un excellent souvenir. Je vous attends. À bientôt. *Gaby*

De Montréal ou de Québec, rte 132 sortie Roland-Therrien. Environ 4 km jusqu'à la rue Desormeaux. À gauche jusqu'à Berthelet.

GÎTE
LA MAISON DE MADAME DUFOUR

Gaby Dufour
1260, Berthelet
Longueuil J4M 1G3
(514) 448-6531

B&B	
1 pers.	55 $
2 pers.	65 $
3 pers.	80 $
4 pers.	90 $

Prix réduits : nov à mai
Ouvert à l'année

Nombre de chambres	5
ch. au sous-sol	2
salle de bain partagée	3

Activités:

14. LONGUEUIL

F a R.02 AV

Venez profiter d'une ambiance poétique dans une chaleureuse maison centenaire au cœur du Vieux-Longueuil. Succulents petits déjeuners servis sur la terrasse en été. À proximité du centre-ville de Montréal par le métro ou la navette fluviale. Réd. séjour de 3 nuits et plus.

De Montréal, pont Jacques-Cartier garder la gauche, sortie rte 132 ou 20 immédiatement à droite, sortie rue St-Charles. Ou rte 132, sortie 8. Rue St-Charles et rue St-Jean à droite. Situé derrière l'hôtel de ville de Longueuil.

GÎTE
LE REFUGE DU POÈTE

Louise Vézina
320, rue Longueuil
Longueuil J4H 1H4
(514) 442-3688

B&B	
1 pers.	40-45 $
2 pers.	50-60 $
3 pers.	60-70 $
Enfant	0 $

Prix réduits : 3 nuits et plus
Ouvert à l'année

Nombre de chambres	2
ch. avec lavabo	1
ch. avec s. de bain privée	1
salle de bain partagée	1

Activités:

15. MONT-ST-HILAIRE

F A R2 AV

Retraite rurale à moins de 30 min de Montréal. Verger en haut du Mont St-Hilaire, vue imprenable sur la Vallée du Richelieu. Au cœur de la région des pommes Rougemont-St-Hilaire, une multitude d'activités à moins de 10 km: ski de fond, vélo, sentiers pédestres, conservatoire d'oiseaux, centre de la nature, 2 marinas, 3 musées, 4 galeries d'art, 5 théâtres d'été, 6 terrains de golf, et quoi encore!...

Aut. 20 , sortie 113, ch. des Patriotes (rte 133) jusqu'à la rue Prince-Edward, jusqu'au ch. Ozias-Leduc à gauche. Au 1er arrêt, à droite, Ch. de la Montagne. De l'aut. 10, sortie 29, à droite, ch. des Patriotes...

GÎTE
DOMAINE CHAMPÊTRE POMME ET CANELLE

Patricia Côté, Diane Larivée, Michel Carrière et Normand Massicotte
1063, chemin de la Montagne
Mont-St-Hilaire J3G 4S6
(514) 446-6710

B&B	
1 pers.	35-55 $
2 pers.	65-125 $
3 pers.	85-165 $
4 pers.	90-170 $
Enfant	10$

IT

Ouvert à l'année

Nombre de chambres	4
salle d'eau partagée	2
salle de bain partagée	2

Activités: 

16. ST-BLAISE-SUR-RICHELIEU

F A R8 AV

Le plus beau au Québec, dit-on! Maison deux corps circa 1830 rénovée en 1974. Parc boisé, jardin fleuri, potager, verger, piscine creusée et son abri. Situé dans une région agricole et céréalière, idéale pour cyclistes. Envolée en montgolfière peut être organisée sur place si le temps le permet. Mini boutique avec produits du jardin et artisanat local. Repas servi sur demande.

De Québec, aut. 20 ouest, aut. 30 ouest, sortie Laprairie, rte 104 à droite dir. St-Jean faire 8 km, à droite ch. des Moulins dir. l'Acadie 10 km, rte 219 sud à droite 3,2 km, à gauche dir. St-Blaise, rue Principale. 4e maison à gauche.

GÎTE
L'ÉPIVENT

Mariette Leroux
2520, Principale
St-Blaise-sur-Richelieu
J0J 1W0
(514) 291-3304

B&B	
1 pers.	50-60 $
2 pers.	55-65 $
3 pers.	80 $
4 pers.	95 $
Enfant	10 $

VS

Ouvert à l'année

Nombre de chambres	3
salle d'eau partagée	2
salle de bain partagée	1

Activités:

17. ST-HUBERT

F a R.5 AV

À 7 km au sud de Montréal, accès facile aux grands réseaux routiers. Région d'escapade. Toutes les activités de Montréal à votre portée. Biodôme, Festivals, piste Gilles Villeneuve, etc. Réveillez-vous avec nos spécialités régionales et nos pains. Vous recevoir sera un plaisir.

De Montréal, aut. 20 est jusqu'à aut. 30 ouest ou aut. 10 est, jusqu'à aut. 30 sortie 115. Rte 112 ouest (boul. Cousineau) faire 3,7 km. Rue Prince Charles, à gauche, rue Primot à droite, rue Latour à gauche.

GÎTE
AUX DEUX LUCARNES

Ginette et Jean-Marie Laplante
3310, Latour
St-Hubert J3Y 4V9
(514) 656-1224
fax (514) 656-0851
auxdeuxlucarnes@
sympatico.ca

B&B	
1 pers.	40 $
2 pers.	55 $
Enfant	0-10 $

Ouvert à l'année

Nombre de chambres	4
ch. avec lavabo	3
ch. avec s. de bain privée	1
salle de bain partagée	2

Activités:

18. ST-HYACINTHE

F A R.2 AV

Prix Excellence Montérégie 1996-97. Un jardin anglais caché au coeur de la ville. 1 km du Centre des Congrès et du campus agro-alimentaire. En été, le spa, les jardins terrestre et aquatique permettent la pleine détente; la maison chaleureuse avec ses antiquités et ses tableaux réchauffe le cœur en hiver. Déjeuners mémorables au menu, venez la maison est grande!

De Montréal ou Québec, aut. 20, sortie 130. Boul. Laframboise jusqu'à l'arc. Rue Bourdages à droite, rue Bourassa à droite, rue Raymond à gauche.

GÎTE
LE JARDIN CACHÉ

Carmen et Bernard Avard
2465, avenue Raymond
St-Hyacinthe J2S 5W4
(514) 773-2231

B&B	
1 pers.	35-45 $
2 pers.	50-60 $

Taxes en sus VS MC

Prix réduits : tarifs corporatifs du 1er oct au 30 mai
Ouvert à l'année

Nombre de chambres	3
salle de bain partagée	2

Activités:

GÎTE ET COUVERT LA MARIE-CHAMPAGNE, Mont-Tremblant, Lac Supérieur, Laurentides

GÎTE DE LA SEIGNEURIE, Louiseville, Mauricie-Bois-Francs

Gîte Le St-Élias, Batiscan, Mauricie-Bois-Francs

LA MAISON DUCHARME, Chambly, Montérégie

HALTE DE RESSOURCEMENT, St-Lazare-de-Vaudreuil, Montérégie

À BON MATIN, avenue Argyle, Montréal

19. ST-HYACINTHE

F A R.8 AV

Pour un séjour calme et reposant à 2 pas de la campagne notre Nid Fleuri et chaudement décoré vous attend. Après un déj. savoureux dans notre solarium partez découvrir St-Hyacinthe la jolie. Golf, pédalo, canot, escalade à quelques km. Au retour goûtez à l'harmonie de nos jardins et à l'accueil de vos hôtes.

Aut. 20, sortie 123, dir. St-Hyacinthe, faire 7 km. À droite aux 1ers feux (boul.Laurier). À gauche aux 2e feux (Dieppe). 2e rue à droite.

GÎTE
LE NID FLEURI

Suzanne et Gilles Cournoyer
5985, Garnier
St-Hyacinthe J2S 2E8
(514) 773-0750

	B&B
1 pers.	40-50 $
2 pers.	50-60 $

VS

Ouvert : 1er mai au 1er déc

Nombre de chambres	3
salle d'eau partagée	1
salle de bain partagée	1

Activités:

20. ST-LAZARE-DE-VAUDREUIL

F A R.5 AV

À 20 min. de l'aéroport de Dorval, aux portes de Montréal, sur la route d'Ottawa et des chutes Niagara, profitez de la nature dans notre fermette au caractère champêtre. Séjour inoubliable, qualité, confort, gastronomie. Forfaits yoga, ressourcement, cocooning, etc... Nouveau : relais cyclistes. **Photo p 192.**

Aut. 20 et/ou aut. 40, sortie 22. Dir. St-Lazare jusqu'au chemin Ste-Angélique et à gauche jusqu'au 2565.

GÎTE
HALTE DE RESSOURCEMENT

Lise Bisson et
Réal Archambault
2565, ch. Ste-Angélique
St-Lazare-de-Vaudreuil
J7T 2K6
(514) 990-7825
tel/fax (514) 455-1786

	B&B	PAM
1 pers.	45-65 $	55-75 $
2 pers.	60-80 $	75-95 $
3 pers.	80-100 $	110-130 $
4 pers.	100-120 $	140-160 $
Enfant	15 $	25 $

MC AM

Prix réduits : pour long séjour
Ouvert à l'année

Nombre de chambres	5
ch. avec s. de bain privée	1
salle de bain partagée	3

Activités:

21. ST-STANISLAS-DE-KOSTKA

F a R4

Au cœur du Suroît près du Lac St-François, le gîte vous offre une ambiance campagnarde avec son foyer, boiseries, lits douillets et déjeuners à saveur régionale. Golf, baignade, pistes cyclables, régates internationales, cabanes à sucre et bonne table sont au menu pour un séjour charmant et mémorable.

À environ 60 km de Montréal, suivre la rte 132 ouest jusqu'à Beauharnois et la rte 236 jusqu'au gîte. Ou aut 40, 540 et 20 ouest jusqu'à Salaberry-de-Valleyfield. Puis rtes 201 sud et 236 ouest.

GÎTE
GÎTE CHEZ CARMEN & LÉO

Carmen Daoust et
Léonide Legault
143, Route 236
St-Stanislas-de-Kostka
J0S 1W0
(514) 377-1106
fax (514) 377-1036

	B&B
1 pers.	35 $
2 pers.	55 $
Enfant	15 $

Ouvert : 1er mars au 1er déc

Nombre de chambres	2
salle d'eau partagée	1
salle de bain partagée	2

Activités:

LES GÎTES ET AUBERGES

22. ST-THÉODORE-D'ACTON

F a

Une allée de pins, des vignes, un potager, un muret garni de vivaces, ainsi que la maison du jardinier ceinturent notre petit «château». Déjeuners mémorables. Le soir, table d'hôte où le porc est en fête (porc braisé en saison), fondues diverses, raclette suisse traditionnelle, produits maison. Site rêvé pour réception. Piste cyclable. Forfaits théâtre, golf.

De Montréal, aut 20 est sortie 147, rte 116 est jusqu'à Acton Vale, rte 139 nord sortie de la ville. Faire 8 km au 8e rang, à gauche la 2e maison à votre gauche, une allée de pins donne accès au site.

AUBERGE
LE CLOS DES ROCHES

Louise et Denis Levasseur
1313, 8e Rang, route 139
St-Théodore-d'Acton J0H 1Z0
(514) 546-4107
sans frais 1-888-546-4107

B&B	
1 pers.	45 $
2 pers.	60 $
Enfants	10 $

VS MC

Ouvert à l'année

Nombre de chambres	4
salle de bain partagée	2

Activités:

23. STE-AGNÈS-DE-DUNDEE

F a R10 AV

Campagne paisible, jardins fleuris, spacieuse maison avec colonnades et balcons rappelant la Louisiane. 15 km: douane Dundee vers New-York, 5 km: réserve faunique nationale du lac St-François et site archéologique Droulers (village préhistorique Iroquoïens), vélos à prêter, golfs, lac, ski nautique, motoneiges. Table d'hôte soir ou midi sur rés. S.V.P. Nous prenons plaisir à vous recevoir. **Gîte à la ferme p 40.**

Rte 132 venant de Valleyfield jusqu'à Cazaville, à gauche Montée Cazaville jusqu'au ch. Ridge à droite, 8e maison à gauche. C'est chez nous!

GÎTE
LE GÎTE CHEZ MIMI

Émilienne Marlier
5891, chemin Ridge
Ste-Agnès J0S 1L0
(514) 264-4115
fax (514) 264-9124

B&B	
1 pers.	35 $
2 pers.	45 $
3 pers.	60 $
4 pers.	75 $
Enfant	10 $

Taxes en sus VS MC

Ouvert à l'année

Nombre de chambres	3
ch. avec lavabo	2
salle de bain partagée	1

Activités:

24. VAUDREUIL-DORION

F a R2 AV

Notre gîte vous offre une vue superbe sur le lac des Deux-Montagnes avec ses voiliers. Près : centre d'achat, resto et musée. Venez vous prélasser dans notre piscine avec coin patio, vous reposer dans notre salon détente. Un déj. copieux servi avec des produits maison complétera votre séjour. Au plaisir de vous accueillir.

De Montréal, aut. 40 ouest, sortie 35, aux feux de circulation rue St-Charles à droite, 1 km. Au dépanneur à droite sur chemin de l'Anse, 0,4 km. 3e maison à gauche.

GÎTE
GÎTE DE L'ANSE

Denise et Gilles Angell
154, chemin de l'Anse
Vaudreuil-Dorion J7V 8P3
(514) 424-0693

B&B	
1 pers.	45 $
2 pers.	55 $
Enfant	5-10 $

Ouvert : 1er mai au 31 oct

Nombre de chambres	2
salle de bain partagée	2

Activités:

ESCAPADES À LA FERME

Gîtes à la ferme :

Tables Champêtres :*

Promenades à la ferme :

* Marque de certification déposée

MONTRÉAL

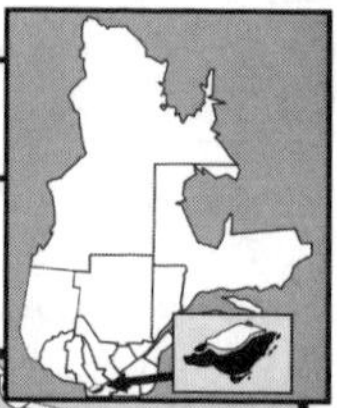

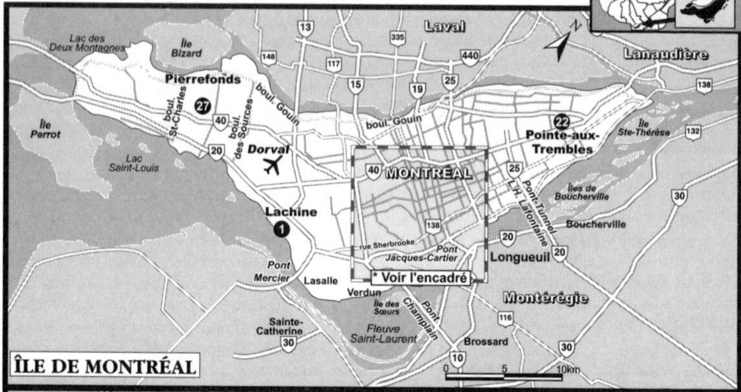

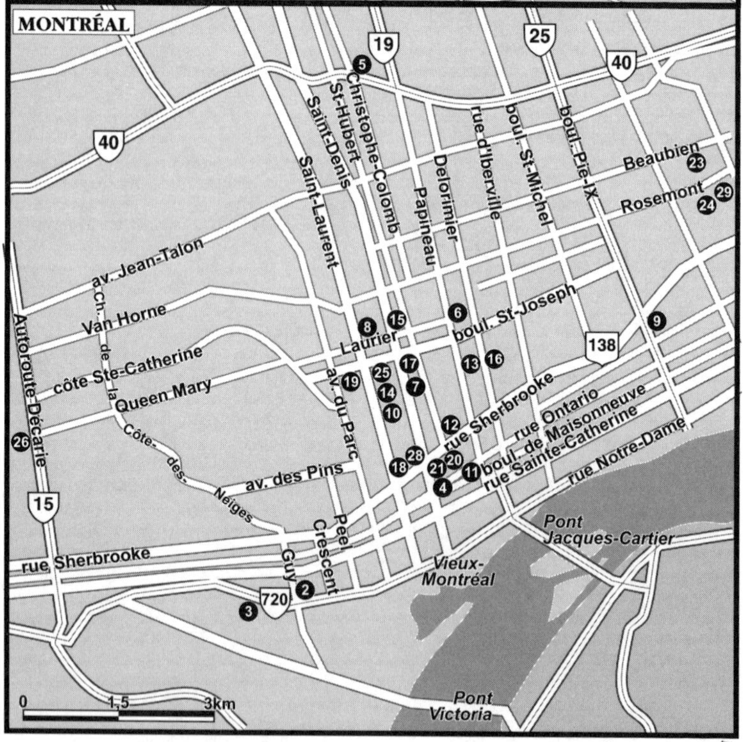

ÎLE DE MONTRÉAL

MONTRÉAL

* Les numéros sur la carte correspondent à la numérotation des gîtes de la région

1. LACHINE

F a R2 AV

Touristes ou gens d'affaires, laissez-vous aller à la détente en ces lieux que l'on nomma «La Chine». Fleuve, piste cyclable, musées et festivals vous attendent. Petits déjeuners «bonne humeur» pour les forces et piscine pour la forme. À 20 min de Montréal, accès rapide aux aéroports (10 min de Dorval).

De Montréal, 20 ouest, sortie 58, 55e ave à gauche. Tout droit jusqu'à Victoria. À gauche et 1re droite 53e Ave jusqu'au fleuve. À gauche vers 50e Ave et 1re impasse à gauche.

GÎTE
LES LORRAINS

Viviane et Jean-Paul Mineur
21, 50e Avenue
Lachine H8T 2T4
(514) 634-0884

B&B	
1 pers.	50 $
2 pers.	60 $
Enfant	10 $

Prix réduits : 10 % 4 nuits et plus
Ouvert à l'année

Nombre de chambres	1
salle de bain partagée	1

Activités:

2. MONTRÉAL

F A R.1 AV

Au cœur du centre-ville, une belle maison ensoleillée avec cheminées, jardin et terrasses. Toutes nos chambres ont leur salle de bain privée. Suites avec bain tourbillon ou foyer. Un décor plein sud, une ambiance décontractée, des hôtes jeunes et attentionnés. Accès à une cuisine indépendante. Stationnement privé. À 50 m du métro. **Photo p 192.**

De l'aut. Ville-Marie (720 E), sortie rue Guy. 1er feu à droite sur boul. René-Lévesque jusqu'à Guy (2e feu); à droite sur Guy (dir. sud), 1re à gauche (après Hotel Days Inn). Métro Lucien-L'Allier.

GÎTE
À BON MATIN

1393, ave. Argyle
Montréal H3G 1V5
(514) 943-8641
sans frais 1-888-316-3743
fax (514) 931-1621
www.total.net/~bonmatin
bonmatin@total.net

B&B	
1 pers.	70-90 $
2 pers.	75-95 $
3 pers.	105 $

Taxes en sus VS MC IT

Ouvert à l'année

Nombre de chambres	5
ch. avec s. de bain privée	5

Activités:

3. MONTRÉAL

F a R.1 AV

À 3 minutes du métro, sur une rue paisible face au parc où coule une jolie fontaine; découvrez l'ancienne maison du maire. Jardin intime et stationnement privé. Près du centre-ville et du marché Atwater. Accès au Vieux-Montréal par un sentier cyclable ou piétonnier. Vélos à prêter. **Annonce p 207.**

De l'aut. Ville-Marie (720), sortie Atwater et rue St-Antoine (sens unique) jusqu'à la rue Agnès, à gauche. Ou du pont Champlain, sortie Atwater, après le tunnel continuer sur la rue Atwater. Rouler jusqu'à St-Antoine...

GÎTE
À BONHEUR D'OCCASION

Francine Maurice
846, rue Agnès
Montréal H4C 2P8
(514) 935-5898
www.bbcanada.com/526.html

B&B	
1 pers.	45-50 $
2 pers.	60-70 $
3 pers.	81 $
Enfant	5-10 $

Prix réduits : 1er nov au 30 avr
Ouvert à l'année

Nombre de chambres	4
salle de bain partagée	2

Activités:

4. MONTRÉAL

F a R.1

Rabais sur appel direct de 2 nuits et plus! Après chez-vous c'est chez-nous. À 2 pas de Berri-UQAM, terminus, Vieux-port, musées, restos. Partagez ma maison ancestrale, toit terrasse, très grandes chambres, bons petits déjeuners. Hors saison : tarif long séjour, salon, cuisine équipée. À bientôt...

Du terminus : marcher 1 rue à l'est. En métro : Berri-UQAM sortie place Dupuis. En voiture : aut. Ville-Marie (720) sortie Berri, Ontario à droite, St-André à droite, de Maisonneuve à droite, St-Christophe à droite.

GÎTE
À L'ADRESSE DU CENTRE-VILLE

Huguette Boileau et Marie
1673, St-Christophe
Montréal H2L 3W7
(514) 528-9516
fax (514) 879-3236
augite@mailcity.com

B&B	
1 pers.	50 $
2 pers.	65 $
3 pers.	85 $
Enfant	15 $

Prix réduits : 1er nov au 31 mars
Ouvert à l'année

Nombre de chambres	3
salle de bain partagée	2

Activités:

5. MONTRÉAL

F a R.1 AV

Situé dans un quartier résidentiel, rue paisible, nous offrons un accueil chaleureux. Stationnement gratuit, terrasse fleurie, piscine, près des services (0,1 km). Proximité des autobus, du métro Crémazie, voies rapides, piste cyclable. Piscine olympique à 0,8 km.

Accès facile des aéroports Mirabel et Dorval. Aut. 40 dir. est, sortie 73, av. Christophe-Colomb vers le nord, faire 1 km jusqu'à rue Legendre. À droite, faire 0,2 km jusqu'à av. André-Grasset. À gauche, 1re rue à droite, 1re maison à droite.

GÎTE
À LA BELLE VIE

Camille et Lorraine Grondin
1408, Jacques Lemaistre
Montréal H2M 2C1
(514) 381-5778
fax (514) 477-2012

B&B	
1 pers.	45-50 $
2 pers.	55-60 $

Ouvert à l'année

Nombre de chambres	2
salle de bain partagée	1

Activités:

6. MONTRÉAL

F A R.2 AV

Situé au rez-de-chaussée en face d'un parc. Environnement discret au centre de Montréal localisé entre le Parc du Mt-Royal et le site olympique. Atmosphère chaleureuse et tranquille, proche des activités culturelles et touristiques. Petit déjeuner copieux. Stationnement facile. À bientôt.

Du pont Jacques-Cartier, boul. Delorimier nord, boul. St-Joseph à droite. À la 3e rue, rue Messier à gauche, rue Laurier à gauche, rue de Bordeaux à droite. Du nord, rue Papineau sud, boul. St-Joseph à gauche, aux feux de circulation, rue de Bordeaux à gauche.

GÎTE
À LA BONNE ÉTOILE

Louise Lemire et
Christian Guéric
5193, rue de Bordeaux
Montréal H2H 2A6
(514) 525-1698
www.bbcanada.com/
1947.html

B&B	
1 pers.	45-50 $
2 pers.	55-60 $
3 pers.	75 $
4 pers.	90 $
Enfant	0-10 $

Prix réduits : 1er nov au 30 avr
Ouvert à l'année

Nombre de chambres	2
salle de bain partagée	1

Activités:

7. MONTRÉAL

F A R.1

Accueil chaleureux et amical. Étonnamment tranquille pour dormir. Très près du métro, des activités culturelles et récréatives ainsi que des restaurants ethniques. Super déjeuner varié et complet. Possibilité de stationnement.

Des aéroports, prendre navette jusqu'au Terminus Voyageur, métro sortie Mt-Royal. À droite jusqu'à St-Hubert. En voiture : rue Sherbrooke est jusqu'à St-Hubert, direction nord.

GÎTE
À LA DORMANCE

Chantal Savoye
et Eddy Lessard
4425, St-Hubert
Montréal H2J 2X1
(514) 529-0179
fax (514) 529-1079
dormance@microtec.net

B&B	
1 pers.	45 $
2 pers.	65 $
3 pers.	80 $

Ouvert à l'année

Nombre de chambres	**3**
salle d'eau partagée	1
salle de bain partagée	2

Activités:

8. MONTRÉAL

F A R4 AV

Niché entre 2 îlots de verdure, près du Parc du Mont-Royal, entouré des prestigieuses boutiques de la rue Laurier, de restaurants tentateurs aux saveurs exotiques, de librairies et galeries d'art fascinantes, notre gîte douillet vous accueille. Pour un séjour d'agrément ou d'affaires, notre plus grand plaisir sera de vous amener à découvrir les multiples splendeurs de Montréal.

Ave Laurier, près : boul. Saint-Laurent et métro Laurier. Accès facile à partir des autoroutes et des aéroports. Itinéraire personnalisé lors de la réservation. Plan sur Internet.

GÎTE
AU CHAT QUI RÊVE

Jacqueline Morin
23, ave. Laurier Est
Montréal H2T 1E4
tel/fax (514) 276-8755
jacmorin@riq.qc.ca

B&B	
1 pers.	50-60 $
2 pers.	60-80 $
3 pers.	75 $
4 pers.	85 $
Enfant	10 $

Prix réduits : pour long séjour
Ouvert à l'année

Nombre de chambres	**3**
ch. avec s. de bain privée	1
ch. avec lavabo	2
salle de bain partagée	1

Activités:

9. MONTRÉAL

F A R.1 AV

Ma cabane au Canada??? Toute une maison! Faut voir... c'est «nickel», spacieux, luxueux. Excellente localisation : près de tout. Devant c'est la ville. Face au parc olympique (métro, Jardin Botanique, Biodôme). Derrière c'est la campagne. À l'intérieur c'est intimiste, l'atmosphère y est détendue. Stationnement gratuit. En nomination pour le Prix Excellence Montréal 1996-97. **Annonce p 209.**

De Dorval, 520 est, 40 est, sortie 76, boul. Pie-IX sud, 4 km. De Mirabel, 15 sud, 40 est, sortie 76, boul. Pie-IX sud, 4 km. Du centre-ville, rue Sherbrooke est, boul. Pie-IX sud, à droite.

GÎTE
AU GÎTE OLYMPIQUE

Denis Boulianne
2752, boul Pie IX
Montréal H1V 2E9
(514) 254-5423
sans frais 1-888-254-5423
fax (514) 254-4753
www.dsuper.net/~olympic
olympic@dsuper.net

B&B	
1 pers.	50-60 $
2 pers.	65-75 $
3 pers.	80-90 $
Enfant	10 $

Taxes en sus VS MC

Prix réduits : 1er nov au 30 avr
Ouvert à l'année

Nombre de chambres	**5**
ch. avec lavabo	3
ch. avec s. de bain privée	2
ch. au sous-sol	3
salle de bain partagée	2

Activités:

LES GÎTES ET AUBERGES

10. MONTRÉAL

F A R.1

Victorienne. Rue tranquille au magnifique square St-Louis (centre-ville). Vue sur le parc ou terrasse. Hôtes passionnés des arts et des sciences. Petit déjeuner soigné. Gîte salué pour sa qualité d'accueil : prix Excellence Montréal 1994-95. «My personal B&B favorite» W.A Davis, Boston Globe, 1997.

Métro Sherbrooke sortie Rigaud (3 min). Traverser le parc jusqu'à l'avenue Laval. En auto, rue Sherbrooke, rue St-Denis nord, à gauche ave. des Pins et à gauche ave. Laval.

GÎTE
AUX PORTES DE LA NUIT

Chantal Rousseau et
Marie-Christine LeTourneux
3496, ave. Laval
Montréal H2X 3C8
(514) 848-0833
www.bbcanada.com/807.html

B&B	
1 pers.	50-65 $
2 pers.	65-75 $
3 pers.	80-95 $
4 pers.	110 $
Enfant	20 $

Prix réduits : 15 oct au 15 déc, 15 jan au 15 avr
Ouvert à l'année

Nombre de chambres	3
ch. avec lavabo	2
ch. avec s. de bain privée	1
salle de bain partagée	1

Activités:

11. MONTRÉAL

F A R.1 AV

Hôtesse aimable, créant un climat amical entre visiteurs. Excellente qualité d'information. Déjeuners québécois raffinés et variés, menus établis selon vos goûts. Gîte offrant le calme au centre-ville, près du métro Berri et de la gare d'autobus. Location d'auto. Stationnement. Prix l'hiver : 400-450 $ par mois.

Aut. 10 : dir. Centre-ville. Sortie 6 Vieux-Montréal-St-Laurent-Berri, dir. Berri. À gauche, rue Berri. À droite, boul. René-Lévesque, à gauche, rue Wolfe. Des aéroports: autobus jusqu'au Terminus Voyageur. 4 min en taxi.

GÎTE
BED & BREAKFAST GRÉGOIRE

Christine Grégoire
1766, rue Wolfe
Montréal H2L 3J8
(514) 524-8086
sans frais 1-888-524-8086
www.bbcanada.com/1650.html
cgregoire@arobas.net

B&B	
1 pers.	50-55 $
2 pers.	60-70 $
3 pers.	85 $
4 pers.	110 $
Enfant	15 $

VS MC IT

Prix réduits : 1er nov au 30 avr
Ouvert à l'année

Nombre de chambres	2
salle de bain partagée	1

Activités:

12. MONTRÉAL

F A R.1 AV

Si la nuit les chats sont gris, les matins n'en sont pas moins colorés... Déjeuners gourmands, atmosphère rieuse dans un décor reposant. À proximité du Vieux-Montréal, à 2 pas de la rue St-Denis et des sites des festivals. Métro et autobus à moins de 5 min de cette jolie maison victorienne en face du parc Lafontaine.

Près du pont Jacques-Cartier sur Sherbrooke Est. Métro Sherbrooke ou autobus #24.

GÎTE
CHAGRI

Eve Bettez
1268, Sherbrooke Est
Montréal H2L 1M1
(514) 947-1692
fax (514) 524-1691
www.colba.net/~chagri/index.htm
chagri@colba.net

B&B	
1 pers.	55 $
2 pers.	65 $
3 pers.	75 $
4 pers.	100 $
Enfant	10 $

Ouvert à l'année

Nombre de chambres	3
salle d'eau partagée	1
salle de bain partagée	1

Activités:

13. MONTRÉAL

F | A | R.1 | AV

Près du Jardin botanique, du Parc olympique et des théâtres d'été, face au parc Lafontaine, demeure ancienne entièrement rénovée entourée de verdure. Petit déj. copieux, confort douillet et moderne, bain tourbillon. Atmosphère raffinée, oeuvres d'art originales. Une oasis de paix et de tranquillité. Stat. privé.

De Dorval vers Montréal, aut. 40 est sortie av. Papineau sud, faire 5 km. Du métro Papineau, Bus #45 nord, sortie 2 arrêts après Sherbrooke.

GÎTE
CHEZ FRANÇOIS

François Baillergeau
4031, Papineau
Montréal H2K 4K2
(514) 239-4638
fax (514) 596-2961
http://pagesinfinit.net/albena/francois.html

B&B	
1 pers.	55-60 $
2 pers.	60-75 $
3 pers.	80 $
Enfant	5-10 $

Ouvert à l'année

Nombre de chambres	2
ch. avec lavabo	1
salle de bain partagée	1

Activités:

14. MONTRÉAL

F | A | R.5 | AV

Au Square Saint-Louis, c'est la tranquillité de la campagne au centre-ville. Venez profiter de la proximité des attraits qu'offre Montréal. Nos itinéraires «hors pistes» vous ferons découvrir un autre Montréal... Celui des Montréalais. Puis relaxez-vous dans le parc au chant des oiseaux. Au petit déjeuner, on bouffe, on jase, on rigole et on recommence!

De Mirabel, aut. 15 sud, aut. 40 est, sortie St-Denis sud, faire 6 km. À droite av. des Pins, faire 200 m, à gauche av. Laval, à gauche Carré St-Louis. Du métro Sherbrooke, sortie Rigaud. Traverser le parc.

GÎTE
CHEZ PIERRE ET DOMINIQUE

Dominique Bousquet
et Pierre Bilodeau
271, Carré St-Louis
Montréal H2X 1A3
(514) 286-0307
www.cam.org/~pierdom/index.html
pierdom@cam.org

B&B	
1 pers.	40-45 $
2 pers.	65-70-80 $
3 pers.	85-95 $
4 pers.	110 $
Enfant	10 $

Ouvert à l'année

Nombre de chambres	3
ch. avec lavabo	1
salle d'eau partagée	1
salle de bain partagée	1

Activités:

15. MONTRÉAL

F | A | R.1 | AV

Goûtez Montréal dans une de ses demeures les plus étonnantes: une traditionnelle maison québécoise (1865) offrant l'ambiance du siècle dernier en plein coeur de la ville. Vous aurez votre pied-à-terre dans un quartier à la fois authentique et «branché». Venez vivre Montréal au Coteau St-Louis, nous vous dirons ses rythmes et ses couleurs.

St-Hubert jusqu'à Boucher (entre St-Joseph et Rosemont) vers l'ouest jusqu'à Berri (2 rues) c'est à gauche. En métro : station Laurier, sortie Laurier. Prendre Berri à gauche.

GÎTE
COTEAU ST-LOUIS

Valérie et Daniel
5210, rue Berri
Montréal H2J 2S5
(514) 495-1681
www.cam.org/~stlouis
stlouis@cam.org

B&B	
1 pers.	50 $
2 pers.	65 $
3 pers.	80 $
4 pers.	95 $
Enfant	5-10 $

Ouvert à l'année

Nombre de chambres	3
salle de bain partagée	1

Activités:

16. MONTRÉAL

F A R.4 AV

Maison cossue au coeur du Montréal culturel et francophone, à quelques minutes de l'animation du Centre-ville et du Vieux-Montréal, mais aussi du Biodôme, du Stade Olympique et du Jardin Botanique. Chaleureux accueil de vos hôtes, elle comédienne-chanteuse, lui directeur de tournois de tennis professionnel.

De Québec ou des USA, pont Jacques-Cartier, dir. rue Sherbrooke, tout droit, 1,5 km sur de Lorimier. De Dorval, aut. 520 est, puis 40 est, sortie Papineau sud, 6,3 km, à gauche sur Rachel et à gauche sur de Lorimier, 0,4 km.

GÎTE

ENTRE RACHEL ET MARIE-ANNE

Andrée Racine et
Eugène Lapierre
4234, de Lorimier
Montréal H2H 2B1
tel/fax (514) 523-0366

B&B	
1 pers.	50 $
2 pers.	65 $
3 pers.	80 $

Ouvert : 1er avr au 31 oct

Nombre de chambres	3
ch. avec lavabo	1
salle d'eau partagée	1
salle de bain partagée	2

Activités:

17. MONTRÉAL

F a R.1 AV

À proximité du métro, de restaurants, de boutiques, du Parc Lafontaine et du Mont-Royal ainsi que des activités culturelles et attractions touristiques, vous serez accueillis chaleureusement pour partager avec nous l'atmosphère détendue de notre maison : chambres confortables et petits déjeuners inclus.

Du pont Jacques-Cartier, rue Delorimier. 1re rue après Sherbrooke est, à gauche sur Gauthier. À droite sur Dorion. À gauche sur Rachel est. À droite sur Boyer. Du métro Mont-Royal, à droite sur Mont-Royal. À droite sur Boyer.

GÎTE

GÎTE LA CINQUIÈME SAISON

Jean-Yves Goupil
4396, rue Boyer
Montréal H2J 3E1
(514) 522-6439
fax (514) 522-6192
www.bbcanada.com/1952.html

B&B	
1 pers.	55 $
2 pers.	65 $
3 pers.	75 $
4 pers.	85 $
Enfant	0-10 $

Prix réduits : 1er nov au 30 avr
Ouvert à l'année

Nombre de chambres	5
salle d'eau partagée	1
salle de bain partagée	2

Activités:

18. MONTRÉAL

F a R1 AV

En plein centre! Stationnement gratuit. Près de tous les services. Quartier résidentiel, en lisière des festivals. Ch. avec télé-câble, radio, téléphone et ventilo. Cuisine indépendante pour les visiteurs. À quelques pas du Palais des Congrès, des musées, hôpitaux, universités et d'un centre commercial. Petit déj. complet, en musique. «Une excellente adresse» selon les routards. **App. p 206.**

Métro Place-des-Arts, sortie Jeanne-Mance, bus 80, 2e arrêt, marcher à droite. En auto : au centre-ville, 4 rues à l'ouest du boul. St-Laurent et une rue au nord de Sherbrooke, entre Milton et Prince-Arthur.

GÎTE

GÎTE TOURISTIQUE ET APPARTEMENTS DU CENTRE-VILLE

Bruno Bernard
3523, rue Jeanne-Mance
Montréal H2X 2K2
(514) 845-0431
fax (514) 845-0262
www3.sympatico.ca/app

B&B	
1 pers.	50-55 $
2 pers.	65-75 $
3 pers.	85 $
Enfant	10 $

Taxes en sus VS MC AM

Ouvert à l'année

Nombre de chambres	3
salle d'eau partagée	1
salle de bain partagée	1

Activités:

19. MONTRÉAL

F | A | R.1 | AV

Au cœur du Mile-End et ses multiples boutiques, cafés et restos, à deux pas du centre-ville et de la montagne, L'URBAIN : tout le charme d'une belle résidence bourgeoise début de siècle : chambres hyper-douillettes, immense pièce de séjour, magnifique coin jardin dans la cour... Stationnement privé.

Situé 2 rues à l'ouest de la rue St-Laurent, entre Laurier et St-Joseph, L'URBAIN est accessible en autobus (51, 55 et 80) à partir des stations de métro Laurier et Place des Arts.

GÎTE
L'URBAIN

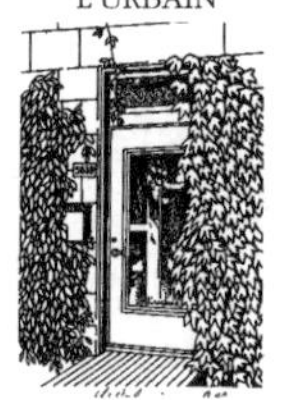

Louise Gannon
et François Lescop
5039, rue St-Urbain
Montréal H2T 2W4
(514) 277-3808
fax (514) 277-9390

B&B	
1 pers.	50-55 $
2 pers.	65-70 $
3 pers.	85 $
Enfant	15 $

Ouvert à l'année

Nombre de chambres	3
ch. avec lavabo	3
salle d'eau partagée	1
salle de bain partagée	1

Activités:

20. MONTRÉAL

F | A | R.1 | AV

Au cœur de la ville, la paix de la campagne. Située au pied d'un escalier bordé d'arbres, venez voir son architecture intérieure, ses puits de lumière, sa cheminée, ses meubles anciens. Chambres confortables. Côté jardin, plusieurs terrasses avec vue sur jardins anglais, ruelle boisée et fleurie. Stationnement privé.

Métro Berri, terminus voyageur. En auto: aut. Ville-Marie (720) sortie Berri. À gauche rue Berri, à droite rue Ontario est, 2e rue à gauche. Ou pont Jacques-Cartier, dir. rue Sherbrooke, 1ers feux à gauche, rue Ontario, à 1 km, à droite.

GÎTE
LA MAISON CACHÉE

Yvette Beigbeder
2121, St-Christophe
Montréal H2L 3X1
(514) 522-4451
fax (514) 522-1870
www.cam.org/
~mcachee/index.html
mcachee@cam.org

B&B	
1 pers.	65-75 $
2 pers.	70-80 $

VS MC

Ouvert à l'année

Nombre de chambres	3
salle de bain partagée	1

Activités:

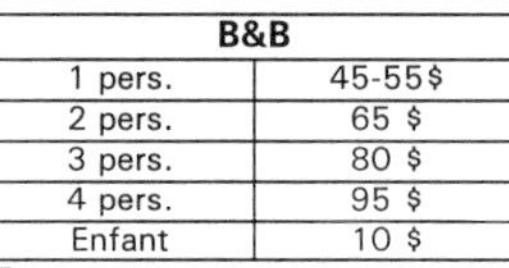

21. MONTRÉAL

F | A | R.2 | AV

Située à quelques minutes de marche du Vieux Montréal, des rues St-Denis et Ste-Catherine, la Maison Jaune est au cœur même des activités culturelles, sociales et touristiques de Montréal. Cette maison ancestrale, par sa tranquillité et son cachet particulier, agrémentera votre séjour parmi nous. Bons conseils pour vos activités, restos, sorties.

Aut. 20, rte 132, pont Jacques-Cartier prendre la dir. rue Sherbrooke, à gauche sur Ontario, 1,2 km plus loin, à droite sur St-Hubert.

GÎTE
LA MAISON JAUNE

Brigitte Charpentier,
Sylvain Binette et
François Legault
2017, St-Hubert
Montréal H2L 3Z6
(514) 524-8851
fax (514) 529-1471

B&B	
1 pers.	45-55$
2 pers.	65 $
3 pers.	80 $
4 pers.	95 $
Enfant	10 $

Taxes en sus

Prix réduits : nov à mai
Ouvert à l'année

Nombre de chambres	5
salle d'eau partagée	2
salle de bain partagée	2

Activités:

22. MONTRÉAL

F A R.2 AV

Prix Excellence Montréal 1996-97. À 25 minutes du centre-ville, sur les bords du St-Laurent, cette maison de 1900 où trois générations de notaires se sont succédées vous séduira par son jardin, ses fleurs et sa piscine creusée; copieux déjeuner servi sur la terrasse. La campagne à la ville, stat. privé. Les enfants sont bienvenus. **Photo p 240.**

De Mirabel, aut. 15 sud, aut. 40 est. De Dorval aut. 40 est, sortie 87 Tricentenaire vers le sud jusqu'à Notre-Dame, à droite 200 m. Aut. 20, sortie pont-tunnel L.-H.-Lafontaine, 1re sortie vers l'est, dir. sud, rue Notre-Dame vers l'est.

GÎTE
LA VICTORIENNE

Aimée et Julien Roy
12560, rue Notre-Dame Est
Montréal H1B 2Z1
(514) 645-8328
fax (514) 255-3493

B&B	
1 pers.	32 $
2 pers.	48 $
3 pers.	62 $
Enfant	0 $

Ouvert : 15 mai au 15 oct

Nombre de chambres	3
ch. avec lavabo	1
salle de bain partagée	2

Activités:

23. MONTRÉAL

F A R1 AV

Pour un accueil chaleureux et le confort à petit prix c'est la bonne adresse. Près de la tour olympique, du Jardin Botanique à 10 min, du métro L'Assomption. Nos petits déjeuners sont préparés avec des aliments frais de première qualité servis à volonté. Piscine, vélos disponibles, buanderie sans frais.

De Mirabel ou Dorval, aut. 40 est, sortie boul. Lacordaire sud jusqu'au boul. Rosemont à droite rue Lemay 2e rue à droite.

GÎTE
«LE 6400»
COUETTE ET CAFÉ
BED & BREAKFAST

Lise et Jean-Pierre Durand
6400, rue Lemay
Montréal H1T 2L5
(514) 259-6400
fax (514) 255-4692
www.agricotour.qc
@sympatico.ca

B&B	
1 pers.	35-40 $
2 pers.	55-60 $

Prix réduit : 10 % de nov à mai
Ouvert à l'année

Nombre de chambres	2
salle de bain partagée	1

Activités:

24. MONTRÉAL

F A R1

Dans un secteur résidentiel et paisible, près du jardin botanique, Biodôme et site olympique, déjeuner copieux sur la terrasse, cuisine indépendante pour visiteurs, climatisation, ambiance chaleureuse. Près autobus et métro, stationnement. Escompte sur réservation directe, séjour de 2 nuits et plus. **App. p 206.**

Rejoindre l'aut. 40, sortie 76 ou 77 (Lacordaire sud) faire environ 1 km, à droite sur rue St-Zotique, puis à la 3e rue à droite sur Lemay.

GÎTE
LE PETIT BONHEUR

Nicole Gauthier
6790, rue Lemay
Montréal H1T 2L9
(514) 256-3630
fax (514) 255-2782

B&B	
1 pers.	40-50 $
2 pers.	50-65 $
3 pers.	80 $
Enfant	10 $

Prix réduits : 1er nov au 1er mai
Ouvert à l'année

Nombre de chambres	3
salle de bain partagée	2

Activités: 

25. MONTRÉAL

F A AV

Au cœur du quartier latin (restaurant-théâtre-boutique). Facilité de stationnement. Jardin, hamacs. Rue tranquille, sécuritaire. À 2 min du métro. Près de la piste cyclable, des événements internationaux: Festivals de Jazz, Films du monde, Juste pour rire. Suite superbe pour les amoureux. Espace aménagé pour groupe/famille (2 à 6 pers.).

Aéroports : navette pour terminus voyageur, Métro Mont-Royal. Voiture: dir. centre-ville, la rue Berri est parallèle à l'artère St-Denis (2 rues à l'est). 4272 Berri : entre Mont-Royal et Rachel.

GÎTE
SHÉZELLES

Lucie Dextras et
Lyne St-Amand
4272, Berri
Montréal H2J 2P8
(514) 849-8694
cell. (514) 943-2526
fax (514) 528-8290
shez.masq@sympatico.ca

B&B	
1 pers.	40-85 $
2 pers.	60-100 $

Ouvert à l'année

Nombre de chambres	3
ch. avec s. de bain privée	1
salle de bain partagée	1

Activités:

26. MONTRÉAL, NOTRE-DAME DE GRÂCE

F A R.25 AV

D'inspiration victorienne, ce manoir pittoresque possède des chambres luxueuses tout confort, rehaussées par la chaleur de meubles d'époque. À proximité des festivals, bistros, boutiques du Village Monkland et de l'aut. Décarie vers l'aéroport Dorval et le centre-ville, accès facile à la «ville souterraine» par la station de métro Villa Maria à deux pâtés de maison du manoir. Stat. privé gratuit. **Annonce couvert intérieur du guide.**

Aut. Décarie, sortie Côte St-Luc, dir. ouest Côte-St-Luc jusqu'à Somerled, à gauche, 2e rue à droite sur Harvard, la maison est située coin Somerled et Harvard à N.D.G.

GÎTE
MANOIR HARVARD

Robert et Lyne Bertrand
4805, avenue Harvard
Notre-Dame de Grâce,
Montréal H3X 3P1
(514) 488-3570
fax (514) 369-5778
alrc@sympatico.ca

B&B	
1 pers.	75-95 $
2 pers.	85-95 $
3 pers.	105 $
Enfant	10 $

Taxes en sus VS MC ER IT

Ouvert à l'année

Nombre de chambres	5
ch. avec s. de bain privée	5

Activités:

27. PIERREFONDS

F A R.1 AV

Maison climatisée, ouverte aux enfants, en banlieue ouest de Montréal, facile d'accès des aérogares et du centre-ville, près de l'aut. 40 et du centre Fairview. Gîte super, paisible, près de tous les attraits et services. Stationnement privé gratuit. Petit déj. substantiel avec pain et confitures maison. Hôtes chaleureux.

Venant de l'aéroport Dorval : rte 20 ouest, 7 km jusqu'au boulevard Saint-Jean, sortie 50 nord, faire 6 km. À gauche boulevard Pierrefonds, 1,4 km. À gauche rue Paiement.

GÎTE
GÎTE MAISON JACQUES

Micheline et Fernand Jacques
4444, rue Paiement
Pierrefonds H9H 2S7
(514) 696-2450
fax (514) 696-2564
gite.maison.jacques@
sympatico.ca

B&B	
1 pers.	37-40 $
2 pers.	53-55 $
3 pers.	78 $
Enfant	6-12 $

MC AM

Ouvert : 1er fév au 30 nov

Nombre de chambres	3
ch. avec s. de bain privée	2
ch. au sous-sol	1
salle de bain partagée	1

Activités:

28. MONTRÉAL

F a R1 M1 AV

En plein centre! Jolis appartements meublés. Cuisinette équipée. Jour, semaine, mois. Balcon, télé, radio, téléphone, piscine. Vue superbe sur la ville. Près des festivals, du Palais des Congrès, d'un centre commercial, des universités et hôpitaux. Stationnement. Bon rapport qualité-prix. **Voir gîte p 202.**

Métro Place-des-Arts, sortie Jeanne-Mance, bus #80, descendre au 2ᵉ arrêt, marcher vers la droite. En auto : au centre-ville, 4 rues à l'ouest du boul. St-Laurent et une rue au nord de Sherbrooke, entre Milton et Prince-Arthur.

MAISON DE VILLE
APPARTEMENTS MEUBLÉS
MONTRÉAL CENTRE-VILLE

Bruno Bernard
3523, Jeanne-Mance
Montréal H2X 2K2
(514) 845-0431
fax (514) 845-0262
www3.sympatico.ca/app

Nbr. app.	6
Nbr. chambres	studio/1 ch.
Nbr. personnes	1-4
SEM-ÉTÉ	450-600 $
SEM-HIVER	400-550 $
WE-ÉTÉ	140-240 $
WE-HIVER	130-200 $
JR-ÉTÉ	70-120 $
JR-HIVER	65-100 $

Taxes en sus VS MC AM

Ouvert à l'année

Activités:

29. MONTRÉAL

F A R1 M.2

Joli 3½ pièces, spacieux, tranquille, tout équipé, radio, télé, secteur résidentiel, près jardin botanique, Biodôme, site olympique, métro, resto, centres commerciaux, accès à une grande cour ensoleillée, buanderie, stationnement. Escompte si réservation directe, séjour de 3 jours et plus. **Gîte p 204.**

Rejoindre l'aut. 40, sortie 76 ou 77 (Lacordaire Sud) faire environ 1 km. À droite rue St-Zotique, à la 3ᵉ rue, à droite rue Lemay.

MAISON DE VILLE
LE PETIT BONHEUR

Nicole Gauthier
6790, rue Lemay
Montréal H1T 2L9
(514) 256-3630
fax (514) 255-2782

Nbr. app.	1
Nbr. chambres	1
Nbr. personnes	1-4
SEM-ÉTÉ	375-500 $
SEM-HIVER	250-300 $
WE-ÉTÉ	125-250 $
WE-HIVER	100-150 $
JR-ÉTÉ	70-120 $
JR-HIVER	50-100 $

Taxes en sus

Prix réduits : 1ᵉʳ nov au 1ᵉʳ mai
Ouvert à l'année

Activités:

Un accueil
simple et
généreux
à Montréal
Bonheur
d'occasion
(514) 935-5898
page 197

La Villa des Fleurs
«Gagnante du prix Excellence • Accueil»
• 4 chambres avec lavabo dont une avec salle de bain privée
• À proximité de Montréal - 15 min du stade Olympique
• Tranquilité, paix et sécurité assurées
• Petit déjeuner fleurs, cristal et dentelle
• Piscine creusée
• Foyer
voir page 144
Denise, Claude
Marianne et Élaine
45, rue Gaudreault
Repentigny J6A 1M3
tél. : (514) 654-9209
fax : (514) 585-1946

Une ferme différente.

Table champêtre gastronomique
Méchoui et brunch
Dégustation et vente de produits de la ferme
Évènements spéciaux (anniversaire, mariage, etc...)
Réunion d'affaires
*Menu, prospectus et vidéo disponibles sur demande
voir page 24

Promenade à la ferme pour la famille, les groupes scolaires et les groupes sociaux
voir page 33

Élevage et vente d'animaux exotiques (lama, chèvre Boer, daim, âne, mouton des Barbades, mouton Katahdin, etc...)

La Rabouillère
Pierre Pilon
1073, rang de l'Égypte
St-Valérien JOH 2BO
Tél : (514) 793-4998
Fax : (514) 793-2529

OUTAOUAIS

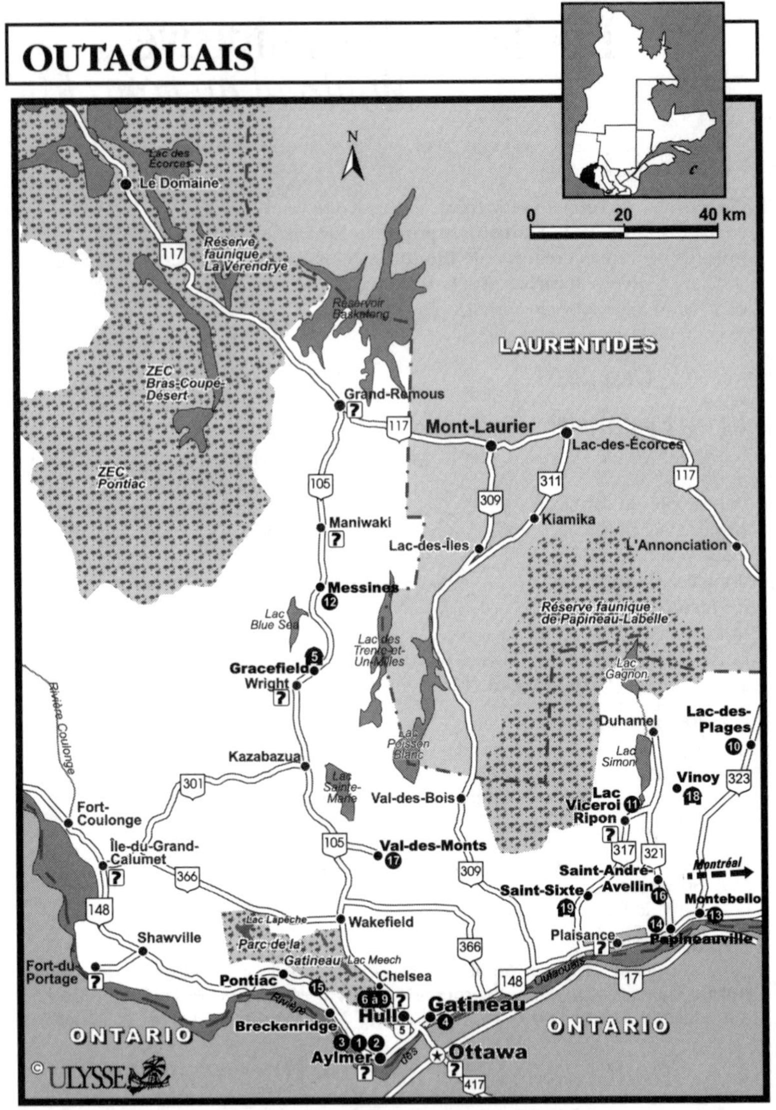

*Les numéros sur la carte correspondent à la numérotation des gîtes de la région

1. AYLMER

F a R4

Gâtez-vous les sens dans une maison d'artiste finement décorée. Chaque pièce renferme des trésors ravissants. Choix de 2 chambres spacieuses (une ch. avec balcon). Délicieux petit déjeuner servi sur la terrasse ou dans une salle à manger inondée de lumière, devant un vaste terrain paysager.

D'Ottawa, aut. 417 jusqu'à la sortie Island Park nord. Suivre Island Park jusqu'au pont Champlain. Après le pont, à gauche sur ch. Aylmer (rte 148). Après le 3e feux, à gauche sur Lakeview.

GÎTE
GÎTE ENCHANTÉ

Rita Rodrigue
32, Lakeview
Aylmer J9H 2A1
(819) 682-0695

B&B	
1 pers.	60-70 $
2 pers.	65-75 $
Enfant	10 $

Ouvert à l'année

Nombre de chambres	2
salle d'eau partagée	1
salle de bain partagée	1

Activités:

2. AYLMER

F A R1

Prix Provincial Excellence 1996-97. À quelques minutes du centre d'Ottawa/Hull, cette jolie maison est surtout renommée pour son ambiance chaleureuse, son décor romantique, le confort de ses chambres et son petit déjeuner maison. Située à proximité des plus beaux parcours de golf, des pistes de vélo et du Parc Gatineau. Air central, ventilateurs, vaste stationnement privé.

De Montréal, rte 417, à Ottawa sortie 123 (Island Park Drive) suivre Island Park, traverser le Pont Champlain jusqu'à l'enseigne 148 ouest, à gauche pour 2 km. De Hull à 3 km ouest de la limite Hull/Aylmer.

GÎTE
L'ESCAPADE B&B

Lise et Rhéal Charron
912, chemin d'Aylmer
Aylmer J9H 5T8
(819) 772-2388
fax (819) 772-4354

B&B	
1 pers.	45-55 $
2 pers.	60-70 $
Enfant	10 $

VS MC

Ouvert à l'année

Nombre de chambres	3
ch. avec lavabo	2
salle d'eau partagée	1
salle de bain partagée	1

Activités:

3. AYLMER, BRECKENRIDGE

F A R1 AV

Notre maison mezzanine vous offre le confort, la tranquillité et un accueil chaleureux. Prenez un moment de détente dans la nature, magnifique boisé en bordure de la rivière des Outaouais. À 20 min du parlement et des sites touristiques d'Ottawa. Fournissons abri pour vélos. Petit déj. copieux.

De Montréal, aut. 417 vers Ottawa. À Ottawa, traverser n'importe quel pont, à gauche sur rte 148 ouest. À l'hôtel de ville d'Aylmer à droite rte 148 ouest pour 5 km. À gauche, rue Terry Fox vers la rivière, à droite sur Cedarvale.

GÎTE
MAISON BON REPOS

Denyse et Guy Bergeron
37, Cedarvale
Aylmer J0X 2G0
(819) 682-1498
(819) 684-6821

B&B	
1 pers.	40-45 $
2 pers.	50-55 $
Enfant	10 $

Ouvert à l'année

Nombre de chambres	3
ch. avec s. de bain privée	2
salle de bain partagée	1

Activités:

4. GATINEAU

F A R1 AV

Situé sur une presqu'île abritant un sanctuaire d'oiseaux, à 10 min d'Ottawa, du Casino et des festivals. Quai pour plaisanciers. Aires avec foyers. Petit déj. dans la verrière ou sur la terrasse, vue sur la rivière. Ch. des maîtres avec toit cathédral, bain tourbillon et salon privé.

De Montréal, rte 148 ouest. À Gatineau, pépinière Emery à gauche, Montcalm et Hurtibise à gauche. D'Ottawa, aut. 417, sortie Mann dir. Hull, pont MacDo Cartier, aut 50 dir. Gatineau sortie rte 148 est, à la pépinière à droite sur Montcalm...Par voie maritime, bouée 435 Riv-des-Outaouais.

GÎTE

GÎTE BELLES RIVES

Isabelle Locas et
Philippe Boileau
989, boul. Hurtubise
Gatineau J8P 1Z9
(819) 669-7852
(613) 786-8853
fax (819) 663-9774

B&B	
1 pers.	45-55-65 $
2 pers.	55-65-75 $
3 pers.	80-110 $
4 pers.	90-120 $
Enfant	0-15 $

Prix réduits : 1er nov au 1er fév
Ouvert à l'année

Nombre de chambres	3
ch. avec s. de bain privée	1
ch. avec lavabo	2
salle de bain partagée	1

Activités:

5. GRACEFIELD

F AV

Vacances exceptionnelles à la ferme pour enfant seulement. À 1 h de Hull, dans un jardin fleuri, une maison de ferme attend la marmaille de 5 à 10 ans. Avec l'aide d'une monitrice, nous accueillerons vos enfants. À leur disposition: dortoir, piscine, carré de sable, maison de poupées, pavillon pour les activités. Mi-juin à mi-août. **Gîte à la ferme p 40.**

De Hull, dir. Maniwaki rtes 5, 105 nord. À la sortie de Gracefield, au garage Ultramar, 6 km dir. Maniwaki, à droite à l'enseigne Pointe-Confort, 5,8 km. À droite, «Ferme André et Danielle Thérien».

GÎTE À LA FERME

ANDRÉ ET DANIELLE THÉRIEN

Danielle et André Thérien
R.R. 1
Gracefield J0X 1W0
(819) 463-2356

GÎTE À LA FERME	
Enfant seulement	5 jours 3 repas/jrs 200 $

Ouvert : mi-juin à mi-août

Nombre de chambres	3
salle d'eau partagée	1
salle de bain partagée	2

6. HULL

F A R.1 AV

Venez goûtez à l'hospitalité outaouaise à son meilleur, dans un quartier paisible, tout près des centres-villes de Hull et d'Ottawa et du Parc de la Gatineau. Petits déjeuners inoubliables servis dans une verrière donnant sur un jardin de roses... ou de neige. Un rendez-vous pour tous les âges et toutes les cultures! Se habla espanol!

Du Queensway, sortie Nicholas dir. Hull vers l'aut. 5 nord, sortie Mont-Bleu. Au boul. Riel, à droite jusqu'à de la Normandie. Ou de Montréal, rte 148 ouest, suivre aut. 5 nord et indications ci-avant.

GÎTE

AU NORMANDIE

Colette et Guy Claveau
67, rue de la Normandie
Hull J8Z 1N6
tel/fax (819) 595-2191
www.bbcanada.com/
1024.html

B&B	
1 pers.	50-55 $
2 pers.	60-65 $
3 pers.	90 $
Enfant	10 $

VS

Ouvert à l'année

Nombre de chambres	3
ch. au sous-sol	1
ch. avec s. de bain privée	1
salle d'eau partagée	1
salle de bain partagée	1

Activités:

7. HULL

F | a | R.1 | AV

Une invitation au calme et à la détente, à proximité du parc de la Gatineau, des pistes cyclables et des sentiers pédestres. Le charme de la campagne en ville. Accueil chaleureux, ch. confortables et délicieux petits déjeuners. Salle de séjour avec foyer piano et T.V. À quelques min. d'Ottawa, Casino et musées. Bienvenue chez nous.

Du Queensway, sortie Nicholas dir. Hull, vers aut. 5 nord; sortie Mont-Bleu. À droite boul. Mont Bleu, sur la côte à gauche. Prendre rue des Bouleaux, devient des Ormes. De Montréal, rte 148, suivre aut. 5 nord et indications précédentes.

GÎTE
AU PIGNON SUR LE PARC

Fernande Béchard-Brazeau
63, des Ormes
Hull J8Y 6K6
(819) 777-5559
fax (819) 777-0597

B&B	
1 pers.	45 $
2 pers.	55 $
3 pers.	80 $
Enfant	10 $

Ouvert à l'année

Nombre de chambres	2
ch. au sous-sol	1
salle de bain partagée	1

Activités:

8. HULL

F | A | R2 | AV

Appréciez le calme de la campagne en ville. 2 min du Parc de la Gatineau (pistes cyclables), 8 min du centre-ville d'Ottawa-Hull (musées), 5 min du casino. Maison ensoleillée, climatisée, décorée avec soin. Atmosphère agréable, salon et coin jardin offrant vue splendide sur le golf et le parc. Déjeuner sur la terrasse, entourée de nature, dont on se souviendra. Stat. inclus.

De Montréal, rte 148 ouest. À Hull, aut. 5 nord, sortie 8, à droite boul. Hautes Plaines est, du Contrefort à gauche, du Versant à droite. Ou d'Ottawa, aut. 417, sortie Mann, ensuite King Edward, dir. Hull, pont MacDonald-Cartier, aut. 5 nord...

GÎTE
AU VERSANT
DE LA MONTAGNE

Ghyslaine Vézina
19, du Versant
Hull J8Z 2T8
(819) 776-3760
fax (819) 776-2453

B&B	
1 pers.	45-50 $
2 pers.	55-60 $
3 pers.	75-80 $

VS

Ouvert à l'année

Nombre de chambres	3
ch. au demi sous-sol	1
salle de bain partagée	2

Activités:

9. HULL

F | a | R1

Gîte accueillant situé au coeur du patrimoine. Chambres ensoleillées, insonorisées, climatisées, T.V., copieux petit déjeuner servi en saison sur la terrasse enjolivée de fleurs. À quelques min de marche d'Ottawa, parlement, musées, piste cyclable et ski de randonnée à côté. Casino à 2 min. Stat. gratuit. Prix Excellence Outaouais 1994-95.

De Montréal, rte 148 ouest. À Hull, sortie boul. Maisonneuve, à gauche Verdun, à gauche Champlain. Ou d'Ottawa, aut. 417 sortie Mann vers Hull, pont Cartier McDonald, sortie boul. Maisonneuve...

GÎTE
COUETTE ET CROISSANT

Anne Picard Allard
330, rue Champlain
Hull J8X 3S2
(819) 771-2200

B&B	
1 pers.	45-50 $
2 pers.	55-60 $

VS

Ouvert : 31 jan au 31 oct

Nombre de chambres	4
ch. avec s. de bain privée	1
ch. au sous-sol	1
salle de bain partagée	2

Activités:

10. LAC-DES-PLAGES

F A R.5

Maison ancestrale où règne le calme et la paix. Vue panoramique sur le lac entouré de belles montagnes qui donnent le charme aux saisons. Rêverie sur la galerie. Détente dans un lac à pente douce. Visite intéressante aux alentours. Forêt féerique pour activités hivernales. Vélo, canot et raquettes de neige disponibles.

De Montréal, aut. 15 nord dir St-Jovite, rte 323 sud dir Lac-des-Plages. Ou d'Ottawa, aut 50 est. À Masson rte 148 est. À Montebello rte 323 nord. 40 min de Mt. Tremblant.

GÎTE
LA MAISON CARLS-SCHMIDT

Maud Carlsson et
Martin Schmidt
2061, Tour du Lac
Lac-des-Plages J0T 1K0
(819) 426-2379

B&B	
1 pers.	30-35 $
2 pers.	55 $
3 pers.	70 $

Ouvert : 1er jan au 15 mars, 1er juil au 31 oct

Nombre de chambres	3
salle de bain partagée	2

Activités:

11. LAC VICEROI (CANTON DE RIPON)

F A R5 AV

Demeure domaniale privée à tours cornières, à la campagne, meublée antique. Cuisine familiale ou gastronomique, spécialités : truites et dindons sauvages. Gratuit sur le domaine : pêche, canot, baignade en rivière ou lac privé, spectacle en plein air à notre théâtre Gréco-Romain : «Épi d'Or», traîneaux à chiens, motoneige, skis, raquettes. À proximité : équitation, tours d'hydravion, golf.

De Montréal, rte 148 ouest. D'Ottawa-Hull, aut. 50 et rte 148 est. À Papinauville, rte 321 nord, 27 km. Aux 4 voies, à gauche, rte 317. Après le pont, à droite ch. des Guides, faire 1,6 km, à droite.

GÎTE
CHÂTEAU ÉPI D'OR

Claire et Charles Dussault
15, chemin Périard
Canton de Ripon (Lac Viceroi)
J0V 1V0
(819) 428-7120

	B&B	PAM
1 pers.	40 $	47,50 $
2 pers.	50 $	65 $
3 pers.	60 $	85 $
Enfant	5 $	5 $

Taxes en sus VS MC

Ouvert à l'année

Nombre de chambres	5
ch. avec s. de bain privée	4
ch. avec s. d'eau privée	1
salle d'eau avec douche au sous-sol	1

Activités:

12. MESSINES

F A AV

En Haute-Gatineau site enchanteur et paisible, notre auberge offre une atmosphère sereine vous enrobant d'un bien-être chaleureux. Restaurant de fine cuisine parmi les meilleures tables de l'Outaouais. Golf, équitation, ski alpin et de randonnée, hydroglisseur et autres.

De Ottawa/Hull, aut. 5 nord et rte 105 vers Maniwaki. À Messines au clignotant à gauche. De Montréal, aut 15 nord, à St-Jovite rte 117 nord jusqu'à Grand-Remous, à gauche rte 105 sud vers Maniwaki...

AUBERGE
MAISON LA CRÉMAILLÈRE

Andrée et André Dompierre
24, chemin de la Montagne
Messines J0X 2J0
(819) 465-2202
fax (819) 465-5368

B&B	
1 pers.	50 $
2 pers.	65 $

Taxes en sus VS MC IT

Ouvert à l'année

Nombre de chambres	2
salle d'eau partagée	1
salle de bain partagée	1

Activités:

13. MONTEBELLO

Gîte sur 45 acres de verdure, accès sur rivière Outaouais. Chambres spacieuses avec salle de bain privée. Foyer. Piscine creusée, canot, pédalo, feu de camp, pêche, théâtre d'été, glissades, raquettes, traîneau à chiens. Divers forfaits. Service de massothérapeute accrédité FQM.

De Montréal, aut. 40 ouest, dir. Ottawa-Hull; sortie Hawkesbury, rte 148 ouest, 2 km avant Montebello. D'Ottawa-Hull, aut. 50 et rte 148 est, jusqu'à Montebello; 2 km à l'est du village.

GÎTE
JARDINS DE RÊVES

Michelle Lachance,
Gilles Courchesne,
Anie et Lyne
1190, Côte du Front
Montebello J0V 1L0
(819) 423-1188
fax (819) 423-2084

B&B	
1 pers.	70-80 $
2 pers.	85-110 $
3 pers.	100-120 $
4 pers.	120-135 $
Enfant	15 $

Taxes en sus VS MC IT

Ouvert à l'année

Nombre de chambres	5
ch. avec s. de bain privée	5

Activités:

14. PAPINEAUVILLE, MONTEBELLO

Notre maison plus que centenaire vous charmera. Environnement paisible. À 5 km du Château Montebello, 65 km de Hull-Ottawa et du casino. Confitures maison. Piscine extérieure. Près: golf, équitation, rafting, théâtre d'été, pêche sur glace, traîneaux à chiens, ski de randonnée. Bienvenue à nos cousins français.

À mi-chemin entre Montréal et Hull-Ottawa par la route 148. De Montréal, à Papineauville, à droite rue Joseph Lucien Malo, au coin du garage «Ultramar».

GÎTE
À L'ORÉE DU MOULIN

Suzanne Lacasse
170, Joseph Lucien Malo
Papineauville (Montebello)
J0V 1R0
tel/fax (819) 427-8534

B&B	
1 pers.	45 $
2 pers.	55 $

VS

Ouvert à l'année

Nombre de chambres	3
salle de bain partagée	2

Activités:

15. PONTIAC, LUSKVILLE

Propriété boisée, 25 km d'Ottawa, au pied des montagnes du Parc de la Gatineau. Grande maison en bois rond, imposant foyer en pierres des champs, un étage. Sur place : forge ancienne, raquette, ski de fond, vélo, canot, canot-voyageur. Observation d'oiseaux, faune sauvagine, ours, chevreuil, raton-laveurs au rythme des saisons.

De Hull, chemin de la Montagne nord. À 17,5 km, à droite sur le chemin Crégheur, 2e maison à droite. Ou d'Ottawa, traverser un pont, suivre la 148 ouest, 16,5 km après Aylmer, prendre le chemin Crégheur, 1,5 km.

GÎTE
AU CHARME
DE LA MONTAGNE

Thérèse André et
Armand Ducharme
368, chemin Crégheur
Pontiac (Luskville) J0X 2G0
(819) 455-9158
fax (819) 455-2706

B&B	
1 pers.	45 $
2 pers.	50-60 $
3 pers.	60-70 $
4 pers.	70-80 $
Enfant	10 $

Ouvert à l'année

Nombre de chambres	3
salle de bain partagée	2

Activités: 

16. ST-ANDRÉ-AVELLIN

F A R.5 AV

Au cœur historique du village, maison centenaire faisant partie du «circuit du patrimoine». Meubles d'époque, style victorien. 5 chambres douillettes et romantiques. Solarium. Restaurants, boutiques, services et attraits touristiques à proximité. Charme du passé, douceurs d'antan... Accueil chaleureux et amical.

De Montréal, rte 148 ouest ou d'Ottawa-Hull, aut. 50 et rte 148 est jusqu'à Papineauville. Rte 321 nord, 12 km. À St-André-Avellin, à gauche devant l'église, maison de pierres grises à gauche.

GÎTE
L'ANCESTRALE

Ginette Louisseize
et Bertin Mailloux
19, rue St-André
St-André-Avellin J0V 1W0
(819) 983-3232
fax (819) 983-3466

B&B	
1 pers.	45 $
2 pers.	60 $
3 pers.	85 $

Taxes en sus

Ouvert à l'année

Nombre de chambres	5
ch. au sous-sol	1
ch. avec s. de bain privée	2
salle d'eau partagée	2
salle de bain partagée	1

Activités:

17. VAL-DES-MONTS

F a R4

Nous vous accueillons dans les Collines-de-la-Gatineau. Atmosphère chaude et sereine. Propos et confidences seront entendus devant un bon feu. À 25 km de Hull-Ottawa, offrez-vous la campagne et les lacs, nous offrons les canots. À proximité : cavernes Laflèche, sentiers de motoneige, cabane à sucre.

De Montréal, rte 148 ouest ou d'Ottawa-Hull, aut 50 dir. Montréal, sortie Boul. Lorrain, 10,5 km sur rte 366 nord, à gauche rue École (au dépanneur), faire 1 km, à droite rue Prud'homme.

GÎTE
AUX PETITS OISEAUX

Gaétane et Laurent Rousseau
6, Prud'homme
Val-des-Monts J8N 7C2
(819) 671-2513
fax (819) 671-1418
rousseau@cyberus.ca

B&B	
1 pers.	45 $
2 pers.	55 $
Enfant	10 $

Ouvert : 1er fév au 31 oct

Nombre de chambres	2
ch. avec lavabo	1
salle de bain partagée	2

Activités:

18. VINOY, ST-ANDRÉ-AVELLIN

F A AV

Au cœur de sa vallée, habillée d'époque et bardée de souvenirs, la maison ouvre grandes ses portes. Prés, forêts, ruisseaux, basse-cour accueillent le rire des enfants, les propos des amis, les confidences des amoureux. Endroit magique où la vie s'écoule au rythme des saisons; un été parfum de fraise, un hiver couleur de givre. Prix Excellence Outaouais 1995-96. **Gîte à la ferme p 40. Photo p 240.**

De Montréal, rte 148 ouest ou d'Ottawa-Hull, aut. 50 et rte 148 est jusqu'à Papineauville. Rte 321 nord. 12 km après St-André-Avellin, tourner à droite sur la Montée Vinoy (5 km).

AUBERGE
LES JARDINS DE VINOY

Suzanne Benoit et
André Chagnon
497, Montée Vinoy Ouest
Vinoy (St-André-Avellin)
J0V 1W0
(819) 428-3774
fax (819) 428-1877

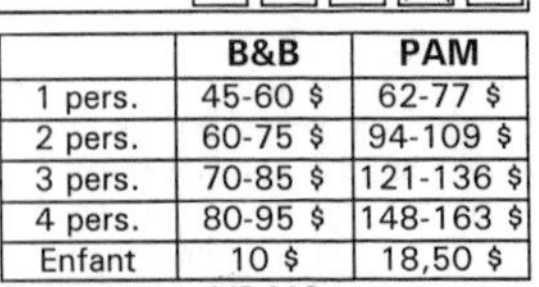

	B&B	PAM
1 pers.	45-60 $	62-77 $
2 pers.	60-75 $	94-109 $
3 pers.	70-85 $	121-136 $
4 pers.	80-95 $	148-163 $
Enfant	10 $	18,50 $

Taxes en sus VS MC

Ouvert à l'année

Nombre de chambres	5
ch. avec s. de bain privée	2
salle d'eau partagée	1
salle de bain partagée	1

Activités:

ESCAPADES À LA FERME

Gîtes à la ferme :

Table Champêtre* :

* Marque de certification déposée

QUÉBEC

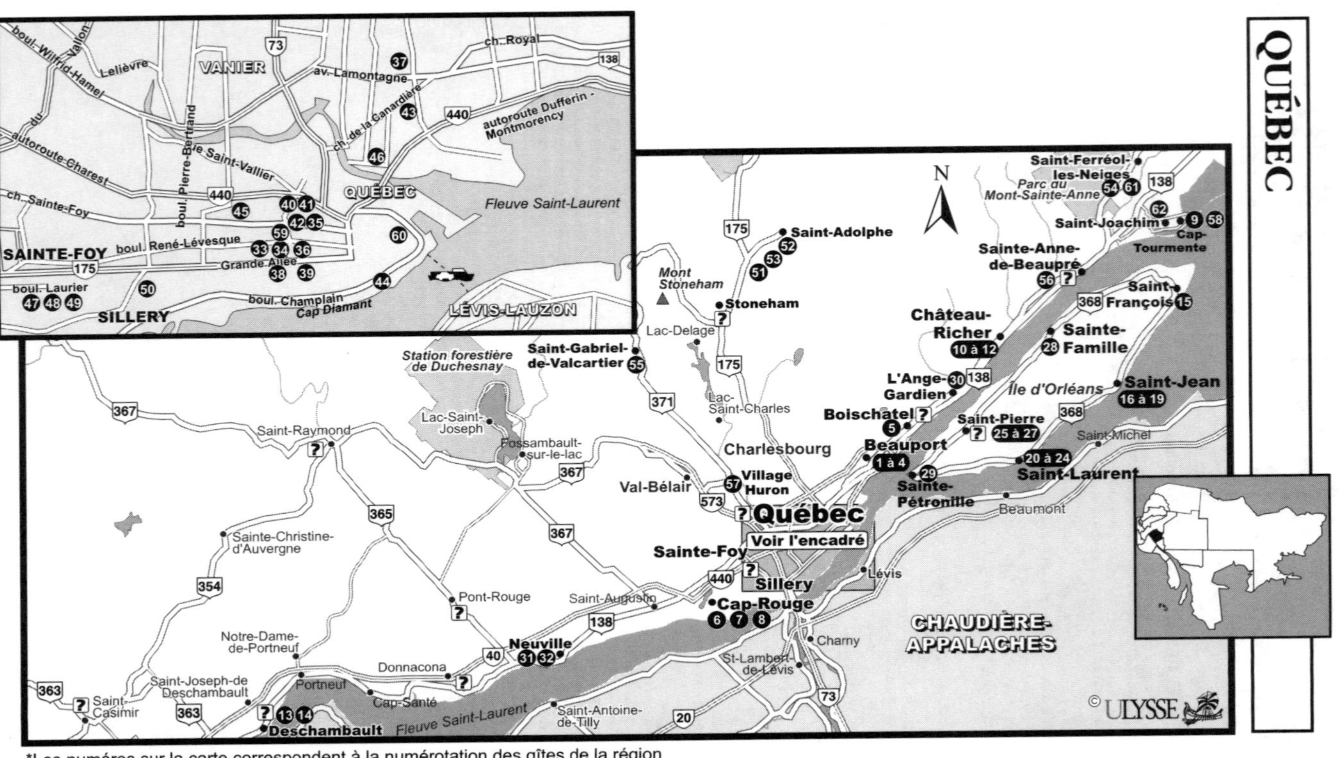

*Les numéros sur la carte correspondent à la numérotation des gîtes de la région

1. BEAUPORT

F a R.5

Vue panoramique : fleuve St-Laurent, Île d'Orléans, parc Montmorency. Vous n'avez qu'à traverser la rue pour découvrir les charmes du parc de la chute Montmorency avec ses aires de pique-nique, ses sentiers, son manoir, etc. À 10 km du Vieux-Québec. Entre le mont Ste-Anne et Stoneham.

De Montréal, dir. Ste-Anne-de-Beaupré, sortie 322, à gauche, faire 2,3 km. Angle Royale et avenue Larue. Ou de la Côte-Nord, dir. Montréal, sortie 322... Face au manoir Montmorency.

GÎTE
EN HAUT DE LA CHUTE MONTMORENCY

Gisèle et Bertrand Tremblay
2515, avenue Royale
Beauport G1C 1S2
tel/fax (418) 666-4755

B&B	
1 pers.	37 $
2 pers.	55-65 $
3 pers.	70-80 $
Enfant	5-10 $

Ouvert à l'année

Nombre de chambres	3
ch. avec s. de bain privée	1
ch. avec lavabo	2
ch. au sous-sol	2
salle d'eau partagée	1
salle de bain partagée	1

Activités:

2. BEAUPORT

F A R1 AV

À 10 min du Vieux-Québec et près des chutes Montmorency, notre maison du 18e s. vous accueille chaleureusement. Stationnement gratuit, entrée indépendante, salon-bibliothèque, petit déjeuner servi près du poêle à bois dans la cuisine campagnarde. Boutique d'antiquités sur place. Parlons aussi le néerlandais et l'allemand.

Aut. 40 est dir. Ste-Anne-de-Beaupré, sortie 322 (boul. des Chutes). À gauche aux feux et à gauche après la station Esso, monter rue Morel. À l'arrêt, à droite sur av. Royale, env. 400 m.

GÎTE
LA GRAND'MAISON

Raymonde Roussel et
Joseph De Rijck
2153, avenue Royale
Beauport G1C 1N9
(418) 660-8039

B&B	
1 pers.	50 $
2 pers.	60 $

VS

Ouvert à l'année

Nombre de chambres	3
salle de bain partagée	2

Activités:

3. BEAUPORT

F a R1 AV

Agréable séjour à la campagne en ville. La maison Latouche datant de 1791 est située à 10 min du Vieux-Québec et tout près des Chutes Montmorency. Vue imprenable sur le fleuve St-Laurent et l'Île d'Orléans. Décor d'antan, accueil chaleureux, déjeuner copieux. La distinction de notre gîte: sa tranquillité et la discrétion de vos hôtes.

De Montréal, aut. 40 est ou de la Côte-Nord, aut. 40 ouest, sortie 322 boul. des Chutes, aux feux à gauche, rue St-Jean-Baptiste (Esso) à gauche, ave. Royale à droite.

GÎTE
LA MAISON LATOUCHE (1791)

Raymonde Mailloux
et Pierre St-Hilaire
2031, avenue Royale
Beauport G1C 1N7
(418) 821-9333
www.bbcanada.com/1009.html

B&B	
1 pers.	45 $
2 pers.	58 $
3 pers.	70 $
4 pers.	85 $
Enfant	5-10 $

Ouvert à l'année

Nombre de chambres	4
salle d'eau partagée	1
salle de bain partagée	2

Activités:

4. BEAUPORT

F | A | R.5

Notre gîte est situé sur la plus ancienne route du Québec, à 10 min du Vieux-Québec, à 1 km du Parc de la chute Montmorency, et à 30 min du Mont Ste-Anne. Venez vous détendre dans notre piscine extérieur et vous reposer dans notre grand jardin. Stationnement gratuit, et quel délicieux déjeuner. **Photo p 240.**

De Montréal, aut. 40 est, de la Côte-Nord, aut. 40 ouest, sortie 322. De la ville de Québec aut. 440, sortie 29, puis sortie 322, à gauche boul des Chutes, à gauche au garage Esso, à droite sur ave. Royale, 0,5 km.

GÎTE
MAISON ANCESTRALE THOMASSIN

Madeleine Guay
2161, avenue Royale
Beauport G1C 1N9
(418) 663-6067
fax (418) 660-8616

B&B	
1 pers.	45 $
2 pers.	60 $
3 pers.	75 $
4 pers.	90 $
Enfant	10 $

Prix réduits : nov, mars, avr
Ouvert à l'année

Nombre de chambres	4
salle de bain partagée	2

Activités:

5. BOISCHATEL

F | a | R.2 | AV

Grande maison canadienne au cœur de toutes les attractions de la région de Québec. À 300 mètres de la chute Montmorency, face à l'Île d'Orléans, à 10 min du Vieux-Québec, du Château Frontenac et du Parlement. Près des pentes de ski Mont Ste-Anne et Stoneham. À proximité de terrains de golf. Remise pour vélos et skis. Vaste stationnement (gratuit).

De Montréal, aut. 20 est ou aut. 40 est, dir. Ste-Anne-de-Beaupré. À 1,6 km après la chute Montmorency (1ers feux de circulation) sortie à gauche Boischatel, monter la Côte de l'Église, à gauche, ave. Royale, 0,6 km.

GÎTE
AU GÎTE DE LA CHUTE

Claire et Jean-Guy Bédard
5143, avenue Royale
Boischatel G0A 1H0
tel/fax (418) 822-3789
http://w3.franco.ca/chute
5143gite@clic.net

B&B	
1 pers.	40-45 $
2 pers.	50-60 $
Enfant	10 $

Prix réduits : 1er nov au 30 avr
Ouvert à l'année

Nombre de chambres	5
ch. au sous-sol	3
salle d'eau partagée	1
salle de bain partagée	2

Activités:

6. CAP-ROUGE

F | A | R1 | AV

À 15 min du Vieux-Québec près des ponts, gîte de style cottage anglais (1991). Endroit paisible et accueillant offrant stationnement, terrasse et jardins fleuris. À proximité : marina, sentiers longeant fleuve et rivière, galeries d'art, restaurants, centres d'achat. Copieux déjeuner servi par vos hôtes.

Aut. 20, après les ponts prendre sortie 133. Ch. St-Louis à droite jusqu'au bout (3 min) Louis-Francoeur est à droite. Aut. 40, aut. Duplessis, sortie ch. Ste-Foy. À droite jusqu'à Louis-Francœur (3 min).

GÎTE
GÎTE LA JOLIE ROCHELLE

Huguette Couture et
Martin Larochelle
1450, Louis-Francœur
Cap-Rouge (Pointe-Ste-Foy)
G1Y 1N6
(418) 653-4326

B&B	
1 pers.	45 $
2 pers.	55-60 $
Enfant	10-15 $

Ouvert à l'année

Nombre de chambres	2
salle d'eau partagée	1
salle de bain partagée	1

Activités:

7. CAP-ROUGE

F | a | R.5 | AV

Grande maison confortable, quartier résidentiel, tranquillité, repos. À 15 km du Vieux-Québec. Déj. maison varié et à volonté, salle de séjour, stationnement. À proximité: golf, sentier pédestre près du fleuve, marina, grand centre d'achat, randonnées multiples avec guides (ours, orignal, oiseaux, flore, etc.). Bienvenue!

De Montréal, aut. 20 est, pont Pierre-Laporte, sortie chemin St-Louis ouest jusqu'à Louis Francœur. À gauche sur ch. Ste-Foy, rue St-Félix, à droite sur rue du Golf. Ou rte 138 dir. Cap-Rouge.

GÎTE
L'HYDRANGÉE BLEUE

Yvan Denis
1451, du Golf
Cap-Rouge G1Y 2T6
(418) 657-5609

B&B	
1 pers.	40 $
2 pers.	50 $
3 pers.	65 $
4 pers.	80 $
Enfant	10 $

Ouvert à l'année

Nombre de chambres	2
salle d'eau partagée	2
salle de bain partagée	1

Activités:

8. CAP-ROUGE

F | A | R.5

La maison Feeney, bicentenaire, près de la rivière et du village offre une atmosphère chaleureuse autour du foyer. Village ancien, tracel insolite, parc nautique et plages longeant le St-Laurent permettent des promenades agréables et reposantes. Rencontrez des Carougeois, visitez des ateliers: artistes, céramistes, sculpteurs.

De Montréal, aut. 20 est, pont Pierre-Laporte sortie aut. Duplessis, sortie chemin Ste-Foy dir. Cap-Rouge. Descendre la côte, suivre le fleuve, rue St-Félix après l'arrêt, maison blanche et verte, stationnement sur rue du Tracel.

GÎTE
LA MAISON FEENEY

Marlyn Marcoux,
Jeannine Pelletier
et Guy Petitclerc
4352, St-Félix
Cap-Rouge G1Y 3A5
(418) 651-3970

B&B	
1 pers.	45 $
2 pers.	58 $
3 pers.	75 $
4 pers.	90 $
Enfant	12 $

Ouvert à l'année

Nombre de chambres	3
ch. avec lavabo	2
salle d'eau partagée	1
salle de bain partagée	1

Activités:

9. CAP-TOURMENTE, MONT-STE-ANNE

F | A | R.5 | AV

Au cœur du Cap-Tourmente et à 12 min du Mont Ste-Anne (vue sur les pistes), maison comptant 5 chambres avec salle de bain privée. Aussi possibilité de loger dans la résidence des proprios. (Voisin immédiat du gîte) et d'y prendre le petit déjeuner. Sur place : piscine extérieure, randonnée à pied ou en ski de fond vers la chute et la cabane à sucre. **Maison de campagne p 238.**

De Québec, aut. Henri IV nord, dir. 40 est Ste-Anne-de-Beaupré, rte 138 est, dir. St-Joachim, Cap-Tourmente.

GÎTE
GÎTE DE L'OIE DES NEIGES

Gisèle Perron
390, ch. du Cap Tourmente
St-Joachim G0A 3X0
(418) 827-5153
fax (418) 827-2246
melifre@total.net

B&B	
1 pers.	45 $
2 pers.	75 $
3 pers.	100 $
4 pers.	125 $
Enfant	15 $

VS

Ouvert à l'année

Nombre de chambres	5
ch. avec s. de bain privée	5

Activités:

10. CHÂTEAU-RICHER

F A R3 AV

L'accueil chaleureux d'une petite auberge, maison ancestrale restaurée selon ses origines, située à 15 minutes du centre-ville de Québec, face à l'île d'Orléans et à 20 minutes du mont Ste-Anne. Hablamos español.

Rte 138 est dir. Ste-Anne-de-Beaupré, après le pont de l'Île d'Orléans à gauche rte du Petit-Pré, ave. Royale à droite. À 9 km des Chutes Montmorency.

AUBERGE
AUBERGE DU PETIT PRÉ

Ginette Dion et Yvon Boyer
7126, avenue Royale
Château-Richer G0A 1N0
(418) 824-3852
fax (418) 824-3098

	B&B
1 pers.	50-60 $
2 pers.	60-70 $
3 pers.	80 $
4 pers.	100 $
Enfant	15 $

Taxes en sus VS MC AM

Ouvert à l'année

Nombre de chambres	4
salle d'eau partagée	1
salle de bain partagée	2

Activités:

11. CHÂTEAU-RICHER

F A AV

Entre le Mont Ste-Anne (12 min) et Québec (18 min), au cœur de la côte de Beaupré; offrez-vous un gîte incomparable jumelé à la table exceptionnelle du restaurant Baker. Vous y trouverez tout le charme et le confort des auberges de campagne.

À l'est de Québec, rte 138 est direction Ste-Anne-de-Beaupré. 18,5 km à l'est des chutes Montmorency. Surveiller à gauche le nom «Baker» sur le toit de l'auberge.

AUBERGE
BAKER

Gaston Cloutier
8790, Avenue Royale
Château-Richer G0A 1N0
(418) 666-5509
(418) 824-4478
fax (418) 824-4412
www.auberge-baker.qc.ca

	B&B	PAM
1 pers.	55-80 $	85-110 $
2 pers.	59-85 $	119-145 $
3 pers.	75-100 $	165-190 $
4 pers.	90-115 $	210-235 $
Enfant	10 $	30 $

Taxes en sus VS MC AM ER IT

Prix réduits : avr à juin, oct à déc
Ouvert à l'année

Nombre de chambres	6
ch. avec lavabo	4
ch. avec s. de bain privée	2
salle d'eau partagée	2
salle de bain partagée	2

Activités:

12. CHÂTEAU-RICHER

F A AV

À 15 min du Vieux-Québec et à 10 min du Mont Ste-Anne, séjournez dans une magnifique maison victorienne (1868). Copieux petit déjeuner maison avec vue exceptionnelle sur le fleuve et l'Île d'Orléans. Cuisine française fine et savoureuse. Grand salon, chambres exquises et douillettes, foyer. Repas du soir sur réservation. Parlons allemand.

De Québec, rte 138 est. Du pont de l'Île d'Orléans, faire 15 km. À Château-Richer, aux feux, prendre rue Dick à gauche, à droite ave. Royale, à gauche Côte Ste-Achillée, 100 pieds à gauche rue Pichette.

AUBERGE
LE PETIT SÉJOUR

Pascal Steffan,
Christiane et Anne-Marie
394, Pichette
Château-Richer G0A 1N0
tel/fax (418) 824-3654

	B&B	PAM
1 pers.	50 $	75 $
2 pers.	60-85 $	110-145 $
3 pers.	85-100 $	160-175 $
4 pers.	100-115 $	200-215 $
Enfant	15 $	30 $

Taxes en sus VS MC

Prix réduits : 15 avr au 15 juin, 15 oct au 1er déc
Ouvert à l'année

Nombre de chambres	5
ch. avec s. de bain privée	1
salle d'eau partagée	1
salle de bain partagée	2

Activités: 

13. DESCHAMBAULT

F A R4 AV

Surnommée le petit château, le fleuve et la chute de la rivière Belisle à ses pieds, cette grande maison victorienne centenaire vous fera revivre le passé dans un décor de meubles anciens, fleurs et dentelles. Pour le repas du soir une cuisine créative et soignée. Motoneige, promenade en carriole, ski de fond, pêche blanche. **Photo p 240..**

De Montréal ou Québec, aut. 40, «Félix Leclerc» sortie 254, faire 1,6 km jusqu'au fleuve. Sur la route 138 (chemin du Roy), à gauche, faire 2 km. À l'enseigne «Auberge chemin du Roy», rue St-Laurent à gauche.

AUBERGE

AUBERGE CHEMIN DU ROY

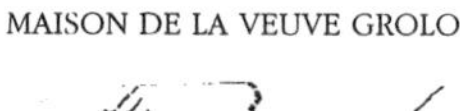

Francine Bouthat et
Gilles Laberge
106, rue St-Laurent
Deschambault G0A 1S0
(418) 286-6958
sans frais 1-800-933-7040

	B&B	PAM
1 pers.	54-89 $	74-109 $
2 pers.	64-99 $	104-139 $
3 pers.	79-114 $	139-174 $
4 pers.	124 $	204 $
Enfant	10 $	20-30 $

Taxes en sus VS MC

Ouvert à l'année

Nombre de chambres	8
ch. avec lavabo	2
ch. avec s. de bain privée	6
salle d'eau partagée	2
salle de bain partagée	2

Activités:

14. DESCHAMBAULT

F a

Monument classé datant de 1715, notre maison est à deux pas du cap Lauzon, site offrant une des plus belles vues sur le Saint-Laurent. Nous disposons de 3 chambres avec lavabo, dont une suite familiale (4 pers). Repas du soir sur réservation. Recommandée par *La Presse*, nov. 93. Une excellente adresse selon les visiteurs français.

De Montréal ou Québec, aut. 40, prendre la sortie 257 Deschambault. À la rte 138, à droite. Notre maison est à 500 mètres sur la droite.

AUBERGE

MAISON DE LA VEUVE GROLO

Donald Vézina
200, ch. du Roy, Route 138
Deschambault G0A 1S0
(418) 286-6831

	B&B	PAM
1 pers.	45 $	60-70 $
2 pers.	60 $	90-110 $
3 pers.	75 $	120-150 $
Enfant	15 $	

Taxes en sus VS

Ouvert à l'année

Nombre de chambres	3
ch. avec lavabo	3
salle de bain partagée	2

Activités:

15. ÎLE D'ORLÉANS, ST-FRANÇOIS

F A R2 AV

30 min du Vieux-Québec. Invitation en pleine nature... Gîte situé à 300 mètres du chemin, sur 14 hectares de forêts et de champs. Une vue panoramique sur les Laurentides et le St-Laurent. Petit déjeuner champêtre. Chambres avec balcon ou terrasse privée. Printemps et automne: observation de l'oie des Neiges. Bienvenue!

De Québec, rte 138, aut. 40 ou aut. 440 dir. Ste-Anne-de-Beaupré, sortie Île d'Orléans. Après le pont, aux feux, à gauche, faire 21 km. Écriteau bleu «pêche à la truite», le 112A est tout près à droite.

GÎTE

LA MAISON BLEUE DE L'ÎLE

Zofia Sroka et Jacques Côté
112A, chemin Royal
St-François, Île d'Orléans
G0A 3S0
(418) 829-2572

	B&B
1 pers.	45 $
2 pers.	60 $
3 pers.	85 $
4 pers.	105 $
Enfant	10-15 $

VS

Ouvert à l'année

Nombre de chambres	3
salle de bain partagée	2

Activités:

16. ÎLE D'ORLÉANS, ST-JEAN

F a R.1 AV

À 25 min de Québec, maison ancestrale à quelques pas du fleuve et à proximité des musées, théâtres, boutiques d'artisanat, galeries d'art et restaurants. Ambiance familiale et déjeuner copieux. Nous ferons tout pour rendre votre séjour agréable. Bienvenue à l'Île d'Orléans.

De Québec, rte 440 est direction Ste-Anne-de-Beaupré, sortie Île d'Orléans. Aux feux de circulation, tout droit faire 20 km. Maison à votre droite, coin chemin du Quai.

GÎTE
GÎTE DU QUAI

Rita et Grégoire Roux
1686, chemin Royal
Saint-Jean, Île d'Orléans
G0A 3W0
(418) 829-2278

B&B	
1 pers.	35 $
2 pers.	50 $
3 pers.	70 $
4 pers.	90 $
Enfant	5-10 $

Ouvert : 1er avr au 30 nov

Nombre de chambres	3
salle de bain partagée	2

Activités:

17. ÎLE D'ORLÉANS, ST-JEAN

F A R.1 AV

Maison ancestrale où règnent le calme et la tranquillité. Vue sur le fleuve. Chambres finies bois naturel avec lavabo. À 20 min de Québec et à quelques pas de la 1re seigneurie de l'Île d'Orléans. Petit déjeuner fait maison, servi à notre petit resto voisin du gîte. Un gîte à découvrir!

De Québec, rte 440 est dir. Ste-Anne-de-Beaupré, sortie Île d'Orléans. Aux feux, aller tout droit et faire 17,7 km. Après le manoir Mauvide-Genest, 1re rue à gauche, en haut de la côte, 1re maison blanche et verte à droite.

GÎTE
LA MAISON SUR LA CÔTE

Hélène et Pierre Morissette
1477, chemin Royal
St-Jean, Île d'Orléans
G0A 3W0
(418) 829-2971
fax (418) 829-0991

B&B	
1 pers.	50 $
2 pers.	55 $
3 pers.	75 $

Ouvert : 1er avr au 31 oct

Nombre de chambres	4
ch. avec lavabo	4
salle de bain partagée	2

Activités:

18. ÎLE D'ORLÉANS, ST-JEAN

F A R3 AV

À 25 min du vieux Québec, 20 min du Parc de la Chute Montmorency, venez apprécier la tranquillité de notre gîte situé près du fleuve, à 300 mètres de la route. Nos déjeuners maison sauront plaire aux gourmets et aux gourmands. D'où que vous veniez, il y a une place pour vous chez nous. On vous attend...

Après le pont de l'Île d'Orléans, aux feux de circulation, tout droit vers St-Laurent et St-Jean. Le chemin des Lièges est situé à votre droite, 2,4 km passé l'église de St-Jean, du côté du fleuve.

GÎTE
LE GIRON DE L'ISLE

Lucie et Gérard Lambert
120, chemin des Lièges
St-Jean, Île d'Orléans
G0A 3W0
(418) 829-0985
sans frais 1-888-280-6636
fax (418) 829-1059
www.bbcanada.com/667.html

B&B	
1 pers.	35 $
2 pers.	55 $

VS MC

Prix réduits : 1er nov au 30 avr
Ouvert à l'année
sur réservation 16 nov au 30 avr

Nombre de chambres	3
salle de bain partagée	2

Activités: 

LES GÎTES ET AUBERGES

19. ÎLE D'ORLÉANS, ST-JEAN

F A R.5 AV

Notre maison sur la falaise, est une reconstitution d'époque fin XVIIIe siècle. Si vous recherchez calme et confort dans un décor simple, nous vous y attendons. Vos hôtes : Yolande, Claude et Canelle le chat.

De Québec, rte 138 est dir. Ste-Anne-de-Beaupré, sortie Île d'Orléans. Aux feux de circulation, faire 17,5 km. Aux indications du gîte, tourner à gauche, maison sur la falaise à votre droite.

GÎTE
LE MAS DE L'ISLE

Yolande et Claude Dumesnil
1155, chemin Royal
St-Jean, Île d'Orléans
G0A 3W0
tel/fax (418) 829-1213
www.bbcanada.com/382.html
www.otc.cuq.qc.ca

B&B	
1 pers.	55 $
2 pers.	60 $
3 pers.	90 $
4 pers.	115 $
Enfant	20 $

VS

Prix réduits : réduction de 10 $ par chambre du 1er oct au 30 avr
Ouvert à l'année

Nombre de chambres	3
salle de bain partagée	2

Activités:

20. ÎLE D'ORLÉANS, ST-LAURENT

F A R.5 AV

Maison construite en 1992. Située sur le bord du fleuve St-Laurent, 12 min. du Québec historique. À proximité : golf, marina, théâtre d'été, centre villégiature (ski de randonnée, pêche, traîneau à chiens), cabane à sucre, musée, galerie d'art. Piscine creusée chauffée. 8 min. chutes Montmorency.

Aut. 20, pont Pierre Laporte, aut. 73 nord, 3 km, aut. 40 est dir. St-Anne-de-Beaupré, sortie Île d'Orléans, dir. St-Laurent. À l'église, faire 4 km.

GÎTE
À LA MAISON DU MESNIL

Renée Thibeault
401, chemin Royal
St-Laurent, Île d'Orléans
G0A 3Z0
(418) 829-0058
fax (418) 829-0060
www.quebecweb.com/
BandBMesnil/introang.html

B&B	
1 pers.	49-69 $
2 pers.	59-79 $
3 pers.	69-89 $
4 pers.	99 $
Enfant	10 $

VS MC

Ouvert à l'année

Nombre de chambres	3
salle de bain partagée	1

Activités:

21. ÎLE D'ORLÉANS, ST-LAURENT

Sur les bords du fleuve St-Laurent, sur un vaste terrain, éloignée de la route, entourée d'arbres et de fleurs, grande maison calme et propice à la détente. Toutes les chambres ont une vue sur le fleuve. Déj. complet. Le désir de vos hôtes : que vous vous sentiez bien «Aux Capucines» et goûtiez à la beauté de l'Île d'Orléans.

De Québec, aut. 40 est dir. Ste-Anne-de-Beaupré, sortie Île d'Orléans. Après le pont, aux feux, tout droit faire 12 km. Maison côté fleuve.

GÎTE
AUX CAPUCINES

Mariette et Jean-Marc Bouffard
625, chemin Royal
St-Laurent, Île d'Orléans
G0A 3Z0
(418) 829-3017

B&B	
1 pers.	50 $
2 pers.	55-60-65 $
3 pers.	90 $
Enfant	20 $

Ouvert à l'année

Nombre de chambres	3
ch. avec lavabo	2
salle de bain partagée	1

Activités:

22. ÎLE D'ORLÉANS, ST-LAURENT

F a R.5 AV

Le St-Laurent à vos pieds! Entre la cadence des vagues se brisant sur la plage et la force tranquille de la marée montante, c'est une halte de repos et de paix. Climatisé et confortable. Déjeuner qui flatte le palais; accueil digne de nos plus belles traditions... Prix hors saison 2 nuits et plus.

De Québec, rte 440 est dir. Ste-Anne-de-Beaupré, sortie Île d'Orléans. Après le pont, aux feux de circulation, aller tout droit et faire 11 km. Maison à votre droite.

GÎTE

GÎTE «EAU VIVE»

Micheline et Michel Turgeon
909, chemin Royal
St-Laurent, Île d'Orléans
G0A 3Z0
(418) 829-3270
frack@mediom.qc.ca

B&B	
1 pers.	50-60 $
2 pers.	55-65 $
3 pers.	80-85 $
Enfant	10-15 $

Prix réduits : 2 nuits et plus - 1er avr au 31 mai
Ouvert : 1er mars au 31 oct

Nombre de chambres	3
ch. avec s. de bain privée	1
salle de bain partagée	1

Activités:

23. ÎLE D'ORLÉANS, ST-LAURENT

F A R1 AV

Venez jeter l'ancre dans notre maison plus que centenaire. Directement au coeur du village, à quelques pas de la marina, notre gîte est situé sur les bords du fleuve. L'horizon y est sans cesse en mouvement et le paysage se métamorphose au gré des marées. Bibliothèque de 2500 volumes, salon de lecture, piscine chauffée.

De Québec, aut. 40 est ou 440 est dir. Ste-Anne-de-Beaupré, sortie 325 île d'Orleans. Après le pont, aux feux de circulation, aller tout droit sur 8 km. Environ 0,2 km après l'église, maison du côté du fleuve.

GÎTE

LA CHAUMIÈRE DU NOTAIRE

June et Jacques Bouffard
1449, chemin Royal
St-Laurent, Île d'Orléans
G0A 3Z0
(418) 828-2180
fax (418) 653-1023

B&B	
1 pers.	60-70 $
2 pers.	70-80 $
Enfant	10 $

Ouvert : 1er jan au 31 mars, 1er mai au 31 oct

Nombre de chambres	2
ch. avec s. de bain privée	2

Activités:

24. ÎLE D'ORLÉANS, ST-LAURENT

F a R1 AV

À deux pas du St-Laurent sur une île propice au rêve et à la détente, notre maison vous raconte son passé par le craquement des planchers où ont gigué plus d'un cotillon. Je vous réserve un «gros» petit déjeuner accompagné d'un grand sourire et d'une chaude amitié. Forfait motoneige.

Aut. 40 ou 440 est, dir. Ste-Anne-de-Beaupré, sortie Île d'Orléans. Tout droit sur 7 km. Maison à gauche, «porte rouge».

GÎTE

LA VIEILLE MAISON FRADET

Lyse Demers
1584, chemin Royal
St-Laurent, Île d'Orléans
G0A 3Z0
tel/fax (418) 828-9501
sans frais 1-888-828-9501
pages.infinit.net/fradet

B&B	
1 pers.	55 $
2 pers.	60-65 $
3 pers.	85-90 $
4 pers.	110 $
Enfant	15-20 $

VISA

Prix réduits : 15 % 1er nov au 31 mai
Ouvert à l'année

Nombre de chambres	3
ch. avec lavabo	1
ch. avec s. de bain privée	2
salle d'eau partagée	1
salle de bain partagée	1

Activités:

25. ÎLE D'ORLÉANS, ST-PIERRE

F a R1 AV

Situé près du pont de l'Île, le gîte est à 10 min de Québec, 5 min de la Chute Montmorency et 20 min de Ste-Anne-de-Beaupré. Chez nous confort, propreté, intimité et petits déj. copieux sont garantis! Abri pour vélos. Une chambre avec entrée privée. Au «Crépuscule» c'est aussi l'éclatement des couleurs automnales. Bienvenue à tous!

De Québec, aut. 40 est ou 440 est, dir. Ste-Anne-de-Beaupré, sortie 325 Île d'Orléans. En haut de la côte, aux feux, tout droit, faire environ 1 km. Gîte à gauche.

GÎTE
CRÉPUSCULE

Louise Hamel
863, rue Prévost
St-Pierre, Île d'Orléans
G0A 4E0
(418) 828-9425

B&B	
1 pers.	45 $
2 pers.	55 $
3 pers.	70 $
4 pers.	85 $
Enfants	5-10 $

Ouvert à l'année

Nombre de chambres	3
ch. avec s. de bain privée	3

Activités:

26. ÎLE D'ORLÉANS, ST-PIERRE

F a R1 AV

Bienvenue à l'entrée de l'Île d'Orléans 15 min de Québec. Confort, intimité, déj. complet. Vue sur le fleuve, face aux chutes Montmorency. 4 ch. (10 pers.). 2 ch. au rez-de-chaussée avec salle de bain privée. À l'étage, grande suite familiale (6 pers) avec salon et salle de bain privée. 10 % sur réservation: 4 ch. ou 4 nuits. Réservez!

À l'entrée de Québec, aut. 440 ou 40 est, dir. Ste-Anne-de-Beaupré, faire environ 35 km, sortie 325 Île d'Orléans. En haut de la côte, aux feux de circulation, à droite, faire environ 1 km.

GÎTE
GÎTE «BEL HORIZON»

Yvette et Paul-Émile Vézina
402, chemin Royal
St-Pierre, Île d'Orléans
G0A 4E0
(418) 828-9207
fax (418) 828-2618

B&B	
1 pers.	45-60 $
2 pers.	50-70 $
3 pers.	75 $
4 pers.	90-100 $
Enfants	15 $

Prix réduits : 1er fév au 31 mai
Ouvert : 1er fév au 1er nov

Nombre de chambres	3
ch. avec s. de bain privée	3

Activités:

27. ÎLE D'ORLÉANS, ST-PIERRE

F a AV

Une île dite ensorcelée, pleine de richesses de la terre et de mains d'artistes. Une maison bicentenaire, meublée à l'ancienne, où la table familiale règne. Nous servons les repas mijotés sur place avec des produits régionaux et de la ferme, prix variés. Venez vivre des moments d'autrefois.

De Québec, aut. 40 est, direction Ste-Anne-de-Beaupré, sortie Île d'Orléans. Après le pont, aux feux de circulation, à gauche. Après l'église de St-Pierre.

AUBERGE
LA MAISON SUR LES PENDANTS

Marlène Boulet et
Yves Racette
1463, chemin Royal
St-Pierre, Île d'Orléans
G0A 4E0
(418) 828-1139
marlene.boulet@sympatico.ca

	B&B	PAM
1 pers.	50 $	60-70 $
2 pers.	60 $	75-99 $
3 pers.	75 $	105-134 $
4 pers.	90 $	130-170 $
Enfant	5-10 $	15-25 $

Taxes en sus VS

Prix réduits : 1er jan au 31 mars, 1er oct au 30 nov
Ouvert à l'année

Nombre de chambres	5
salle de bain partagée	2

Activités:

28. ÎLE D'ORLÉANS, STE-FAMILLE

F A R1 AV

Comme Félix le vent nous a portés sur tous les continents. Nous y avons rapporté des odeurs de vacances, une grande expérience de la vie, une façon différente de faire les choses et le goût de partager cela avec vous. Maison centenaire, boutique attenante, vue sur le fleuve et les Laurentides, chemin pédestre, vélo, ski de fond, raquettes, panier de pique-nique. Parlons japonais.

De Québec, rte 440 est dir. Ste-Anne-de-Beaupré, sortie Île d'Orléans. Après le pont, à gauche aux feux de circulation, aller tout droit et faire 13 km. Maison au toit bleu à votre gauche.

GÎTE

AU TOIT BLEU

3879, ch. Royal Ste-Famille
Île d'Orléans G0A 3P0
(418) 829-1078
fax (418) 829-3052

B&B	
1 pers.	45-60 $
2 pers.	50-65 $
3 pers.	65-80 $
Enfant	10 $

VS

Ouvert à l'année

Nombre de chambres	3
salle de bain partagée	2

Activités:

29. ÎLE D'ORLÉANS, STE-PÉTRONILLE

F A R.2

Site enchanteur sur l'Île ensorcelée. Venez découvrir l'art de vivre en harmonie avec le passé dans notre maison où un siècle et demi d'histoire vous contemple. Une vue magnifique sur notre majestueux St-Laurent et la chute Montmorency vous fera vivre des moments inoubliables. Ajoutez à cela un petit déjeuner copieux et un accueil digne des plus grands; un fabuleux séjour vous attend.

De Québec, rte 138, aut. 40 ou 440 dir Ste-Anne-de-Beaupré. Sortie Île d'Orléans. Après le pont, aux feux à droite faire 3,5 km.

GÎTE

LE 91 DU BOUT DE L'ÎLE

Jeanne Trottier
91, chemin Royal,
ch. du Bout de l'Île
Ste-Pétronille, Île d'Orléans
G0A 4C0
(418) 828-2678

B&B	
1 pers.	45-50 $
2 pers.	55-60 $
3 pers.	80 $
Enfant	10-15 $

Prix réduits : 1er nov au 1er avr
Ouvert à l'année

Nombre de chambres	4
ch. avec lavabo	2
salle de bain partagée	2

Activités:

30. L'ANGE-GARDIEN

F A R3.5 AV

Vous serez reçus dans une maison ancestrale de 200 ans. Vue pittoresque sur l'Île d'Orléans. 4 coquettes chambres vous attendent. Un superbe foyer de pierres crée une chaleureuse ambiance. Situé à 5 min des chutes Montmorency, 20 min du mont St-Anne et 10 min du Vieux-Québec. Près des feux d'artifices.

De Montréal, aut 20, pont Pierre-Laporte dir. Ste-Anne-de-Beaupré. Rte 138, aux 2e feux à gauche. À L'Ange-Gardien, à l'arrêt, à droite sur av. Royale. Faire 1,5 km. Ou de l'aut. 40 dir. Ste-Anne-de-Beaupré...

GÎTE

AUBERGE AUX TOURNESOLS

Éric Van Campenhout
6757, avenue Royal
L'Ange-Gardien G0A 2K0
(418) 822-3273

B&B	
1 pers.	50 $
2 pers.	60 $

Ouvert : à l'année sauf novembre

Nombre de chambres	4
salle de bain partagée	2

Activités:

LES GÎTES ET AUBERGES

31. NEUVILLE

F a R2 AV

Tout le charme de la campagne à 15 min de Québec. Vue sur le St-Laurent, site idéal. Grand terrain, sous-bois, terrasse avec piscine creusée. Petit déj. copieux servi sur terrasse ou salle à manger. Salle de repos avec T.V., salle de billard. Vélos disponibles. Vaste stationnement.

De Montréal, aut. 40 est, sortie 281 Neuville, rte 138 est, faire 6 km. De Québec, aut. 40 ouest, sortie 298 ouest, rte 138 ouest, faire 10,4 km.

GÎTE
LE GÎTE DE NEUVILLE

Louise Côté et Ernest Germain
173, Route 138
Neuville G0A 2R0
(418) 876-3779
(418) 876-3060
fax (418) 876-3780

B&B	
1 pers.	40 $
2 pers.	50-60 $

Ouvert à l'année

Nombre de chambres	3
salle d'eau partagée	2
salle de bain partagée	1

Activités:

32. NEUVILLE

F A R1 AV

À 15 min de Québec, dans l'un des plus beaux village du Québec, découvrez de nombreuses maisons ancestrales. Vue imprenable sur le St-Laurent. Relaxez sur la terrasse, dans la verrière ou près du foyer. Air climatisé. À proximité: marina, antiquités. Visites guidées du village et de l'église. Vélos disponibles.

De Montréal ou de Québec, aut. 40, sortie 285, dir. Neuville, rte 138 faire 3 km.

GÎTE
MAISON DUBUC

Madeleine et Antoine Dubuc
421, rue des Érables
Neuville G0A 2R0
tel/fax (418) 876-2573

B&B	
1 pers.	40 $
2 pers.	50 $
3 pers.	75 $

Ouvert : 1er déc au 31 mars, 1er mai au 31 oct

Nombre de chambres	2
salle de bain partagée	1

Activités:

33. QUÉBEC

F a R.8

Maison chaleureuse de 1930, près du Musée du Québec; vous marcherez vers la Vieille Ville en admirant le fleuve et la verdure des Plaines d'Abraham. Petit déjeuner exquis, servi au jardin fleuri ou à la salle à manger. On jase d'art et de l'histoire de notre belle ville. Salon de détente. Stat. gratuit.

Aut. 20, pont Pierre-Laporte, boul. Laurier dir. centre-ville. À 7,9 km du pont, av. Murray. Ou aut. 40, av. St-Sacrement sud, à gauche sur chemin St-Louis, faire 1,3 km.

GÎTE
À LA CAMPAGNE EN VILLE

Marie Archambault
1160, avenue Murray
Québec G1S 3B6
(418) 683-6638

B&B	
1 pers.	50-55 $
2 pers.	60-65 $
Enfant	15 $

Prix réduits : 1er nov au 1er fév
Ouvert à l'année

Nombre de chambres	2
salle d'eau partagée	1
salle de bain partagée	1

Activités:

34. QUÉBEC

F A R1 AV

L'enchantement est au rendez-vous: magnifique résidence bourgeoise début 1900, près des Plaines d'Abraham et du Vieux-Québec. Chambres sous les combles. Formules de séjour souples. Nous portons une attention discrète et efficace à vos besoins. Sur demande, bureau informatisé incluant lien Internet. **App. p 238.**

De Montréal, aut. 20 est, vers Québec. Après le pont Pierre-Laporte, suivre boul. Laurier vers le Vieux-Québec. Tourner à gauche sur Moncton, face aux Plaines d'Abraham.

GÎTE
À LA MAISON TUDOR

J. Cecil Kilfoil
1037, avenue Moncton
Québec (QC) G1S 2Y9
(418) 686-1033
fax (418) 686-6066
www.clic.net/~ckilfoil
ckilfoil@.net

B&B	
1 pers.	55-85 $
2 pers.	65-85 $
3 pers.	80-105 $
4 pers.	115-125 $
Enfant	15 $

Taxes en sus VS MC

Prix réduits : 3 nuits et plus en sem/ forfaits sem, mois.
Ouvert à l'année

Nombre de chambres	2
salle d'eau partagée	1
salle de bain partagée	1

Activités:

35. QUÉBEC

F A R.1 AV

Dans le Vieux-Québec, à proximité du centre des congrès et de tous les services, séjournez à l'«Heure Douce». Maison ancestrale avec ses ch. confortables. Salle à manger réservée aux invités. Vue panoramique et balcon où il fait bon prendre l'apéro en admirant le coucher du soleil. Petits déj. québécois, continental ou végétarien. Bonnes adresses suggérées.

Aut 20, pont Pierre-Laporte, sortie boul. Laurier, rue Cartier à gauche, ch. Ste-Foy à droite, rue St-Augustin à gauche jusqu'à Richelieu. Aut. 40, boul. Charest, à droite Langelier jusqu'à St-Olivier à gauche, Ste-Geneviève à droite. Prochain coin de rue.

GÎTE
ACCUEIL L'HEURE DOUCE

Diane Dumont
704, Richelieu
Québec G1R 1K7
tel/fax (418) 649-1935
jacques.gagne1@sympatico.ca

B&B	
1 pers.	50-55 $
2 pers.	60-65 $
3 pers.	75-85 $
4 pers.	100-110 $
Enfant	15 $

VS

Prix réduits : 15 fév au 30 mars
Ouvert à l'année

Nombre de chambres	3
salle de bain partagée	2

Activités:

36. QUÉBEC

F A R1 AV

Au cœur de Québec, venez apprécier le confort de notre résidence de style anglais, à deux pas des Plaines d'Abraham, du Musée du Québec, des restaurants, terrasses et ce à pied. Petit déj. maison copieux. Bienvenue à tous. Stationnement gratuit.

Aut. 20, pont Pierre Laporte, sortie boul. Laurier. Faire env. 8 km, rue Cartier à gauche, jusqu'à 2e rue à gauche Aberdeen. Ou aut. 40, av. St-Sacrement sud, à gauche ch. Ste-Foy, à droite rue Cartier jusqu'à Aberdeen à droite.

GÎTE
AU BALUCHON

Caroline Fitzmorris
206, rue Aberdeen
Québec G1R 2C8
(418) 649-0146
fax (418) 649-9085

B&B	
1 pers.	50-55 $
2 pers.	60-65-70 $
3 pers.	80-85$
4 pers.	100-110 $
Enfant	10-15 $

Prix réduits : 1er nov au 1er fév (4 nuits ou plus)
Ouvert à l'année

Nombre de chambres	2
salle de bain partagée	1

Activités: 

37. QUÉBEC

F A R.5

À 5 min du Vieux-Québec, endroit paisible paré d'arbres, stationnement à la porte. Maison chaleureuse aux boiseries naturelles, foyer, chambres douillettes et literie de coton. Déjeuner savoureux d'aliments sains surtout biologiques avec musique classique. Informations touristiques utiles.

De Montréal, dir. Ste-Anne-de-Beaupré via aut. 40. Sortie 315, 1re Avenue. Aux feux, à gauche sur 41e Rue, à droite sur 4e Avenue et à droite sur 21e Rue.

GÎTE
AU FIL DES SAISONS

Odile Côté et David Leslie
324, 21e Rue
Québec G1L 1Y7
(418) 648-8168

B&B	
1 pers.	50 $
2 pers.	60 $
3 pers.	75 $
Enfant	10 $

VS

Ouvert à l'année

Nombre de chambres	2
salle de bain partagée	1

Activités:

38. QUÉBEC

F A R.8

Prix Excellence région de Québec 1996-97. Maison de style victorien où règnent le calme et la tranquillité. Festin du matin dans la grande salle à manger. À deux pas des plaines d'Abraham où la nature est au rendez-vous avec ses sentiers pédestres, pistes cyclables et de ski de fond. À proximité du Musée du Québec et des attractions touristiques. Stationnement gratuit.

Aut. 20, pont Pierre-Laporte, boul. Laurier. Après 7,9 km à gauche sur Murray. Ou aut. 40, à droite sur St-Sacrement, à gauche sur chemin St-Louis, faire 1,3 km jusqu'à Murray.

GÎTE
AUX CHÉRUBINS

Jeannine Roy et Denis Haché
1185, avenue Murray
Québec G1S 3B7
(418) 684-8833

B&B	
1 pers.	50-55 $
2 pers.	60-65 $
3 pers.	80 $
Enfant	15 $

Ouvert à l'année

Nombre de chambres	3
salle de bain partagée	2

Activités:

39. QUÉBEC

Au centre-ville de Québec, maison de style anglais dans un quartier au charme européen avec ses restaurants, ses cafés et ses boutiques. Situé à 2 min des plaines d'Abraham et du Musée du Québec. Le Vieux-Québec est à 10 min à pied. Déjeuner gourmand et stationnement gratuit.

Aut. 20, pont Pierre-Laporte, boul. Laurier dir. centre-ville (Grande-Allée). À 8,7 km du pont, Cartier à gauche, Saunders à gauche. Ou aut. 40, boul. Charest est, à droite St-Sacrement sud, à gauche chemin Ste-Foy, à droite rue Cartier jusqu'à Saunders à droite.

GÎTE
AUX TROIS BALCONS

Chantal Javaux et Paul Simard
130, Saunders
Québec G1R 2E3
(418) 525-5611
fax (418) 529-6227
chantaljavaux@sympatico.ca

B&B	
1 pers.	55 $
2 pers.	65-75 $
3 pers.	85-90 $
Enfant	10-15 $

Taxes en sus VS MC

Ouvert à l'année

Nombre de chambres	3
ch. avec s. de bain privée	2
salle de bain partagée	1

Activités: 

40. QUÉBEC

F A R.1 AV

Maison de pierres datant de 1848, à 200m des murs de la vieille ville et du Centre des Congrès. Ambiance familiale jeune et pleine de surprises. Jardin en été, crépitement du feu de foyer en hiver, cachet d'antan, mansarde, verdure intérieure, musique de choix et petits déjeuners copieux agrémentés de propos et conseils touristiques judicieux. Stationnement.

Aut. 40, Charest est jusqu'à l'embranchement St-Vallier à droite, monter côte d'Abraham, à droite Richelieu. Ou aut. 20, pont Pierre-Laporte, boul. Laurier, Cartier à gauche, Ste-Foy à droite, St-Augustin à gauche, Richelieu à gauche.

GÎTE
B&B À L'AUGUSTINE

Caroline Collet et
Kamal El Haji
775, Richelieu
Québec G1R 3K8
tel/fax (418) 648-1072
www.quebec-region.cuq.qc.ca/membres/augustine/

B&B	
1 pers.	45-50 $
2 pers.	60-65 $
3 pers.	70-80 $
Enfant	10 $

Prix réduits : jan, mars, avr, nov
Ouvert à l'année

Nombre de chambres	3
salle de bain partagée	2

Activités:

41. QUÉBEC

F a R.1 AV

À 2 pas du Vieux-Québec, magnifique maison victorienne au cœur du faubourg St-Jean-Baptiste : lieu historique, artistique et de création. Je suis artiste peintre professionnel. Chambres spacieuses et confortables, 2 ch., chacune avec s. de b. privée, deux lits double et frigo, 1 avec s. de b. privée mais séparée, bonne ventilation. Petit déjeuner copieux.

Boul. Laurier, dir. Québec. Après le Parlement, aut. Dufferin à gauche et à droite rue St-Jean. 1ers feux, à gauche, rue d'Aiguillon. Traverser à nouveau Dufferin et poursuivre jusqu'à Côte Ste-Geneviève.

GÎTE
B&B CHEZ PIERRE

Pierre Côté
636, rue d'Aiguillon
Québec G1R 1M5
(418) 522-2173

B&B	
1 pers.	55-65 $
2 pers.	65-75 $
3 pers.	85-95 $
4 pers.	110-120 $
Enfant	15 $

Taxes en sus VS MC

Ouvert : 1er déc au 31 oct

Nombre de chambres	3
ch. avec s. de bain privée	3

Activités:

42. QUÉBEC

F A R.5 AV

Sur une rue paisible, au cœur d'un quartier animé. À 2 pas des Plaines d'Abraham, de la Grande-Allée, du Grand Théâtre, à 10 min à pied du Vieux-Québec et du Centre des Congrès. Quelques chambres avec lits queen, petit déj. gourmand, salon à votre disposition. Réd. sur séjour 4 nuits ou plus. Stat. gratuit.

De Montréal, aut. 20, pont Pierre-Laporte, boul. Laurier dir. centre-ville. À 8,8 km du pont, à gauche sur av. de la Tour. Ou aut. 40, à droite rue St-Sacrement sud. À gauche ch. St-Louis, faire 2,6 km.

GÎTE
B&B DE LA TOUR

Chantale Blouin
1080, avenue de la Tour
Québec G1R 2W7
(418) 525-8775

B&B	
1 pers.	50-55 $
2 pers.	65-70 $
3 pers.	85 $
Enfant	15 $

Prix réduits : 4 nuits ou plus
Ouvert à l'année

Nombre de chambres	3
ch. avec lavabo	2
salle d'eau partagée	1
salle de bain partagée	2

Activités:

43. QUÉBEC

F A R1 AV

Lauréat régional des grands prix du tourisme québécois pour l'accueil et le service à la clientèle (1995); venez profiter d'un hébergement sans pareil dans une maison victorienne justement appelée «Le château St-Pascal». Nous sommes situé au centre-ville, à trois minutes du Vieux Québec et de ses nombreux points d'intérêt. Salle de billard, boutique et table d'hôte sur réservation.

Du pont Pierre-Laporte dir. Ste-Anne-de-Beaupré, aut. 40 est, sortie 316-Henri-Bourassa à gauche, faire 3 km, 5 feux de circulation, chemin de la Canardière, à gauche au 1720.

GÎTE
CHEZ MONSIEUR GILLES[2]

Gilles Clavet
1720, chemin de la Canardière
Québec G1J 2E3
(418) 821-8778
fax (418) 821-8776

B&B	
1 pers.	55-65 $
2 pers.	65-75 $

Taxes en sus VS ER

Ouvert à l'année

Nombre de chambres	5
ch. avec lavabo	2
ch. avec s. de bain privée	3
salle d'eau partagée	2
salle de bain partagée	1

Activités:

44. QUÉBEC

F A R1 AV

Magnifique maison irlandaise de 1832, vue sur le fleuve St-Laurent, au cœur du patrimoine historique du Vieux-Québec, à 10 min à pied des principaux sites d'intérêt. Copieux et inégalables petits déjeuners dans décor de pierres, boiseries et cheminée. Rue paisible et stat. gratuit. Près : ski, motoneige, traîneaux à chiens. Formules avantageuses pour familles et groupes d'amis. **Photo p 240.**

À l'entrée de Québec, aut. 20, pont Pierre-Laporte, sortie 132 boul. Champlain : aux 6ᵉ feux à gauche rue Champlain (1 km à gauche à la sortie du traversier Québec-Lévis).

GÎTE
HAYDEN'S WEXFORD HOUSE

Jean et Loulou
450, rue Champlain
Québec G1K 4J3
(418) 524-0524
(418) 524-0525
fax (418) 648-8995
www.bbcanada.com/384.html
www.otc.cuq.qc.ca

B&B	
1 pers.	65-95 $
2 pers.	75-105 $
3 pers.	120 $
4 pers.	160 $
Enfant	15 $

Taxes en sus VS MC

Ouvert à l'année

Nombre de chambres	4
ch. avec s. de bain privée	1
salle d'eau partagée	2
salle de bain partagée	2

Activités:

45. QUÉBEC

F a R4 AV

La Coule Douce, une maison d'artiste, situé dans la Haute-Ville de Québec : accès facile au Vieux-Québec. Quartier tranquille, accueil personnalisé, détente, sécurité, régimes spéciaux (diabétiques). Deux chats égaient la maison. Près : rue Cartier réputée pour ses bons restos et ses boutiques, Musée du Québec, Grand théâtre...

Chemin Ste-Foy vers le Vieux-Québec. Rue Désy à gauche. La Coule Douce est sur Dolbeau, 2ᵉ rue, à gauche. Accès facile aux grands artères et circuits d'autobus.

GÎTE
LA COULE DOUCE

Michel Champagne
473, rue Dolbeau
Québec G1S 2R6
(418) 527-2940

B&B	
1 pers.	50 $
2 pers.	60 $
3 pers.	85 $
4 pers.	100 $

Ouvert à l'année

Nombre de chambres	2
salle de bain partagée	1

Activités:

46. QUÉBEC

F | A | R.5 | AV

À 2 min du Vieux-Québec, séjournez dans un monument historique : une vieille école devenue confortable résidence où le passé se fait présent. Petits déjeuners servis au jardin ou au coin du feu. Dans notre atelier, initiez-vous à l'estampe et percez les secrets de la sérigraphie d'art. À proximité de tout, de la gare et des bus. À vous de venir découvrir notre «jardin secret...»

Boul. Laurier dir. Québec. Après le Parlement, à gauche, sur Honoré-Mercier, puis aut. Dufferin dir. est, sortie 22. Aux 1ers feux à gauche jusqu'au bout. À gauche jusqu'à 3e Rue, à gauche.

GÎTE
LE JARDIN SECRET

André Lemieux
et Yves Dumaresq
699-701, 3e Rue
Québec G1J 2V5
(418) 640-7321
tel/fax (418) 529-5587

B&B	
1 pers.	50 $
2 pers.	60-65 $
3 pers.	80 $
Enfant	15 $

VS

Ouvert à l'année

Nombre de chambres	2
ch. avec salle d'eau privée	1
salle de bain partagée	1

Activités:

47. QUÉBEC, STE-FOY

F | A | R.5

À 10 minutes du Vieux-Québec. Quartier paisible, atmosphère chaleureuse, copieux petit déjeuner. Chambres confortables avec lavabos. Près Université Laval, centres d'achats, transport public, cinéma, restaurants. Facilité de stationnement. Rabais 3 nuits et plus du 1er nov au 30 mai.

De Montréal, aut. 20 est dir. Québec, pont Pierre-Laporte, sortie boul. Laurier. Au centre d'achat «Place Laurier», à droite à la rue Jean Dequen jusqu'à la rue Lapointe.

GÎTE
LA MAISON LECLERC

Nicole Chabot
et Conrad Leclerc
2613, rue Lapointe
Ste-Foy G1W 3K3
(418) 653-8936
fax (418) 653-5266
lamaisonleclerc@vidéotron.ca

B&B	
1 pers.	40 $
2 pers.	50-55 $
Enfant	0-15 $

VS MC

Prix réduits : 3 nuits et plus du 1er nov au 30 mai
Ouvert à l'année

Nombre de chambres	5
ch. avec lavabo	2
ch. au sous-sol	2
salle de bain partagée	2

Activités:

48. QUÉBEC, STE-FOY

F | a | R.5 | AV

Maison située dans le cœur de la ville de Ste-Foy à 1 km du pont Pierre-Laporte. Très près des plus grands centres d'achat de Québec, de la gare d'autobus inter-provinciale, du bureau de poste, banques, hôpitaux. Possibilité de déjeuner aux saveurs du Chili. Nous parlons très bien l'espagnol.

Après pont Pierre-Laporte dir. centre-ville de Québec, sortie boul. Laurier. Aux 2e feux de circulation, à gauche. À droite sur la rue Légaré et à la prochaine rue encore à droite.

GÎTE
MAISON DINA

Dina Saéz-Velozo
2850, rue Fontaine
Ste-Foy G1V 2H8
(418) 652-1013
fax (418) 652-8215

B&B	
1 pers.	40 $
2 pers.	50 $
Enfant	12 $

Ouvert : 1er mai au 31 oct

Nombre de chambres	3
ch. au sous-sol	2
salle de bain partagée	2

Activités: 

49. QUÉBEC, STE-FOY

F a R.1 AV

Maison de style canadien située dans un quartier résidentiel, tranquille, près des services, centre d'achat, transport public, du pont et des voies rapides. À 5 min de l'aéroport et de l'Université Laval. À 10 min du Vieux-Québec. Atmosphère chaleureuse, chambres confortables, salle de séjour, petit déj. copieux. Système central de climatisation. Bienvenue chez nous. Prix Excellence région de Québec 1994-95.

De Montréal, aut. 20 est, dir. Québec, pont Pierre-Laporte, sortie boul. Laurier. Aux 1er feux de circulation, à droite sur la rue Lavigerie et à droite sur la 3e rue sur de la Seine.

GÎTE

Monique et André Saint-Aubin
3045, rue de la Seine
Ste-Foy G1W 1H8
(418) 658-0685
fax (418) 658-8466
www.qbc.clic.net/~staubin

B&B	
1 pers.	40-45 $
2 pers.	50-60 $
3 pers.	70-80 $
Enfant	10 $

Prix réduits : 1er nov au 31 mai
Ouvert à l'année

Nombre de chambres	3
salle de bain partagée	3

Activités:

50. QUÉBEC, SILLERY

F a R.2 AV

Blanche demeure de style anglais des années 30 entourée d'arbres centenaires. Quartier exceptionnel. Foyer, terrasse, chambres spacieuses, lits king et queen. Déj. maison varié. Stationnement. Proximité: Université Laval, Plaines d'Abraham, Vieux-Québec et à quelques pas de Cataraqui.

Par aut. 20, pont Pierre-Laporte, boul. Laurier dir. Québec. À 3,9 km du pont, rue Maguire à droite, chemin St-Louis à droite. Par aut. 40, sortie boul. Duplessis sud jusqu'à boul. Laurier...

GÎTE
B&B LES CORNICHES

Francine DuSault
2052, chemin St-Louis
Sillery, Québec G1T 1P4
(418) 681-9318
fax (418) 681-4028

B&B	
1 pers.	50-60 $
2 pers.	60-70 $
3 pers.	85 $
Enfant	15 $

VS MC

Prix réduits : 1er nov au 31 mai
Ouvert à l'année

Nombre de chambres	3
ch. avec s. de bain privée	1
salle de bain partagée	1

Activités:

51. STONEHAM

F A R4

À 20 min de Québec. Au cœur de la montagne, revivez l'époque de la petite auberge d'autrefois avec son charme d'antan où les voyageurs, le soir venu, se racontent devant ce grand foyer de pierres. La nuit vous invitera dans l'une de nos chambres romantiques jusqu'au petit déjeuner. Gîte du passant le plus près du parc de la Jacques-Cartier.

De Québec, aut. 73 nord dir. Chicoutimi. À la jonction 175 nord (après la sortie 167 - Stoneham) faire 7 km jusqu'à indication St-Adolphe. À droite rue St-Edmond et faire 1,7 km.

GÎTE
AUBERGE LA SAUVAGINE

Francine Beauregard et Pierre Desautels
544, rue St-Edmond
Stoneham G0A 4P0
(418) 848-6128
fax (418) 848-7168
www.quebecweb.com/sauvagine

B&B	
1 pers.	45-70 $
2 pers.	55-70 $
3 pers.	70-90 $
4 pers.	110 $
Enfant	10-20 $

VS MC

Ouvert à l'année

Nombre de chambres	3
ch. avec lavabo	1
salle d'eau partagée	1
salle de bain partagée	1

Activités:

52. STONEHAM, ST-ADOLPHE

F A AV

Niché à 1700 pi. d'altitude, découvrez une vue incroyable des montagnes de la Jacques-Cartier. Raquette et randonnée pédestre guidées sur le site : visitez nos sentiers et une «Cabane du Canada» cachée dans les bois. Idéal pour Station Stoneham, ski de fond, Parc Jacques-Cartier, golf... Relais de choix avant la traversée du Parc des Laurentides. Forfaits repas de novembre à mars.

De Québec, aut. 73 nord, dir. Chicoutimi. À la jonction 175 nord (après la sortie 167-Stoneham) faire 7 km jusqu'à indication St-Adolphe. À droite, rue St-Edmond et faire 4 km tourner à gauche rue Lepire.

GÎTE
AU SOMMET DES RÊVES

Christine Venditto
et Gilles Benoit
25, rue Lepire
Stoneham (St-Adolphe)
G0A 4P0
(418) 848-6154
fax (418) 848-8686
www.bbcanada.com/2042.html

B&B	
1 pers.	45 $
2 pers.	60 $
Enfant	10 $

VS MC

Prix réduits : 10 % pour 3 nuits et plus, sauf relâche scolaire et du 19 déc au 2 jan
Ouvert à l'année

Nombre de chambres	3
salle de bain partagée	1

Activités:

53. ST-ADOLPHE-DE-STONEHAM

F a

Près du Parc de la Jacques-Cartier notre ferme vous offre : sentiers pédestres, rivière, lac de truites frétillantes, rocailles et verdure généreuse, érablière artisanale, raquettes et nombreux petits animaux. Venez partager ces lieux magnifiques, un déjeuner avec produits maison et de la ferme vous attend.

De Québec, aut. 73 nord, dir. Chicoutimi. À la jonction 175 nord (après la sortie 167 - Stoneham) faire 7 km jusqu'à indication St-Adolphe. À droite, rue St-Edmond et faire 3 km.

GÎTE
AUBERGE DE LA FERME ST-ADOLPHE

Jocelyne Couillard et
George Legendre
1035, rue St-Edmond
St-Adolphe-de-Stoneham
G0A 4P0
(418) 848-2879
fax (418) 848-6949
www.qbc.clic.net/~geleg/auberge/

B&B	
1 pers.	35 $
2 pers.	50 $
Enfant	10 $

Taxes en sus

Ouvert à l'année

Nombre de chambres	3
salle de bain partagée	2

Activités:

54. ST-FERRÉOL-LES-NEIGES

F A R1 AV

À 5 min du Mont Ste-Anne et 30 min de Québec, découvrez le calme et le confort de nos chambres insonorisées, grands lits «queen» ou jumeaux, lavabo, «Suite». Salon avec foyer. Vue magnifique au cœur de la nature. À proximité : Sept Chutes, Grand Canyon, Cap Tourmente, ski, vélo, golf, sentiers pédestres, motoneige, équitation, traineau à chiens. Forfait ski.

De Québec, rte 138 est, 40 km. À Beaupré dir. Mont-Ste-Anne, rte 360, 10 km. Ou de Baie-St-Paul, rte 138 ouest, 30 km, rte 360 vers St-Ferréol. Après Les Sept Chutes, faire 3 km. Près de l'église.

GÎTE
LES AROLLES

Claire Boutet et Gilles Dumas
3489, av. Royale, route 360
St-Ferréol-les-Neiges
G0A 3R0
tel/fax (418) 826-2136

B&B	
1 pers.	45 $
2 pers.	60-75 $
Enfant	0-15 $

VS MC

Ouvert à l'année

Nombre de chambres	5
ch. avec lavabo	3
ch. avec s. de bain privée	1
salle de bain partagée	2

Activités: 

55. ST-GABRIEL-DE-VALCARTIER

F A R4 AV

Auberge issue d'une seigneurie de 1750 sise au pied de la vallée de la Jacques-Cartier. Oasis de rêve à inclure dans votre itinéraire. Déjeuner invitant. Prox. : rafting, ski alpin, ski de fond, équitation, motoneige, traîneau à chiens, réserve faunique, village des sports. Forfait disponible pour toutes ces activités. Service et accueil que vous ne pourrez oublier. Repas sur réservation pour groupe seulement.

20 min du Vieux-Québec. Aut. 73 nord dir. Chicoutimi, sortie de la Faune, à gauche sur des Érables, vers le Village Huron 5 km, boul. Valcartier à droite 15 km, aux feux à droite, 5ᵉ Avenue, 2,5 km.

AUBERGE

AUBERGE LA SEIGNEURIE DE LA VALCARTIER

Marie-Claude Pagé et Patrice Mercier
53, 5ᵉ Avenue
St-Gabriel-de-Valcartier
G0A 4S0
(418) 844-3166
sans frais 1-888-264-3166
fax (418) 844-7070

B&B	
1 pers.	45 $
2 pers.	55-65 $
3 pers.	70-80 $
4 pers.	85-95 $
Enfant	10 $

Taxes en sus VS MC

Ouvert à l'année

Nombre de chambres	4
salle de bain partagée	2

Activités:

56. STE-ANNE-DE-BEAUPRÉ

F a R1 AV

Jolie maison de campagne (1909) située à 10 min du Mont Ste-Anne et 20 min de Québec. À proximité: le Cap Tourmente, le Grand Canyon, Les Sept Chutes. Déj. copieux servi dans la verrière avec vue sur le fleuve. Ch. douillettes et soigneusement décorées. Foyer au salon. Forfaits ski et vélo de montagne au Mont Ste-Anne et le Massif. Petite ferme : chèvres, lapins...

De Québec, rte 138 est vers Ste-Anne-de-Beaupré. À la limite de Château-Richer, après l'économusée du Miel, rue Paré à gauche. Au bout, av. Royale à droite.

GÎTE

LA MAISON D'ULYSSE

Carole Trottier et Raymond Allard
9140, av. Royale
Ste-Anne-de-Beaupré G0A 3C0
(418) 827-8224

B&B	
1 pers.	45 $
2 pers.	60-65 $
3 pers.	75 $
Enfant	0-15 $

VS MC

Prix réduits : 3 nuits et plus
Ouvert à l'année

Nombre de chambres	4
ch. avec lavabo	2
ch. avec s. de bain privée	1
salle de bain partagée	2

Activités:

57. VILLAGE HURON

F A R1 AV

Maison centenaire, où le passé côtoie le présent. Une ambiance chaleureuse où l'art Amérindien nous transporte dans le temps. Petit déj. à saveur Huronne. Les chambres de l'ours, du loup, et de la tortue vous attendent. Située au coeur du vieux village Huron-Wendat, à 15 min de Québec et des centres de ski. Partez à la découverte du village Huron-Wendat. Visites guidées des sites historiques. **Photo p 240.**

De Québec, aut. 73 et rte 369 vers Loretteville. Le gîte est situé sur une rue parallèle au boul. Bastien, monter la rue Gabriel-Vincent et vous y êtes.

GÎTE

LA MAISON AORHENCHE

Line Gros-Louis
90, François Gros-Louis,
C.P. 298
Village Huron G0A 4V0
(418) 847-0646
fax (418) 847-4527

B&B	
1 pers.	55-65 $
2 pers.	65-70 $

Ouvert à l'année

Nombre de chambres	3
ch. avec s. de bain privée	1
salle de bain partagée	1

Activités:

58. CAP-TOURMENTE, MONT-STE-ANNE

F A R.5 M1 AV

Au cœur du Cap-Tourmente et à 12 min du Mont Ste-Anne (vue sur les pistes), maison comptant 5 chambres avec salle de bain privée, cuisine avec lave-vaisselle, salle familiale, petit salon avec T.V. et câble, laveuse, sécheuse, table de billard au sous-sol. Sur place : piscine couverte en saison, randonnée pédestre, ski de fond et vélo de montagne. Visitez la chute et la cabane à sucre. Aussi, ski, golf, équitation, etc. **Gîte p 221.**

De Québec, aut. Henri IV nord, dir. 40 est Ste-Anne-de-Beaupré, rte 138 est, dir. St-Joachim, Cap-Tourmente.

MAISON DE CAMPAGNE
L'OIE DES NEIGES

Gisèle Perron
390, chemin du Cap
St-Joachim G0A 3X0
(418) 827-5153
fax (418) 827-2246
melifre@total.net

Nbr. maisons	1
Nbr. chambres	5
Nbr. personnes	4-16
SEM-ÉTÉ	795-1200 $
SEM-HIVER	795-1200 $
WE-ÉTÉ	550-650 $
WE-HIVER	550-650 $
JR-ÉTÉ	350-450 $
JR-HIVER	350-450 $

VS

Ouvert à l'année

Activités: 

59. QUÉBEC

F A R1 M1 AV

Appartement tout confort, à deux pas des Plaines d'Abraham et du Vieux-Québec. Meublé à l'ancienne et décoré de façon à favoriser le calme et la détente. Formules souples et diversifiées de séjour. Nous portons une attention discrète et efficace à vos besoins. Stationnement privé, abrité en hiver. **Gîte p 230.**

De Montréal, aut. 20 est, vers Québec. Après le pont Pierre-Laporte, suivre boul. Laurier vers le Vieux-Québec. Tourner à gauche sur Moncton, face aux Plaines d'Abraham.

MAISON DE VILLE
À LA MAISON TUDOR

J. Cecil Kilfoil
1037, avenue Moncton
Québec (Qc) G1S 2Y9
(418) 686-1033
fax (418) 686-6066
www.clic.net/~ckilfoil
ckilfoil@clic.net

Nbr. app.	1
Nbr. chambres	2
Nbr. personnes	2-4
SEM-ÉTÉ	475-550 $
SEM-HIVER	400-440 $
WE-ÉTÉ	210-240 $
WE-HIVER	175-200 $
JR-ÉTÉ	100-130 $
JR-HIVER	88-100 $

Taxes en sus VS MC

Prix réduits : 3 nuits et plus, forfaits sem/mois
Ouvert à l'année

Activités:

60. QUÉBEC

F A AV

Pour vacances ou affaires, la Maison Chalou, à l'ombre du Château Frontenac, vous convie au confort douillet d'un logement de 3 ou 4 pièces tout équipé avec stationnement. Au cœur de l'histoire, partez découvrir passé (rues typiques, musées, églises) comme présent (restaurants, spectacles, boutiques, artistes de rue). Possibilité de location au mois.

Aut. 20, pont Laporte, sortie boul. Laurier vers Vieux-Québec. Après la porte St-Louis, 4ᵉ rue à gauche. Stationnement à l'arrière.

MAISON DE VILLE
MAISON CHALOU

40, des Jardins
Québec G1R 4L7
(418) 628-9913
(418) 655-6364

Nbr. app.	1
Nbr. chambres	1-2
Nbr. personnes	2-4
SEM-ÉTÉ	350-500 $
SEM-HIVER	350-500 $
WE-ÉTÉ	120 $
WE-HIVER	120 $
JR-ÉTÉ	60-75 $
JR-HIVER	60-75 $

Ouvert à l'année

Activités: 

61. ST-FERRÉOL-LES-NEIGES

F A ♿ R.5 M.5 AV

Goûtez la tranquillité de nos belles maisons de campagne ancestrales ou récentes situées à 30 min du centre-ville de Québec à la porte de Charlevoix. Endroit de rêve et de légendes pour séjourner et se reposer dans un petit village typique du Québec. Nos maisons, bien équipées, peuvent héberger en tout confort de 4 à 30 personnes et même jusqu'à 50!. Nous sommes nichés au pied du Mont-Ste-Anne, centre de villégiature 4-saisons de réputation int. **Photo p 240.**

1 km après le Mont-Ste-Anne, à l'entrée du petit village de St-Ferréol-les-Neiges.

MAISONS DE CAMPAGNE
CHALETS-VILLAGE
MONT-STE-ANNE

Marie Flynn et Gilles Éthier
C.P. 275
Ste-Anne-de-Beaupré G0A 3C0
tel/fax (418) 650-2030
sans frais 1-800-461-2030
(Canada et USA)
www.chalets-village.qc.ca

Nbr. maisons	8
Nbr. chambres	2-8
Nbr. personnes	4-30
SEM-ÉTÉ	795-1800 $
SEM-HIVER	775-2600 $
WE-ÉTÉ	325-1200 $
WE-HIVER	495-1600 $

Taxes en sus VS MC

Prix réduits : printemps et automne
Ouvert à l'année

Activités:

62. ST-JOACHIM

F A R3 M2 AV

Site panoramique exceptionnel avec sa forêt, l'hébergement sur la falaise, le fleuve St-Laurent à vos pieds, le Mont Ste-Anne en arrière-plan et le canyon des chutes Ste-Anne à portée de main. Nos maisonnettes traditionnelles en bois avec cuisine et foyer vous séduiront. Un clin d'oeil aux gens de plein air.

De Québec, rte 138 est vers Ste-Anne-de-Beaupré. À la fourche du Mont Ste-Anne, rester sur la rte 138 sur 3 km jusqu'en haut de la côte. Sur la droite, en face des chutes Ste-Anne.

MAISON DE CAMPAGNE
LES MAISONNETTES SUR LE CAP

Diane Croteau et
Alain Tremblay
201, Route 138
St-Joachim G0A 3X0
(418) 827-6777
fax (418) 827-6060

Nbr. maisons	6
Nbr. chambres	2
Nbr. personnes	2-4
SEM-ÉTÉ	630-770 $
SEM-HIVER	630-770 $
WE-ÉTÉ	180-220 $
WE-HIVER	180-220 $
JR-ÉTÉ	90-110 $
JR-HIVER	90-110 $

Taxes en sus VS MC

Prix réduits : printemps et automne
Ouvert à l'année

Activités:

LA VICTORIENNE, Pointe-aux-Trembles, Montréal

LES JARDINS DE VINOY, Vinoy, Outaouais

AUBERGE PRESBYTÈRE MONT-LAC-VERT, Hébertville, Saguenay-Lac-St-Jean

CHALETS-VILLAGE MONT-STE-ANNE, St-Ferréol-les-Neiges, Québec

AUBERGE CHEMIN DU ROY, Deschambault, Québec

LA MAISON AORHENCHE, Village Huron, Québec

MAISON ANCESTRALE THOMASSIN, Beauport, Québec

HAYDEN'S WEXFORD HOUSE, rue Champlain, Québec

L'UNION DES PRODUCTEURS
AGRICOLES ET SES
50 000 MEMBRES
VOUS CONVIENT À VISITER LE
QUÉBEC DES RÉGIONS
L'UNION
DES PRODUCTEURS
AGRICOLES
UPA

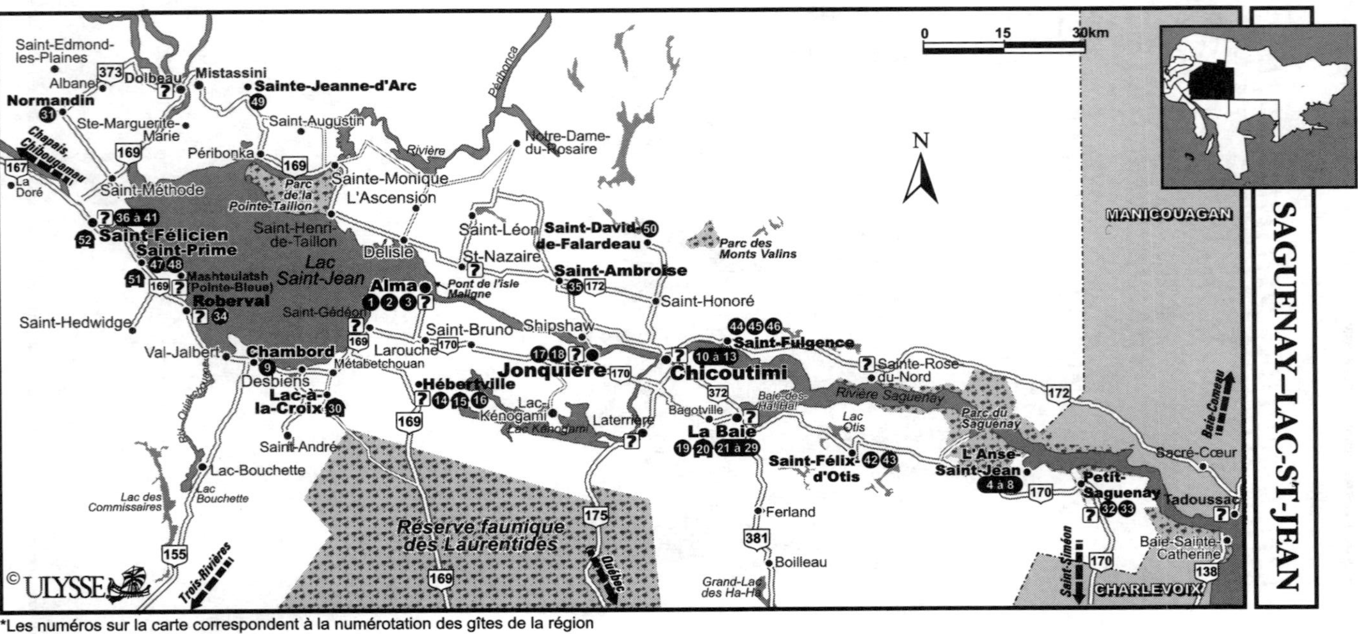
SAGUENAY–LAC-ST-JEAN
MANICOUAGAN
CHARLEVOIX
0 15 30km
N
Baie-Comeau
Saint-Siméon
Québec
Trois-Rivières
Chapais, Chibougamau
Sacré-Cœur
Tadoussac
Baie-Sainte-Catherine
Petit-Saguenay
L'Anse-Saint-Jean
4 à 8
Parc du Saguenay
Rivière Saguenay
Sainte-Rose-du-Nord
Saint-Félix-d'Otis
Lac Otis
Saint-Fulgence
Parc des Monts Valins
Chicoutimi
10 à 13
Baie-des-Ha! Ha!
La Baie
21 à 29
Bagotville
Ferland
Boilleau
Grand-Lac des Ha-Ha
Saint-Honoré
Saint-David-de-Falardeau
Saint-Ambroise
Laterrière
Jonquière
Shipshaw
Lac Kénogami
Lac-Kénogami
Réserve faunique des Laurentides
Notre-Dame-du-Rosaire
Péribonca
Rivière
Saint-Léon
St-Nazaire
Pont de l'Isle Maligne
Saint-Bruno
Hébertville
Alma
Larouche
Métabetchouan
Delisle
L'Ascension
Sainte-Monique
Sainte-Jeanne-d'Arc
Saint-Augustin
Parc de la Pointe-Taillon
Saint-Henri-de-Taillon
Lac Saint-Jean
Saint-Gédéon
Chambord
Desbiens
Lac-à-la-Croix
Saint-André
Lac-Bouchette
Lac Bouchette
Lac des Commissaires
Mistassini
Péribonka
Dolbeau
Ste-Marguerite-Marie
Saint-Méthode
Mashteuiatsh (Pointe-Bleue)
Roberval
Saint-Prime
Saint-Félicien
36 à 41
Val-Jalbert
Saint-Hedwidge
Albanel
Normandin
Saint-Edmond-les-Plaines
La Doré
© ULYSSE
*Les numéros sur la carte correspondent à la numérotation des gîtes de la région

1. ALMA

F a R.5 AV

Dans la ville d'Alma, sise à l'embouchure du Lac St-Jean, nous vous offrons hospitalité, confort douillet, piscine et de copieux déjeuners et ce dans un décor enchanteur. Les arbres nous envahissent et font de l'endroit un charmant souvenir. Nous avons hâte de vous voir au pays des «bleuets». Plages et piste cyclable à proximité.

De Québec, rte 169 nord. À Alma, à gauche aux feux de la rue De la Gare (à droite si vous êtes en dir. sud), à gauche rue Desmeules, à droite De la Gare jusqu'au bout. McNaughton à droite.

GÎTE

GÎTE DE LA GARE

Roger Savard
455, McNaughton
Alma G8B 5S9
(418) 668-8820

B&B	
1 pers.	35 $
2 pers.	50 $
3 pers.	65 $
4 pers.	80 $
Enfant	10 $

Prix réduits : 1er oct au 31 mai
Ouvert à l'année

Nombre de chambres	4
salle de bain partagée	3

Activités:

2. ALMA

F a R1.5

Vous recevoir est notre plaisir. Grand terrain idéal pour pique-niques. Balançoire. Remise pour vélos. Déjeuner copieux et bonne humeur vous attendent. 80 km de ville de la Baie et du zoo sauvage de St-Félicien (450 spécimens d'animaux sauvages). Bienvenue aux pêcheurs.

De Québec, rtes 175 nord et 169 vers Hébertville. À la sortie du Parc des Laurentides, dir. Alma. Maison près du 6e rang. Ou de La Tuque, rte 155 nord, à Chambord, rte 169 vers Alma. Face à «Caravane de Luxe».

GÎTE

GÎTE DU BLEUET

Georgette et Roland Dufour
3100, Dupont Sud, Route 169
Alma G8B 5V2
(418) 662-7017

B&B	
1 pers.	35 $
2 pers.	45 $
3 pers.	60 $
Enfant	0-10 $

Prix réduits : sept, oct
Ouvert : 1er avr au 31 oct

Nombre de chambres	3
salle d'eau partagée	2
salle de bain partagée	1

Activités:

3. ALMA

F a R9 AV

Reposez-vs dans un cadre naturel :
Etang avec canards domestiques,
Sentiers, jardins, flore régionale.
Situé à 2 pas du Lac St-Jean, une
Oasis dans la forêt, offrez-vous
Un séjour inoubliable en
Rêvant sur l'île fleurie.
Copieux petits déj. Prod. maison.
En hiver : patin, ski de fond, raq. 1,5 km. Sent. motoneige. Forfaits.

De Québec rte 169 nord. À Alma, pont riv. Pte-Décharge. Après feux de circ., prendre 3e rue à gauche. Surveiller le panneau bleu ind. Colonie Notre-Dame, 9 km. Dir. sud, la 1re rue à droite après la carrefour Alma.

GÎTE

LA RESSOURCE

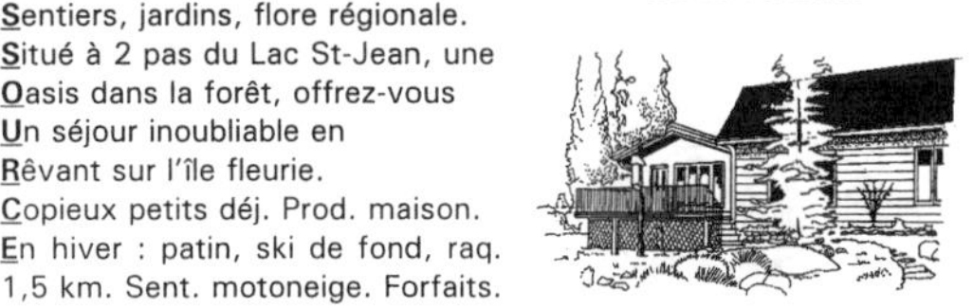

Paulette Leclerc
et Jean-Guy Fortin
6840, rang Melançon
Alma G8B 5V3
(418) 662-9171
fax (418) 662-1498
pleclerc@digicom.qc.ca

B&B	
1 pers.	40 $
2 pers.	50 $
3 pers.	65 $
4 pers.	80 $
Enfant	10 $

Prix réduits : 1er sept au 30 mai
Ouvert à l'année

Nombre de chambres	3
ch. avec lavabo	3
salle d'eau partagée	1
salle de bain partagée	1

Activités:

4. ANSE-ST-JEAN

F 

Monarchie au cœur du parc Saguenay. Face au pont couvert, l'auberge offre une vaste véranda attenante aux chambres. Grand salon avec foyer. Table recommandée (Guide Ulysse et guide français) pour ses gibiers, poissons et fruits de mer; on y accorde 15 % aux clients de l'auberge et des gîtes. Accès direct aux sentiers de motoneige; ski, fjord et pêche blanche à proximité.

Rte 170 dir. L'Anse-St-Jean. Prendre la rue St-Jean-Baptiste vers le quai. L'auberge est située à 0,2 km de l'église, en face du pont couvert.

AUBERGE

AUBERGE DES CÉVENNES

Enid Bertrand
Louis Mario Dufour
294, rue St-Jean-Baptiste
L'Anse-St-Jean G0V 1J0
(418) 272-3180
fax (418) 272-1131

B&B	
1 pers.	55-65 $
2 pers.	70-80 $
3 pers.	100 $
4 pers.	110 $
Enfant	5-10 $

Taxes en sus VS MC ER IT

Prix réduits : 1er sept au 22 déc, 4 jan au 20 juin
Ouvert à l'année

Nombre de chambres	8
ch. avec s. de bain privée	8

Activités:

5. ANSE-ST-JEAN

F a R1.5 AV

Notre village vaut le déplacement. Maison entourée des rivières Saguenay, St-Jean et du ruisseau Barachois. C'est avec plaisir que nous recevons des visiteurs à qui nous aimons faire visiter les sites qui entourent le Parc Saguenay. Goûtez notre pain maison. Apéro offert.

De Québec, rte 138 est jusqu'à St-Siméon. Rte 170 nord dir. L'Anse-St-Jean. Quitter la route 170. À gauche rue St-Jean-Baptiste, faire 7 km. À l'église, à gauche, traverser le pont couvert, 1 km.

GÎTE

FERME DES 3 COURS D'EAU

Odile et Marc Boudreault
6, rue de l'Anse
L'Anse-St-Jean G0V 1J0
(418) 272-2944

B&B	
1 pers.	35 $
2 pers.	50 $
3 pers.	75 $
4 pers.	90 $
Enfant	25 $

Ouvert à l'année

Nombre de chambres	3
salle de bain partagée	2

Activités:

6. ANSE-ST-JEAN

F a R1.5 AV

Chaleureuse maison québécoise où les couleurs du fjord font écho. Petit déjeuner servi dans la verrière avec vue sur la rivière et les montagnes. De confortables chambres pour le repos, les murmures de la rivière pour la détente et les rêveries. À proximité : sentiers pédestres, équitation, kayak de mer, croisière sur le fjord, vélo de montagne, pêche au saumon. Françoise (la pantouflarde), François (le sportif) vous accueillent avec simplicité.

De Québec, via St-Siméon. Rtes 138 est et 170 jusqu'à L'Anse-St-Jean. Via Chicoutimi, rtes 175, puis 170, rue Principale de l'Anse faire 3,5 km.

GÎTE

LA PANTOUFLARDE

Françoise Potvin et
François Asselin
129, St-Jean-Baptiste
L'Anse-St-Jean G0V 1J0
(418) 272-2182
(418) 545-1099
fax (418) 545-1914

B&B	
1 pers.	35 $
2 pers.	50 $
3 pers.	65 $
4 pers.	80 $
Enfant	10 $

VS

Ouvert : 1er juin au 31 oct

Nombre de chambres	3
salle de bain partagée	2

Activités: 

7. ANSE-ST-JEAN

F A R1.5 AV

«À l'arrière du gîte, une rivière et une terrasse où vous pourrez vous abandonner à votre roman préféré, et la vue sur les montagnes est splendide. Les hôtes vous reçoivent chaleureusement dans leur logis ensoleillé et spacieux, dans lequel les chambres vous feront oublier tous vos tracas quotidiens. Si votre budget est limité et que vous recherchez tout de même une qualité de confort supérieur, ne cherchez plus.» Un touriste français.

De Québec via St-Siméon, rtes 138 est et 170 jusqu'à L'Anse-St-Jean. Via Chicoutimi, rtes 175, puis 170. Emprunter la rue principale de l'Anse et faire 3,5 km.

GÎTE
LE GLOBE-TROTTER

Anne Lambert et
André Bouchard
131, St-Jean-Baptiste
L'Anse-St-Jean G0V 1J0
tel/fax (418) 272-2353
bur : (418) 272-2124

B&B	
1 pers.	40 $
2 pers.	50 $
Enfant	10 $

Ouvert : 1er mars au 31 oct

Nombre de chambres	3
salle de bain partagée	2

Activités:

8. ANSE-ST-JEAN

F a R2

Maison ancestrale caressée par le majestueux fjord du Saguenay. Vos yeux ne sont pas assez grands pour tout voir ce que la nature nous a donné. Les ch. au confort douillet nous reportent au début du siècle. Les sentiers pédestres sont à notre porte. Possibilité d'équitation, mini-croisière sur le fjord, kayaks de mer, vélo de montagne, pêche au saumon.

De Québec, rte 175, Parc des Laurentides dir. Chicoutimi. Ou rte 138, dir. St-Siméon, rte 170 dir. L'Anse-St-Jean. Rue St-Jean-Baptiste, 8 km dir. fjord du Saguenay.

GÎTE
LE NID DE L'ANSE

Suzanne et Ronald Bilodeau
376, St-Jean-Baptiste
L'Anse-St-Jean G0V 1J0
(418) 272-2273
tel/fax (418) 549-1807

B&B	
1 pers.	40 $
2 pers.	50 $

Ouvert : 1er mai au 31 oct

Nombre de chambres	3
salle d'eau partagée	1
salle de bain partagée	1

Activités:

9. CHAMBORD

F A R2

Profitez de la plage tranquille et de la vue saisissante du lac St-Jean, écoutez gronder les chutes de Val-Jalbert à 1 km, humez l'odeur du foin coupé et laissez-vous raconter des histoires de fantômes. **Annonce p 88.**

Du Parc des Laurentides, rte 169 vers Roberval. Après Chambord, c'est à 5 min. Ou de La Tuque, rtes 155 nord et 169 à gauche.

GÎTE
MARTINE ET SERGE

Martine Fortin et
Serge Bouchard
824, Route 169
Chambord G0W 1G0
tel/fax (418) 342-8446

B&B	
1 pers.	35 $
2 pers.	45 $
3 pers.	60 $
4 pers.	70 $
Enfant	10 $

Ouvert à l'année

Nombre de chambres	4
salle de douche partagée	1
salle d'eau partagée	1
salle de bain partagée	1

Activités:

10. CHICOUTIMI

F | a | R.3 | AV

Si vous aimez la simplicité de la vie, bienvenue chez nous! Je vous propose ma maison entourée de fleurs, avec vue exceptionnelle, face au Saguenay. Une petite visite aux serres vous charmera. Confort douillet et un savoureux déjeuner vous aiguisera l'appétit après une bonne nuit. Intimité, calme et douceurs d'antan. Halte bien méritée.

De Québec, rte 175 vers Chicoutimi. Boul. Talbot, à gauche au boul. Université jusqu'au bout. À droite boul. St-Paul, aux 2e feux, à gauche rue Price. Prochains feux, à gauche boul. Saguenay, 1 km.

GÎTE

GÎTE AUX MILLE FLEURS

Ghislaine Morin
976, boul. Saguenay ouest
Chicoutimi G7J 1A5
(418) 545-9256

B&B	
1 pers.	40 $
2 pers.	50 $
Enfant	10 $

VS

Ouvert : 15 mai au 15 oct

Nombre de chambres	3
salle de bain partagée	1

Activités:

11. CHICOUTIMI

F | a | R7

Gîte tout confort en bordure du fjord, bien centré, près de la ville avec tous ses attraits et services. Chambres très douillettes. Spacieuse salle à manger-verrière avec vue spectaculaire sur la rivière et les monts. Déjeuners abondants et variés. Séjour inoubliable à notre gîte.

De Québec, rte 175 nord jusqu'à Chicoutimi. À droite, boul. Université est (près centre commercial), à gauche, boul. Saguenay prendre la 1re rte à droite (près du club de golf), rang St-Martin et faire 6,8 km.

GÎTE

GÎTE DE LA BERNACHE

Denise Ouellet
3647, rang St-Martin
Chicoutimi G7H 5A7
(418) 549-4960
fax (418) 549-9814

B&B	
1 pers.	40 $
2 pers.	50 $
3 pers.	70 $
Enfant	10 $

Ouvert à l'année

Nombre de chambres	4
ch. avec lavabo	3
ch. au sous-sol	1
salle d'eau partagée	1
salle de bain partagée	2

Activités:

12. CHICOUTIMI

F | a | R.7 | AV

Chicoutimi près du centre-ville au bord de la rivière Saguenay. À deux pas: Vieux port, pulperie, croisière Marjolaine, piste cyclable, la Promenade, sans oublier la célèbre maison blanche qui a résisté au déluge. Hiver: carnaval Souvenir, ski, motoneige et pêche blanche. Déjeuners servis dans une splendide salle à manger avec vue sur le fjord.

De Québec, rte 175 jusqu'à Chicoutimi. Boul. Talbot jusqu'au bout, à gauche rue Jacques-Cartier, à partir du 2ième feux (au coin hôpital) toujours à droite, descendre jusqu'au boul. Saguenay est.

GÎTE

GÎTE DE LA PROMENADE

Lise et Jacques Grenon
782, boul. Saguenay Est
Chicoutimi G7H 1L3
tel/fax (418) 543-9997

B&B	
1 pers.	40 $
2 pers.	50 $
3 pers.	70 $
Enfant	10 $

Ouvert à l'année

Nombre de chambres	3
ch. avec lavabo	3
salle de bain partagée	1

Activités:

13. CHICOUTIMI

F ♿ R2 AV

Situé du côté est de Chicoutimi, vaste terrain avec vue imprenable sur la ville et le Saguenay. C'est un chez-soi tout confort. Petit déjeuner copieux. Divers services à 0,6 km : banque, pharmacie, dépanneur, station-service. Bienvenue chez-moi.

De Québec, rte 175 nord jusqu'à Chicoutimi. Boul. Université est à droite (près centre commercial), boul. Saguenay à gauche. Après l'hôtel Parasol, boul. Renaud à droite. 2e maison à gauche.

GÎTE
LE CHARDONNERET

Claire Tremblay
1253, boul. Renaud
Chicoutimi G7H 3N7
(418) 543-9336

B&B	
1 pers.	35-40 $
2 pers.	45-50 $
3 pers.	70 $
Enfant	10 $

Ouvert : 1er avr au 31 oct

Nombre de chambres	3
salle de bain partagée	2

Activités:

14. HÉBERTVILLE

F AV

Presbytère construit en 1917. Cachet historique, mettant en vedette pièces d'ameublement du temps. Accueil chaleureux, salle à manger intime, cuisine raffinée, chambres spacieuses, confortables et chaudes avec salle de bain complète, salle de conférence, calme, tranquille, propice à la créativité. Au coeur de la région Saguenay-Lac St-Jean et de ses activités. Vos hôtes sont heureux de vous accueillir. **Photo p 240.**

Accès par la rte 169, (on n'entre pas dans le village d'Hébertville) suivre la dir. Mont Lac Vert, 3 km. Situé face au camping municipal.

AUBERGE
AUBERGE PRESBYTÈRE
MONT LAC VERT

La famille Tremblay
335, rang Lac-Vert
Hébertville G8N 1M1
(418) 344-1548
fax (418) 344-1013

	B&B	PAM
1 pers.	45 $	65 $
2 pers.	60 $	120 $
3 pers.	80 $	165 $
4 pers.	95 $	210 $
Enfant	10 $	

Taxes en sus VS MC AM IT

Ouvert à l'année

Nombre de chambres	6
ch. avec s. de bain privée	6

Activités:

15. HÉBERTVILLE

F R.5

Gîte à la ferme, accueil charmant. Très bien situé pour visiter toute la région. Venez partager notre vie familiale et visiter notre ferme laitière à l'orée du Parc des Laurentides. Bienvenue aux enfants. Piscine, plage, vélo de montagne, piste pour patins à roues alignées, pêche, terrain de jeux. Ski alpin, ski de fond, motoneige, pêche blanche, glissades sur chambres à air. **Gîte à la ferme p 41.**

Du Parc des Laurentides, rte 169. Premier village, rue St-Isidore.

GÎTE
FERME CAROLE
ET JACQUES MARTEL

Carole et Jacques Martel
474, St-Isidore
Hébertville G8N 1L7
(418) 344-1323

B&B	
1 pers.	35 $
2 pers.	50 $
3 pers.	65 $
4 pers.	90 $
Enfant	10 $

Ouvert à l'année

Nombre de chambres	2
salle de bain partagée	1

Activités:

16. HÉBERTVILLE

F a R4 AV

Venez visiter un coin de pays où l'aventure existe encore dans la nature. Au pays de la francophonie une maison ancestrale vous accueillera toute l'année, avec plusieurs activités à proximité: musée, équitation, hydravion, ski alpin, zoo, etc. Offrons forfaits aventure d'hiver : motoneige, traîneau à chiens, pêche sur glace. Nous vous attendons afin de partager d'agréables moments. Nous offrons petit déjeuner copieux et souper sur demande.

Du parc des Laurentides, rte 169, 6 km, dir. Roberval.

GÎTE
GÎTE BELLE-RIVIÈRE

Marie-Alice Bouchard
872, rang Caron
Hébertville G8N 1B6
(418) 344-4345
fax (418) 344-1933
bouchard@digicom.qc.ca

B&B	
1 pers.	30 $
2 pers.	45 $
3 pers.	65 $
4 pers.	85 $
Enfant	10 $

Ouvert à l'année

Nombre de chambres	3
salle de bain partagée	1

Activités:

17. JONQUIÈRE

F R1

À 5 min à pied du centre-ville. Chambres insonorisées avec lavabo et téléviseur. Déj. servi dans la verrière avec vue sur la rivière. Vous pourrez admirer une passerelle en aluminium unique au monde. Plage privée, chaloupe, pédalo, pêche, piste cyclable à proximité. Tranquillité et repos assurés. Prix Excellence Saguenay-Lac-St-Jean 1995-96.

De Québec, rtes 175 et 170, à gauche dir. Jonquière, faire 11,2 km. Boul. Harvey, faire 2,8 km et à gauche rue St-Jean-Baptiste (Paroisse St-Raphaël), faire 1,1 km. À gauche rue des Saules.

GÎTE
GÎTE DE LA RIVIÈRE AUX SABLES

Marie et Jean Eudes Girard
4076, des Saules
Jonquière
(Paroisse St-Raphaël) G8A 2G7
(418) 547-5101
fax (418) 547-6939

B&B	
1 pers.	40 $
2 pers.	50 $
3 pers.	70 $
4 pers.	85 $
Enfant	10 $

Ouvert à l'année

Nombre de chambres	4
ch. avec lavabo	4
ch. au sous-sol	4
salle d'eau partagée	1
salle de bain partagée	2

Activités:

18. JONQUIÈRE

F a R4 AV

Décoration moderne et chaleureuse, magnifique piscine creusée et bel aménagement paysager pour votre confort et votre détente. Petits déj copieux et variés sont servis dans le solarium ensoleillé. Situé près du cégep, palais des sports, parc de la Rivière aux Sables, restaurants-bars, centre-ville. Au plaisir de vous accueillir.

Au centre-ville de Jonquière, angle St-Dominique et boul. Harvey dir. sud jusqu'à station Irving, à gauche rue des Hirondelles, 1re rue à gauche des Merles.

GÎTE
LE MERLEAU

Andrée Côté et Léo April
2456, des Merles
Jonquière G7X 8B3
(418) 542-1093
(418) 542-1734
fax (418) 542-1031

B&B	
1 pers.	45 $
2 pers.	55 $
3 pers.	70 $
4 pers.	85 $
Enfant	10 $

Ouvert à l'année

Nombre de chambres	5
ch. au sous-sol	2
salle de bain partagée	3

Activités: 

19. LA BAIE

F a R3

De construction récente, avec une entrée indépendante, les ch. ont toutes porte-patio et un balcon individuel. Les pieds dans l'eau de la baie, venez échanger avec l'artiste-hôte sur ses sculptures de granit ou parler des quelques 50 sortes d'arbres fruitiers sur le terrain du gîte. En plus du calme et de la tranquillité, l'accueil est au rendez-vous. Forfaits pêche blanche en hiver.

Du Parc des Laurentides, rtes 175 nord et 170 est jusqu'au boul. de la Grande-Baie sud. Après le musée du Fjord, faire environ 5 km. Ou de St-Siméon, rte 170 nord. Du côté de l'eau, énorme bloc de granit à l'entrée principale.

GÎTE
À FLEUR DE PIERRE

Colette Létourneau et
Carrol Tremblay
6788, boul. Grande-Baie sud
La Baie G7B 3P6
(418) 544-3260

B&B	
1 pers.	45-50 $
2 pers.	55-60 $
3 pers.	70-75 $
Enfant	15 $

Prix réduits : 1er oct au 31 mai
Ouvert à l'année

Nombre de chambres	3
ch. avec s. de bain privée	1
salle d'eau partagée	1
salle de bain partagée	1

Activités:

20. LA BAIE

F a R2

Venez vivre une expérience formidable avec la famille Gagné au gîte «Chez Grand-Maman» où vous trouverez la tranquillité et un paysage pittoresque. Vous réaliserez à notre ferme des choses extraordinaires aux abords de la Baie des HA!HA! Chez nous, vous serez «chez vous». **Gîte à la ferme p 41.**

Du Parc des Laurentides, rtes 175 nord et 170 est dir. «Ville de la Baie», rue Bagot. À gauche rue Victoria, faire environ 2 km. Tout droit 1re ferme «Alain Gagné».

GÎTE
CHEZ GRAND-MAMAN

Jacinthe Bouchard
et Alain Gagné
1254, chemin St-Joseph
La Baie G7B 3N9
(418) 544-7396
(418) 697-0517
fax (418) 544-8073

B&B	
1 pers.	35 $
2 pers.	45 $
3 pers.	65 $
Enfant	10 $

Ouvert à l'année

Nombre de chambres	3
salle de bain partagée	2

Activités:

21. LA BAIE

F R3

On dit que je suis une vraie «Saguenayenne», que j'ai le langage imagé et la parole facile. Je vous attends dans ma grande maison de ferme, au cœur du Saguenay et de toutes les activités qu'offrent notre région en toutes saisons. Pêche au saumon à 5 min. «Fabuleuse Histoire d'un Royaume et Tour du Monde» à 3 km. Pêche blanche à 4 km.

De Québec, rtes 175 nord et 170 est jusqu'au chemin des Chutes à droite. Suivre indication «Bec Scie». 1re ferme à droite, toit rouge.

GÎTE
CHEZ MARGUERITE
TREMBRLAY «SIMARD»

Marguerite Tremblay
4462, chemin des Chutes
La Baie G7B 3N8
(418) 544-1074
(418) 697-6561

B&B	
1 pers.	28 $
2 pers.	42 $
3 pers.	58 $
Enfant	8-10 $

Ouvert à l'année

Nombre de chambres	5
salle d'eau partagée	1
salle de bain partagée	2

Activités:

22. LA BAIE

F A R.5 AV

15,000m² de terrain, tout juste «Au Bord de l'Eau», en ville, un site imprenable, une vue spectaculaire, des chambres vastes. Chez nous la baie, s'appelle la mer, elle est grande, salée et ses marées de 7 mètres changent notre paysage. À 5 min du théâtre et des activités mais dans un monde à part. Déj. copieux, ambiance familiale.

Du parc des Laurentides, rtes 175 nord puis 170 est jusqu'au boul. Grande-Baie sud. Après le musée du Fjord, faire 1,5 km. Attention de ne pas passer tout droit, on ne voit pas la maison du chemin.

GÎTE

GÎTE AU BORD DE L'EAU

Lyne Fortin et Réjean Ouellet
5208, boul. Grande-Baie Sud
La Baie G7B 3P6
(418) 544-0892
(418) 547-2111
rejean.ouellet@sympatico.ca

B&B	
1 pers.	45 $
2 pers.	55 $
3 pers.	65 $
4 pers.	75 $
Enfant	5 $

VS MC

Prix réduits : 1er oct au 1er avr
Ouvert à l'année

Nombre de chambres	4
ch. avec s. de bain privée	2
salle de bain partagée	1

Activités:

23. LA BAIE

F A R.1 AV

Prix Excellence Saguenay Lac-St-Jean 1996-97. Chaleur humaine et simplicité feront que nous serons de bons amis à votre départ. Au bord de l'eau, chacune de nos chambres ont vue sur la baie. À pied, diverses activités vous attendent : croisières, parc, restaurants, pistes cyclable et pédestre. Déjeuner agréable en verrière. Prêtons vélos et louons kayaks de mer.

Du Parc des Laurentides, rte 175 nord, rte 170 est, vers La Baie. De la rue Bagot, tout droit jusqu'à la rue Victoria, à gauche jusqu'à Damase-Potvin, à gauche rue Simard. Bienvenue au gîte.

GÎTE

GÎTE BELLE-VUE

Monique et Régent Goyette
1442, Simard
La Baie G7B 2X9
(418) 544-4598
fax (418) 544-5861

B&B	
1 pers.	40-55 $
2 pers.	50-65 $
3 pers.	65-80 $
4 pers.	90 $
Enfant	15 $

Prix réduits : 1er jan au 1er mai
Ouvert à l'année

Nombre de chambres	5
ch. avec lavabo	2
ch. avec s. de bain privée	2
salle de bain partagée	2

Activités:

24. LA BAIE

F

Suffit de jeter l'ancre au bord de l'Anse-à-Benjamin pour retrouver le charme de la campagne d'autrefois. À deux pas de tous les services: théâtre, sentiers pédestres, marina, fromagerie, ferme, bleuetière, etc. Chambres agréables, site magnifique. Un gîte à découvrir hiver comme été. Pourvoyeur de cabanes à pêche. Forfaits sur demande.

Du Parc des Laurentides, rtes 175 nord et 170 est vers Ville de La Baie, rue Bagot. À gauche rue Victoria et garder la droite, 2 km.

GÎTE

GÎTE DE LA PÊCHE BLANCHE

Laurence et
Jean-Claude Simard
1352, route de
l'Anse-à-Benjamin
La Baie G7B 3N9
tel/fax (418) 544-4176

B&B	
1 pers.	40 $
2 pers.	45 $
3 pers.	55 $
Enfant	10 $

Ouvert à l'année

Nombre de chambres	4
ch. au sous-sol	3
salle de bain partagée	2

Activités:

LES GÎTES ET AUBERGES

25. LA BAIE

F a R1

Maison moderne avec vue splendide sur la baie des HA!HA! Endroit calme à proximité du Théâtre de la Fabuleuse Histoire d'un Royaume, croisière, sentiers pédestres, pêche blanche, marina, piste cyclable. Un séjour inoubliable. Déjeuner dans la verrière avec vue sur le fjord. Garage pour moto ou bicyclette.

Du Parc des Laurentides, rtes 175 nord et 170 est vers Ville de la Baie. Aux 2e feux, tout droit rue Bagot jusqu'à la rue Victoria à gauche. Faire moins d'un km et prendre la fourche de gauche, rue St-Pierre. Le gîte est en haut de la côte, au bout de la rue.

GÎTE

GÎTE DU 150e

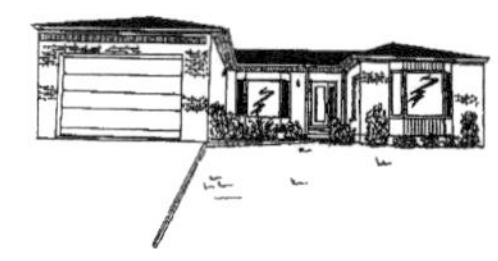

Louise Jean Simard
1902, St-Pierre
La Baie G7B 2Y5
(418) 544-5311
(418) 544-0485
fax (418) 544-4431
fergus@saglac.qc.ca

B&B	
1 pers.	45 $
2 pers.	50 $
3 pers.	70 $
4 pers.	80 $
Enfant	15 $

Prix réduits : 1er mars au 31 mai, 1er sept au 31 oct
Ouvert : 1er mars au 31 oct

Nombre de chambres	3
ch. au demi sous-sol	3
salle de bain partagée	2

Activités:

26. LA BAIE

F a AV R2

À 2 km de Ville de La Baie. À 12 km de Chicoutimi. Nous serons heureux de vous accueillir dans notre maison ancestrale. Petit déjeuner copieux, produits frais de la ferme et fromage frais du jour. Au plaisir de vous rencontrer. Près de la «Fabuleuse Histoire d'un Royaume».

Du Parc des Laurentides, rtes 175 nord et 170 est vers Ville de La Baie. Aux 2e feux continuer jusqu'à la rue Victoria à gauche. Faire 2 km sur Victoria qui devient St-Joseph. Après le feu clignotant c'est la 2e maison à droite.

GÎTE

LA MAISON DES ANCÊTRES

Judith et Germain Simard
1722, chemin St-Joseph
La Baie G7B 3N9
(418) 544-2925

B&B	
1 pers.	35 $
2 pers.	45 $
3 pers.	60 $
Enfant	10 $

Ouvert : 1er mai au 30 oct

Nombre de chambres	4
salle de bain partagée	2

Activités:

27. LA BAIE

F A R.1

Située au cœur de Ville de La Baie, sur la rive du fjord Saguenay et tout près de la promenade du parc Mars, notre grande maison offre tranquillité et confort. Occupation simple, double ou quadruple. Copieux petit déjeuner. Il nous fera plaisir de vous accueillir. Restaurants à proximité.

À 20 km de Chicoutimi. De Québec, rtes 175 nord et 170 est ou rtes 138 est et 170 ouest. À Ville de La Baie, la rue Victoria est parallèle au parc Mars en bordure de l'eau.

GÎTE

LA MAISON
DU Dr TANGUAY

Janine Minier et Pierre Lemay
547, rue Victoria
La Baie G7B 3M5
(418) 544-3515

B&B	
1 pers.	40 $
2 pers.	50 $
3 pers.	65 $
4 pers.	80 $
Enfant	10 $

Ouvert à l'année

Nombre de chambres	5
ch. au sous-sol	3
salle de bain partagée	2

Activités:

28. LA BAIE

F a R5 AV

Près du fjord du Saguenay, maison de ferme de 1875 située à quelques min du Palais municipal de La Baie où l'on présente la plus grande production théâtrale en Amérique : «La Fabuleuse Histoire d'un Royaume», 200 comédiens et 1600 costumes. Tranquillité de la campagne et petit déj. dans une atmosphère familiale.

De la rte 170, via la rue Mgr. Dufour (4 km), ou via la rte 381 sud, à moins de 1 km de la rte 381.

GÎTE
LA MAISON DUFOUR

Lilianne Gagnon et
Gilles Dufour
4362, chemin St-Jean
La Baie G7B 3P6
(418) 697-0967
(418) 543-3119
fax (418) 697-6749

B&B	
1 pers.	35 $
2 pers.	50 $
3 pers.	60 $
Enfant	10 $

Ouvert à l'année

Nombre de chambres	4
ch. avec s. d'eau privée	1
salle de bain partagée	2

Activités:

29. LA BAIE

F A R.5

Grande maison sur un terrain boisé dans un secteur paisible de la ville avec vue dégagée sur la baie et ses berges montagneuses. Un accueil simple et jovial vous fera apprécier votre passage dans notre région où des activités sportives, culturelles et récréatives vous y attendent: entre autres les spectacles «La Fabuleuse».

De Québec, rtes 175 nord, 170 est vers La Baie. Environ 200 mètres du Centre Commercial, à gauche rue Gaudreault.

GÎTE
MAISON CLAVEAU

Denise Leclerc Claveau
633, Chanoine Gaudreault
La Baie G7B 3A8
(418) 544-4876
(418) 544-4784

B&B	
1 pers.	40 $
2 pers.	50 $

Ouvert : 1er juin au 14 sept

Nombre de chambres	2
salle d'eau partagée	1
salle de bain partagée	1

Activités: 

30. LAC-À-LA-CROIX

F a R8 AV

Maison de ferme centenaire où l'on aime perpétuer les coutumes : verre de l'amitié, repas maison, vaches en pyjama à l'automne. Bien centré pour visiter la région. Recettes traditionnelles à partager. Ski de fond sur la ferme et près de la montagne. **Gîte à la ferme p 41.**

Du Parc des Laurentides, rte 169, 1er rang à gauche avant le village d'Hébertville. Faire 11 km.

GÎTE

Céline et Georges Martin
1311, Rang 3
Lac-à-la-Croix G0W 1W0
tel/fax (418) 349-2583

B&B	
1 pers.	28 $
2 pers.	42 $
Enfant	12 $

Ouvert à l'année

Nombre de chambres	3
salle d'eau partagée	2
salle de bain partagée	1

Activités:

31. NORMANDIN

F a R3.5 AV

Laissez-vous guider par votre estomac, votre coeur ou votre goût de liberté, tous vous mèneront à notre spacieuse maison de campagne où tout est propice pour les marches à pied, le vélo, les feux de foyer ou la lecture près du plan d'eau. Sans oublier une visite aux Grands Jardins site floral enchanteur situé à 4 km. Pour couronner le tout savourez un déjeuner brunch.

Du Parc des Laurentides, rte 169 vers Roberval jusqu'à St-Félicien. Aux 2e feux de circulation à droite dir. St-Méthode/Normandin, aux feux de circulation, tout droit 3 km.

GÎTE
LES GÎTES MAKADAN

Micheline Villeneuve et
Daniel Bergeron
1728, St-Cyrille
Normandin G8M 4K5
(418) 274-2867

B&B	
1 pers.	35 $
2 pers.	45-60 $
3 pers.	60-75 $
4 pers.	90 $
Enfant	12 $

Ouvert à l'année

Nombre de chambres	5
ch. avec s. de bain privée	1
salle d'eau partagée	1
salle de bain partagée	1

Activités:

32. PETIT-SAGUENAY

F a R1 AV

Auberge au cachet d'antan à flanc de montagne, face à la rivière saumonée, aux abords d'une aire de détente. À l'entrée du parc Saguenay. La chaleur du foyer, le verre de l'amitié, la journée se raconte. Croisières: fjord et baleines. Randonnée, vélo, ski, motoneige. Déjeuner copieux et pain maison. Service Interac. Souper menu régional et table d'hôte.

À partir de St-Siméon de la région de Charlevoix, rte 170 dir. Chicoutimi et faire environ 50 km. L'auberge est située à 100 mètres du kiosque touristique, à 1h de Tadoussac et de Chicoutimi.

AUBERGE
AUBERGE LES 2 PIGNONS

Régine Morin
117, boul. Dumas
Petit-Saguenay G0V 1N0
(418) 272-3091

	B&B	PAM
1 pers.	40-50 $	55-65 $
2 pers.	50-65 $	80-95 $
3 pers.	65-75 $	110-120 $
4 pers.	85-95 $	145-155 $
Enfant	10 $	22,50 $

Taxes en sus VS MC ER IT
Prix réduits : 15 sept au 15 déc, 15 mars au 15 juin
Ouvert à l'année

Nombre de chambres	7
ch. avec lavabo	3
ch. avec s. de bain privée	4
salle d'eau partagée	1
salle de bain partagée	2

Activités:

33. PETIT-SAGUENAY

F a R1

Un endroit reposant pour dormir vos nuits entières et pour profiter d'un bon déjeuner. Les amants de la nature seront comblés par la beauté de nos montagnes et surtout par les paysages que vous découvrirez en parcourant les sentiers pédestres qui longent le fjord du Saguenay. L'hiver et ses activitées: le ski, la motoneige, etc...

De Québec, rte 138 jusqu'à St-Siméon, rte 170 dir. Petit-Saguenay. Traverser le pont dans le village, à droite rue Tremblay et près de l'église à droite rue du Quai.

GÎTE
LA MAISON DES VIGNES

Laure-Alice et
Clément Tremblay
25, du Quai
Petit-Saguenay G0V 1N0
(418) 272-2543

B&B	
1 pers.	30 $
2 pers.	40 $
3 pers.	55 $
Enfant	5-10 $

Prix réduits : 1er jan au 31 mars
Ouvert : 1er jan au 30 nov

Nombre de chambres	3
salle de bain partagée	2

Activités:

34. ROBERVAL

F R7 AV

Venez vous reposer devant le splendide lac St-Jean, cette mer intérieure. Profitez d'un moment de détente bien mérité et faites une halte en vous prélassant sur notre plage privée à proximité de la demeure. C'est une immense joie de vous accueillir.

Du Parc des Laurentides, rte 169. 3,5 km du pont de Val Jalbert. Ou de La Tuque, rte 155 jusqu'à Chambord. À gauche vers Roberval, rte 169, 10 km à gauche.

GÎTE
LA MAISON AU TOIT ROUGE

Yolande Lalancette
et Raynald Girard
1345, boul. de l'Anse,
Route 169
Roberval G8H 2N1
(418) 275-3290

B&B	
1 pers.	35 $
2 pers.	45 $
Enfant	10 $

Ouvert : 15 mai au 30 sept

Nombre de chambres	3
salle de bain partagée	2

Activités:

35. ST-AMBROISE-DE-CHICOUTIMI

F A R5 AV

Située au cœur du Saguenay-Lac-St-Jean notre maison est purement rurale. Jardins, basse-cour, oiseaux complètent le décor enchanteur. Nous offrons des forfaits de deux à dix jours en été : pêche, bleuets, tour du lac. En hiver : motoneige, traîneaux à chiens, ski, pêche blanche. En toutes saisons vous serez heureux chez nous.

Rte 172 entre Chicoutimi et Alma. Près de St-Ambroise prendre la rte Bégin et faire 3 km sur chemin alsphalté. À droite Rang 9 et faire 500 m sur route de gravier.

GÎTE
AUX PIGNONS VERTS

Ghislaine Ouellet
et Jean-Claude Villeneuve
925, Rang 9
St-Ambroise-de-Chicoutimi
G7P 2A4
(418) 672-2172
fax (418) 672-6622

B&B	
1 pers.	40 $
2 pers.	55 $
Enfant	25 $

Prix réduits : 3 nuits ou plus
Ouvert à l'année

Nombre de chambres	3
salle de bain partagée	2

Activités:

36. ST-FÉLICIEN

F R3 AV

Retrouvez la tranquillité dans une ancienne maison de ferme. Grand salon et balcon adjacent aux chambres, sortie privée, coin de détente à l'extérieur. Une foule d'activités aux alentours. Hiver, possibilité motoneige avec guide. Un accueil chaleureux vous est réservé.

Du Parc des Laurentides, rte 169 vers Roberval jusqu'à St-Félicien. Aux 1ers feux de circulation à gauche rue Notre-Dame. Faire 2,5 km. Rang Double sud à gauche, faire 1 km, ferme à gauche.

GÎTE
À LA FERME DALLAIRE

Gisèle Dallaire
678, rang Double Sud
St-Félicien G8K 2N8
(418) 679-0728

B&B	
1 pers.	35 $
2 pers.	40-45 $
3 pers.	60-65 $
4 pers.	70-75 $
Enfant	8-12 $

Prix réduits : 1er oct au 1er juin
Ouvert à l'année

Nombre de chambres	3
salle de bain partagée	2

Activités:

37. ST-FÉLICIEN

F a R2 AV

Si vous aimez le charme de la campagne, vous serez séduit par les paysages offerts. Un accueil chaleureux dans une atmosphère calme et reposante. Une salle de séjour est à votre disposition. Un feu de bois pour les soirées à l'extérieur invite aux échanges. Visite de la ferme et du jardin bio. Petit déjeuner sain et copieux. Ville à 3 km. Zoo à 6 km. Tarifs réduits: sept. à juin.

Du Parc des Laurentides, rte 169 vers Roberval jusqu'à St-Félicien. Aux premiers feux, à gauche sur rue Notre-Dame. Faire 2,6 km, rang Double à droite, faire 0,7 km.

GÎTE
À LA FERME HÉBERT

Céline Giroux et
J-Jacques Hébert
1070, rang Double
St-Félicien G8K 2N8
(418) 679-0574

B&B	
1 pers.	40 $
2 pers.	50 $
3 pers.	62 $
Enfant	8-12 $

Prix réduits : 15 sept au 15 juin
Ouvert à l'année

Nombre de chambres	4
ch. avec lavabo	1
ch. au sous-sol	2
salle de bain partagée	2

Activités:

38. ST-FÉLICIEN

F a R.1 AV

Quel bonheur de rencontrer des gens de chez nous et de partout dans le monde! Attraits touristiques : zoo (5 km), cascade (4 km), Val Jalbert (20 km), voile Lac St-Jean (16 km), Bleuetière (12 km), pêche touristique (2 km), chute (4 km) et baignade (4 km). Venez nous rencontrer, ce sera bien plaisant. «Petites attentions spéciales vous attendent».

Du Parc des Laurentides, rte 169 vers Roberval jusqu'à St-Félicien. Aux 2e feux à gauche à 0,5 km petite rue à gauche rue des Mélèzes. Ou de Dolbeau aux 2e feux tout droit, à 0,5 km petite rue à gauche.

GÎTE
À LA MAISON FLEURIE

Claudette Nadeau
et Paul Hébert
1230, rue des Mélèzes
St-Félicien G8K 2W3
(418) 679-0784
fax (418) 679-1038

B&B	
1 pers.	35 $
2 pers.	45 $
3 pers.	55 $
4 pers.	65 $
Enfant	10 $

Prix réduits : 1er oct au 31 mai
Ouvert à l'année

Nombre de chambres	3
ch. avec lavabo	2
ch. au sous-sol	2
salle de bain partagée	2

Activités:

39. ST-FÉLICIEN

F R2 AV

Avec mon sourire facile et la simplicité des gens du Lac St-Jean, je vous réserve un accueil des plus chaleureux. Chambres avec ventilateur, déjeuner copieux, halte de relaxation, tranquillité de la ferme et salle de séjour avec poêle à bois. Au plaisir de vous voir. Près : zoo, glissades d'eau, centre équestre.

Du Parc des Laurentides, rte 169 vers Roberval jusqu'à St-Félicien. Aux premiers feux, rue Notre-Dame à gauche, faire 2,4 km et rang Double à gauche, faire 0,8 km.

GÎTE
AU DOMAINE TREMBLAY

Lucienne et Robert
677, rang Double
St-Félicien G8K 2N8
(418) 679-0169

B&B	
1 pers.	30 $
2 pers.	40-45 $
Enfant	5-15 $

Prix réduits : sept à mai
Ouvert à l'année

Nombre de chambres	4
salle de bain partagée	2

Activités:

40. ST-FÉLICIEN

F | a | R.1 | AV

Situé au centre-ville et à proximité du terminus d'autobus et du kiosque d'information. Un accueil chaleureux vous attend de la part d'un couple à la retraite. Déjeuner servi avec pain de ménage et gelées maison. Au plaisir.

Du Parc des Laurentides, rte 169 vers Roberval. À St-Félicien, aux 1ers feux de circulation, à gauche sur Notre-Dame. Ou de Dolbeau, aux 1ers feux de circulation, à gauche sur Sacré-Cœur et aux 2e feux de circulation, à droite sur Notre-Dame.

GÎTE
AU JARDIN FLEURI

Thérèse et
Jean-Marie Tremblay
1179, rue Notre-Dame
St-Félicien G8K 1Z7
(418) 679-0287

B&B	
1 pers.	30 $
2 pers.	40-45 $
Enfant	7-12 $

Ouvert à l'année

Nombre de chambres	4
salle de bain partagée	2

Activités:

41. ST-FÉLICIEN

F | a | R4 | AV

Chez Denise vous découvrirez l'hospitalité propre aux gens du Lac St-Jean. Grande maison située au coeur des activités touristiques : zoo, autodrome, musée de l'auto (2 km), ciné-parc, golf, etc. Possibilité de pêche. Il nous fera plaisir de vous accueillir.

Du parc des Laurentides, rte 169 vers Roberval, ou de la Tuque, rte 155 jusqu'à Chambord, à gauche dir. Roberval jusqu'à St-Félicien. Aux 2e feux, à gauche. Faire 5 km. De Dolbeau, au 2e feux faire 5 km.

GÎTE
GÎTE CHEZ DENISE

Denise et Louis-Marie Gagnon
1430, rang Double
St-Félicien G8K 2N8
tel/fax (418) 679-1498

B&B	
1 pers.	30 $
2 pers.	45 $
Enfant	7-15 $

Ouvert à l'année

Nombre de chambres	4
salle d'eau partagée	1
salle de bain partagée	1

Activités:

42. ST-FÉLIX-D'OTIS

F | a | R1 | AV

Situé à mi-chemin entre La Baie et Rivière-Éternité. Petite ferme, en pleine nature entourée d'une jolie basse-cour, avec animaux en liberté, des fleurs, un grand jardin artistique. Paradis de détente, retour aux sources, demeure où il fait bon vivre au rythme des saisons. Déjeuner santé, pain maison (four à pain), petits fruits des champs. Près : Parc Saguenay, Robe Noire, La Fabuleuse. Maison climatisée.

Du Parc des Laurentides, rtes 175 nord et 170 est. Ou de St-Siméon, rte 170 nord dir Chicoutimi.

GÎTE
GÎTE DE LA BASSE-COUR

Huguette Morin et Régis Girard
271, rue Principale, Route 170
St-Félix-d'Otis G0V 1M0
(418) 544-8766
fax (418) 544-5978

B&B	
1 pers.	35 $
2 pers.	45 $
Enfant	0-15 $

Prix réduits : 1er nov au 30 avr
Ouvert à l'année

Nombre de chambres	2
salle de bain partagée	1

Activités: 

43. ST-FÉLIX-D'OTIS

F a R1 AV

La route du Fjord vous invite: lac Otis, plage, canoë, pêche, kayak. Découvrez les décors de «Robe Noire», les traditions et les coutumes des Amérindiens et des premiers colons dans un village iroquois. 15 km de Rivière Éternité : croisières, caps, sentiers pédestres, castors et Ville-de-la-Baie (Fabuleuse et Tour du Monde). Déj. copieux, crêpes aux bleuets. T.V. dans les ch., info. touristique. Venez on va faire la jasette!

Du Parc des Laurentides, rtes 175 nord et 170 est. Ou de St-Siméon, rte 170 nord dir. Chicoutimi.

GÎTE
MAISON JONCAS

Dorina Joncas
291, rue Principale
Route 170 Est, C.P. 51
St-Félix-d'Otis G0V 1M0
(418) 544-5953

B&B	
1 pers.	30 $
2 pers.	40-45 $
3 pers.	60 $
4 pers.	65 $
Enfant	5-8 $

Ouvert : 1er mai au 1er nov

Nombre de chambres	2
salle d'eau partagée	1
salle de bain partagée	1

Activités:

44. ST-FULGENCE

F a R4 AV

Les contes de fées ont souvent pour cadre une forêt enchantée. La Futaie est un domaine de 160 ha boisés, lien entre le Fjord du Saguenay et le massif du Mont Valin. Taquinez la truite dans notre lac sauvage. À notre table, nous vous servirons une ouananiche que vous aurez vous-même pêchée (saumon d'eau douce que les Montagnais appelaient «la petite égarée»). L'hiver : relais de motoneiges avec services pour vos excursions.

Entre les villages de Saint-Fulgence et Saint-Rose-du-Nord. À 21 km du pont Dubuc de Chicoutimi et 115 km de Tadoussac.

AUBERGE
AUBERGE LA FUTAIE

Jocelyne et Benoît Girard
1061, boul. Tadoussac
St-Fulgence G0V 1S0
tel/fax (418) 674-2581
grap@saglac.qc.ca

B&B	
1 pers.	45 $
2 pers.	60 $
3 pers.	80 $
4 pers.	95 $
Enfant	10 $

Taxes en sus VS MC AM ER IT

Ouvert à l'année

Nombre de chambres	9
salle d'eau partagée	1
salle de bain partagée	4

Activités:

45. ST-FULGENCE

F A R10 AV

Une maison ancestrale, une vieille grange au fenil transformé et une maisonnette pièces sur pièces à la manière d'autrefois. Endroit de charme où vous trouverez la porte du temps quelque part dans les années 1837. Sise au début du fjord du Saguenay, au pied du parc des monts Valin, à quelques km des Parcs Saguenay et Cap Jaseux. (Activités : kayak de mer, canoë, randonnée pédestre, traîneau à chiens, motoneige.) Cuisine régionale, repas du soir sur rés.

De Chicoutimi, à 8 km du pont Dubuc, rte 172 vers Tadoussac. À 400 m à gauche après la station Esso.

GÎTE
LA MARAÎCHÈRE DU SAGUENAY

Adèle Copeman Langevin
97, boul. Tadoussac
St-Fulgence G0V 1S0
(418) 674-9384
(418) 674-2247
fax (418) 674-1055

B&B	
1 pers.	45 $
2 pers.	60 $
3 pers.	75 $
4 pers.	90 $

VS MC

Ouvert à l'année

Nombre de chambres	5
ch. avec s. de bain privée	1
salle d'eau partagée	1
salle de bain partagée	2

Activités:

46. ST-FULGENCE

F a R2 AV

Vous voulez fuir le bruit des villes et des moteurs? Le Pierroly est l'endroit rêvé pour vous reposer. On y accède par un petit chemin de terre. En pleine campagne offrez-vous l'ambiance d'une maison Québécoise. Montagnes, forêts et grands espaces vous émerveilleront. La vraie cabane au Canada. Location d'un refuge en montagne pour amateur de motoneige.

De Chicoutimi à 20 km du pont Dubuc, rte 172 vers Tadoussac, passer le village de St-Fulgence en gardant la rte 172 faire environ 4 km. À droite dir. Parc Jaseux sur le ch. de la Pointe aux Pins, faire 1 km sur la petite route de terre.

GÎTE
LE PIERROLY

Lise Raymond
119, Pointe aux Pins
St-Fulgence G0V 1S0
tel/fax (418) 674-2882

B&B	
1 pers.	35 $
2 pers.	50 $
3 pers.	65 $
4 pers.	80 $
Enfant	10 $

Ouvert à l'année

Nombre de chambres	3
salle de bain partagée	1

Activités:

47. ST-PRIME

F R4 AV

Faites une halte à notre gîte. Découvrez la nature et les animaux d'une ferme laitière. La tranquillité et la détente sont au rendez-vous. L'accueil est chaleureux. Au matin savourez un déjeuner original et copieux. Votre séjour se transformera en de merveilleux souvenirs. Près : Zoo St-Félicien, Musée du Cheddar, Village Amérindien, moulin des pionniers, Village fantôme, etc.

Du parc des Laurentides, rte 169 vers Roberval. À St-Prime face à l'église, à gauche, 15e Avenue, 3,3 km, à droite 4,1 km.

GÎTE
GÎTE FERME DU PATURIN

Francine Villeneuve et
Yvan Grenier
1028, Rang 3
St-Prime G8J 1X5
(418) 251-2837

B&B	
1 pers.	35 $
2 pers.	50 $
Enfant	5-10 $

Ouvert à l'année

Nombre de chambres	4
ch. avec s. de bain privée	1
salle de bain partagée	2

Activités:

48. ST-PRIME

F R4 AV

Maison centenaire sur une ferme laitière, entourée de beaux jardins, cascade d'eau, piscine. Si vous aimez l'espace et la tranquillité, vous vous sentirez chez vous chez nous. Il nous fera plaisir de partager de bons moments avec vous. Venez visiter la ferme. Situé au centre des principaux attraits touristiques du Lac-St-Jean : zoo St-Félicien, villages fantôme et amérindien, musée du cheddar, moulin des pionniers, tour d'hydravion, etc.

Du Parc des Laurentides, rte 169 vers Roberval. À St-Prime, face à l'église, à gauche, 15e Av., 3,3 km, à droite, 2 km.

GÎTE
LA MAISON CAMPAGNARDE

Brigitte Boivin et
Roger Taillon
850, Rang 3
St-Prime G8J 1X3
tel/fax (418) 251-3235

B&B	
1 pers.	35-40 $
2 pers.	45-55 $
Enfant	5-12 $

Ouvert : 1er fév au 30 nov

Nombre de chambres	4
salle d'eau partagée	1
salle de bain partagée	1

Activités:

49. STE-JEANNE-D'ARC

F R6 AV

Venez partager avec nous le calme de l'arrière-pays dans une petite ferme. Accueil familial. Maison et meubles anciens. Au déjeuner : crêpes au sirop de bleuet, etc. Possibilités: marche en forêt, bleuetière, festival du bleuet. Rte des cyclistes à proximité. Réservez pour le temps des fêtes.

Du Parc des Laurentides, rte 169 vers Roberval, dir. Ste-Jeanne-d'Arc. Ne pas entrer dans le village, continuer sur la rte 169, 7,5 km. À gauche vers St-Augustin, 0,9 km. À la 1re courbe, tout droit sur la rte de gravier, rte Harvey, 1,5 km à droite.

GÎTE
FERME HARVEY

Denise Bouchard
et Bertrand Harvey
230, chemin Lapointe
Ste-Jeanne-d'Arc G0W 1E0
(418) 276-2810

B&B	
1 pers.	30 $
2 pers.	45 $
3 pers.	65 $
Enfant	12 $

Ouvert à l'année

Nombre de chambres	4
salle de bain partagée	2

Activités:

50. ST-DAVID-DE-FALARDEAU

F a R2 M2 AV

Sur un site charmeur et enchanteur, en bordure de forêt, venez découvrir notre petit paradis. Un magnifique chalet en bois rond, tout équipé, face à un petit lac et à notre meute de chiens nordiques. Découvrez notre table d'hôte originale et nos activités hivernales. Balades en traineau, motoneige, pêche blanche. À prox : rafting, bleuetière, pêche et baignade. Au plaisir de vous recevoir.

De Québec, rte 175 nord. À Chicoutimi pont Dubuc, rte 172 ouest jusqu'au panneau «FALARDEAU». À Falardeau, à droite à l'église, après le dépanneur à droite, 3e chemin à droite, faire 1,7 km.

MAISON DE CAMPAGNE
LES CHIENS ET GÎTE DU GRAND NORD

Valérie Nataf et
Frédéric Dorgebray
18, Lac Durand #2
St-David-de-Falardeau
G0V 1C0
(418) 673-7717
fax (418) 673-4072

Nbr. maisons	1
Nbr. chambres	1
Nbr. personnes	7
SEM-ÉTÉ	350 $
SEM-HIVER	300 $
WE-ÉTÉ	200 $
WE-HIVER	200 $
JR-ÉTÉ	15 $
JR-HIVER	15 $

Ouvert à l'année

Activités: 

ESCAPADES À LA FERME

Gîtes à la ferme :

Tables Champêtres* :

* Marque de certification déposée

—9—

—À—

—A—

—B—

—C—

—D—

—E—

—F—

—G—

—H—

—I—

—J—

—K—

—L—

—M—

—T—

—U—

—V—

—W—

Hébergement

Donnez vos impressions ...

Afin de continuer à améliorer la qualité du réseau et des services offerts, vous pouvez adresser vos commentaires et suggestions à :

Fédération des Agricotours C.P. 1000, succ., M Montréal, Québec H1V 3R2

	Excellent	Bien	Décevant
Accès facile à trouver	☐	☐	☐
L'accueil			
• amabilité des hôtes	☐	☐	☐
• disponibilité des hôtes	☐	☐	☐
Votre chambre			
• confort des lits	☐	☐	☐
confort général(chambre)	☐	☐	☐
• propreté	☐	☐	☐
Salle de bain			
• installation appropriée	☐	☐	☐
• propreté	☐	☐	☐

	Excellent	Bien	Décevant
Le petit déjeuner et autres repas (s'il y a lieu)			
• qualité de la nourriture	☐	☐	☐
• qualité de la présentation	☐	☐	☐
• flexibilité des heures de service	☐	☐	☐
Les pièces en général			
• confort	☐	☐	☐
• propreté	☐	☐	☐
Impression d'ensemble des lieux	☐	☐	☐
Rapport qualité/prix	☐	☐	☐

Nom de l'établissement visité :________________________________

Municipalité : ________________________ Date du séjour :__________

Est-ce votre première expérience dans le réseau d'Agricotours ? oui ☐ non ☐ combien de fois : ____

Commentaires:______________________________________

Nom :____________________

Profession :____________________

Adresse :____________________

Tél :____________________

Âge : 8-19 ☐ 20-29 ☐ 30-39 ☐ 40-49 ☐ 50-59 ☐ + 60 ☐

Notes de voyage

Hébergement

Donnez vos impressions ...

Afin de continuer à améliorer la qualité du réseau et des services offerts, vous pouvez adresser vos commentaires et suggestions à :

Fédération des Agricotours C.P. 1000, succ., M Montréal, Québec H1V 3R2

	Excellent	Bien	Décevant
Accès facile à trouver	☐	☐	☐
L'accueil			
• amabilité des hôtes	☐	☐	☐
• disponibilité des hôtes	☐	☐	☐
Votre chambre			
• confort des lits	☐	☐	☐
confort général(chambre)	☐	☐	☐
• propreté	☐	☐	☐
Salle de bain			
• installation appropriée	☐	☐	☐
• propreté	☐	☐	☐

	Excellent	Bien	Décevant
Le petit déjeuner et autres repas (s'il y a lieu)			
• qualité de la nourriture	☐	☐	☐
• qualité de la présentation	☐	☐	☐
• flexibilité des heures de service	☐	☐	☐
Les pièces en général			
• confort	☐	☐	☐
• propreté	☐	☐	☐
Impression d'ensemble des lieux	☐	☐	☐
Rapport qualité/prix	☐	☐	☐

Nom de l'établissement visité :______________________________

Municipalité : _________________________ Date du séjour :__________

Est-ce votre première expérience dans le réseau d'Agricotours ? oui ☐ non ☐ combien de fois : ____

Commentaires:____

____

____

____

Nom :________________________

Adresse :________________________

____

Tél :__________________________

Profession :________________________

Âge : 8-19 ☐ 20-29 ☐ 30-39 ☐
40-49 ☐ 50-59 ☐ + 60 ☐

Notes de voyage

Tables Champêtres

Donnez vos impressions . . .

Afin de continuer à améliorer la qualité du réseau et des services offerts, vous pouvez adresser vos commentaires et suggestions à :

Fédération des Agricotours C.P. 1000, succ. M, Montréal, Québec H1V 3R2

	Excellent	Bien	Décevant
Accès facile à trouver	☐	☐	☐
L'accueil			
• amabilité des hôtes	☐	☐	☐
• disponibilité des hôtes	☐	☐	☐
Le repas			
• qualité de la nourriture	☐	☐	☐
• fraîcheur des aliments	☐	☐	☐
• qualité de la présentation	☐	☐	☐
• quantité de nourriture servie	☐	☐	☐
La salle à manger			
• confort	☐	☐	☐
• propreté	☐	☐	☐

	Excellent	Bien	Décevant
Les pièces en général			
• confort	☐	☐	☐
• propreté	☐	☐	☐
Impression d'ensemble			
• extérieur de la maison	☐	☐	☐
• bâtiments	☐	☐	☐
• terrain	☐	☐	☐
• élevage	☐	☐	☐
• potager (en saison)	☐	☐	☐
Visite des lieux proposée par les hôtes	☐	☐	☐
Rapport qualité/prix	☐	☐	☐

Nom de la Table Champêtre :____

Municipalité : ______________________________ Date de visite :__________

Est-ce votre 1ère expérience dans une Table Champêtre ? oui ☐ non ☐ combien de fois :________

Nombre de personnes de votre groupe : ______

Commentaires:____

____

____

____

Nom :__________________________

Adresse :________________________

____

Tél :___________________________

Profession :________________________

Âge : 8-19 ☐ 20-29 ☐ 30-39 ☐
40-49 ☐ 50-59 ☐ + 60 ☐

Notes de voyage

Tables Champêtres

Donnez vos impressions . . .

Afin de continuer à améliorer la qualité du réseau et des services offerts, vous pouvez adresser vos commentaires et suggestions à :

Fédération des Agricotours C.P. 1000, succ. M, Montréal, Québec H1V 3R2

	Excellent	Bien	Décevant
Accès facile à trouver	☐	☐	☐
L'accueil			
• amabilité des hôtes	☐	☐	☐
• disponibilité des hôtes	☐	☐	☐
Le repas			
• qualité de la nourriture	☐	☐	☐
• fraîcheur des aliments	☐	☐	☐
• qualité de la présentation	☐	☐	☐
• quantité de nourriture servie	☐	☐	☐
La salle à manger			
• confort	☐	☐	☐
• propreté	☐	☐	☐

	Excellent	Bien	Décevant
Les pièces en général			
• confort	☐	☐	☐
• propreté	☐	☐	☐
Impression d'ensemble			
• extérieur de la maison	☐	☐	☐
• bâtiments	☐	☐	☐
• terrain	☐	☐	☐
• élevage	☐	☐	☐
• potager (en saison)	☐	☐	☐
Visite des lieux proposée par les hôtes	☐	☐	☐
Rapport qualité/prix	☐	☐	☐

Nom de la Table Champêtre :______________________________

Municipalité : ________________________ Date de visite :__________

Est-ce votre 1ère expérience dans une Table Champêtre ? oui ☐ non ☐ combien de fois :________

Nombre de personnes de votre groupe : ______

Commentaires:____

____

____

____

Nom :____________________

Adresse :____________________

____

Tél :____________________

Profession :____________________

Âge : 8-19 ☐ 20-29 ☐ 30-39 ☐ 40-49 ☐ 50-59 ☐ + 60 ☐

Notes de voyage

Le plaisir...

Ce guide entraîne le lecteur dans les paysages grandioses de la péninsule gaspésienne, révèle les secrets bien gardés des villages charmeurs du Bas-Saint-Laurent et lui fait goûter la douceur de la vie insulaire des Îles-de-la-Madeleine. Des centaines d'adresses pratiques pour le plaisir de mieux voyager. Large place est réservée aux sports de plein air.

GASPÉSIE – BAS-SAINT-LAURENT
ÎLES-DE-LA-MADELEINE
3e édition
Gabriel Audet
256 pages, 20 cartes
22,95 $ - 135 F
2-89464-056-0

Répertoire annuel proposant quatre types d'hébergement pour mieux voyager au Québec et découvrir ses habitants : une chambre d'hôte avec petit déjeuner dans une maison privée, l'hébergement dans de petites auberges sympathiques, le logis à la ferme ou la location d'une maison de campagne ou de ville pour un séjour autonome.

GÎTES DU PASSANT AU QUÉBEC *98-99*
Fédération des Agricotours
300 pages, 19 cartes
14 pages de photos en couleurs
12,95 $ - 85 F
2-80464-083-8

Indispensable pour quiconque cherche à s'évader, ne serait-ce que quelques heures seulement. de randonnées dans la métropole québécoise et aux alentours, toutes accessibles par les transports publics.

RANDONNÉE PÉDESTRE
MONTRÉAL ET ENVIRONS
Yves Séguin
210 pages, 12 cartes
- 117 F
2-89464-101-X

Un titre tout à fait unique
sur ces régions mythiques
du Nord du Québec.
Marchez sur les traces de
ceux qui ont fondé les
boom towns de l'époque
de la ruée vers l'or,
visitez les méga-centrales
hydroélectriques de la
Baie-James, puis partez à
la rencontre des Indiens
cris et des inuits du Nunavik.

ABITIBI-TÉMISCAMINGUE
GRAND NORD

Sylvie Rivard, François Hénault,
Sophie Gaches
256 pages, 10 cartes
29,95 $ - 135 F
2-89464-090-0

Ce guide vous convie à la découverte
des villages pittoresques à flanc de colline de la côte
de Charlevoix, du majestueux
fjord du Saguenay et de la
nature sauvage du Lac-Saint-Jean.
Mise à jour complète tenant
compte des bouleversements
survenus à la suite des
inondations de l'été 1996.
Tout ce qu'il faut savoir
pour vos excursions
de plein air.

CHARLEVOIX
SAGUENAY–LAC-SAINT-JEAN
3e édition

Yves Ouellet
256 pages, 15 cartes
29,95 $ - 135 F
2-89464-091-9

Cet ouvrage sans égal mène à la découverte
des paysages rugueux du pays de Gilles Vigneault,
dans les régions de
Manicouagan et de Duplessis.
Au programme, Tadoussac
et ses baleines, les fascinantes
sculptures naturelles des îles Mingan,
les grands barrages hydroélectriques,
les charmants villages isolés,
la nature sauvage de l'île d'Anticosti
et le fameux Parc marin
du Saguenay.

CÔTE-NORD
DUPLESSIS-MANICOUAGAN

Yves Ouellet
256 pages, 15 cartes
29,95 $ - 135 F
2-89464-057-9

BON DE COMMANDE

■ GUIDE DE VOYAGE ULYSSE

- ☐ Abitibi-Témiscamingue et Grand Nord 22,95 $
- ☐ Acapulco 14,95 $
- ☐ Arizona et Grand Canyon 24,95 $
- ☐ Bahamas 24,95 $
- ☐ Boston 17,95 $
- ☐ Calgary 16,95 $
- ☐ Californie 29,95 $
- ☐ Canada 29,95 $
- ☐ Charlevoix Saguenay – Lac-Saint-Jean 22,95 $
- ☐ Chicago 19,95 $
- ☐ Chili 27,95 $
- ☐ Costa Rica 27,95 $
- ☐ Côte-Nord – Duplessis – Manicouagan 22,95 $
- ☐ Cuba 24,95 $
- ☐ Disney World 19,95 $
- ☐ El Salvador 22,95 $
- ☐ Équateur – Îles Galápagos 24,95 $
- ☐ Floride 29,95 $
- ☐ Gaspésie – Bas-Saint-Laurent – Îles-de-la-Madeleine 22,95 $
- ☐ Gîtes du Passant au Québec 12,95 $
- ☐ Guadeloupe 24,95 $
- ☐ Guatemala – Belize 24,95 $
- ☐ Honduras 24,95 $
- ☐ Jamaïque 24,95 $
- ☐ La Nouvelle-Orléans 17,95 $
- ☐ Lisbonne 18,95 $
- ☐ Louisiane 29,95 $
- ☐ Martinique 24,95 $
- ☐ Montréal 19,95 $
- ☐ New York 19,95 $
- ☐ Nicaragua 24,95 $
- ☐ Nouvelle-Angleterre 29,95 $
- ☐ Ontario 24,95 $
- ☐ Ottawa 16,95 $
- ☐ Ouest canadien 29,95 $
- ☐ Panamá 24,95 $
- ☐ Plages du Maine 12,95 $
- ☐ Portugal 24,95 $
- ☐ Provence – Côte-d'Azur 29,95 $
- ☐ Provinces Atlantiques du Canada 24,95 $
- ☐ Le Québec 29,95 $
- ☐ Québec Gourmand 16,95 $
- ☐ Le Québec et l'Ontario de VIA 9,95 $
- ☐ République dominicaine 24,95 $
- ☐ San Francisco 17,95 $
- ☐ Toronto 18,95 $
- ☐ Vancouver 17,95 $
- ☐ Venezuela 29,95 $
- ☐ Ville de Québec 19,95 $
- ☐ Washington D.C. 18,95 $

■ ULYSSE PLEIN SUD

- ☐ Acapulco 14,95 $
- ☐ Cancún – Cozumel 17,95 $
- ☐ Cape Cod – Nantucket 17,95 $
- ☐ Carthagène (Colombie) 12,95 $
- ☐ Puerto Vallarta 14,95 $
- ☐ Saint-Martin – Saint-Barthélemy 16,95 $

■ ESPACES VERTS ULYSSE

- ☐ Cyclotourisme en France 22,95 $
- ☐ Motoneige au Québec 19,95 $
- ☐ Randonnée pédestre Montréal et environs 19,95 $
- ☐ Randonnée pédestre Nord-est des États-Unis 19,95 $
- ☐ Randonnée pédestre au Québec 22,95 $
- ☐ Ski de fond au Québec 19,95 $

■ GUIDE DE CONVERSATION

- ☐ Anglais pour mieux voyager en Amérique 9,95 $
- ☐ Espagnol pour mieux voyager en Amérique Latine 9,95 $

■ **JOURNAUX DE VOYAGE ULYSSE**

☐ Journal de voyage Ulysse (spirale) bleu – vert – rouge ou jaune 11,95 $

☐ Journal de voyage Ulysse (format de poche) bleu – vert – rouge – jaune ou sextant 9,95 $

■ **•zone petit budget**

☐ .zone Amérique centrale 14,95 $

☐ .zone le Québec 14,95 $

QUANTI-		PRIX	TOTAL

NOM	Total partiel	
ADRESSE:________________	Poste-Canada*	4,00 $
________________	Total partiel	
________________	T.P.S. 7%	
________________	TOTAL	

Paiement : ☐ Comptant ☐ Visa ☐ MasterCard

Numéro de carte :________________________

Signature :________________________________

ULYSSE L'ÉDITEUR DU VOYAGE
4176, rue Saint-Denis, Montréal (Québec)
☎ (514) 843-9447, fax (514) 843-9448
Pour l'Europe, s'adresser aux distributeurs, voir liste p 2.
* Pour l'étranger, compter 15 $ de frais d'envoi.